彩图典藏版

图解

经典读本 生活必备

精编精解 图文并茂

口才的艺术

让你广受欢迎的沟通方式和说话技巧

夏尔◎编著

中国华侨出版社
北京

图书在版编目（CIP）数据

图解口才的艺术 / 夏尔编著 .—北京：中国华侨
出版社，2018.3

ISBN 978-7-5113-7458-5

Ⅰ . ①图… Ⅱ . ①夏… Ⅲ . ①口才学—图解 Ⅳ .
① H019-64

中国版本图书馆 CIP 数据核字（2018）第 020993 号

图解口才的艺术

编　　著：夏　尔

责任编辑：墨　林

封面设计：中英智业

文字编辑：晴　天

美术编辑：刘　佳

经　　销：新华书店

开　　本：720 毫米 ×1040 毫米　　1/16　　印张：26　　字数：628 千字

印　　刷：三河市万龙印装有限公司

版　　次：2018 年 6 月第 1 版　2018 年 6 月第 1 次印刷

书　　号：ISBN 978-7-5113-7458-5

定　　价：68.00 元

中国华侨出版社　北京市朝阳区静安里 26 号通成达大厦 3 层　　邮编：100028

法律顾问：陈鹰律师事务所

发 行 部：（010）88866079　　传　真：（010）88877396

网　　址：www.oveaschin.com

E—mail ：oveaschin@sina.com

如发现印装质量问题，影响阅读，请与印刷厂联系调换。

前　言

著名学者王了一说过：“说话是最容易的事，也是最难的事。最容易，因为三岁的孩子也会说话；最难，因为最擅长辞令的外交家也有说错话的时候。”

话说得好，小则可以讨喜、动人，大则可以保身、兴邦。远有苏秦、张仪游说诸侯，战国格局为之改变；诸葛亮说服孙权，三国鼎立之势成；皇太极劝降洪承畴，大清夺天下成定局。近有周恩来出色外交，四两拨千斤；罗斯福之“炉边谈话”，温暖千万心灵。

话说得不好，小则树敌、伤友，大则丧命、失江山。孔子之教有四科：德行、言语、政事、文学。言语仅次于德行，可见它的重要。由于一言之闪失，导致兵戎相见、血流成河的浩劫，在中外历史上屡见不鲜，故《论语》有言：“一言可以兴邦，一言可以丧邦。”因一言不慎而招致杀身之祸的也不乏其人，因一句“此跋扈将军也”而被梁冀毒死的汉质帝，还有恃才放旷的杨修都属此列。

说话是一种技巧，更是一门艺术。一句恰到好处的话，可以改变一个人的命运，一句言不得体的话，可以毁掉一个人的一生。

职场上，每个人每一天和同事、领导难免有话要说；家庭中，同妻子、丈夫、父母、孩子必须进行交流；社交时，同朋友、客户势必联络感情。说什么？怎么说？什么话能说，什么话不能说？这些都需要我们掌握说话的艺术。在注重人际沟通的现代社会，说话的艺术也就是成功的艺术。

会说话，才能会办事。同一个问题变换不同的说话方式将得到截然不同的效果。遇到僵局，想要无形化解；遭到拒绝，想要说服对方，都需要掌握说话的艺术。说好难说的话，才能办好难办的事。

会说话，才能会做人。说话没分寸，没艺术，即使是赞扬的话，别人也会“充耳不悦”。说话有分寸，讲方法，即使是批评的话，别人也乐于接受。

会说话，才能会交际。如何同上司说话？如何同客户沟通？如何拒绝朋友？如何抚慰家人？人情网中，拿好语言之矛，才能攻破人心之盾。

会说话，才能会处世。在人生的各个场合，在什么情况下、对什么人、在什么时机说话，都要讲求艺术性。对方豪爽，就说直率的话；对方保守，就说稳妥的话；对方崇尚学问，就说高深的话，这是语言之道，也是处世之道。

　　杰出的说话能力不是天生的，而是可以通过后天培养训练的。本书在充分展示会说话威力的基础上，理论和实践相结合，以通俗易懂的语言深入浅出地论述了说话的艺术，是迄今为止内容最全面、技巧丰富、方法最实用的版本。

　　本书从理论上，讲述了练就说话艺术的重要性、提高说话技巧的途径和技巧；在实践上，指导读者如何把握好沉默的分寸，把握好说话时机、说话曲直、说话轻重和与人开玩笑的分寸，把握好调解纠纷时和激励他人时的说话分寸，掌握如何同不同的人说话的技巧、不同场景下的说话艺术、怎么说别人才会听你的、最讨人喜欢的说话方式及如何说好难说的话等。同时，还以生动具体的事例向读者展示了同陌生人、同事、领导、客户、朋友、爱人、孩子、父母、对手沟通的艺术；在求职面试、谈判、演讲、电话交谈、尴尬时刻、危急时刻、宴会应酬、主持会议、探望病人及应酬亲友时的说话艺术。阅读本书，让你轻松面对尴尬、获取提升机会、扩大交际范围，在不同的场合、面对不同的人群，说好想说的话，说好难说的话，提高说话技巧，创造更多机会。

目 录

第一篇　说话的分寸

第二篇　如何与不同的人说话

第三篇　不同场景下的说话艺术

第五篇　说好难说的话

第一篇

说话的分寸

第一章

把握好沉默的分寸

时机未到时就得保持沉默

哲学家说，沉默是一种成熟；思想家说，沉默是一种美德；教育家说，沉默是一种智慧；艺术家说，沉默是一种魅力。我们知道，在人际交往当中，沉默是一种难得的心理素质和可贵的处世之道，当然，任何事情又都不是绝对的。

心理学告诉我们，在不同的场合环境中，人们对他人的话语有不同的感受、理解，并表现出不同的心理承受力。正因为受特殊场合心理的制约，有些话在某些特定环境中说比较好，但有些话说出来就未必好。同样的一句话，在此说与在彼说的效果就不一样。因此，说什么，怎么说，一定要顾及说话的环境，如果环境不相宜，时机未到，最好的办法是保持沉默。

日本公司同美国公司正进行一场贸易谈判。

谈判一开始，美方代表滔滔不绝地向日商介绍情况，而日方代表则一言不发，埋头记录。

美方代表讲完后，征求日方代表的意见。日方代表恍若大梦初醒一般，说道："我们完全不明白，请允许我们回去研究一下。"

于是，第一轮会谈结束。

几星期后，日本公司换了另一个代表团，谈判桌上日本新的代表团申明自己不了解情况。

美方代表没有办法，只好再次给他们介绍了一遍。

谁知，讲完后日本代表的态度仍然不明朗，仍是要求道："我们完全不明白，请允许我们回去研究一下。"

于是，第二轮会谈又告休会。

过了几个星期后，日方再派代表团，在谈判桌上故伎重演。唯一不同的是，这次，他们告诉美方代表一旦有讨论结果立即通知美方。

一晃半年过去，美方没有接到通知，认为日方缺乏诚意。就在此事几乎不了了之之际，日本人突然派了一个由董事长亲率的代表团飞抵美国开始谈判，抛出最后方案，以迅雷不及掩耳之势逼迫美方加快谈判进程，使人措手不及。

最后，谈判达成一项明显有利于日方的协议。

这场谈判成功的关键在于一句俗话"会说的不如会听的"，听出门道再开口，而开口便伤对方"元气"，不很高明吗？

在生活中，我们有时故作"迟钝"未必不是聪明人，"迟钝"的背后隐藏着过人的精明。有人推崇一种"大智若愚型"的艺术——意即在商业活动中多听、少说甚至不说，显示出一种"迟钝"。其实这样做的目的是为了获得最大的利益。少开口，不做无谓的争论，对方就无法了解你的真实想法；反之，你可以探测对方动机，逐步掌握主动权。

这时候的沉默，实际是"火力侦察"。

"言多必失，语多伤人""君子三缄其口"的古训，把缄口不言奉作练达的安身处世之道。今天，我们亦应谨记这些古训，该沉默时一定要三缄其口。沉默，是一种态度。沉默，是一种特殊语言。沉默，也会赢得百万金。

受到攻击时，沉默是最好的方法

雄辩如银，沉默是金。在我们的生活中，有些时候确实是沉默胜于雄辩。与得体的语言一样，恰到好处的沉默也是一种语言艺术，运用好了常会收到"此时无声胜有声"的效果。

假如我们在生活中遇到个别强词夺理、无理辩三分或者出言不逊、恶语伤人的人，与之争辩是非或是反唇相讥，往往只能招来他们变本加厉的胡搅蛮缠。对付这种人的最好办法往往不是以眼还眼，以牙还牙，而是保持沉默。这种无言的回敬常使他们理屈词穷，无地自容，正如鲁迅先生所说：沉默是最好的反抗。

国外某名牌大学，曾发生过老师和校长反目的情形，该校校长遭到许多老师的围攻。当时，也有一群学生冲进校长的研究室，对他提出各种质问。但是，无论教师说什么，这位校长始终不开口，双方僵持了几个小时后，教师们终于无可奈何地走了。

这位校长保持沉默，实际上也是一种反抗，同时又给对方一种高深莫测的感觉，从而造成心理上的压迫感。由此看来，"沉默是金"确有一定道理。

当对方出于不良动机，对你进行人身攻击，并且造谣诽谤时，如果予以辩驳反击，又难以分清是非，这时运用轻蔑性沉默便可显示出锐利的锋芒。你只需以不屑的神情，嗤之以鼻，就足以把对方置于尴尬的境地。

某单位有两个采购员，田宁因超额完成任务而受奖，郑伟却因没尽力而被罚。但郑伟不认识自己的问题，反而说三道四。在一次公众场合，他含沙射影地说："哼，不光彩的奖励白给我也不要！

田宁明白这是在骂自己，不免怒火顿升，本想把话顶回去，可是转念一想觉得如果和他争吵，对方肯定会胡搅蛮缠，反而助长其气焰。于是他强压怒火，对着郑伟轻蔑地冷笑一声，以不值一驳的神色摇了摇头，转身离去，把郑伟晾在一边。

郑伟的脸红一阵白一阵的，窘极了。

众人也哄笑道："没有完成任务还咬什么人，没劲！"至此，郑伟已经无地自容。

在这里，田宁的轻蔑性沉默产生的批驳力比之用语言反驳，显得更为有力、得体，更能穿心透骨。这也许是对付无理挑衅的最有效的反击武器。

◇ 恰当运用沉默的方式 ◇

在特定的环境中，沉默常常比说理更有说服力。不同的沉默方式当然有不同作用，运用时必须恰到好处。

1.不理不睬的沉默能让人摆脱纠缠

面对纠缠者，应尽可能一言不发，不理不睬。他们见你无反应，定会知趣走开。

2.毫无表情的沉默让人深思

毫无表情的沉默会使人产生疑惑，从而反省自身行为，分析错误，找出原因。

看来我犯错了。

有些人在遇到麻烦的时候，常常喋喋不休，唠叨不止，殊不知这样正好暴露了自己的弱点。处在尴尬情况下，与其聒噪不停，甚至说错话，倒不如保持沉默。

沉默像乐曲中的休止符，它不仅是声音上的空白，更是内容的延伸与升华。它是一种无声的特殊语言，是一种不用动口的口才。

别人论己时切莫打断

在大多数场合下，注意聆听别人的谈话非常重要。当听到别人谈论自己的时候，很多人容易犯这样一个错误：一旦别人谈到自己时，尤其是不利于自己的情况时，往往会打断别人，进行争论。其实，这是最不明智之举。

伊里亚·爱伦堡的长篇小说《暴风雨》出版后，在社会上引起震动，褒贬不一，莫衷一是。某报主编不知从哪里得到了斯大林对《暴风雨》的看法——认为此书是"水杯里的暴风雨"。

为了讨好领导，主编就组织编辑部人员讨论这部小说，以表示该报的政治敏感性和高度的警惕性，表明该报鲜明的立场。

讨论进行了数小时，发言人提出不少批评意见。由于主编的诱导，每篇发言言辞都辛辣而尖刻，如果批评成立的话，都足以让作家坐几年牢。可是在场的爱伦堡极为平静，他听着大家的发言，显出令人吃惊的无动于衷的态度，这使与会者无法忍受，纷纷要爱伦堡发言，并要求他从思想深处批判自己的错误。

在大家的再三督促下，爱伦堡只好发言。他说："我很感谢各位对鄙人小说产生这么大的兴趣，感谢大家的批评意见。这部小说出版后，我收到不少来信，这些来信中的评价与诸位的评价不完全一致。这里有封电报，内容如下："我怀着极大兴趣读了您的《暴风雨》，祝贺您取得了这么大的成就。——约瑟夫·斯大林。"

主编的脸色很难看，以最快的速度离开会场，那些批判很尖刻的评委们，都抱头鼠窜了。爱伦堡轻轻地摇摇头："都怨我，这么过早地发言，害得大家不能再发言了。"

爱伦堡的聪明在于，如果他据理反驳，必能激起同仁们更加尖锐的批评，这种场合，最明智的做法就是保持沉默，褒贬随人。

沉默的力量是无边的，它可以帮你说服反对你的人，让你向成功迈进。所以我们要学会沉默，学会在别人论己时保持沉默。

第二章

把握好说话时机的分寸

看准机会再说话

孔子在《论语·季氏》里说："言未及之而言谓之躁，言及之而不言谓之隐，不见颜色而言谓之瞽。"这句话有三层意思：

一是不该说话的时候说了，叫作急躁；

二是应该说话的时候却不说，叫作隐瞒；

三是不看对方的脸色变化，贸然信口开河，叫作闭着眼睛瞎说。

这三种毛病都是没有把握说话的时机，没有注意说话的策略和技巧。因为说话是双方的交流，不是一个人的单方面行为，它要受到诸如说话对象、设定时间、周边环境等种种限制，所以说话要把握时机。如果该说的时候不说，时境转瞬即逝，便失去了成功的机会。同样的，如不顾说话对象的心态，不注意周边的环境气氛，不到说话的火候却急于抢着说，很可能引起对方的误解，甚至反感。如果信口开河，乱说一通，后果就更加严重。

把握说话时机非常重要，这个过程需要充分的耐心，也需要积极进行准备，等待条件成熟，但决不是坐视不动。《淮南子·道应》云："事者应变而动，变生于时，故知时者无常行。"安陵君的过人之处，便在于他有充分的耐心，等待楚王欢欣而又伤感的那个时刻。此时，动情表白，感人肺腑，愉悦君心，终于受封，保住了长久的荣华富贵。

插话要找准时机

在别人说话时，我们不能只听到一半或只听一句就装出自己明白的样子。我们提倡在听别人说话时，要不时做出反应，如附和几句"是的"等话语，这样既让说者知道你在听他说，又让他感觉你在尊重他，使他对你产生浓厚的兴趣。

但是，万事都有所忌，都要把握分寸。许多人过分相信自己的理解和判断能力，往往不等别人把话说完就中途插嘴，这种急躁的态度很容易造成损失，不仅容易弄错了对方说话的意图，还有失礼貌。当然，在别人说话时一言不发也不好，对

6

方说到关键的时刻，说完后，你若只看着对方，而不说话，对方会感到很尴尬，他会以为没有说清楚而继续说下去。

还有不少人在倾听别人说话时表现得唯唯诺诺的样子，哼哼哈哈，好像什么都听进去了，可等到别人说完，他却又问道："很抱歉，你刚才说了什么？"这种态度，对于说话者来说是有失礼节的事。

所以说，即使你真的没听懂，或听漏了一两句，也千万别在对方说话途中突然提出问题，必须等到他把话说完，再提出："很抱歉！刚才中间有一两句你说的是……吗？"如果你是在对方谈话中间打断，问："等等，你刚才这句话能不能再重复一遍？"这样，会使对方有一种受到命令或指示的感觉，显然，对方对你的印象就没那么好了。

◇ 要知道哪些问题不该问 ◇

问题是展开话题的钥匙。要问讨人喜欢的话题。有些问题，当你得不到满意的答复时，是可以继续问下去的，但有一些问题就不宜再问。

别问了。

1.不追问对方拒绝回答的问题

如果他想让你知道，一定会自动说明，否则就是不想让人知道，也不必追问。

2.不问对方隐私问题

我警告你，这种问题不能问！

比如对方的详细地址、收入、年龄等这类问题也不宜追问，以免引起对方不快。

7

听人说话，务必有始有终。但是能做到这一点的人并不多。有些人往往因为疑惑对方所讲的内容，便脱口而出："这话不太好吧！"或因不满意对方的意见而提出自己的见解，甚至当对方有些停顿时，抢着说："你要说的是不是这样？"这时，由于你的插话，很可能打断了他的思路，使他忘了要讲些什么。

人人都有这样的经验：有时，同某人在一起，说话很愉快；有时同某人在一起，感到很烦，本来很感兴趣的话题却不想谈下去。究其原因，主要是因为对方说话不讨人喜欢，该问的问，不该问的也问，所以让我们觉得厌烦。说话要讲究轻重、曲直，更要适度，知道哪些话该说哪些不该说，哪些该问哪些不该问。

此外，在日常交际中，不可问及别人衣饰的价钱；不可问女子的年龄（除非她是6岁或60岁左右的时候）；不可问别人的收入；不可详问别人的家世；不可问别人用钱的方法；不可问别人工作的秘密，如化学品的制造方法，等等。

凡别人不知道或不愿意让人知道的事情都应避免询问。问话的目的在于引起双方的兴趣，而不是使任何一方没趣。若能让答者起劲，同时也能增加你的见识，那是使用问话的最高本领。

一位社交家说："倘若我不能在任何一个见面的人那里学到一点儿东西，那就是我处世的失败。"

这句话很发人深省，因为虚怀若谷的人，往往是受人欢迎的。记住，问话不仅能打开对方的话匣，而且你可以从中增益学问。

顺着对方的话锋说话

顺梯而下，是指依据当时有利的时机，只要有可能，不可更多地纠缠，应顺势而下，不需要特意地去找，自然而然，做得巧妙，不会引起他人的注意，自己依然保持着主动的局面。顺梯而下有以下2种表现。

1.顺着对方的话题而下

有时候，一个话题要进行下去，可朝着多种方向发展，我们可以有意识地将话题引往有利于自己的方向，然后顺着话题及时撤出去。

在一次师生座谈会上，师生之间聊起了如何面对自己弱点的话题。会议进行得很温和，从不指名道姓，遇到要举事例的时候，也是以假设开始，诸如"假设你有什么弱点，你该怎么做"。可是后来会议特意留出了一定的时间，让学生就不懂的问题向在座的老师请教。一位同学站起来向一位姓何的老师提问："当一个人遇到了非常难堪的事情，他可以正视它、战胜它，但也可以逃避它，哪种方法更好些呢？"何老师首先肯定了这位同学合理的分析，说："正视它，战胜它！"这位同学接着又问："能不能问您一个隐私的问题……"正在那位同学还在犹豫该不该问时，何老师说话了："既然是隐私问题，就不好当着众人的面讲，如果你感兴趣，会后我们可以私下里谈谈。"

在这里，如果何老师让那位同学把话说下去的话，接下来肯定会使自己左右为难，不如顺着对方的话音，巧妙地撤出去，不在原来的话题上打转转。

那些毫无根据又极具挑衅性的提问总是会激起人们的反感，但是直接的指责反而会显得自己涵养不够。所以，我们不如根据对方的诘问，为自己编造一个更严重的罪责，嘲讽对方无中生有、不讲礼貌，表达我方对这种无凭无据的问题的极大愤怒和拒绝回答的态度。

一位记者向扎伊尔总统蒙博托说："您很富有。据说您的财产达30亿美元？"显然，这一提问是针对蒙博托本人政治上是否廉洁而来的，对于蒙博托来说，这是一个极其严肃的而易动感情的敏感问题。蒙博托听后大笑着反问说："一位比利时议员说我有60亿美元！你听到了吧？"

记者用一句没有根据的传言来质问蒙博托是否廉洁，蒙博托没有被对方刺激得暴跳如雷，反而编出一个更大的、显然是虚构的数字来"加重"自己的"罪行"，以讽刺记者所提问题的荒谬与别有用心，间接表明了自己的清白，维护了自己的名誉。

家庭生活中，也难免有下不了台的时候，顺梯而下的方法也可适当利用。

小张有一次到朋友家做客，恰巧他们夫妻在挂一幅装饰画。丈夫问妻子："挂正了吗？"妻子说："挺正的。"挂好后，丈夫一看，还是有点歪，就抱怨说："你什么事都马马虎虎，我可是讲求完美的人。"做妻子的有点下不来台，见有人在场便开口道："你说得对极了，要不你怎么娶了我，我嫁给了你呢！"这一巧妙的回答，不仅挽回了面子，又造成了一种幽默的气氛，做丈夫的也感到自己失言了，以一笑来表示歉意。

2.顺着他人解围而下

在谈话中，如果因为我们自己的难堪，造成整个气氛的不和谐，可能会有知趣的人站出来，及时替你解围，这时，就应该抓住时机，顺着他人解围及时撤出。

小明喜欢和他人诡辩，并且以此为乐事。一天将近中午吃饭时，小可深有感触地说："人是铁，饭是钢，一天不吃饿得慌。"小明接着说："这句话就不对了，据科学分析，人是可以饿7天的。"小可说："那你饿7天看看。"小明接着说："这句话你又错了，你也可以饿7天的。"小可说："我才没那么傻呢，只有疯子才干这样的蠢事。"小明又说："历史上，很多当时被认为是疯子的人，后人把他们看作是伟人。"小明就这样无限地推演下去。哪知小可的个性淳朴，不喜欢这样饶舌，后来就有点无法忍受了。这时小明的好友小冬见状，凑过来说："我们的小可最大的'优点'就是说错了话还不承认。"小可接过话头说："小冬真是了解我。"说着对小明一笑，走开了。

顺梯而下是解窘见效很快的方法之一，它能使人逃脱于无形，而让制造尴尬的人立即停止发话，可谓一箭双雕。

第三章
把握好说话曲直的分寸

说话不可口无遮拦

与人说话要讲究方圆曲直，该说的说，不该说的就不要开口，可实际上，有的人说话口无遮拦，以致让自己陷入危险境地。

说话不可口无遮拦，要恰当地回避他人忌讳的东西，才能使双方的交流更为融洽。

朋友聚会，大家不免要开开玩笑，玩笑不伤大雅无妨，不有意无意揭人伤疤也无妨。这样可以使气氛更欢愉，彼此沉浸在往事的回忆中，倒是一种乐趣。然而，有时不该说的说了，就会使气氛骤变，若是有朋友携好友或恋人同往，情况还会更糟。

小张长得高大魁梧，在大学校园内有"恋爱专家"的雅号。如今他是一家外资公司的高级职员。英俊的长相和丰厚的薪水使他在众多的女孩中选择了貌若天仙的小丽作为女友。也许是为了炫耀自己的能耐，小张带着小丽去参加朋友聚会。

就在大家天南海北闲谈的时候，同学老王转了话题，谈起了大学校园罗曼蒂克的爱情故事，故事的主人公自然是"恋爱专家"小张。老王眉飞色舞地讲述小张如何引得众多女生趋之若鹜，又如何在花前月下与女生卿卿我我。小丽起先还觉得新奇，但越听越不是味，终于拂袖而去。小张只好撇下朋友去追小丽。

老王并不是有意要揭小张的伤疤，而他的追忆往事确实是使小丽耳不忍闻，无端造出了乱子。这不仅使小张要费不少周折去挽回即将失去的爱情，而且使在场的人心里也不愉快。

总之，无论在什么场合，什么情况下都要把握说话分寸，尽量做到该说的说，不该说的就不说，尽量创造一个和谐的氛围。

转个弯儿说话

在某些特定的场合，如果把话说得太直、太透，可能会引起对方的不满，或者对自己产生不利的影响，但意思又不能不表达。这时采用近话远说，人为地拉开话题与现场之间的距离，给双方留下一个缓冲带。

西安事变前夕，张学良和杨虎城就频繁晤面，都有心对蒋发难。可对于这样一个关系到身家性命和国家前途的大事，在对方亮明态度之前，谁敢轻易开口。眼看时间越来越近，双方都是欲说还休。

杨虎城手下有个著名的共产党员叫王炳南，张学良也认识。在又一次的晤面中，杨虎城便以他投石问路，说道："王炳南是个激进分子，他主张扣留蒋介石！"张学良及时接口道："我看这也不失为一个办法。"于是两个聪明的将军开始商谈行动计划。

当时，张学良的实力比杨虎城大得多。杨虎城如果直接把自己的观点摆在张的面前，而张又不赞同，后果实在堪忧。于是就借了并不在场的第三者之口传出心声，即使不成也可全身而退，另谋他策。

说话转个弯儿，在表达了自己的意见的同时，也为自己留了条后路。不信看下面这个例子：

我国古时候，有一个县官很喜欢附庸风雅，尽管画术不佳，但画画的兴致很高。他画的虎不像虎，反而像猫。并且，他还每画完一幅画，都要在厅堂内展出示众，让众人评说。大家只能说好话，不能说不好听的话，否则，就要遭受惩罚，轻则挨打，重则投入监牢。

有一天，县官又完成了一幅"虎"画，悬挂在厅堂，召集全体衙役来欣赏。

县官得意地说：

"各位瞧瞧，本官画的虎如何？"

众人低头不语。县官见无人附和，就点了一个人说：

"你来说说看。"

那人战战兢兢地说：

"老爷，我有点儿怕。"

县官："怕，怕什么？别怕，有老爷我在此，怕什么！"

那人："老爷，你也怕。"

县官："什么？老爷我也怕。那是什么，快说！"

那人："怕天子。老爷，你是天子之臣，当然怕天子呀！"

县官："对，老爷怕天子，可天子什么也不怕呀！"

那人："不，天子怕天！"

县官："天子是天老爷的儿子，怕天，有道理。好！天老爷又怕什么？"

那人："怕云。云会遮天。"

县官："云又怕什么？"

那人："怕风。"

县官："风又怕什么？"

那人："怕墙。"

县官："墙怕什么？"

◇ 借他人之言，传我腹中之事 ◇

在某些特殊场合，将话借第三者之口说出，可弱化对方不满情绪、降低对我方的不利影响。这就是"借他人之言，传我腹中之事"的妙处。

你去帮我问问她有男朋友了吗?

1.为双方留有余地

对于不宜当面直言的问题，借由他人言，有时会让自己避开尴尬。

你帮我跟她道个歉。

2.有助于化解矛盾

利用第三人转达意见和看法，即使对方不接受，也能为双方留有余地。

你邀请她参会，她一定同意。

3.对方不便直接拒绝

尤其是求人办事时，利用第三人转达要求，对方不便直接拒绝，容易达成目的。

那人："墙怕老鼠。老鼠会打洞。"

县官："那么，老鼠又怕什么呢？"

那人："老鼠最怕它！"那人指了指墙上的画。

被点名的差役没有直接说县太爷画的虎像猫，而是绕着弯说话。让县官在众人面前保住了脸面，又让自己避免了一场灾难。

顺水推舟巧应对

在和别人交往时，如果遇到不宜直说，但又不得不说的情况时，采用顺水推舟的说话技巧不失为一种好的解决问题的办法。所谓顺水推舟，就是借助别人先造成的"势"，然后就此一"推"，便顺顺当当地将问题解决了。

下面有这样一个例子：

武则天当政时，天下禁屠。御史娄师德视察陕州，一次吃饭时，厨人端上了肉。娄师德便问：已经禁屠了，哪来的羊肉？厨人回道："豺咬杀羊。"看来娄大人口福不浅，知道他大驾光临，便有狼咬死羊，足见厨师训练有素，其主人教导有方。你看，禁也没有破，肉也有得吃，这"水"是够"顺"的了。不消说，只需轻轻一推，自然会"轻舟已过万重山"。无怪娄师德夸奖"豺大解事"，其实是地方官解事呀。过一会儿又端上鱼丸子，娄问何来鱼？许是事先培训不到家，厨人回曰："豺咬杀鱼。"师德叱道："智短汉，何不说獭咬杀鱼？"其实他也心知肚明，只是不愿说破罢了。

有时运用顺水推舟的说话方式，可以让我们保全别人的面子，又让自己减少不必要的损失。

把握好说话曲直的分寸，在遇到难以解决的境况时，你也不妨采用一下顺水推舟的说话技巧。

第四章

把握好说话轻重的分寸

点到为止

事情有缓急，说话有轻重。有些人在日常交际中，对问题缺乏理智，不考虑后果，一时性起，说话没轻没重，以致说了一些既伤害他人，也不利自己的话。

有一对夫妻吵架，两人唇枪舌剑，各不相让，最后丈夫指着妻子厉声说："你真懒，衣服不洗，碗也不刷，你以为你是千金小姐呢，什么都不会，脾气还挺大，要你有什么用，不如死了算了。"

这样的例子在日常生活中屡见不鲜。这类说"过"了、说"绝"了的话，虽然有一些是言不由衷的气话，但是对方听来，却很伤心，故常常引起争吵、嫉恨，甚至反目成仇。俗话说"过火饭不要吃，过头话不要说""话不要说绝，路不要走绝"，正是对上述不良谈吐的告诫。

如果听话人是一个非常明白事理的人，你说的话就不必太重，蜻蜓点水，点到即止，一点即透，因为对方就像一面灵通的"响鼓"，鼓槌轻轻一点，就能产生明确的反应。对这样的人，你何必用语言的鼓槌狠狠地擂他呢？

赵明是工厂的一名班组长，最近他的班组调来一个名叫王楠的人，别人对王楠的评语是：时常迟到，工作不努力，以自我为中心，喜欢早退。过去的班长对王楠都束手无策。第一天上班，王楠就迟到了5分钟，中午又早5分钟离开班组去吃饭，下班铃声响前的10分钟，他已准备好下班，次日也一样。

赵明观察了一段时间，发现王楠缺乏时间观念，但工作效率却极佳，而且成品优良，在质管部门都能顺利通过。于是，赵明对王楠微笑着说："如果你时间观念和你的工作效率同样优秀，那么你将成为一个完美的人。"以后赵明每天都跟王楠说这句话。时间久了，王楠反而觉得过意不去了，心想：过去的班长可能早就对我大发雷霆了，至少会斥责几句，但现在的班长毫无动静。

感到不安的王楠，终于决定在第三周星期一准时上班，站在门口的赵明看到他，便以更愉快的语气和他打招呼，然后对换上工作服的王楠说："谢谢你今天能准时上班，我一直期待这一天，这段日子以来你的成绩很好，如果你发挥潜力，一定会得优良奖。"

赵明对待王楠的迟到，没有采取喋喋不休的方式批评，而是点到为止，让其自动改正错误。

小宋是一位小学语文教师，他不满某些社会现象，爱发牢骚，甚至在课堂教学中有时也甩开教学内容，大发其牢骚。很显然，他缺乏教师这个角色应有的心理意识。校长了解这种情况后，与他进行了一次交谈。校长说："你对某些社会不良风气反感，对教师经济待遇低表示不满，这是可以理解的。心中有气，尽管对我发吧，但是请你千万不能在课堂上发牢骚。少年的心灵本是纯真幼稚的，他们对有些事缺乏完全的了解和认识，你与其发牢骚，何不把那份精力用来给学生讲讲如何振兴祖国？这才是一个称职的教师应该做的。"听了校长这一番语重心长的话，小宋认识到当教师确实不能随意把这种牢骚满腹的心理状态表现出来，不然，对学生会产生不良的影响。从此以后，再也没有听说他在课堂上发牢骚了。

同样，校长如果不把握说话的轻重，直接说："你这样做是缺乏修养的表现，不配做一个教师。"那么结果又会怎样呢？

说话要把握轻重，点到为止，给人留住面子，才能起到说话的原本目的。

发生冲突时切忌失去理智

人与人之间难免因某种原因产生摩擦，这时，如果把话说得过重，就会使矛盾激化，相反，如果压制自己的情绪，则会让事情平息下来。

日本一位得过直木奖的作家藤本义一先生，是位颇为知名的人。

一次，他的女儿超过了晚上时限10点钟，于12点方才带醉而归，开门的藤本夫人自是破口训斥了一顿，之后还说：

"总而言之，你还是得向父亲道个歉。"

顿时，她也清醒了不少，感到似乎大难就要临头了，于是便怯怯地走向父亲的卧房，面色凝重的父亲却只说了句："你这混蛋！"之后便愤然离去，留下了无言的女儿独自在黑暗中。

虽然只是一句话，但却深深刺痛了她的心，然而晚归之事，自此便不再发生。

为人父母者都有责备孩子的经验，多半也了解孩子可能有的反抗心，所以要他们反省是相当困难的。通常会以一句："你是怎么搞的，我已经说过多少次！"想让他们了解并且反省，此时他们若有反抗的举止，父母又会加一句："你这是什么态度？！"然后说教更是没完。

如此愈是责骂，反抗心便愈是高涨，愈是希望他们反省，愈得不到效果，于是情况就会变得更糟，但藤本先生的这种做法，使他女儿的反抗心根本无从发泄，反而转变为反省的心。

因藤本夫人的一顿训斥，已足够引起女儿的反抗心，但藤本先生却巧妙地将它

◇ 理智面对言语冲突 ◇

在情绪激动时，要特别注意控制，切莫"怒不择言"，出语伤人，不然会积怨更深，因此应理智地面对冲突的发生：

1.避开对方锋芒

对方挑起争端时，自己先忍耐，不正面迎击，减少发生冲突的可能性。

等着瞧。

2.不要咄咄逼人

咄咄逼人的态度不仅不会迫使对方投降，还会加深双方仇恨。

3.主动示弱

一方主动示弱，另一方一定不会继续强硬，有助于矛盾的化解。

压抑住，反而使女儿的内心感到十分歉疚，因为父亲的一句"混蛋"，实胜过许多无谓的责骂，她除了感激，实在无话可说。

压制自己的情绪，在遇到愤怒的事情时，切勿失去理智，口不择言。通常有些"过头话"是在感情激动时脱口而出的：人们为了战胜对手，往往夸大其词，着意渲染，"攻其一点，不及其余"，甚至使用污言秽语。如夫妻吵架时，丈夫在火头上说："我一辈子也不想见到你！"这话显然是气话、"过头话"，是感情冲动状态下的过激之言。事过之后，冷静下来，又会追悔莫及。钢刀砍在石头上，肯定会溅起火星，如果钢刀砍在棉花上，则软而无力。对方一定不会再强硬下去。

简单否定或肯定他人不可取

对他人的评价是最为敏感的事情，应格外慎重。尤其是对自己不喜欢的人作否定性评价时，更应注意公正、客观，不要言辞过激，最好少使用"限制性"词语。如果某下属办糟了一件事，在批评时，某领导说："你呀，从来没办过一件漂亮事！"这话就说得过于绝对，对方肯定难以接受。如果这样批评："在这件事上，我要批评你，你考虑得很不周到！"这样有限度的批评，对方就会心服口服，低头认错。因此，对他人做肯定或否定性评价时，要注意使用必要的限制性词语，以便对评价的范围做准确的界定，恰当地反映事物的性质、状态和发展程度。只否定那些应该否定的东西，千万不要不分青红皂白，简单地"一言以蔽之"。

妙语精言，不以多为贵。领导者在批评下属的过错时，经常要用听起来简单明了、浅显易懂，实际上含意深刻、耐人寻味的语言，使出现过错的人经过思考，便能从中得到批评的信息，并很快醒悟，接受批评，改正过错，吸取教训，不断前进。

第五章
与人开玩笑时的说话分寸

开玩笑要适度得体

在生活中，适度、得体地开个玩笑，可以使周围的人松弛自在，并能营造出适于交际的轻松活跃的气氛，这也是具有幽默感的人更受欢迎的原因。如果玩笑无度，不但收不到好的效果，更会造成严重的后果。

一位男士的女同事穿着一身漂亮的新衣服来上班，他幽默地说道："今天准备出嫁？"这其实是一种夸赞，只不过话说得委婉一点儿，调侃一点儿。

然而，他的这位女同事却是个神经质的泼妇。

她闻听此言，怒不可遏，拍案而起："你骂人！难道我离婚了，难道我丈夫不在了？"接着又来了一大串的谩骂。

这位男士万万没有想到，他的颇为得意的幽默竟被人家当成是不堪入耳的污言秽语，得到的竟是如此难堪的结局。他百口难辩，只好道歉了事。每当提及此事他都苦笑不已，因为那位女同事因此而到处说他是个"二百五"。

为了达到开玩笑的目的，又不致造成不必要的误会，事先做一下说明是值得借鉴的。

日本人在开玩笑前很紧张，所以他们在开玩笑前要先打个招呼——以下是个笑话，然后才讲笑话，也许我们觉得这一点儿也不好笑，但日本人却会说，这"穿靴戴帽"是很必要的。因为只有这样，对方才有心理准备，不会把玩笑和严肃的话题混淆，免得造成工作上的误会；如果玩笑和对方有关，打个招呼能避免伤害到对方。日本人不仅说笑话要预告，就是要对某件事提出尖锐的批评时也要先讲一句："我有句难听话要说。"讲完后还要再加一句："这话虽然刺耳，但是请你不要往心里去。"这就是日本人，很多人共同的价值认识，在这里要按照特殊的游戏规则才能通行于他们的社会生活之中。

有一对小夫妻，感情很好，整天都有开不完的玩笑。一天，丈夫摆弄鸟枪，对准妻子说："不许动，一动我就打死你。"结果不小心真的扣动了扳机，结果，妻子被意外地打成重伤。可见，开玩笑千万不能过度。

当然，也有极少数人利用幽默的形式专讲刻薄话，既伤人又伤己，他们专门去打击别人的自尊心，毫不在乎地讲出对方所"耿耿于怀"的话。例如，有关别人的命运，他们所生长的社会环境、有关他们双亲在社会上的地位或者他们的职业等，都成为一些人的谈资。

这个世上本来就有很多不幸的人，一生下来之后，即背负了身体上不利的条件。而更值得同情的是，他们之所以会变成这样，并非自己心甘情愿的。因而，凡是有怜悯之心的人，都不应该以他们身体上的缺陷为话题。事实上，这也是与人交往时，必须注意的一种礼节！

然而，还有人毫不介意地使用那种伤人的言词。当着别人面说那种伤人感情的话，这是非常不人道的。例如，有些人常常使用一些刻薄的言语，如"货底""嫁不出去的老处女""睁眼瞎子""拖油瓶""滥货""杂种""后娘""拖累人的废物""精神薄弱儿""坏胚子"等字眼。

假如你有心的话，将不难察觉到这些字眼是极为伤人的，是非人道而残酷的。我们不妨设身处地想一想，如果自己被如此称呼时，心里将有何感觉呢？这个问题实在是有深思的必要。

◇ 开玩笑有忌讳 ◇

幽默口才应当是阳春白雪，不宜任意挥霍。下面是在运用幽默口才时需要忌讳的几个地方我：

你真是一脚一米六，一脚一米七啊！哈哈哈哈！

王大妈，您的肚子比上宰相了啊，哈哈，大的都能撑船了。

奥小子，说话没轻没重的！

1.跟残疾人开玩笑要避讳

拿残疾人的短处开玩笑，这会严重伤害对方，导致不堪设想的后果。

2.跟长晚辈开玩笑忌放肆

和长辈、晚辈开玩笑忌轻佻放肆，特别应忌谈男女情事。

开玩笑要因人而异

人们由于性别、年龄、经历的不同，就造成人与人之间的心理差异。例如有人性格开朗，有人性格内向；有人是多血质，有人是抑郁质；有人爱好玩乐，有人爱好学习。这些都表现出人与人之间的心理差异。开玩笑时如果不注意对方的性格，也容易出问题。

百人百姓百脾气。有些人在与不同的人打交道时，不了解对方脾气、性格、爱好等就随意行动，有时也会冒犯人。比如，有的人是小心眼儿，如果你说话不注意，就会惹人家不高兴。有的人是急性子，说话讲究干脆，可你却在那里啰唆，一遍又一遍地交代，他就会反感，以为你不相信他而生气，有的人把自己的脸面看得很重，自尊心太强，任何时候别人都冒犯不得。他们只喜欢好听的，不喜欢有人说他们的缺点，一旦有人揭他们的伤疤，就像捅了他们的"马蜂窝"，他们会不顾一切地和你大闹起来，与你为敌。

人们的心情常常有起伏变化，喜怒哀乐、有暗有明。当心情好的时候，交往成功的希望就大得多。因为在这时候，人们的心情好，兴致高，接受和包容各种意见的心理也健全和博大得多。哪怕是刺激性较强的言行，也能容忍，不去计较，不会造成不良后果。可是，当人们的心情不好，心事重重，十分烦躁时，他们对于外界信息的接受就会带有明显的倾向性和选择性，对于那些反面的信息就会持排斥反感的态度，而每一个人，在某一特定的时间内，都处于某一心境之中。

这样，在交往中，首先应当对对方所处的心境有所了解，有所体谅，并由此出发来选择话题，决定讲话内容以及所采取的表达方式等，这样才可能取得较好的效果。

性格不同，决定开玩笑的内容、方式和情境也不同。一般情况下，对于性格开朗的人来说，玩笑即使过火，他也能够接受，大不了一笑置之，可一旦碰上交往对象性格封闭，非常在意他人说话的用心，这时你采取如下做法，无疑是非常明智的：控制自己，不图一时痛快，随随便便开玩笑。另外我们也知道，性格开朗的人有时也会碰到烦心事，而性格内向的人有时也会"人逢喜事精神爽"，所以分别遇到这两种情况，对前者就不可以再说玩笑话，免得惹他变脸；而对后者，恰如其分地开个小玩笑，相信他也会笑脸相对的。

最后，我们来一同确认一下，跟哪些对象交往时，不要随随便便开玩笑：

（1）不跟长辈或晚辈开男女情事方面的玩笑；

（2）跟普通的异性朋友单独相处时，不要随便开玩笑；

（3）在残疾人跟前，开玩笑一定要注意避讳；

（4）朋友跟别人谈正事时，切不要开朋友的玩笑。

开玩笑要符合场合

一般来讲，严肃、静穆的场合，言谈要庄重，不能开玩笑。而在喜庆的场合，则要注意自己所开的玩笑能否给喜庆的环境增添喜悦的气氛。如果因为你的玩笑，而使人扫兴就不好了。工作时间不宜开玩笑，以免因注意力分散影响工作，甚至导致事故。总的来说，开玩笑一定要先看清楚场合，搞清楚状况。

1.正式场合与非正式场合

非正式场合中可以开的玩笑话，用在正式场合中就显得过分了。据报载，葡萄牙的环境部部长，只因不看场合说了句玩笑话而丢掉了乌纱帽。事情是这样的：葡萄牙的阿连特加地区，因水中含铝超标，已经致使16个人的大脑受损医治无效而先后死去，医院里还有些同样的病人处于危险状态。政府决定彻底查清原因，采取防治措施。为此，环境部、卫生部的负责人、专家和有关医生在米纽大学举行讨论会。会后休息时，环境部部长指着医院的几个医生对大家开玩笑说："你们知道他们和阿连特加地区最近死去的那些人有什么关系吗？他们将那些人弄到回收工厂，从那些人的肾脏中回收铝。"

这当然是说笑话，怎么可能从人体中回收铝呢？但是，在这样不幸的令人焦灼不安的时刻和场合开这样的玩笑，实不应该。为此，这位环境部长事后声明道歉，并引咎辞职。

这些事例充分说明，在正式场合与非正式场合说话的影响力是不同的，在正式场合说话应特别谨慎。

2.喜庆场合与悲痛场合

在有些交际场合，某种情感色彩的氛围很浓，在这样的场合氛围中，要求人们的言行要与此情此景相一致、相融合。比如，在喜庆的场合，人们的言行就应有更多的欢乐色彩，彼此在情绪上才能共鸣。在悲痛的场合，人们的言行应更有人情味，更富同情色彩，才有助于感情的沟通。

一般情况下，人们不会有意识地讲一些与某一场合中的气氛截然相反的话，比如在喜庆的场合说悲痛的话，或者颠倒过来，在悲痛的场合说逗笑的话。

但是，确实有一些人在无意中说出了与某一场合中的悲喜气氛不相适应的话，从而造成了不好的影响。

在悲痛、忧伤的场合，说不合时宜的话也会得罪人。有这样两个老友，在平时爱开玩笑，几天没见面，就说："你还没'死'呀？"对方马上说："我等着给你送花圈呢！"两个人哈哈一笑了之，后来甲真的病了，住进了医院。乙想叫他开开心，到医院去看望。一见面，他就开玩笑："你还没死呀？"甲的脸一下子拉长了，说："你滚！"把他赶了出去。你看，在医院，对病人说这样的笑话显然是不合时宜的。

开玩笑不是任何时候都能给人带来欢声笑语的，更不要图一时痛快，想到什么就说什么，一定要看清楚当时所处的场合。

不拿别人的隐私开玩笑

一般来讲，开玩笑都想达到一种令人回味无穷的幽默效果，为此，有人开玩笑竟侵犯到了别人的隐私，这实在太过分了。其实，玩笑能否令人回味无穷，在于巧

◇ 分情况对待别人的隐私 ◇

在与人交往谈话中，如果不是为了某种特殊需要，一般尽量避免接触别人隐私，免使对方当众出丑。具体可分为如下状况：

等大家走了再跟他说。

1 避免当众揭短

面对容易恼羞成怒的人，应避免当众揭短，以免出现难堪局面。

2 装聋作哑，不去追究

面对纯属他人隐私、非原则性的错误，应做到装聋作哑，不去追究。

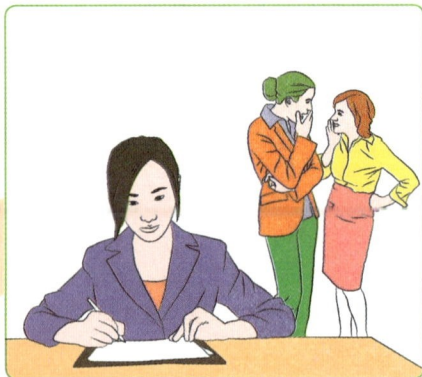

妙、含蓄的构思，精辟、深奥的哲理，浅显、滑稽的表现形式，幽默的引证，以及特定的矛盾、特定的情境，等等。用过分的语言去开玩笑，难免出现污言秽语。不宜过频地开玩笑，应该适可而止。

每个人都有自己的秘密，都有一些压在心里不愿为人知的事情。在同事之间的闲聊调侃中，哪怕感情再好，也不要去揭别人的短，把别人的隐私公布于众，更不能拿来当作笑料。

某茶馆老板的妻子结婚2个月，就生了一个小孩，邻居们赶来祝贺。老板的一个要好的朋友吉米也来了。他拿来了自己的礼物——纸和铅笔，老板谢过了他，并且问："尊敬的吉米先生，给这么小的孩子赠送纸和笔，不太早了吗？"

"不，"吉米说，"您的小孩儿太性急。本该9个月后才出生，可他偏偏2个月就出世了，再过5个月，他肯定会去上学，所以我才给他准备了纸和笔。"

吉米的话刚说完，全场哄然大笑，令茶馆老板夫妇无地自容。

调侃他人的隐私是不对的，上例中吉米明显道出了茶馆老板妻子未婚先孕的隐私，这样令大家都处于尴尬的局面。

所以说，调侃时说出了他人的隐私，虽言者无意，但是听者却有心的。他会认为你是有意跟他过不去，最好的办法是假装不知，若无其事。

在现实中，正人君子有之，奸佞小人有之；既有坦途，也有暗礁。

在复杂的环境下，不注意说话的内容、分寸、方式和对象，往往容易招惹是非，授人把柄，甚至祸从口出。因此，说话小心些，为人谨慎些，使自己置身于进可攻、退可守的有利位置，牢牢地把握人生的主动权，无疑是有益的。一个毫无城府、喋喋不休、乱侃他人隐私、乱揭他人伤疤的人，会显得浅薄俗气、缺乏涵养而不受欢迎。

心理学家研究表明：谁都不愿把自己的错误和隐私在公众面前"曝光"，一旦被人曝光，尤其是以一种调侃的形式被人揭露，就会感到难堪而愤怒。

第六章
调解纠纷时的说话分寸

调解纠纷的"三宝"

在日常生活中，人与人之间有时难免会因为这样那样的原因引起争吵或纠纷，产生交往上的障碍，对于始料不及的纠纷，如果得不到及时解决，化干戈为玉帛的话，往往会使双方积怨加深，妨碍彼此间的正常关系。这时就需要纠纷外的第三者去调解，使其关系融洽。

比如说，你与一个朋友之间产生了一定的隔阂，但又不想与之断交，这就不妨请个第三者从中说和。第三者的任务是将双方的歉意及想保持交往的愿望准确真实地进行传递。

小孩子们中常常出现这种事情："小燕，珍珍愿意和你好了，你呢？""我也愿意。""珍珍，小燕愿意和你好，大家拉拉手吧！"这是最简单的第三者消除隔阂的办法。成年人的世界里，这种方法用得很常见，也复杂得多。

人间需要"和事佬"。有机会充当这样的角色，是很有意义的事。有时候，双方陷入僵局，相持不下，顾及脸面，谁也不愿作个低姿态，给对方一个台阶。这时"和事佬"就大有用武之地了。"和事佬"最高超的功夫，就是"打圆场"。

所谓"打圆场"，是指交际双方处于争吵或尴尬境地时，由"和事佬"出面站在第三者角度进行调解。"打圆场"近似于捧场，同是圆滑乖巧之为，但它没有捧场那般肉麻，而且在了结现实矛盾、平息事端的功效上，都比捧场高上一等。"打圆场"运用得好，可以活跃气氛，联络感情，消除误会，缓和矛盾，平息事端，还有利于应付尴尬，打破僵局，解决问题。

那么，如何才能达到顺利调解纠纷的目的，让"打圆场"打得成功呢？

1.先表"赞同"，后诉歧异

调解员在进行调解时，由于其特定的身份，往往使调解对象持有紧张、戒备乃至对立的情绪。要使自己的意见易于被调解对象接受，不妨适当采用"赞同"的方法，即强调谈话双方在某一方面的"一致性"的方法，如强调共同愿望，肯定对方某一点意见的正确，等等。

这种寻找"一致性"的方法，有助于打消调解对象的对立心理，平定激动情绪，从而理智地、心平气和地接受自己的正确意见。这种找共鸣点，先赞同长处，后驳斥短处的调解语言，既使调解对象的委屈、愤怒心理得到了平衡，又使其顺其自然地接受了自己的意见，收到事半功倍之效。

2.言辞恳切，合法合情

既然是调解，那么调解的矛盾均属于没有什么严重冲突的人民内部矛盾，应以和平解决为最佳途径，这就要求调解语言既符合法律规范，又要符合调解对象的特定心理。有时调解语言虽然合理、合法，却不合"情"。可见，调解语言不可生搬硬套，必须根据调解对象的不同的心理特点，选用不同的调解语言。

3.因人而语，忠言不逆

世人常说："良药苦口利于病，忠言逆耳利于行"，但随着科学技术的迅速发展，良药也裹上了糖衣，变得可口了。既然良药未必苦口，那么忠言也未必逆耳，这就取决于说话的方式方法的优劣了。调解人员要抓住调解对象自尊、爱面子的心理，从维护双方名誉出发，晓之以理，动之以情，使忠言的表达深刻得体，忠言也变得顺耳利行了。

打圆场要让双方都满意

在别人发生矛盾、争论的时候，夹在中间的滋味是比较尴尬的。作为争论的局外人，我们应当善于打圆场，让矛盾得到及时化解。但是在打圆场的时候，一定要注意一个问题，就是要不偏不倚，让双方都认为你没有偏向。否则，只能是火上浇油，还不如不说。

当双方为某件小事争论不休，各说一套，互不相让，纠缠不休时，"和事佬"无论对哪一方进行褒贬过分的表态，都犹如火上浇油，甚至会引火烧身，不利于争端的平息。

如果属非原则性的争论，双方各执己见，而这场争论又没有必要再继续下去，那么作为"和事佬"又如何"打圆场"呢？如果力陈己见，理论一番，恐怕不会有效。

假如争论的问题有较大的异议而双方又都有偏颇，眼看观点越来越接近，但由于自尊心，双方又都不肯服输，这样，就把争论引导到理论的探讨、观点的统一上来了。但不能"各打五十大板"。因为，所谓"各打五十大板"是不分青红皂白、是非曲直的，那样乱批一气不利于解决问题，不可取。

适当地褒一方、贬一方

不对争执双方做人格上的评价，而强调双方在性格、能力等方面的差异性，在

◇ 打圆场的学问 ◇

凡事都有诀窍，打圆场也有打圆场的学问。归纳起来，打圆场的学问主要有以下几点：

> 事情就是这么简单，你们之前误会彼此了。

1.说明真相，引导自省

将事实真相客观地说清楚，不加任何评论，让双方消除误会，达到调节的目的。

> 鱼自己没有抗议，您二位无须为它争吵。

2.岔开话题，转移注意

针对非原则性的争论，应转移双方注意力，使双方认识到没有争吵的必要。

> 要不然这样，你们各退一步，四六分。

3.拿出双方都接受的方案

整理双方意见的精华，同时将完整意见归纳出来，统一成都能接受的方案。

客观上起到褒贬的效果，从而化解争执。人们在吵架的时候，经常为了谁对谁错，谁好谁坏而争执不休，直接的褒贬至少会引起一方的不满，甚至伤害其自尊心。因此，劝架者在对一方进行劝解时应该避重就轻，不对双方道德上的孰优孰劣做出判断，而是强调二者在个性、能力上的差异，适当地"褒一方，贬一方"可使被褒的一方心里得到满足并放弃争执，而又不伤害被贬的一方，使劝解成功。

小陈和小杨是某学校新来的年轻教师，小陈心眼儿细，考虑事情周到，小杨性情有些鲁莽，但业务能力较强。一次，两个年轻人发生了争执，小陈说不过小杨，感觉很委屈，跑到校长处诉苦。校长拍拍小陈肩膀说："小陈啊，你脾气好，办事周到，这个大家都清楚，也都很欣赏，可是小杨天生是个躁性子，牛脾气一上来什么都忘了，等脾气过去了就天下太平了。你是一个细心人，懂得从团结同事、搞好工作的角度看待问题，你怎么能跟他那暴性子一般见识呢？"一番话说得小陈脸红了起来。

这是一个强调双方差异来解决纠纷的典型例子。校长没有直接批评小杨，而是反复强调小陈脾气好，小杨性格暴躁，这实际上是通过比较两人截然不同的性格来肯定小陈待人办事的方法是正确的，小陈领悟到校长的意思，自然也不会再跟小杨计较。

此外，在褒一方、贬一方时，作为调解纠纷的第三人应记住以下几点，以免褒贬不当而引起当事人的反感，让事情变得更糟。

1.忌激化矛盾

很多调解纠纷的第三者在用"褒一方、贬一方"的方法时，由于方法不当而加剧矛盾，这主要是因为：

第　是强化了当事人本来就不该有的消极情绪，从而火上浇油，扩大了事态。

第二是"惹火烧身"。因方法不当，激怒了当事人，使当事人把全部的不满和怨恨情绪都转移到了你身上，你成了他的对立面和"出气筒"。

2.忌急于求成

人们常说，善弈棋者，每每举一而反三。做别人的思想工作也好比下棋，也要珍视这"三步棋"的做法，要耐心细致，再三斟酌。如果条件不具备就急于求成，不瞻前顾后，总想一劳永逸，其结果往往是事倍功半，"成"效甚微，甚至把矛盾激化。

3.忌官腔官调

要克服官腔官调，最主要的是应该增强普通人的意识，以普通人的姿态出现在人们面前，彻底改变那种高高在上、唯我独尊、主观武断的官僚作风和指手画脚、发号施令的作风。

还必须注意坚持实事求是的态度，慎用套话，加强语言表达能力的培养。

4.忌空洞说教

要避免空洞说教，尤其要从道理上使人信服；思想观点要明确；语言要朴实新颖。三个方面都要下功夫。

5.忌反常批评

必须努力克服以下几种不正确的批评方式：

批而不评式；阿谀奉承式；隔靴搔痒式；褒贬对半式。

以上几种不正确的批评方式，均属于调解纠纷的"败笔"。要想使调解达到转变对方态度、修正对方错误的目的，就应该正确运用批评的武器，切忌简单化和庸俗化。

6.忌不分场合

如果不分场合，信口开河，不管人前人后，指名道姓地对人说服，效果往往不佳；搞不好还会出现与当事人的良好动机截然相反的结果。

维护当事人的自尊心

一般来说，人们对于自尊往往存有不容侵犯的保护意识，如果你能顾及他人的自尊，处处为其着想，那么解决起问题来就容易得多了。

同样，在调解纠纷时，不对矛盾的双方进行批评指责，相反，分别赞美争执的双方，肯定他们各自的价值，使他们感到再争执下去只会损害自己的形象，因而自觉放弃争吵。

星期天，小陈一家包饺子，婆婆擀饺子皮，小陈夫妻俩包。不一会儿，小陈的儿子从外面跑进来："我也要包。"

婆婆说："大刚乖，去洗了手再来。"

儿子没挪窝，在一旁蹭来蹭去。妻子叫："蹭什么！还不去洗手，看弄得一身面粉，我看你今天要挨揍。"

"哇……"5岁的大刚竟哭起来。

"孩子还小，懂什么？这么凶，别吓着他！"婆婆心疼孙子了。

"都5岁了还不懂事，管孩子自有我的道理。护着他是害他！"

"谁护着他了，5岁的孩子能懂个啥，不能好好说吗？动不动就吓他！"

小陈一看，自己再不发话，"火"有越烧越旺之势，便说："再说，今天这饺子可就要咸了哟！平日里，街邻、朋友都说我有福气，美慕我有一个热情好客、通情达理的母亲，夸我有一位事业心强、心直口快的妻子，看你们这样，别人会笑话的，都是为孩子好。大刚，还不快去让奶奶帮你洗洗手，叫奶奶不要生气了。"又转向妻子："你看你，标准的'美女形象'，嘴噘得都能挂10只桶了。生气可不利于美容呀！"妻子被他逗乐了。那边，母亲正在给孩子擦着身上的面粉，显然气也消了。

每个人都爱自尊,大部分成功的人都由经验中证实,要维护他人的自尊,绝非一两次的表态可以奏效,它是由许多次日常接触所形成的一种过程。

弗雷德·薛佛在纽约人寿保险公司工作,在保险业中,日常关系是最重要的。因为在保险业里,业务人员就等于是公司本身。业务员如果业绩不佳,不久就连公司都将无立足之地。

多年前薛佛曾任职于一家国际保险公司——麦卡比公司。当公司迁入一座新大楼后,跟以前不同的是这大楼中还有几家其他的公司。薛佛希望在搬迁之后,原来所维持的重要的个人关系并不因迁移而招致疏忽。所以,他到新大楼上班的第一天,第一件事就是走到安全人员台前。

薛佛回忆当时的情景:"当时有十来位安全人员,我请他们都围拢来,结果发现他们除了知道我们公司的名称之外,其他一概不知,连我们从事保险业都并不清楚。于是我对他们说,'各位!我们在底特律市有几位很重要的业务代表,如果你们发现来的人是业务代表,我们一定得给予最隆重的欢迎,我是说尽量让他觉得备受重视,如此便得劳驾你们亲自送他上7楼找到他所要会见的人,也请你们一定要配合帮忙'。后来我听到一些业务代表谈起他们来到这栋大楼所受到的礼遇,让他们感到很高兴。"

所有的这些小动作加起来就是一个很重要的整体结果,那就是:人们会对自己觉得很满意。员工只要相信公司关心他们、并了解他们的需要、维护他们的自尊,就会以努力工作、达成公司目标作为回应。

每一个人都是有自尊心的,如果你对他所说的话能够表示同意,这就是尊重他的意见,他在无形中把自己抬高了,而抬高他的便是你,自然他对你是十分高兴的,他也愿意和你做朋友。反过来,你不能对他表示同意,显然你是站在和他敌对的地位,你是他的敌人而不是友人,他能不和你为难吗?所以在说话的时候,这一点我们是应该要加以注意的。

总之,顾及他人的心态及立场,尊重他人的自尊,是调解纠纷的必备武器,更是相当重要的为人之道,也是让他人交出信任的不可或缺的要素之一。因此,你要促使别人与你合作,你要说服他人,就必须遵循说服的这一要诀:维护他人的自尊。

淡化争端本身的严重程度

淡化争端本身的严重程度,使一方或双方看淡争端,从而缓和情绪,平息风波。

某厂一对新婚不久的夫妻因家庭小事闹矛盾,女方一气之下跑到娘家哭诉告状,说男方欺负她,哥哥听罢心想:我妹妹结婚不久就遭妹夫欺负,日后还有好日

◇ 淡化矛盾争端的三大技巧 ◇

作为调解纠纷的第三人，如果想淡化矛盾双方争端的严重性，就必须学会以下技巧：

其实你们吵架的根本原因是我没有加入争吵。

1 将严肃问题诙谐化

采取巧妙的方法将争执点转化为诙谐幽默，以此来缓和气氛，为解决问题制造转机。

关于这个问题先别吵，小李，陈总叫你，快去吧。

2 调虎离山，暂熄战火

将一人支开，让其暂时退出争论，之后等其头脑冷静，争端就会趋于平息。

我还记得当年，你们俩是最好的朋友，每次照合影你们都挨着呢。

3 寻找感情上的共同点

寻找双方的交集，一幅名画、一张照片都有可能成为淡化争端的契机。

子过？于是气愤地扬言要去教训妹夫。这时，父亲充当起"和事佬"来首先对儿子说：

"教训他？别冲动！教训他就能解决问题吗？再说，他家又不在厂里，一个人孤立无援的，你去教训他，旁人岂不要说闲话？好了，你妹妹自己家里的小事，用不着你操心，还有我和你妈呢。你多管些自己的事去吧。"

待儿子息怒离开后，父亲又劝慰女儿说：

"别哭了，又不是什么大不了的事。都结婚出嫁了，还耍小孩子脾气，多羞人。小夫妻哪有不吵架的？我当初和你妈就常吵闹呢。不过，夫妻吵架不记仇，夫妻吵架不过夜。你不要想得太多，日后凡事要大度些，不要像在娘家那样娇气任性。好，快点回你们小家去，不要让他到这里来找你回去，他是个不错的小伙子。家丑不可外扬，以后丁点儿小矛盾不要动不动就往娘家跑噢！"

女儿点头止哭，像没事一样，回她的小家去了。

夫妻吵架本是稀松平常的事，而当事人本身却认为事情很严重。因此，父亲在劝慰女儿的过程中，始终强调夫妻闹别扭只是"丁点儿"小事情，促使女儿把争端看得淡一点儿。女儿在冷静思考之后，认同了父亲的看法，思想疏通了，气也自然消了。

第七章
激励别人有分寸

信任是激励的基础

如果对某个人表现出充分的信任，那对方就会在你的这分信任下努力去达到你所期望的目标。对此，成功的大企业家松下幸之助有很深的体会。当他注意观察公司内的员工时总会觉得那些员工比自己优秀，然后他还会对员工说："我对这件事情没有自信，但我相信你一定能够做得到，所以就交给你去办吧。"而员工由于听了他的话而感觉自己被重视，因此会竭尽全力把事情做好。

1926年，松下电器公司要在金泽市设立营业所。松下从来没有去过金泽，但经过多方考察与考虑，还是认为有必要成立一个营业所。但是松下又开始犹豫应该派谁去主持那个营业所。当然，胜任那个工作的高级主管有不少，但是，那些老资格的管理人员必须留在总公司工作。因为他们当中的谁要是离开总公司，都会对总公司的业务造成不利影响。这时，松下幸之助想起了一位年轻的业务员。

那位业务员当时只有20岁，但是，松下不认为年轻就办不好事情。于是，他决定派这个年轻的业务员担任设立金泽营业所的负责人。松下把他找来，对他说："公司决定在金泽设立一个营业所，希望你能去主持这项工作。现在你就立刻去金泽，找个适当的地方，租下房子，设立一个营业所。我已经准备好一笔资金，让你去进行这项工作了。"

听了这番话，年轻的业务员大吃一惊。他不解地问："这么重要的职务，让我这个刚进入公司才两年又如此年轻的人去担任，不太合适吧？而且，我也没有多少经验……"

但是，松下觉得应该对年轻人表现出足够的信任，于是他几乎用命令的口吻说："你没有做不到的事情，你一定能够做得到的。你想，像战国时代的零藤清正、福岛正泽这些武将，都在十几岁时就非常活跃了。他们在很年轻时就已经拥有了自己的城堡，统率部下，治理领地百姓。还有，明治维新时的志士们不也都是年轻人吗？他们在国家艰难的时期都能够适时地站出来，建立了新时代的日本。你已经超过20岁了，不可能这样的事情都做不来的，放心吧，我相信你，你一定能够做到的。"

这一番话使得那位年轻的业务员下定决心说："我明白了，您就放心让我去做吧。非常感激您能够给我这个机会，实在是光荣之至，我一定会好好地去干的。"

年轻人一到金泽就立即展开准备工作。他每天都会给松下写一封信，告诉他自己正在找房子，后来又写信说房子已经找到，后来又是装修，等等，把自己的进展情形一一向松下汇报。很快，他在金泽的筹备工作完全就绪。于是，松下又从大阪派了两三名员工过去，开设了营业所。

正如松下幸之助所认为的，激励员工的要诀很多，但最重要的还是能够信赖他人，把工作完全交给他。受到信赖、得到全权处理工作的认可，任何人都会无比兴奋，相对地他也会产生责任心并全力以赴地工作。是的，通常一个受上司信任、能放手做事的人往往都会有较强的责任感，因此，上司无论交代什么事情，他都会竭尽全力去做好的。

赞美的艺术

激励别人时，光靠苦口婆心，喋喋不休的劝说是很难起到作用的，只有掌握恰当的方法，才能起到好的作用。

每个人都喜欢听好话，在激励别人时，先赞美他对后期工作的顺利开展有积极的作用。

暗中给对方一个不经意的赞美，即使他很忙也会听下去。

赞美是与人交际所必备的技巧，也是有效激励别人的必备武器。赞美话说得得体，会使你更迷人！

赞美别人首要的条件，是要有一份诚挚的心意及认真的态度。言辞会反应一个人的心理，因而有口无心，或是轻率的说话态度，很容易被对方识破而产生不快的感觉。再者，要赞美别人时，也不可讲出与事实相差十万八千里的话。

例如，你看到一位流着鼻涕而表情呆滞的孩子时，你却对他的母亲说："你的小孩看起来很聪明！"对方的感受会如何呢？本来是赞美话，却变成很大的讽刺，收到了相反的效果。若你说："哦！你的小孩子好像很健康的样子。"是不是好多了呢？

所以，赞美别人时要坦诚，这样，你所说的赞美话，会超过一般奉赞美的阶段，成为真正夸赞别人的话，听在对方耳中，感受自然和一般赞美话不同。

人性的特点之一，就是爱听赞美自己的话。一位女士穿了一款新买的衣服来上班。她希望有人注意，更希望有人来赞美："多漂亮的衣服！特别适合你。在哪儿买的？"但如果无人理会，她会很扫兴的。

费了九牛二虎之力，你终于做完了老板交付的一项工作。这时老板走过来，拍拍你的肩，说："干得不错，走，我请你喝一杯。"你会怎么样？一定非常高兴。

因为你的才干得到了别人的肯定。

林肯说过："人人都喜欢受人称赞。"威廉·詹姆士也说："人类本质中最殷切的需求是——渴望被肯定。"

在人际交往中，真诚、慷慨地赞美别人，是赢得友谊、信任、融洽关系的良

◇ 赞美要因人而异 ◇

激励别人时先赞美是有益无害的，但赞美要区别对象，因人而异。

> 老爷子真有福气，三个儿子都事业有成。

1 对于老年人

老年人重视的是子孙，如果夸赞其子孙，他自然心里高兴，认为你慧眼识珠。

> 士别三日当刮目相看，有前途。

2 对于年轻人

年轻人寄希望于自己，如果夸赞其将来会大有作为，他必定高兴，从而以你为知己。

> 秦总，在您带领下，公司真是日进斗金啊。

3 对于商人

适合夸赞其脑子灵活、决策高明、红光满面、日进斗金等话语。

方。马克·吐温说："听到一句赞美的话，我就可以多活两个月"。

循序渐进，因势利导

美国前总统华盛顿年轻时，家里的一匹马被邻人偷走了。华盛顿同一位警官到邻人的农场里去索讨，但那人口口声声说那是自己的马而拒绝归还。华盛顿用双手蒙住马的两眼，对邻人说："如果这马是你的，那么，请你告诉我们，马的哪只眼睛是瞎的？"

"右眼。"

华盛顿放开蒙右眼的手，马的右眼并不瞎。

"我说错了，马的左眼才是瞎的。"邻人急忙争辩说。

华盛顿放开蒙左眼的手，马的左眼也不瞎。

"我又说错了。"邻人还想争辩。

"是的，你错了。"警官说，"这证明马不是你的，你必须把马立即交给华盛顿先生。"

华盛顿在这里运用循序渐进，因势利导的方法，让小偷上钩，露出马脚。

同样在销售活动中，销售人员可以采用循序渐进的方法促使顾客购买商品。通常，在促使顾客作出购买决定之前，销售人员应该有步骤地向顾客提出一些问题，让他就交易的各个组成部分一一作出决定，也可能就一些特殊要求、特殊条件作出决定。特别是一些部件多、结构复杂、配套材料多的商品使用这种方法比较适合。

例如：

售货员微笑着对顾客说："您喜欢哪一种颜色？"

顾客："我对蓝颜色较为感兴趣。"

售货员："您需要一顶太阳篷吗？一些豪华轿车就配有这种太阳篷。尤其是在夏天，轿车是很有必要配备太阳篷的，您难道不这样认为吗？"

顾客："你说得对，但这种太阳篷太贵了。"

售货员："各种型号的汽车都装有雾灯。因为当你在秋天、冬天或者在春天比较寒冷的日子里行车的时候，雾灯是必不可少的。"

顾客："我个人认为配备雾灯是没有必要的。它只会抬高汽车的价格。另外，在天气不好的情况下，我肯定不会经常开车外出的。"

售货员："把座位往后推到这个位置，你坐在里面感觉舒服吗？坐在这个位置上开车感到很方便吧？"

顾客："还可以，不过我想座位还是稍高一点好。"

售货员："把座位调高一点很容易，你看还有哪些地方需要改进？"

如果你分段地有步骤地向顾客介绍产品，顾客就不必马上作出是否正式购买的决定，这样就得诱使顾客深入。尽管他会对产品的供销做出否定的回答，比如上面例子中关于雾灯和座位高低的问题，但是，这对于购车人来说并不是什么坏事情，因为它否定了产品与顾客个人愿望有关的部分而非全部。尽管你和顾客之间有分歧，但只要这个分歧是涉及某个问题，那它就不会对达成交易产生危害。

◇ 怎样做到循序渐进，因势利导 ◇

要使对方同意你的观点，需要做到以下三点，才能达到循序渐进，因势利导：

首先，要尊重对方

角度不同，人们常会用不同行为来维护利益。因此，在说服别人之前，要先尊重对方，这是说服成功的前提。

> 昨天张姐说这件衣服适合你。

其次，引用他人的话

消除别人怀疑的最好方式就是引用别人的话，让别人替你说服对方。

> 知错能改善莫大焉，没事别放心上。

最后，不随意批评别人

随意批评对方不仅会激起对方反感，还会伤害对方自尊，达不到说服效果。

第八章
道歉如何说出口

道歉，时机很重要

如果你错了，就要及时承认。与其等别人提出批评指责，还不如主动认错道歉，更易于获得谅解宽恕。凡是坚信自己一贯正确，发生争端总是武断地指责对方大错特错而自己从不认错、道歉的人，根本不能服众。领导者认错不会丢脸，也不会丧失威信，反而有利于维护形象、提高威信。有错就承认，并勇于主动承担责任的领导人，比自夸一贯正确，有错就把责任往下推的领导，更有威信，更深得下级的信赖、拥护、爱戴。

真心实意地认错、道歉，就不必推客观原因、做过多的辩解。就是确有非解释不可的客观原因，也必须在诚恳的道歉之后再略为解释，而不宜一开口就辩解不休。否则，你对自己的错误实际上是抱着抽象否定、具体肯定的态度，这种道歉，不但不利于弥合双方思想感情上的裂痕，反而会扩大裂痕、加深隔阂。道歉需要诚意。双方成见很深，当对方正处在火头上，好话歹话都听不进时，最好先通过第三者转致歉意，待对方火气平息之后，再当面赔礼道歉。有时当务之急不是先分清谁是谁非，而是要求双方求同存异，去对付共同面临的困难或"敌手"。如双方僵持不下，势必两败俱伤。如一方先主动表示歉意，就有可能打破僵局，化紧张为和谐，乃至化"敌"为友，促成双方合作共事。

明明没有错，也赔礼、道歉，这不是虚伪吗？不是卑怯吗？不。没有错，有时也需要道歉。如纯属客观的原因，比如气候变幻无常、意外的交通事故等，使你失信，给对方带来一些麻烦、损失，为什么不可以道歉呢？一味找客观原因，对方表面上不好责怪，但心情总是不愉快的，那就不利于增进友谊。如果你有事求助于人，对方尽了最大努力，由于受多方面条件的限制，事未办成，但他为此付出了艰巨的劳动；或事虽办成了，但对方付出的劳动，给他带来的麻烦，比你原先预料的要多得多。凡通情达理者，岂能毫无内疚之感，不说几句发自肺腑的道谢的话呢？这体现了你对他人劳动的尊重，而且以后有求于他，也好再开口。

对方不听你的劝告，闯了大祸，并已给他本人带来了生命、财产的巨大损失，他正沉浸在悲痛之中。此时此刻，你决不能先急于批评对方的错误，更不能埋怨他不听你的劝告，而应先表示慰问，再加上歉意，因为事先你没有再三极力劝阻。以后，再利用适当的时机、场合，双方共同来总结经验教训。凡通情达理者，一定会对你万分感激，并把你当成可信赖的知心朋友。

这些没有错误的真诚道歉，无论在个人、单位的社交活动还是在国家之间的外交往来之中，都是极为正常的表现，所以，我们也要认真加以对待。

道歉态度要诚恳

对待言语失误，道歉时态度诚恳是很重要的。内心有了真诚，即使说话不得当，也能得到别人的谅解。

与人交往，不可避免地会说错话，做错事，得罪人也就在所难免了。严重时，甚至会给别人造成沉重的精神痛苦和巨大的经济损失。对此，我们需要及时认识到自己的错误，诚恳道歉，并主动承担责任，一般情况下，总能得到别人的原谅。

道歉并非耻辱，而是真挚和诚恳的表现。伟人有时也道歉。丘吉尔起初对杜鲁门的印象很坏，但后来告诉杜鲁门说以前低估了他——这句话是以赞誉方式做出的道歉。有的人虽然道歉了，但总想为自己的过失寻找借口，以保住自己的面子。这样做，只能让人觉得你没有诚意。没有诚意的道歉是不会获得他人的谅解的。

道歉，有时只不过是"对不起"简简单单3个字，然而有时它却是一种心灵美的外在表现。

一位中国访问学者在美国曾遇到这么一件事。

有一天，她埋头赶路，一边走一边考虑问题，因为有点儿走神，没注意马路上走来一位男士，一时收不住脚步，一脚踩在男士的鞋上。当然，她脱口而出说了声："I'm sorry！"但令她十分奇怪的是在她道歉的同时，那位男士也说了一声："I'm sorry！"这位女士好奇地问："我踩了你，你为什么要向我道歉呢？"

那位男士十分真诚地说："夫人，我想，是因为我挡了您的路您才踩到我脚上的，所以是我妨碍了您，我应该向您道歉！"

从这番话里我们就可以看出，勇于道歉的人，常常是善于体谅别人，善于设身处地为他人着想的人。

将道歉寓于赞美中

在道歉的时候，称赞对方，让对方获得一种自我满足感，知道自己是正确的，别人是错误的，这样能轻而易举地获得对方的谅解。例如，当你用言语伤害了同一单位一位平常挺关心你的同事之后，你向他道歉。话可以这样说："我早就想跟你做检讨，当年咱两一块到单位，你对我一直很关心，像个老大哥似的，后来只怪我

◇ 诚心诚意的道歉 ◇

道歉需要诚心诚意，切勿夸大其词、卑躬屈膝，那样，别人不仅不会接受你的道歉，还会觉得你很虚伪。诚心诚意的道歉需要做到以下三点：

1.态度温和，不羞羞答答

态度温和会让对方感受到道歉的诚意，羞羞答答会让对方感到尴尬。

2.眼神友好，不躲躲闪闪

目光友好地凝视对方，能让对方感受到友善，躲闪的目光让人感觉不真诚。

真是对不起，请原谅。

3.语言简洁，不啰嗦重复

语言简洁能够表明道歉的基本态度，啰嗦重复会让别人以为自己不大度。

不懂事，做了些不恰当的事。""当初说的一些话是我不对，知道你宽宏大量，一定能原谅我的过错。"一般说来，在道歉时责备自己大家能做到，但是却常常忘了称赞对方几句。其实，赞美法是道歉的一个好方法。

陈先生被调派到分公司半年，一回到总公司，马上就赶着去问候以前很照顾他的田科长。

陈先生对过去田科长经常不辞辛苦地跑到分公司给予指导的事，反复地致谢，可是，不知怎么搞的，对方反应似乎很冷淡。当陈先生纳闷地走出门时，一名同事才过来告诉他说："田科长现在已经升为副处长了呀！"

不知道对方已经升官，依然用以前的职称称呼，可能会使对方心里觉得不舒服。另一方面，虽在同一个公司，总公司和分公司却由于距离的相隔，情报消息有时无法及时互通。因此像陈先生相隔半年才回到总公司的情形，最好在进入总公司之前，事先确认对方的职位是否已经有变化。当然，像陈先生上面的情形，说错的话是再也收不回来的。现在唯一能做的，就是考虑应该如何弥补。当知道事情真相后，应该马上返回去向田副处长道歉。例如，他可以说：

"田处！真是恭喜您了！我才半年时间没见您，就晋升为处长了，害得我都不知道，还科长科长地叫呢，真对不起。"

一句赞美的道歉话，让对方心花怒放。相反，如果其这样道歉："对不起，我刚才叫你科长，是因为我不知道你升职了。"那么，还会是这样的结果吗？很显然答案是否定的，对方的回应肯定是面无表情的"没关系"。由此可见，用赞美的方式道歉的力量是多么的大。

第二篇

如何与不同的人说话

第一章

如何与陌生人说话

最重要的第一句话

初次见面的第一句话，是留给对方的第一印象。说好说坏，关系重大。说第一句话的原则是：亲热、贴心、消除陌生感。常见的有这么3种方式：

1.攀认式

初次见面，同对方说："你是××大学毕业生，我曾在××进修过两年。说起来，我们还是校友呢！""您是影视界老前辈了，我爱人可是个电影迷。你我真是'近亲'啊！""您来自河北，我出生在河南，两地近在咫尺，今天得遇同乡，令人欣慰。"

2.敬慕式

对初次见面者表示敬重、仰慕，这是热情有礼的表现。用这种方式必须注意：要掌握分寸，恰到好处，不能胡乱吹捧，不说"久闻大名，如雷贯耳"之类的过头话。表示敬慕的内容也应该因时因地而异。

例如："您的大作《教你能说会道》我读过多遍，受益匪浅。想不到今天竟能在这里一睹作者风采。""桂林山水甲天下。我很高兴能在这里见到您这位著名的山水画家。"

3.问候式

"您好"是向对方问候致意的常用语。如能因对象、时间的不同而使用不同的问候语，效果则更好。对德高望重的长者，宜说"您老人家好"，以示敬意；对年龄跟自己相仿者，称"老×（姓），您好"，显得亲切；对方是医生、教师，说"李医师，您好""王老师，您好"，有尊重意味。节日期间，说"节日好""新年好"，给人以祝贺节日之感；早晨说"您早""早上好"则比"您好"更得体。

用话题展开交谈的"瓶颈"

俗话说"巧妇难为无米之炊"，没有话题，一场谈话就没有焦点。光是空发话，没有实际意思，那陌生人终究还是陌生人，陌生的局面终究化不开。

　　和陌生人说话最苦于找不到话题，怎样巧找话题呢？那就要从具体情况出发去考虑，如果彼此完全陌生尚未相识，那就要察言观色，以话试探，寻求共同点，抓住了共同点就是抓住了可谈的话题。如果是因为话不投机，出现难题，那就要求同存异，或是检讨自己的不妥之处，表示歉意，如果对方有什么顾虑，或是沉默的原因不明，那就没话找话，随便找个话题，引起对方的兴趣，说个笑话，谈点趣闻都可以活跃气氛。

　　从具体情况出发，可以选择采取下面的方法：

1.你想了解什么就问什么，谈什么

　　在初次交往中，各自都有一定的意图，那就可以依据你的意图，提问求答，你想了解什么就可以问什么。但这样做的时候要注意两点：一是不要形成一串的盘问；二是不要探听对方的隐私。最好的做法是你想了解对方的什么情况，你就先谈自己的什么情况，扩大自己的开放区域，来促使对方扩大开放区域，这样就容易找到许多可谈的话题。如果你想了解对方的业余生活，可以问对方：平时有什么兴趣爱好？业余时间喜欢做点儿什么？但是很可能对方只说了"喜欢旅游，听听音乐"这么一句话，就不再说了。那你就谈谈自己的业余爱好，谈得具体、详细一些，这样就会引发对方的谈兴，使交谈趣味相投。

　　与陌生人交谈，一般都可以先提一些"投石式"的问题，在略有了解后再有目的的交谈，便能谈得较为自如。如在商业宴会上，见到陌生的邻座，便可先投石询问："您是主人的老同学呢，还是老同事？"无论问话的前半句对，还是后半句对，都可循着对的一方面交谈下去；如果问得都不对，对方回答说是"老乡"，那也可谈下去。假如是北京老乡，你可和他谈天安门、故宫、长城，谈北京的新变化；如果是福建老乡，你可与他谈荔枝、龙眼、橘子，沿海的水产等，从而开始你与他的交往，也许他将来就是你事业上的合作伙伴呢！

2.就社会热点问题进行交谈

　　陌生的双方刚一接触时，纯属个人生活的事情不宜多谈，但可以对时下的人所共知的社会现象、热点问题谈谈看法。如果对方对这一问题还不太清楚，你可以稍作介绍。例如，近期影响较大的社会新闻、电影、电视剧和报刊文章等，都可以作为谈话的题目和接近的媒介。

3.从眼前和身边的具体景物上找话题

　　（1）从双方的工作内容寻找。相同的职业容易引起共鸣，不同的职业更具有新奇感与吸引力。

　　（2）从彼此的经历中寻找。经历是学问，亲身经历过的人和事往往会给你留下极深的印象。这种交流最易敞开心扉、最易见到真情。

　　（3）从双方的发展方向寻找。人都关心自己的未来，前途与命运是长盛不衰的永恒的话题。人生若没有前进的方向，生活便失去了动力。这类话题最易触动对方

◇ 选择话题有讲究 ◇

有了话题，才能打开交谈的"瓶颈"，接下来的谈话才会顺利。但是，在话题的选择上，还有一些问题必须注意。

1 不谈论对方的缺点

谈论对方深以为憾的缺点和弱点是一种不礼貌的行为，容易招致别人反感。

你知道我上司有多讨厌吗?

2 不谈论别人坏话

不议论他人，尤其是不能说别人的坏话。比如是上司、同事、和一些朋友们的坏话，这会给人留下不良印象。

这个话题属于个人隐私，请自重。

3 不谈论他人隐私

包括妇女的年龄、婚否、家庭财产、疾病等都是避免在交谈中提起的。

敏感的神经。尤其是异性，更热衷于此。

（4）注意家庭状况。谈家庭生活并不一定就是俗气。家庭是社会的细胞，家庭生活的完美、和谐是每个人的理想。这类话题不必做准备，随时都可谈论，但有思想的人都可以从中发现许多人生的哲理。

（5）关注子女教育。孩子是父母生活的希望，孩子的教育牵动亿万家长的心。怜子、爱子、望子成龙是家长的共同心理。谈及孩子，即使是性格内向的人，也会眉飞色舞、滔滔不绝。

有的时候如果是预约式的拜访某陌生人，那你最好具备一些洞察力。你首先应当对那位你即将拜会的客人做些了解。例如，问一些你们双方都认识的朋友的情况，探听一下对方的情况，关于他的职业、兴趣、性格等方面，了解得越详细越好。

当你走进陌生人的住所时，可以凭借你的观察力，看看能否找到一些对方性格的线索。墙上挂的是哪位画家的画？如果是摄影作品，可以揣测对方是否是摄影爱好者呢？

要知道，屋内的装饰摆设，可以表现主人的喜好和情调，甚至有些物品会牵引出某段动人的故事。如果你把它当作一个线索，不是可以了解主人心灵的某个侧面吗？了解了对方的一些个性，不就有话题了吗？

交谈前，使用多种手段，尽可能地多了解对方，再把所获的种种细微信息进行分析研究，由小见大，由微见著，将它作为交谈的基础。

谈论别人感兴趣的事情

"酒逢知己千杯少"，两个意气相投的人在一起总觉得有说不完的话。因此，我们在和陌生人交往时，不妨多多寻求彼此在兴趣、性格、阅历等方面的共同之处，使双方在越谈越投机的过程中获得更多关于对方的信息，迅速拉近距离，增进感情。

美国耶鲁大学的威廉·费尔浦斯教授，是个著名的散文家。他在散文《人类的天性》中写道：

"在我8岁的时候，有一次到莉比姑妈家度周末。傍晚时分，有个中年人慕名来访，但姑妈好像对他很冷淡。他跟姑妈寒暄了一阵之后，便把注意力转向了我。那时，我正在玩模型船，而且玩得很专注。他看出我对船只很感兴趣，便滔滔不绝讲了许多有关船只的事，而且讲得十分生动有趣。等他离开之后，我仍意犹未尽，一直向姑妈提起他。姑妈告诉我，他是一位律师，根本不可能对船只感兴趣。'但是，他为什么一直跟我谈船只的事呢？'我问道。

"因为他是个有风度的绅士。他看你对船只感兴趣，为了让你高兴并赢取你的好感，他当然要这么说了。"

谈论别人感兴趣的东西能够很容易拉近人与人之间的距离。对于这一点，下面的例子可以做证：

美国马里兰州的爱德华·哈里曼退伍之后选择了风景优美的坎伯兰谷居住，但是在这个地区很难找到工作。哈里曼通过查询得知一位名叫方豪瑟的企业家，控制了附近一带的企业。这位白手起家的方豪瑟先生引起了哈里曼的好奇心，他决定去造访这位难以接近的企业家。哈里曼如此记载了这段经历：

通过与附近一些人的交谈，我知道方豪瑟先生最感兴趣的东西是金钱和权力。他聘用了一位极忠诚而又严厉的秘书，全权执行不让求职者接近的任务。之后我又研究了这位秘书的爱好，然后出其不意地去到她的办公室。这位秘书担任保护方豪瑟的工作已有15年之久，见到她后，我开门见山地告诉她，我有一个计划可以使方豪瑟先生在事业和政治上大获其利。她听了颇为动容。接着，我又开始称赞她对方豪瑟先生的贡献。这次交谈使她对我产生了好感，随后她为我定了一个时间会见方豪瑟先生。

进到豪华巨大的办公室之后，我决定先不谈找工作的事。那时，他坐在一张大办公桌后面，用如雷的声音问道："有什么事，年轻人？"我答道："方豪瑟先生，我相信我可以帮你赚到许多钱。"他立刻起身，引我坐在一张大椅子上。我便列举了好几个想好的计划，都是针对他个人的事业和成就的。

果然，他立刻聘用了我。20多年来，我一直在他的事业里与他同时成长。

谈论别人感兴趣的话题，对双方都有好处。不仅可以使人对你产生兴趣，钦佩你，而且可以使自己更关心别人，关心别人对自己的要求。

打破僵局的几种技巧

初次与人交谈，往往因为不熟悉，不了解而出现冷场，这是比较令人难堪的局面。在人际关系中，冷场无疑是一种"冰块"。打破冷场的技巧，就是及时融化"冰块"，消除交往的障碍。

陌生人之间存在以下几种情况时，最容易因"话不投机"而出现冷场。

（1）彼此不大熟悉；

（2）年龄、职业、身份、地位差异大；

（3）心境差异大；

（4）兴趣、爱好差异大；

（5）性格、素质差异大；

（6）平时意见不合，感情不和；

（7）互相之间有利害冲突；

（8）异性相处，尤其单独相处时；

（9）因长期不交往而比较疏远；

（10）性格均为内向者。

对于可能出现的冷场，应该具备一定的预见性，并采取措施加以预防，否则陷入冷场的谈话会令双方都很尴尬。

下面几种方法可供借鉴：

1.针对对方的兴趣谈

老人最感兴趣的话题是关于他们自己年轻时候的经历；青年人关注怎样才能使自己的才能得以发挥，以及他们的工作、学习、业余生活；年轻妈妈最感兴趣的莫过于她们的孩子。

2.故意抛出错误观点

有时装作不懂的样子，往往可以听取他人更多的意见，让他人的自炫心理得以满足。反之，如果你表现得太聪明，人家即使要讲，也有顾忌，怕比不上你。如果我们用"请教"的语气说话，引起对方的优越感，就会引出滔滔话语。喜欢教人，而不喜欢受教于人，这是种普遍心理。

3.打破自己造成的沉默

如果是自己太清高、架子大，使人敬而远之，而造成了双方的沉默，在交谈中应该主动些、客气些、随和些。

如果是自己太自负，盛气凌人，使对方反感，而造成了沉默，则要注意谦虚，多想想自己的弱点，适当褒扬对方的优点。

如果是自己口若悬河，讲起话来漫无边际，无休无止，而导致了对方的沉默，则要注意使自己的讲话适可而止，给对方说话的机会，不要让人觉得你在进行单方面的"传教"。

4.鼓励对方讲话

为了鼓励对方讲话，你可以经常变换使用一些表示赞同的词语，让对方把话讲完，把心中的想法倾吐出来。当对方受到鼓励并获得赞同意见时，他会感到自己受到了重视。创造一种信任的气氛，这种气氛有助于对方主动说话。

5.消除隔阂和陌生

如果你和对方过去曾发生过摩擦或存在隔阂，造成了现在见面无话可谈的情形，那么你就应该放宽心胸，把过去的隔阂抛在脑后，仿佛什么也没发生过似的。你的宽容和热情难道打动不了他吗？

如果因为彼此不了解，不知谈什么得体，那么你就应该主动作自我介绍，并把话题扩展到尽可能广泛的领域，从中发现双方共同感兴趣的内容。

如果你们刚刚发生了争论而出现了沉默，那么，你就应该冷静下来，心平气和地谈些双方无分歧的话题。

冷场的出现，跟你选择的"话题"密切相关。"曲高和寡"会导致冷场，"淡而无味"同样会引起冷场。打破冷场当然没有固定的模式，交谈者应根据具体的时间、地点和对方的心理特点，以及造成冷场的原因，而采取不同的方法和对策。

让谈话在意味深长中结尾

我们在与陌生人交谈结束时，运用"再会"之类的告别语显得千篇一律，太俗太空。这样一来，努力设计能给对方留下深刻印象的告别语就显得很有必要。

一般来说，通常有以下几种收尾方法：

1.关照式收尾

关照式收尾，是交谈双方说完了自己的思想、意见或流露了某些内心意向之后，觉得谈话中的有些话和问题带有范围性、对象性、保密性和重点性，当交谈即将结束时，就关照对方不要将其中的某些话张扬出去。譬如：

"刚才我讲的一些话，是一些不成熟的看法，我觉得不必让他人知道，请你不要传出去，以免引起麻烦。"

"小陈，我要讲的都讲了，全是心里话。有关小黄的事你千万不要告诉别人，不然会闹出大乱子来的。"

这种收尾方式，有一种提起注意、防患于未然和强调重点的作用，能使交谈的对方增进了解并增强"使命感""责任感"。

2.祝愿式收尾

祝愿式收尾，不仅具有较强的礼节性和情趣性，而且还具有极大的鼓动力。如果再加上适当的口语修辞，它的效果一定会非常显著。如："再见吧，路上保重。祝你一帆风顺！"

"时间不等人，生活就是拼搏，抓紧时间，就等于延长生命。我祝愿你是这样一个人，再见！"

3.道谢式收尾

这种收尾方式在交谈艺术中具有较强的礼节性，它的基本特征是用讲"客气话"作为交谈的结束语和告别话。道谢适用的场景和对象是最广泛的，无论是上下级、同事、亲朋之间，还是熟人、邻舍以及初交者之间都是适宜的。譬如：

如果一次同志式的思想启迪性交谈行将结束，从谈者可用"听君一席话，胜读十年书"，"你对我学习上的帮助和生活上的关怀，让我感激不已"结束。

"益先生，在您的悉心指导下，我明白了自己的责任，我一定按您的指教去做。谢谢您了，再见！"

4.征询式收尾

交谈完毕，主谈者根据自己的交谈目的与交谈后的吻合情况向对方征求意见、说明、要求或建设性的忠告、劝诫等，这就是征询式收尾。譬如：

"宋先生，随着我们接触的增多和了解的深入，你一定察觉出我有许多缺点，你觉得我最糟糕的'毛病'是什么？希望你下次开诚布公地提出来。"

当你与陌生下属交谈工作结束时，你应该说："你还有别的什么要求和意见吗？"

"你生活上还有困难和要求吗？只要有可能，我将全力帮你解决。"下属也应同样征询对方："除了工作之外，你对我还有其他意见和看法吗？如果现在想不起来，日后尽管提，我是不会计较别人对我提意见的。"

5.归纳式收尾

这种收尾方式，通常在陌生人之间非形式性交谈中使用。譬如：

"周婷，听了你的情况介绍后，我觉得问题的关键是，第一点，我们是做他人思想工作的，如能统一人心，其他问题也就迎刃而解了……"

归纳式收尾，由于条理清晰，中心突出，重点再现，这样对方交谈的目的和内容，双方的思想和意见就能清楚交流，收到言简意赅、重点突出、明朗爽快的效果。

与陌生人交谈的结束语的表达方法多种多样，只要我们能够驾驭情境，正确审视对象，选择正确、得体的话语，交谈结束时，不仅会让谈话显得非常得体、有趣，而且还会余韵犹存，感人至深。

◇ 邀请式收尾 ◇

邀请式收尾的基本特征是运用社交手段向对方发出礼节性邀请或正式邀请，这在社交场合同陌生人讲话是必不可少的。具体分为以下两种：

下次来上海，欢迎到我家做客。

1.礼节性邀请

"礼节性邀请"体现了客套谈话所需的礼仪，这是一种礼节。

今天先谈到这里，周六晚上到我家吃顿便饭。

2.正式邀请

正式邀请表现了友谊的生命力，是友好和友谊的表示。

◇ 打破冷场的常见话题 ◇

不希望出现冷场的交谈者，应事先做些准备，使自己有一点"库存话题"，并把它用随和又恰当的方式表达出来。在这里向你提供一些有关的话题，帮你打破冷场：

孩子很可爱啊，几个月了？

1.对方的基本信息

比如对方的孩子、个人喜好、事业上的成就和个人健康。

2.热点新闻

比如体育运动、新闻趣事、日常生活"热点"等话题。

今天的大海看起来格外平静。

3.生活娱乐

比如风景、兴趣爱好、旅游、采购等。

第二章

如何与下属说话

用恰当的话消解下属的怨气

由于种种原因，你的下属可能满怀怨气，那么，身为领导，如何说话，才能让下属消解心中的怨气，而又不失自己作为上司的尊严与威信呢？

1.主动自责

谁都有犯错的时候，不要以为自己是领导，就高高在上，当自己说错话，办错事时不妨主动承认自己的错误，只有这样才能让员工消解怨气，让自己树立威信。

当下属因为你过激的批评而心怀怨气时，能主动找到下属，作真诚的自责，实际上就是传达一种体贴和慰藉，责的是自己，慰的是下属。这有利于在对方本已紧凑的心理空间辟出一块"缓冲地带"，让命令得以执行，工作能够顺利地开展下去。

2.晓以利害

某市无线电厂由于长期亏损，债台高筑，濒临破产。这天，该市电视机厂对无线电厂实行有偿兼并的大会在无线电厂举行。上千名职工感到耻辱，坚决反对兼并，愤怒的人群争吵着，吼叫着，吹口哨，鼓倒掌，场面十分混乱。

这时，电视机厂的吴厂长，扯大嗓门对陷入失控状态的人群喊道：

"我告诉你们一个事实：到下个月工商银行的抵押贷款就要到期，无线电厂马上就要破产，上千名职工就要失业！难道你们愿意这个具有几十年历史的我市唯一的收录机专业生产厂家破产吗？难道我们厂上千名职工情愿失业，重新到社会上待业吗？请问，谁能使无线电厂不破产？谁能使上千名职工不失业？是能人，请站出来说话，有高招，请拿出来！你们反对兼并，拿出主意来！"

愤怒的人群渐渐地开始静了下来，他面对着上千双翘首以待的眼睛，接着说：

"我吴某人不是资本家，就我个人而言，叫我兼并无线电厂，我才不干呢！我又何必自讨苦吃？看到大家财产受损失，我于心不忍啊！"

这时有人站起来说："我要问你，你能保证我们不失业，无线电厂不破产吗？"

吴厂长说："有些同志对我不信任，这是可以理解的，因为不了解嘛。请大家放心，从并厂后第一个月起，如果再亏损，由我吴某人负责。我和大家同舟共济。

如果要下海，我第一个带头跳！至于具体办法，我这里就不说了！"

这时，全场爆发出雷鸣般的掌声。在当时骚乱的情况下，面对愤怒的人群，训斥制止都不行，婉言相劝想必也不行。这时，吴厂长直言并与不并的利害得失，终于打破了人们的认识障碍，镇住了混乱的场面，又消解了大家的怨气。

下属与上司的一个不同之处在于，上司除了关心自己的利益之外，更应该关心单位的整体利益，而下属却有权关注自己的切身利益胜过关注整体利益。因此，对下属说话应该常记住"晓以利害"这一技巧，当他们对某件事有与单位上司不同的想法时，作为上司的你就应该明智地对他们作一番权衡利弊的分析，只有让他们觉得你的决定真正有利于他们切身利益的时候，他们才会真正地消除不满，转而支持你的工作。

3.抓住实质

冯玉祥当旅长时，有一次驻防四川顺庆，与一支"友军"发生矛盾。这支"友军"将骄兵惰，长官穿黑花缎马褂，蓝花缎袍子，在街上招摇过市，像当地的富豪公子模样。有一天，冯玉祥的卫士来报：

"我们的士兵在街上买东西，他们说我们穿得不好，骂我们是孙子兵。"

冯玉祥看到自己穿的灰布袄，便说：

"由他们骂去，有什么可气的。这正是他们堕落腐化、恬不知耻的表现！"

为了避免士兵们由于心里不平衡而生闷气，冯玉祥立即集合全体官兵，进行训话：

"刚才有人来报，说有人骂我们是孙子兵，听说大家都很生气，可是我倒觉得他们骂得很对。按历史的关系来说，他们的旅长曾做过20镇的协统，我是20镇里出来的，你们又是我的学生，算起来，你们不正是矮两辈吗？他们说你们是孙子兵，不是说对了吗？再拿衣服说，绸子的儿子是缎子，缎子的儿子是布，现在他们穿绸子，我们穿布，因此他们说我们是孙子兵，不也是应当的吗？不过话虽这么说，若是有朝一日开上战场，那时就能看出谁是爷爷，谁是真正的孙子来了！"

几句话把官兵们说得大笑起来，再也不生闷气了。冯玉祥正是抓住了问题的实质，即军队就是比赛打仗的，而不是比赛穿衣服的，因此他把手下人说得心服口服。

当下属心怀怨气的时候，单纯劝导难以起到真正的作用，只有把他们心中的"怨结"打开，才能让他们豁然开朗。而打开"怨结"的关键就是抓住令他们生气的问题的实质，带领他们走出思想的误区。

不要让部下对你产生敌意

身为领导，有时不免颐指气使，让部下感觉不愉快，这是造成领导与员工彼此对立的重要原因。因此作为领导，对员工说话时，注意方式、掌握分寸很重要。

老板不应当仅仅看到部下的工作情况和成绩，还应当了解他们内心的烦恼。因此，老板讲话时要极为慎重，注意不要伤害部下的感情。

老板的讲话与提问的方式是极为重要的。如果掌握不好的话，就可能使部下与你产生对立。

老板可以通过经常鼓励部下积极工作的方式来消除彼此间的对立。而且，这样做还能让部下全部发挥出自己的能力来，从而为企业培养出优秀的人才。

产生对立的谈话方式是：

老板：喂，你最近的表现可不太好啊！部下：可是我已尽最大努力了。

老板：努力？我怎么看不出来你在努力。部下：我难道不是在工作吗？

老板：你怎么能用这种态度说话？部下：那你要我怎么说呢？

老板：你太自以为是了。这就是你的问题所在。

不会产生对立的谈话方式是：

老板：喂，最近表现的可不太出众啊，这可不像是你一贯的作风。部下：我已经尽最大努力了……

老板：是不是有什么心事？部下：实际上……（妻子住院了）

老板：是吗！你怎么不早说，家里出了事理应多照顾，要不就先请几天假，好好在家照顾一下病人。部下：好在已经没有什么大问题了。

老板：噢，那就好。如果有什么困难尽管来找我。

在这里，老板表现出了体贴部下的心意，又注意不要强按人低头，所以部下还是十分感激的。心理学研究发现，某一件事在头脑中形成强烈的刺激反应，一时无法抑制，但睡了一觉，这种情绪会淡化，这就是"睡眠者效应"。昨天看来已处于"山重水复疑无路"的说服工作，到了第二天再谈，就可能出现"柳暗花明又一村"的新局面。

老板说服部下，目的是使对方跟自己走。光是自认为理由充足可不行，还要掌握住对方的心理特点，使对方心甘情愿听你的，一切都由你做主。古希腊哲学家苏格拉底认为：他从来没有要教训别人什么，他只像一个灵魂的催生婆，帮助人们产生自己的思想观点。看来，老板也很有必要掌握这种"催生"的艺术。

运用语言艺术令下属信服

如果你是领导，你在运筹帷幄制定了工作方案之后，一定不愿让它成为没有现实意义的海市蜃楼。那么，你必然会把你的方案传达到下属那里，并让他们付诸实施。如何使你的下属信服呢？有经验的领导会用好口才去激发下属接受任务和完成任务。

◇ 正确说服部下的方法 ◇

如果老板说服部下的方法不对，对方会对你产生敌意。因此，作为老板应掌握正确说服部下的方法。

> 老陈，我叫你来是有点事。

1.对部下应和善

切忌在谈话开始前，怀着对部下的不满和厌恶进行谈话。

> 不着急，等你想明白了再来找我。

2.耐心地等待对方认错

在说服的过程中，急躁地逼迫对方认错是不可取的，极易引起部下的敌意。

> 你先别激动，这件事以后再说。

3.视情况暂停说服

在部下情绪激动达不到目的时，应暂停说服，有助于其扭转认知、稳定情绪。

1.指导和激励

帮助解决问题和创造成绩是最佳的方式。一般人希望领导是帮助他们提供方法、解决难题的导师，是他们创造成绩、争取进步的牵引者，而不希望领导是不懂装懂的蹩脚传令官。当你所领导的下属在各个方面都有比你有突出的专长时，你的技术指导似乎苍白无力。然而不要怕，更高明的方法不是直接的技术指导，而是帮助你的下属找到创造成绩的契机，通过激励他们实现人的成功欲望，让他们心甘情愿地实施你的方案。

比如，某单位接受一个科研新项目，有些人觉得领导是在惹麻烦。领导不动声色地在例会上讲："大家都知道，咱单位都是年轻人，谁也不会不想进步。但我昨天碰到一位老同志，他苦恼地对我讲，他一生虽算一头老黄牛苦苦干过来，可是遗憾没有科研成果，结果职称很低，到老也没什么好骄傲的。同志们，这位老同志的话给我很大的启发，我们在工作的同时不能不创造条件搞科研项目。所以，我向上级领导申请了一项科研任务……"说到这里，他已经把大家的成功欲望激发起来，"惹麻烦"的念头烟消云散，领导的科研方案顺利落实。是的，一方面以事晓之、以理服之、以法示之，另一方面又以情动之、以利导之、以气鼓之，要让下属信服，已有80%以上的把握了。

2.晓以利害

有些人偏偏会在你任务很急的时候，因为某种偶然的原因拒绝接受任务，怎么办呢？有经验的领导会造势攻心，不动声色地强制执行。如某厂想调一名政工干部去营销部，该干部闹了情绪，厂长找他谈话："咱厂近来按制度让几位干得不好的干部闲置起来做待聘处理，你不会不知道吧？你有口才，我决定让你到营销部闯一闯，你如不去，可没其他机会了。"在竞争激烈的今天，被闲置就是竞争失败者，厂长一番话，政工干部脸红了，心知利害，服从了厂部安排。

3.巧用激励法

对有些人，你使用一下激励法，也能取得意外的好效果。军营指挥官一句："你敢立下军令状吗？"叫多少热血将士冲锋陷阵，立下赫赫战功；经理一句："你就不能胜过××，去争取最高工资？"叫多少技术人员苦攻难关，创造惊人效益；而教师们运用激励法转化一些顽皮学生就不胜枚举了。又如，有位领导见一位年轻下属正在抓一个车间的改革试点，故意激励他道："你这么点儿年龄，行吗？"年轻人答道："基本完成任务了，请领导验收吧！"领导见状，又有意激道："车间只是个小单位，你要能把咱厂的改革搞成功，我就服你！"年轻人红了脸："能让我试试吗？"领导于是让他当业务副厂长，年轻人竭尽全力开始他的改革方案，领导满意地笑了。

有效斥责下属的技巧

斥责部属是一件很不容易的事情，斥责得不当，不但起不到原来的目的，有时还会让部属感到灰心失望。那么如何斥责部属才能达到预期的效果，而又能让他欣然接受呢？

1.冷静地处理

盛怒时，多数人都是面红耳赤、颈暴青筋。过度的生气，往往会使人失去理性。以致一些严重伤害对方的，不应该说的话也会说出来，这些都值得我们借鉴。怒气冲冲时，不可因情绪激昂而破口大骂，应冷静并选择有效的斥责技巧，才是正确的方法。

一位幼稚园的老师曾经说过："以声音来惊吓小孩，是非常不明智的举动。"当小孩受到惊吓后，为了防止再受伤害，会逐渐地把一些失败或不良行为转明为暗。好不容易才养成的健全身心，因此产生变异。所以，当家长因某事而盛怒时，不妨先握紧拳头并放入口袋中，数一、二、三。当怒气被平息下来之后，便能以理性来处理了。

被人批评："笨蛋！""教了就忘，你跟那些饲料鸡有什么不同？""叫你做事，害我晚上都睡不着。"相信你也会想："既然如此，一开始就不要叫我做。""你是垃圾，你家人也一样。前几天打电话去，那是什么礼貌啊！""看一个人的生活起居，就可以知道他是什么样的人。所以，我知道当你失败的时候，一定会找借口推脱。"伤害他人自尊心的话，不加思考就讲出来，对谁都没有好处！应该冷静地分析什么应该说、什么不该说之后，再平心静气地向对方说明。

2.场合的考虑

一次商务宴会上，罗伯特遇到了这样一个场景。

那是一家公司的圣诞晚会，但事实上受到邀请的人都是与公司有生意往来的合作伙伴，所以这个晚会相当于一个非正式的商务宴会。公司的一个高级职员穿了一件不够得体的晚礼服，与罗伯特谈话的公关部经理看到后马上中断了和他的对话，走到那个职员面前：

"你怎么穿这样的衣服来了？"经理的声音不大，但还是有人能听到。

"对不起……之前准备好的衣服不小心剐坏了，所以就……"

"那也不能穿这样的来吧？"经理嫌弃地看着职员身上的衣服，"简直是丢公司的人。"

面对咄咄逼人的经理，那个职员的脸色越来越难看。

"不要再解释了，马上去给我换一件，要么就离开这里，不要再在这里丢人了。"

被说得无地自容的职员只好狼狈地离开了会场。目睹这一切的罗伯特觉得这个经理做得过分了，他想这个经理应该不会在现在的位置上待很久的。果然，几个月后，这个经理被公司调到了外地的分公司，理由是无法和下属很好地相处。

批评时要考虑环境是否适合，这不仅仅是指不要在人多的场合中批评说教，还有其他的一些情况下，你也应该多加注意，以免让人产生逆反心理。

3.明确地指出重点

大家都知道，没有一件事会比听人说教更难过，尤其是一开口便是这个也讲、

◇ 因人而异地斥责下属 ◇

斥责下属要谨慎又谨慎，先考虑下属属于何种类型，再决定应该采取的斥责方式。通常分为以下两种情况：

给你十年时间超越我。

等着瞧吧，看我怎么超越你。

1.面对斗志高昂的下属

面对此类下属宜采用激将法，刺激对方发愤图强。

最近表现欠佳，好好加油！

2.面对个性温和的下属

针对此类性格，应采取温和式斥责，以不惊吓对方的程度给予警告。

那个也骂，到最后仍使人弄不懂到底是做错了什么。所以，斥责对方时，必须针对错误的事项，提出自己的想法与意见，其余的一些小问题都可暂时不予理会，而就重点斥责。这也是能令对方印象深刻的最佳方法。冗长的说教，除了功效不佳之外，最后还有可能造成双方不和。

表扬下属要有方法

很多领导都可能会犯这样一些错误：明知下属有成绩却很少表扬；该表扬员工时却批评，以为这样更能激励员工。古人指出，"求将之道，在有良心，有血性，有勇气，有智略"，对于那些忠义的下属，一定要大胆表扬施恩，以鼓励他们的忠心。但表扬员工时，一定要注意以下几点：

1.要具体，切忌含糊其词

表扬本来是激发热情的一种有效方法，但有时运用不适宜则会使下级反感。因此，中层领导在谈话中表扬下级时应斟酌词句，要明确具体。比如，有些领导者赞扬下级时使用这样含糊的评价："你是一名优秀工人"，"你工作得很好"之类。其实，以这种方式表扬是毫无用处的，因为他们没有明确赞扬评价的原因。有时部下甚至会因此而产生误解、混乱和窘迫，乃至关系恶化。一般认为，用词越是具体，表扬的有效性就越高，因为下级会因此而认为您对他很了解，对他的长处和成就很尊重。

举一个例子，克莱斯勒公司为罗斯福总统制造了一辆汽车，因为他下肢瘫痪，不能使用普通的小汽车。工程师钱柏林先生把汽车送到了白宫，总统立刻对它表现出了极大的兴趣，他说："我觉得不可思议，你只要按按钮，车子就开起来，驾驶毫不费力，真妙。"他的朋友和同事们也在一旁欣赏汽车，总统当着大家的面夸奖："钱柏林先生，我真感谢你们花费时间和精力研制了这辆车，这是件了不起的事。"总统接着欣赏了散热器、特制后视镜、钟、车灯等，换句话说，他注意并提到了每一个细节，他知道工人为这些细节花费了不少心思，总统坚持让他的夫人、劳工部长和他的秘书注意这些装备。

2.抓住时机

在与下级的谈话中能把握住有利时机去表扬对方，其效果可能是事半功倍，失掉有利时机，其效果则可能是事倍功半。一般说来，部下开始为他办某件有意义的事情，就应在开头予以表扬，这是一种鼓励；在这种行为的进行过程中，中层领导也应该抓住时机再次表扬，最好选在他刚刚取得一点成就的时候约谈一次，这样有助于您的下级趁热打铁，再接再厉。另外，请不要忘记，当他的工作告一段落并取得一定的成绩时，下级期望得到您的总结性的公开表扬。当然，在与下级交谈中，表扬也是有"度"的，适度表扬将会使您的下级心情舒畅，反之，则可能使他感到难堪、反感。因此，中层领导在讲话中必须从内容方式等诸方面把握好这个"度"。在上下级的语言艺术中，表扬总是"点石成金"之术，但它仍需根据不同情况巧妙运用，只有恰当适宜的表扬，才能在交谈中架起"心桥"，使上下级关系更加和谐。

3.多表扬对方才华

希腊有句谚语："使人幸福的不是体力，也不是金钱，而是正义和多才。"才能，是一个人区别于他人的最明显的标志，是他幸福的源泉之一。我们表扬一个人，就要深深地打动他，而最能打动他人的表扬，莫过于对其才能的认可和高度评价。

我们周围不乏才华横溢之人，有的人有能言善辩的口才，有的人能潇潇洒洒，妙笔生花，有的人善发明，有的人演技高超……诸如此类的才华都是有价值的表扬题材。

4.放下架子

放下"架子"表扬下属可以用谦虚、真诚的姿态来表现。

秦穆公得知百里奚是个人才，就想方设法用5张羊皮把他从楚国的囚牢里赎出来。

此时的百里奚已是年逾七十的长者。当把他带到秦穆公面前时，秦穆公亲自为他打开囚犯的镣铐，尊之以上座，并向他求教治国之策。

秦穆公的行为使百里奚感到受宠若惊，推辞道："下臣乃亡国之臣，还有什么值得您垂问的。"缺乏信心的百里奚语气里透着伤感和自卑。

秦穆公恳切地说："虞君不信用您，所以才招致亡国之祸。这并不是您的罪过呀！"

秦穆公通过剖析虞君之过而巧妙地表扬了百里奚的政治才能，鼓励了他的信心，而秦穆公诚恳、谦虚的求教态度，更是对百里奚治国之才干的无声表扬。真挚的表扬使百里奚鼓起了信心，大为感动，与秦穆公连续3天交谈了自己的治国施政主张。

5.少说"我"，多说"你"

少说"我"、多说"你"的表扬原则，主要是指要使对方始终成为你们谈话的重心，你可通过表示欣赏、求教等方式来显示你对对方的由衷赞叹。你要善于分享他的欢乐，肯定他的成功，为他所骄傲的事情喝彩。总之，你要使他得到在别人那里得不到或未被满足的某种心理需求。使对方感到被关怀，自我价值得到某种实现。

有效说服固执的员工

人们几乎总是害怕并且抵制各种变化，你的员工也不例外。当你要求某人换一种方式做事，要求他们改进或者改变方法，得到的回答常常是借口、争辩、泪水、瞪眼或缄默，而你的反应则会是愤怒或发作。

抵制变化的人往往用过去来证明为什么他们不能换一种方式。这个时候要说服你那固执的员工，下面的6步方法可以作为借鉴。

1.创造良好的谈话氛围

与好抵制者的交锋多半在会面开始前就注定要失败了。

比如当你在与下属谈起以前那件事情时，你可以从那些非语言动作，如嘴巴紧张不安的抽动，无缘无故的咳嗽，搔头皮。可以看出，他头脑中的警报系统正在响起。使他害怕的原因是，他已经估计到这次见面可能有不愉快的结果。跟态度固执的下属谈话，需要创造良好的氛围，因此你一定不要那么严肃，而是应该采取令人愉快的建设性的态度。

2.把话题紧紧控制在你的要求上

你最好学会在几秒钟之内讲出为促成变化而特地设计的妥协条件。

例如，"小王，如果所有工作在星期五中午前修改完，那你星期五下午就可以休息了。好吗？"

你微笑着简要地讲明变化，接着说"好吗""同意吧"或者"我们就这么定吧"，不要多说，你提的是合理建议，给对方机会表示同意。如果在等待同意时保持微笑而且闭嘴不说话，就可以避免一个大错——继续讲下去。

3.判断对方的真实想法

认真分析对方的反应，如果对方给你的回答不是"行"，那就要仔细分析他的反应，搞清楚他的反对是合理的还是抵制性的。把注意力集中在对方的反应上，同时切忌主观臆断。你让人搬一件重物，而他告诉你他的背部肌肉刚刚拉伤，这时你的表态一定要恰当。如果你把它错误判断为躲避工作的借口，那你就很可能面临一起投诉或伤残索赔。

对争辩也要作仔细分析。如果有人公开批评或不同意你的要求，你容易把它看作是抵制而加以拒绝。不要这样做。要耐心倾听，看看他的论点是否言之有理。如果他的情况情有可原，或者论据合理，就不要坚持让他服从你的要求。承认他的批评是正确的，感谢他指出这一点，收回或修改你的要求。

4.运用竹子定律

台风扫过热带地区时，竹类植物能逃脱厄运而不受损伤。竹子只是弯曲下来，一旦风暴吹过，竹子会在瞬间弹回原位。

你用竹子的这种方法非常有效，因为它使抵制泄了劲，而你所要求的变化却还保留下来且毫无变化。现在来看看竹子战术如何对付更激烈的言辞和其他抵制办法，并且平静地实现变更。

你可以说："也许我不能总是做到应有的敏感。如果你在中午前完成这项目，那我将乐意……"

"在有些场合我可能脾气很坏。这是我的建议。如果……那么……"采用"也

◇ 有效说服固执的下属 ◇

> 最近做的工作都很棒嘛。

1.表达真诚的赞扬

真诚的赞扬冲淡了对方为自己辩护的必要，也就消除了他内心的反感。

2.重申彼此的关系

通过重申相互关系消除他对被解雇或降职的担忧，使其放松，解除自卫意识。

> 你一直是公司不可缺少的一员。

> 不要有压力，慢慢来。

3.降低对下属的要求

要求对方的变化不能太大。每一次只变化一小步，以使阻力最小。

许""可能"以及"在某些场合下"等词，使你在不完全同意的前提下表示听到了对方的回答。

5.堵死对方拖延推脱的企图

对方利用一个又一个抵制战术，想要避免变化并试图令你厌倦。在他得逞之前就要迅速采取行动。通过介绍抵制的可能后果，堵死对方拖延讨论的企图。

"杰斯，如果我们不能在30秒内就这件事达成一致，那么他就没办法了，只要……"警告对方即将面临的负面后果，不必采用强加于人的做法去吓唬对方，而是让可能的后果去起作用。

6.巩固对方已有的转变

当对方同意做出你所要求的变化时，要落实整个"交易"。重述一遍变化的细节并征求他的同意。写成书面协议可能会有用处，然后由双方签署。

第三章
如何与领导说话

对领导说话不卑不亢

有的下属对领导唯马首是瞻，即使领导做错了，还佯装欢笑，卑躬屈膝，违背原则说一些子虚乌有的话。如果是非常精明的领导，这种人是很难得到重用的。因为这种人一般并没有什么真才实学，不仅很难成事，还经常会坏事；而且这些人把利益放在第一位置，现在他可以违背自己的良心说对你有"利"的话，明天也可以干出对你不利的事来。

当然，作为下属，对领导的面子还是要照顾到的。这就要求在和领导讲话的时候既不能肉麻地拍马屁，也不能让领导感觉被压制，下不了台，也就是要不卑不亢。

当在领导面前处于不利境地时，如果为了迎合领导，讲了假话，那就违背了自己的内心，也未必会得到领导认可。在这个时候如果讲究点技巧，不卑不亢，既讲了真话，不违背自己的本心，又能使对方接受，岂不是一举两得。下面就是这样一个例子：

宋代有一位大臣，为官公正，为人刚正不阿。年轻时四处游学，机缘巧合，竟然认识了微服私访的当朝皇帝。皇帝心血来潮，写字画画儿去卖，只可惜水平实在不高。这位青年告诉皇帝，他的画儿只值1两银子。皇帝听了既不服气又生气，但也不好发作。

第二年这位青年进京赶考，高中状元，成了天子门生。觐见皇帝时才发现，原来当年卖画儿的老兄竟然是皇帝，皇帝也认出了他。皇帝屏退左右，只将这位大臣留了下来，拿出当年只值1两银子的那幅画，问道："卿家认为这幅画价值几何？"

这位大臣赶紧前进一步说道："这幅画如果是陛下送给微臣的，那就价值万金，因为无论陛下送的何物，对微臣来说，都是无价之宝。但如果拿去卖的话，这幅画就值1两银子。"

皇帝听了，不禁拍掌大笑，知道自己有了一位才学渊博、品行端正的忠心之士。

这位大臣在这里并没违背自己的本意，而是讲了真话，这种不卑不亢的巧妙表达，也使皇帝觉得在理，因而也非常高兴。

对于有些涉及领导者的棘手问题，为了给对方留一个面子，同时恰当地维护自己的尊严，就要巧妙区分，从不同的角度来解决，这一招通常都是很灵验的。

不卑不亢只是一种说话手段，运用它的关键是理直而气壮，只有在领导面前大胆地说出应该说的话，才能不致弄巧成拙，惹领导不快。

如何面对上司的批评意见

作为一个下属，在很多情况下，都会有被老板批评的时候。比如自己做了错事，自己受到污蔑，老板不了解情况，甚至老板心情不好或看不惯你，你都可能在老板那里品尝批评的滋味。

不管你是因为什么原因被老板批评，你都应该遵循下面的原则：

1.充分肯定，感谢老板的诚意

不管老板的批评是不是有理，作为下属，首先至少必须在口头上对此表示充分的肯定，表现出你接受批评的诚意。

如果老板对你的批评是出于一种诚意，你的态度是会让他感到欣慰和满足的，从而老板的态度也会渐渐缓和下来；如果你的老板是另有目的，那么，一般来说，你表现出来的礼貌和涵养，也会使他感到心虚，从而表现出不自然。

如果采取了这些方法，你就可以从老板的反应中分析出是善意还是恶意。千万不要暗示老板，认为他的批评是出于某种不良的因素。如果这样，你和老板之间就会产生更深的隔阂和误解，对于一个下属而言，这是极为不好的。因为如果老板确实出于某种不良的动机，那么他更会因为你的这种暗示而产生更多的不良动机。这样你就很危险了。

2.退后一步，请老板说得更清楚

作为一个优秀的下属，当老板批评你的时候，你应该静下心来，尽量诱导老板说出他批评你的理由。研究证明，这种方法有利于你了解老板的真正动机和事情的真相，从而找到更有效的解决问题的方法。

研究发现，有个别老板批评下属的时候，很难做到就事论事，而是或含糊其词，或借口传言，或明话暗说，让下属捉摸不透。遇到这种情况，你就应该让老板把想说的话都说完，他说得越多，你就会洞察到更多的真相，找到更多的解决问题的办法。

俗话说，言多必失，通过老板的说话，从自然而然的流露之中，就会发现很多原先他本来不说的真实想法，这样你就因此能捕捉到事情的缘由。

下属尽量采用认真、低调、冷静的方法对待老板的批评，一般不仅不会损害你们之间的关系，而且还会增加你们之间的沟通，可能还会因此使关系变得紧密起来。

3.不要顶撞，使老板感到受尊重

作为下属，老板之所以批评你，就是因为他认为你有他值得批评的地方。聪明的下属是很明白这一点的，他们会善于利用老板的批评，从中化害为利，化腐朽为神奇。同时，不顶撞老板，就是对老板的尊重，很多老板都是会因此感激你的。如果老板是借你杀鸡儆猴，你的这一招可能比获得表扬还要有效。

因此，即使老板的批评是错误的，下属只要处理得好，很多时候，坏事也会变成好事。很多老板都会认为，"这个人很虚心，没脾气，能成就大事"等，可能因此就把你当成亲信，作为接班人。

而下属如果"老虎屁股摸不得"，动不动就牢骚满腹，那么，你虽然可以获得一时痛快，可是往往都会和老板的关系进一步恶化，会认定你"批评不得"，"不谦虚"，"目中无人"，因而得出了结论"这人重用不得"，"当个下属尚且如此，当了老板要吃人"。这样的后果比批评本身要严重得多。

当面顶撞老板更是一种匹夫行径，"匹夫见辱，拔剑而起"，这是不可取的，因为这不仅仅使老板大丢面子，连下属本身也下不了台，这是一种鱼死网破的行为。

4.不作申辩，让老板认为你有度量

老板批评你几句，这没有什么了不起，又不是什么正式的处分。因此，你完全没必要申辩，一定要弄出一个谁是谁非。

被批评会使你的心头感到难受或使你在别人心里的印象受到损害。可是如处理恰当，老板会产生歉疚之情、感激之情，你不仅会得到补偿，甚至会收到更有利的效果。这与你面子上损失一比，哪头轻哪头重，显然是不言自明的。

并且，在别人的心目中，你能够有理让三分，这是一种很高的修养，是很容易得到大家的尊重的。

反复强调理由是没有必要的，因为如果你反复纠缠，得理不让人，一定要把事情搞个水落石出，老板就会认为你气量狭窄，斤斤计较。

这样的人，老板怎能委以重任呢？

通过大量的观察发现，老板批评下属的时候，最希望的是下属服服帖帖，诚恳虚心地接受批评，最恼火的是下属把老板的批评当成了"耳旁风"，依然我行我素，屡教不改。

按照一般情况，老板是不随便批评下属的，所以站在下属的立场，应该诚恳接受批评，从批评之中悟出很多道理。

因此，不应该把批评看得太重，认为自己挨了批评前途就泡汤了，因而强作申辩，或工作打不起精神，这样最让老板瞧不起。

把批评看得太重，老板就会认为你气度太小，他可能因此不会再指责你了，但是他也不会再信任和器重你了。

◇ 认真倾听老板对你的批评 ◇

作为下属，随时都有可能面对领导的批评。可是不论发生任何状况，我们都要认真倾听老板的批评，其中有如下三点注意事项：

1 安静地听完老板的批评

不管批评得对还是不对，千万不要打岔，即使话不好听，也要认真听完。

2 注意听时的动作和表情

你的动作表情不要让老板感觉到不满。应表情和善、身体前倾、目光真挚。

我知道了，老板。

3 最好不要辩解

特别是对那些细枝末节的或无法弄清楚的事情，最好是保持缄默，不作无谓的辩解。

给领导充分的尊重

每个人都喜欢被尊重，领导更是如此。给领导充分的尊重也是给自己机会。那么给领导充分的尊重，最关键的就是不要超越领导的位置，即"越位"。

在与上司的相处中，尤其在工作的时候，如果你不摆正自己的位置，即使你为上司出了力，也会遭到他的反感甚至排挤。既然你是为人办事的角色，就应该站在自己的职位上去为上司出力，充分给予他尊重和尊严，做到不越位。

越位的表现有多种，平时行事就要多加注意。

1.决策的越位

在有的企业中，职员可以参与决策，这时就应该注意，谁作什么样的决策，是要有限制的。有些决策，职员可以参与意见，有些决策，职员还是不发言为妙。如果是该由领导来作的决策，你代劳了，那等于是无视上司的存在。

韦恩年轻干练、活泼开朗，入行没几年，职位"噌噌"地往上升，很快成为单位里的主力干将。几天前，新老板走马上任，下车伊始，就把韦恩叫了过去："韦恩，你经验丰富，能力又强，这里有个新项目，你就多费心盯一盯吧！"

受到新老板的重用，韦恩欢欣鼓舞。恰好这天要去北京某周边城市谈判，韦恩一合计，一行好几个人，坐公交车不方便，人也受累，会影响谈判效果；打车吧，一辆坐不下，两辆费用又太高；还是包一辆车好，经济又实惠。

主意定了。韦恩来到老板跟前。"老板，您看，我们今天要出去，"韦恩把几种方案的利弊分析了一番，接着说，"所以呢，我决定包一辆车去！"汇报完毕，韦恩发现老板的脸不知道什么时候黑了下来。他生硬地说："是吗？可是我认为这个方案不太好，你们还是买票坐长途车去吧！"韦恩愣住了，他万万没想到，一个如此合情合理的建议竟然被打了"回票"。

"没道理呀！傻瓜都能看出来我的方案是最佳的！"韦恩大惑不解。

在领导面前最忌讳说的一种话就是"我决定如何如何"。如果你想要做什么样的决定，一定要采用引导的方法，结论要让老板自己说出来。

2.表态的越位

表态，是表明人们对某件事的基本态度。表态要同一定的身份密切相关。超越了自己的身份，胡乱地表态，是不负责任的表现，也是无效的。对带有实质性问题的表态，应该由领导或领导授权才行。而有的人作为下属，却没有做到这一点。上级领导没有表态也没有授权，他却抢先表明态度，造成喧宾夺主之势，陷领导于被动。

3.干工作的越位

哪些工作由你干，哪些工作由他干，这里面有时确有几分奥妙。有的人不明白这一点，有些工作，本来由领导做更合适，他却抢先去做，从而造成干工作越位。

4.答复问题的越位

这与表态的越位有些相同之处。有些问题的答复，往往需要有相应的权威，作为职员、下属，明明没有这种权威，却要抢先答复；会给领导造成工作的干扰，也是不明智之举。

5.某些场合的越位

有些场合，如与客人应酬、参加宴会，也应当适当突出领导。有的人作为下属，张罗得过于积极，比如同客人如果认识，便抢先上前打招呼，不管领导在不在场。这样显示自己太多，十分不好。

在公开或正式场合，尤其是一些上司平时与下属走得过近，界线不分明，平常嘻嘻哈哈、随随便便，甚至称兄道弟，下属心目中的"上司意识"淡薄了，一遇正规场合就可能伤害上司的尊严。

在一次宴请客户时，某公司设宴款待王经理和他的几个下属，就座时年轻的蒋某也没考虑，就抢先一步坐到主宾位置上大吃大喝，王经理只好屈居二位，心里很恼火。事后狠狠地把蒋某大骂一顿，说他能力低下，只知吃喝。不久蒋某便被解聘。

在工作中，"越位"对上下级关系有很大影响。下属的热情过高，表现过于积极，会导致领导偏离帅位，大权旁落，无法实施领导的职责。因此，领导往往把这视为对自己权力的严重侵犯。

拒绝老板有理由

任何事情有其结果，必有其起因。当老板的意见不正确，需要你拒绝的时候，一定要提出你拒绝的理由。

平白无故地拒绝老板的意见或者老板要你做的事情，如果不说出理由，是极端不礼貌的行为。在拒绝老板的时候，要注意以下几点：

1.态度要明确

当老板有了指示或者命令的时候，如果你持不赞同的观点，不要明确地表示拒绝，不要直接地说出"行"或者"不行"，要持一种保留的态度。持有保留的态度可以避免引起老板的不快。

你的最终目的还是要拒绝老板的不当指令。但是这样做绝对不是说对老板的任何指示或者命令都要持有一种既非"肯定"，也非"否定"的暧昧态度。相反的，为达到拒绝的目的，最重要的一点是，事先就要明确地决定自己的态度，之所以这样做是为了拒绝老板，不要改变自己的初衷。

有些问题十分重要而又复杂，无法当场决定采取"肯定"还是"否定"的立场，这时候为了有所保留，不招致老板的不快，就要说：

"我想这个问题很重要，请让我多考虑一些时候。"

"现在一时说不出所以然来，无法马上答复你，请给我两天的时间。"

此时，表现得委婉，则是必要的，关键是争取缓冲的时间，以便仔细考虑。

鲁迅曾说过："犹豫要走哪一条路的时候，应该好好地定下心来，花费足够的时间以选择要走的路。"

这可看作有关决断的有益训示。

2.要在拒绝当中成长

作为公司的下属，常常会遇到这样的事情。当老板在某些场合听到一些工作上的新方法后，马上就会在自己的部门实施，于是就督促下属说："我想在我们的部门，用这种新方法来进行工作。"如果本部门适合这样的工作方法还好，但如果本部门的确不适合运用这种新的工作方法，这样做无疑是增加工作难度，这个时候，有的下属就会在私下里发牢骚。认为老板这样做是强人所难，也不管行不行得通，就将原来的工作秩序打乱。

发牢骚终归是发牢骚，不能解决任何实际的问题。这时，要想让老板打消这个念头，除非有人勇于拒绝上级或老板的新花样，让他说出"是这样的吗？"如果不是这样的话，就只有接受领导的这个新花样。

在实际工作当中，照正常情况，一个公司如果想采用一种新的工作方法，应该由组长一类的下层负责人根据实际情况决定是否采用，而不应由老板来考虑。可是如果一旦老板心中有了某种打算，要想消除将是十分困难的。

那些绞尽脑汁想要设法说服老板的人，可以从中培养自己的某些能力。

当你认为老板的计划不可实施而加以拒绝的时候，在拒绝的过程中，你或许能发现老板计划好的一面，而从中认识到从前没有发觉的老板的另一面，这对于你和老板之间加深了解不失为一件好事。

以上的情况说明，即便下属在拒绝老板的过程中或许最终反而被老板说服，但自己却会因为受到老板的影响而得以成长。在"拒绝"的时候，下属可以得到很多实际的锻炼，这包括胆量思维的敏捷性、口才的发挥，等等，从而促使自己成长，所以，作为下属，如果想在工作中做出成绩，就要学会拒绝，并勇于拒绝，当然，拒绝也必须是有理有节的，而绝不是无理取闹、更不是胡搅蛮缠的。

3.拒绝的最终结果还是要尊重老板的决策

下属在工作的时候，如果老板提出的计划是无论如何也行不通的，这时，下属对老板的命令是不是非服从不可呢？经验告诉我们，作为下属，你必须服从老板的最后决定，听从老板的意见，因为这个时候，最终要负责任的是老板。

这个时候如果你一意孤行，明目张胆地反对老板的决定，置老板的决定于不顾，按照自己的想法去做，是绝对行不通的。

这个计划如果执行，十有八九会失败，且会造成重大损失，作为下属，就要考虑，是否也非服从不可。下属要如何作最终判断呢？依照下面方式思考才是正确的

◇ 拒绝时要善于"辩解" ◇

作为下属，既要懂得拒绝老板，还要知道该如何让老板通过你的拒绝而欣赏你。要想做到这一点，就要善于"辩解"。

陈总，关于这件事我有必要解释一下。

1.辩解很有必要

"辩解"是"辩明理由让对方了解"以推动工作，而不是推诿责任，它是对自己言行负责的人应有的正确态度。因此，辩解是必要的，这会让老板看到你认真负责的态度。

陈总，关于项目的进展，我已经尽力了，这是相关的数据分析。

2.辩解要掌握方法

找到机会，主动说明原因，提供情报，获取上司理解。

王总，这次项目失败有三个原因……

3.辩解要注意态度

辩解理由时，要逻辑清晰，态度明朗，否则，老板会认为你是在找借口。

态度。

自己的意见显然是正确的，而老板却断然不肯接受时，原则上应先让老板了解你是出于公心，是为工作着想，并且是在万般无奈的情况下才反对的，然后去实行老板的命令。假如你认为按老板命令去做，会对企业的利益造成难以弥补的重大损失，在情况十分危急的紧要关头，你可以以辞职为手段，"要挟"老板取消其命令。当然，这得有个前提条件，即你是一个在工作中老板离不开的人，或这个命令老板只能依靠你去执行。

总之，作为一个负责任的下属，作为一个充满正义感的下属，要牢牢记住，在任何情况下，都应该把企业的整体利益放在首位。你如果这样做了，即便老板误解了你，但在事实面前，最终他还是会认识到你是正确的。到时，他就会万分地感谢你，因为是你的坚持，或是你的"胡作非为"才免除了一场重大损失，也才免除了他的灾难性后果。

成功说服老板为自己加薪

身在职场，我们都对加薪怀有浓厚的兴趣。那么怎样要求加薪且能如愿呢？

在要求加薪之前往往要准备很长一段时间。根据一位成功的管理者总结，为加薪做准备需要实施5个重要步骤。

1.成为你所从事领域的权威

首先，了解你的工作，并保持对它的了解，不断进步。假如赶不上你所从事职业的发展，就不会有提升的机会。但同时，不要自大地认为自己是不可或缺的，因为根本没有这种人。

2.同你的老板建立真诚的工作关系

任何经理、总监都不会给他不喜欢的人加薪或晋级。一般来说，老板都喜欢衷心赞美他并让他感到自己价值的那些人。精明的雇员都盛赞老板并向老板表现这种赞赏。但赞赏不等于阿谀奉承。称赞一个人最好的方法是称赞他的业绩而不是赞美他本人。

3.表现自己

那种认为只要工作做得好，就自然会得到提升和加薪的想法是错误的。你必须让自己受到注意。

通常情况是，你的老板认识不到你是多么优秀，让他了解这一点——不要引起反感，不要显出骄横——在办公室里、工作餐上、办公聚会或其他社交场合。

千方百计让你的名字在上司的脑海中扎根。最好的广告正是这样做的。正像一位总经理说的："广告最重要的就是重复。不断地重复才可树立形象。我们不介意人们是否准确记住我们对某种产品所作的介绍。我们只希望大家能记住产品的名

◇ 提加薪也要看时机 ◇

想要得到加薪，还必须选择适当的时机提出加薪请求，首先要符合以下三点：

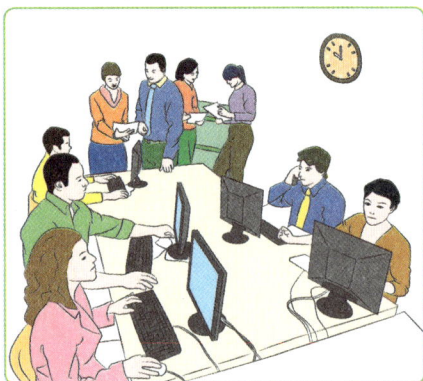

1.避开周一

周一的公司是繁忙的。因为领导有很多具体工作需要重新入轨。若是在这一天提加薪，碰钉子的几率是非常大的。

2.避开周五

周五的时候，很多人正为着度过周末而去准备，老板也不例外。因此不要在周五提加薪，以免影响老板的心情从而拒绝你的请求。

3.证明自身实力后

最好的时机是刚出色地完成艰难的任务，同时老板也肯定了你的成绩。此时，趁着老板高兴，提加薪获准的几率就非常大了。

称，那就足够了。"

4.让上级时刻掌握你的动态

不要让他们经常来查你，要让他们不必常来检查就可了解你的任务正在按计划正常执行。这就说明你是可靠的，可以完成工作。

5.振作精神准备加薪谈判

不要迟疑或是低估自己。我们把价值看作成本。你对公司的价值和你所拿工资有直接联系。

告诉你的老板给你加薪后他会得到哪些好处。他将得到的最大好处就是能得到你宝贵的帮助。但发出最后通牒之前，一定要找到其他工作。

汇报工作有讲究

在现代企业管理中，下级向上级汇报工作是再常见不过的了。特别是对那些经常要与老板打交道的员工或下属来说，在老板所交办的每一项工作完成之后，向老板进行必要的工作小结，更是必不可少的业务程序。

原则上说，只要是老板直接交办或委托他人交办的工作，无论大事小事，无论工作的结果是否圆满，均应向老板如实作出相应的汇报。

从管理的角度看，老板准确地掌握下属的工作总结的材料，有利于及时掌握工作进度及管理运行状况。对于员工和下属而言，如能掌握相应的汇报工作技巧，不仅有利于其自身素质的提高，而且，会进一步改善其在老板心目中的能力形象。

汇报工作，不能太简单，也不能太啰唆，关键是要说到点子上，没有哪一个上司会喜欢啰唆而又政绩平平的汇报者。汇报工作有时采取书面汇报，有时采取口头汇报，但不管是采取哪种形式，需要掌握的具有共性的技巧有以下几个方面：

1.理清思路

你在向老板汇报工作之前，应冷静地对工作过程进行反思。至于先说什么，后说什么；哪些问题简略地叙述，哪些问题必须详细地说明，都必须理出一个比较清晰的思路来。如果对待一个问题你自己都不能拿出一个比较完整、比较清晰的思路时，事实证明，你是无法或难以说服别人的。

汇报工作也是这样，如果不事先理清自己的思路，你是难以有条理地、层次分明地、有说服力地把自己做过的工作向老板汇报清楚的。

在向老板汇报工作之前，特别是在向老板汇报那些重大问题之前，必须先打腹稿，即先在脑海中把要汇报的问题以提纲的形式，列出一个分条目的小标题，记在心中，在汇报时逐条道来。当然，你也可以把这些提纲写在小本子上，作为向老板汇报工作时的备忘录。

2.突出重点

任何一项工作都有自己的重点，即在任何工作程序中，各个环节的轻重缓急的分量是不同的。把握重点，常常意味着抓住了工作的要害。而这些要害问题又往往关系着企业和老板事业的大局或重大利益。所以，老板听你的汇报，或看你的汇报材料，所关心的根本问题，就是你对工作中的重点问题的处理结果如何。在具体操作时，你应掌握俗语所讲的"事不过三"的原则。即在一般情况下员工或下属向上司或老板汇报工作时，每次交谈的重点事项、关键问题，只谈1个或1件，最多不要超过3个或3件。

也许我们身边有很多这样的上级，他们在总结工作或作指示时，一般情况下总是"讲3条内容"，"提3点建议"，或"希望大家从3方面去做好工作"。事实说明，那些往往把问题或意见或指示归纳为3个数，而加以罗列的领导人，大多都比较干练，且办事效率相当高。尽管这不是绝对的现象，但却是一个有趣的现象。

因此，员工或下属在向领导汇报工作或交谈问题时，注意每次只强调一个问题，只突出一个重点，最多不超过3个问题或3件事情。这不仅有利于老板或上司理清思路，迅速决断，同时，还会使老板或上司对你的能力和效率表示好感。

所以，从一定意义上讲，善于掌握重点，突出重点，并把重点问题向老板描述清楚，不仅是一个方法和技巧问题，更是一个素养和能力问题。

3.恭请老板评点

当你向老板汇报完工作之后，不可以马上一走了事。聪明人的做法是：主动恭请老板对自己的工作总结予以评点。

通常，老板对于下属的工作总结，大都会有一个评断，不同的是有一些评断他可能公开讲出来，而另一些评断他则可能保留在心里。事实上那些保留在心里的评断，有时却是最重要的评断，对此，你决不可大意。反之，你应该以真诚的态度去征求老板的意见，让老板把心里话讲出来。

对于老板诚恳的评点，即便是逆耳之言，你均应以认真的精神、负责的态度去细心反思。因为，老板，之所以能够站到老板的位置上，他肯定在很多方面或某些方面，有着强于你的优点。

老板的诚恳评点，无疑是他把自己的聪明智慧，无偿地奉献给了你，你何不乐而接受呢？

同时，也只有那些能够虚心接受老板评点的员工和下属，才能够再一次被老板委以重任。

那些经常与老板打交道的员工和下属，如能掌握上述汇报工作的技巧，必定能不断提高工作能力和文化品位，同时也会受到老板的信任与赏识。

◇ 汇报工作要删繁就简 ◇

无论是作口头汇报，还是书面汇报，你都必须注意删繁就简。因为它不仅是技巧，而且是原则。

报告不错，很清晰。

1 将文章写得简练些

以书面形式向老板汇报工作，需要将可有可无的字、句、段删去，减轻麻烦。

我问的只是结果而已。

2 问什么答什么

以口头形式向老板汇报工作，必须注意掌握问什么答什么的原则，不做无谓的拓展与渲染。

不知所云。

3 切忌不要借题发挥

汇报工作时，不要随意借题发挥，这会让人感到思维混乱，思路不清，不知所云，有哗众取宠之嫌。

职场必备10句话

在职场上出人头地，才干加上超时加班固然很重要，但懂得在关键时刻说适当的话，那也是成功与否的决定性因素。卓越的说话技巧、避免麻烦事落到自己身上、处理棘手的事务，等等，不仅能让你的工作生涯倍加轻松，更能让你名利双收。牢记以下10个句型，并在适当时刻派上用场，加薪与升职必然离你不远。

1.以最婉约的方式传递坏消息句型：我们似乎碰到一些状况……

你刚刚才得知一件非常重要的案子出了问题，此时如果立刻冲到上司的办公室里报告这个坏消息，就算不干你的事，也只会让上司质疑你处理危机的能力，弄不好还惹来一顿骂、把气出在你头上。此时，你应该以不带情绪起伏的声调，从容不迫地说出本句型，千万别慌慌张张，也别使用"问题"或"麻烦"这一类的字眼；要让上司觉得事情并非无法解决，而"我们"听起来像是你将与上司站在同一阵线，并肩作战。

2.上司传唤时责无旁贷句型：我马上处理。

冷静、迅速地作出这样的回答，会让上司直觉地认为你是名有效率、听话的好部属；相反，犹豫不决的态度只会惹得责任本就繁重的上司不快。夜里睡不好的时候，还可能迁怒到你头上呢！

3.表现出团队精神句型：同事的主意真不错！

同事想出了一条连上司都赞赏的绝妙好计，你恨不得你的脑筋动得比人家快；与其拉长脸孔、暗自不爽，不如偷沾他的光。方法如下：趁上司听得到的时刻说出本句型。在这个人人都想争着出头的社会里，一个不妒忌同事的部属，会让上司觉得此人本性纯良、富有团队精神，因而会对此人另眼看待。

4.说服同事帮忙句型：这个报告没有你不行啦！

有件棘手的工作，你无法独立完成，非得找个人帮忙不可，于是你找上了那个对这方面工作最拿手的同事。怎么开口才能让人家心甘情愿地助你一臂之力呢？送顶高帽，并保证他日必定回报；而那位好心人为了不负自己在这方面的名声，通常会答应你的请求。不过，将来有功劳的时候别忘了记上人家一笔。

5.巧妙闪避你不知道的事句型：让我再认真地想一想，3点以前给您答复好吗？

上司问了你某个与业务有关的问题，而你不知该如何作答，千万不可以说"不知道"。本句型不仅暂时为你解危，也让上司认为你在这件事情上头很用心，一时之间竟不知该如何启齿。不过，事后可得做足功课，按时交出你的答复。

6.智退性骚扰句型：这种话好像不大适合在办公室讲啊！

如果有男同事的黄腔令你无法忍受，这句话保证让他们闭嘴。男人有时候确实喜欢开黄腔，但你很难判断他们是无心还是有意，这句话可以令无心的人明白，适可而止。如果他还没有闭嘴的意思，即构成了性骚扰，你可以向有关人士举发。

7.不露痕迹地减轻工作量句型："我了解这件事很重要；我们能不能先查一查手头上的工作，把最重要的排出个优先顺序？"

首先，强调你明白这件任务的重要性，然后请求上司的指示，为新任务与原有工作排出优先顺序，不着痕迹地让上司知道你的工作量其实很重，若非你有事的话，延后处理或转交他人。

8.恰如其分的客气句型：我很想听听您对某件案子的看法……

许多时候，你与高层要人共处一室，而你不得不说点话以避免冷清尴尬的局面。不过，这也是一个让你能够赢得高层青睐的绝佳时机。但说些什么好呢？每天的例行公事，绝不适合在这个时候被搬出来讲，谈天气嘛，又根本不会让高层对你留下印象。此时，最恰当的莫过于一个跟公司前景有关，而又发人深省的话题。问一个大老板关心又熟知的问题，在他滔滔不绝诉说心得的时候，你不仅获益良多，也会让他对你的求知上进之心刮目相看。

9.承认疏忽但不引起上司不满句型：是我一时失察，不过幸好……

犯错在所难免，但是你陈述过失的方式，却能影响在上司心目中对你的看法。勇于承认自己的过失非常重要，因为推卸责任只会让你看起来就像个讨人厌、软弱无能、不堪重用的人，不过这不表示你就得因此对每个人道歉，诀窍在于别让所有的矛头都聚到自己身上，坦诚相告能淡化你的过失，转移众人的焦点。

10.面对批评要表现冷静句型：谢谢你告诉我，我会仔细考虑你的建议。

自己苦心的成果却遭人修正或批评时，的确是一件令人苦恼的事。不需要将不满的情绪写在脸上，但是却应该让批评你工作成果的人知道，你已接收到他传递的信息。不卑不亢的表现会令你看起来更有自信、更值得人敬重，让人知道你并非一个刚愎自用，或是经不起挫折的人。

第四章
如何与同事说话

调到新环境中的说话技巧

你从一个环境转调到一个新环境中，面对的上司和同事都是陌生的，从事的工作有时也与你以往做过的不大相同，这无形中在你的内心造成一种负担，仿佛人海茫茫，你却在一个孤岛上，不知道如何才能使自己投入人群之中并被大家所接纳。

在人们的内心深处，对外来及新来的人都多少有些排斥心理，你如果聪明的话，就应该首先抛开自己对他人的陌生感、畏惧心、戒备心等。一方面多多拜访你的新同事、新上司，另一方面专注地投入你的新工作。这样的话，人们很快会适应你、接受你，因为你的拜访说明你对他们有兴趣，喜欢和他们结交、相识；同时你专心投入工作，也使他们认为你是个很认真，并喜欢你的新职位的人，表明你在各个方面都力求和他们保持一致，所以他们会很快消除对你的排斥心理，愉快地把你作为他们中的一员的。

有一次，某单位同时调进两个人，一个叫玲玲，一个叫菲菲。玲玲是个性格开朗、爱说话的人；菲菲则显得严肃而沉默寡言。

玲玲虽然看似开朗、爱说话，但似乎目中无人，来到新单位很久了，不但没有拜访过任何人，而且工作当中也从未向别人讨教过，也许她认为有能力干好自己的工作。大家认为：此人能调来本单位，一定是上面有什么人。看她那样子，也不像是个干好工作的料儿。我们干了这么多年这种工作，还免不了要互相请教、学习，可她新来的，不经过学习就能把工作干好？

相反，大家对那个沉默寡言的菲菲，却大力赞扬，认为她相当不错，有思想、有见解，对于工作方面的许多设想和看法都和自己不谋而合，因此从内心里接受她做朋友。

原来，爱说话的玲玲自从调来单位，除在办公室见面应酬之外，业余时间她从未和别人交谈过；而菲菲在办公室却很少寒暄，总是低头工作，而工作之余的时间，却问长问短，逐家拜访、了解，打听新环境、新单位的一些情况，顺便也提出许多工作上的问题向同事们讨教，通过来来往往、反反复复地交谈、沟通增加了彼此间的了解，同时也增进了友谊。

◇ 面临新环境的说话技巧 ◇

面临新的工作环境，总会遇到或多或少的陌生感和排斥心理，掌握必要的说话技巧对缓解这种不适很有效：

1.多交流多沟通

转入新环境的时候要多沟通多交流，增加彼此的了解。

2.多提问多讨教

让别人知道，你需要他们的帮助，从而获取他们的友谊。

3.多拜访多投入

拜访同事和领导，在沟通中多多投入真诚，让别人很快消除陌生感。

只要你诚恳、虚心并主动向他人伸出友谊的手，人们也一定会张开双臂欢迎你的。

初来乍到的说话"规矩"

那么初到公司，该怎么和同事说话呢？

1.不忘寒暄

和同事在一起工作，不要小看寒暄、招呼。

早晨上班的时候，见到了同事，一句简单的"早上好"代表了你对他一天的祝福。小小的一句问候，让人如沐春风。下班的时候，说句"再见"代表了你亲善友好的态度。如果你和同事之间发生了什么不愉快的事情，简单的一句寒暄或许可以让你们之间的恩怨化为乌有。

寒暄、招呼看起来似乎是微不足道的，一句简单的话语不过几个字，脱口就可以说出，想都不用想，但实际上它又体现了同事之间是否互相尊重、礼貌、友好。

2.不自吹自擂

和同事相处一定要注意不要自吹自擂。

每个人都有优点，同样，每个人也都有缺点。人和人的能力是不一样的，你在某一方面或许很突出，而你的同事就有可能在其他的方面比你好。

要想在公司当中为自己的发展创造良好的环境，要想有一个良好的人际关系，就要学会和各式各样的人相处，就要培养自己良好的素质，在同事面前，不要吹牛。

3.安慰有方

人非圣贤，孰能无过。犯了错误挨批评是难免的。但是，大庭广众之下挨批评的滋味可不好受。如果你的同事挨了老板的批评，你该怎么去安慰他呢？是盲目的劝慰，还是讲一些技巧？毫无疑问，安慰同事需要掌握一定的技巧。如果不掌握一定的技巧，不但不会让同事得到安慰，反而会引火烧身，给自己带来不必要的麻烦。

当下属被老板公开责备的时候，他肯定会受到很大的伤害，甚至怒火中烧，对骂自己的老板深恶痛绝。如果此时，你马上去安慰他，用同情的心态去劝慰他，很容易引起老板的不满，你此时最好的办法是保持缄默。

事后，找一个合适的机会，把同事约出去转换一下他的心情，这样做，老板不会因为不快而抓你的小辫子，同事也会因此信赖你。

4.以诚为本

俗话说：以诚为本。无论做什么事情，所必需的、最根本的首要前提就是真诚。

在和别人合作的时候，一定要讲究诚信。如果你连起码的诚信都没有，别人怎么敢和你合作？当今社会，恐怕没有人愿意和一个不讲信用的人共事。

同事之间相处，如果一项工作需要彼此之间合作完成，就一定要互相信任、互相支持，互相帮助。

俗话说，群众的眼睛是雪亮的。从你对工作的态度、方式、你在工作时与同事合作的心态，可以看出你是一个什么样的人。

你的同事当中绝对没有傻子，如果你在和他们合作的时候没有诚意，假装真诚，一旦需要你出手相助时，你却袖手旁观，甚至是耍手段，为了自己的利益而坑害同事，总有一天会被他们识破。到那时，没有人会再相信你，当你有了困难的时候，也没有人会帮助你，你最终会让自己陷入一事无成的境地。

在嘴上安一个把门的

有句老话叫"祸从口出"，在与同事相处的过程中一定要把好口关，什么话能说，什么话不能说，都要在脑子里转几个弯，心里有个数。

口无遮拦，信口胡言，往往容易得罪同事。俗话说："打人不打脸，骂人不揭短。"人既是最坚强的，也是最脆弱的。尤其是当一个人觉得他自己的自尊受到伤害，将要颜面扫地时，他的潜能会爆发出来，他会死要面子，死"扛"到底。因此，在职场中必须注意不能一味地揭他人伤疤。

报上曾有过一则新闻：一个女中学生，只因为有人说了她一声"胖女人"，羞愧至极，绝食身亡。

生活中也有这样的例子：

有一次几位年轻同事在一起聊天，偶然谈及黑痣的话题，其中一位平素最活跃的青年突然沉默。后来才知道，这位青年同事腿上有一大黑痣。

有人偏偏口下无德，爱揭人短处：

"你的胸脯真像卡西欧电子计算机。"

"怎么啦？"

"超薄型！"

这仅仅是伤害了别人吗？要知道揭短是一把双刃剑，伤人的同时也伤己。这种既伤别人，自己也不见得好过多少的话，还是少说为佳。

有些人是因为考虑不周，言辞无形中冒犯了他人。

"老王，你太辛苦了，白发如云！"

"老刘，你秃顶了！"

对年轻女同事说："小李呀，你最近可发福了！"

要时刻提醒自己这类话少说为妙。

摩洛哥有句俗语说："言语给人的伤害往往胜于刀伤。"这真是实情。同事之间，为搞好关系起见，请不要揭人短处。

◇ 切勿直言直语 ◇

直言直语的人通常只看到现象或问题，只考虑自己不吐不快，而没在意旁人的立场、观念、性格和感受。因此，日常的交流中，切勿直言直语，否则会带来严重后果。

> 太笨了，这样的错误也能犯？

> 真是受不了你这脾气。

1.人际关系出现阻碍

直言直语不论对人还是事，都会让人受不了，导致人际关系出现阻碍。

2.被别人抓住把柄

喜欢说别人把柄的人，通常也会被别人抓住把柄，后患无穷。

3.引来敌人

别人不喜欢直言直语，即使不躲开，也会将你赶走，容易引来职场敌人。

有的人直率惯了，喜欢"一吐为快"，无意间揭了别人短，刺伤了别人，也孤立了自己。

一天，在公司的集会中，张先生看到一位女同事穿了一件紧身的新装，与她的胖身材很不相称，张先生便直言直语道："说实话，你的这件衣服虽然很漂亮，但穿在你身上就像给水桶包上了艳丽的布，因为你实在是太胖了！"

女同事瞪了张先生一眼，生气地走开了，从此再也没有理过他。

割掉"嚼舌头"的闲话

在同事里常常有这样一些人：每天不是东家长就是西家短，没完没了，让人厌烦。

流言蜚语会对人们的工作、生活产生巨大的影响，散布流言蜚语的同事存在于你周围时，你只会感到痛苦。

有一位赵小姐就遇到过这样的痛苦经历。她平时为人善良，但挺要强，既想在事业上有所作为，又不想让他人说三道四。她高考落榜后，进了一家工厂。一进厂，厂里就组织她们一同来的40个女同学进行培训。4个月以后，只有她一人分到科室工作，其他人全下车间。当时她很高兴，在科室工作许多事要从头学起，她便虚心向老同志请教，勤奋学习，细心观察别人对问题的处理方法，现在能很好地胜任自己的工作。赵小姐这个人不笨，脑子也比较灵，办事也有一定的能力。就在工作取得一定成绩的时候，听到别人议论自己，说她是靠不正当手段进科室的，说她与上司的关系不一般等闲话。赵小姐的上司有能力，但名声的确不好，而且粗鲁，经常开过头的玩笑。赵小姐对他也很看不惯，但毕竟是上司，又能怎么样？所以对他敬而远之。可是有些同事总是背后议论赵小姐的品行，他们这些无中生有的议论，实在影响她的情绪，使其产生很大的心理压力，当然赵小姐自知没有使用任何手段使自己分到科室工作，自认为是凭自己的本事得到这一份工作的。可是"人言可畏"啊！自从听到传言之后，她感到孤独、烦恼，处处小心，工作积极性不高，精力很难集中起来。

上例中的赵小姐是一位典型的被流言蜚语所伤的受害者。

对于造谣中伤，大多数人都深恶痛绝，而提到流言蜚语，虽然大多数人也表示厌恶和排斥，但不少人总爱在不知不觉中就加入其中。

"今天我看见业务科的小赵在咖啡厅和一个年轻姑娘坐在一起。"

结果经过无数人的嘴，传到最后已经变成："业务科的小赵在咖啡厅和一个漂亮姑娘搂搂抱抱，可亲热呢！"甚至那姑娘的姓名还是本公司的××小姐。但实际上呢？小赵只不过是在咖啡厅同妹妹商量搬家的事。

每个团队中都有一些爱说三道四、传播闲言碎语的人。他们的双眼似乎时时盯着他人，他们的嘴里喜欢议论"谁——什么时候——在什么地方——做了什么事"这类问题。

如果不能时刻觉察到自己有这个毛病，那么，请同事来提醒你，纠正它。加入流言蜚语的行列实在是极愚蠢的，害人又害己。

试想一下，当你偶然发现某位跟你十分投契的同事，竟然在你背后四处散播谣言，数说你的不是和缺点，这时你才猛然觉醒，原来平日的喜眉笑目，完全是对方的表面文章！

"得饶人处且饶人"，多一句，不如少一句，说话能够收敛一点，日后你有什么行为做错，同事也不会做得太过分。

经常在背后说别人坏话的人，肯定不会是受欢迎的人。因为凡是有点头脑的人，都会自然而然地这么想：这次你在我面前说别人的坏话，下次你就有可能在别人面前说我的坏话。这样一来，你在别人的印象中就不可能好到哪里去。

端正自己的说话行事，抛弃那些流言蜚语，给自己的嘴安一把锁，坚决不传别人的闲话。

避开同事的隐私问题

每个人都有不想让大家知道的事情，也就是说每个人都有自己的隐私。与人相处中，要极力避免谈论别人的隐私，否则就会使你人格受损，并显得缺乏修养，甚至破坏你与他人的和睦关系。

对待别人的隐私，要切忌人云亦云，以讹传讹。首先你要明白，你所知道的关于别人的事情不一定确凿无疑，也许另外还有许多隐情你不了解。要是你不加思考就把你所听到的片面之言宣扬出去，难免会颠倒是非，混淆黑白。话说出口就收不回来，事后你完全明白了真相时才后悔不已，但此时已经在同事之间造成了不良的影响。

如果有人在谈到某同事时说，"我只跟你说"，对这样的话你可别太当真了。

假使你对某同事不具好感并按捺不住地对上级说："这些话只跟您提而已……"如果随意地就大发议论的话，正中上级下怀，你所说的话会立刻传入该同事的耳中。

对于造谣中伤，大多数人都是深恶痛绝的。而对于隐私方面的流言蜚语，虽然大多数人也表示厌恶和排斥，但不少人总爱在不知不觉中加入进去。

事实上，人与人之间的关系相当复杂，你如果不知内幕，就不可信口雌黄，以免招惹是非。

现实生活中有一种人，把别人的隐私编得有声有色，夸大其词地逢人就说，人世间不知有多少悲剧由此而生。你虽不是这种人，但偶然谈论别人的隐私，也许你

◇ 如何避开他人隐私 ◇

如今社会人际关系复杂，稍有不慎就会带来严重后果。面对他人隐私，我们究竟该如何处理呢？

闲时莫论人非。

1.切莫打听

不随意打听别人隐私自然就会免除搅入是非的可能。

2.不随意宣扬

尤其是在知道别人的一点点隐私之后，切不可到处宣扬。

放心吧，我不会告诉其他人。

3.不泄露他人秘密

如果他人将秘密告知于你，切莫声张、泄露，不然会丧失他人信任。

无意中就为别人种下祸患的幼苗，其不良后果并非你所能预料到的。

要是有人向你说某人的隐私，你唯一的办法就是，像保守你自己的秘密一样，不可做传声筒，并且不要深信这片面之词，更不必记在心上。说一个坏人的好处，旁人听了最多认为你是无知；把一个好人说坏了，人们就会觉得你存心不良。

人们好说女人最爱谈论别人是非，其实男人当中也不乏这种人。如果你茶余饭后要找谈话的资料，那天上的星河、地上的花草，无一不是谈话的好题目，真的不必一定要说东家长，西家短才能消遣时间。

要是同事能将自己的隐私信息告诉你，那说明你们之间的友谊肯定要超出别人一截，否则她不会将自己的私密全盘向你托出。

要是同事在别人嘴中听到了自己的秘密被曝光，不用说，她肯定认为是你出卖了她。被出卖的同事肯定会在心里不止千遍地骂你，并为以前的付出和信任感到后悔。因此，不随意泄露个人隐私是巩固职业友情的基本要求，如果这一点做不好，恐怕没有哪个同事敢和你推心置腹。

尽量避开私人问题，也别议论公司里的是非长短。你议论别人没关系，用不了几个来回就能"烧"到你自己头上，引火烧身，那时再"逃跑"就显得很被动。

避免与同事"交火"

工作中同事之间容易发生争执，有时搞得不欢而散甚至使双方结下芥蒂。人是有记忆的，发生了冲突或争吵之后，无论怎样妥善地处理，总会在心理、感情上蒙上一层阴影，为日后的相处带来障碍，最好的办法还是尽量避免它。

中国人常用这么一句话来排解争吵者之间的过激情绪：有话好说。这是很有道理的。据心理学家分析，争吵者往往犯3个错误：第一，没有明确清楚地说明自己的想法，含糊，不坦白；第二，措辞激烈、武断，没有商量余地；第三，不愿以尊重的态度聆听对方的意见。另一项调查表明，在承认自己容易与人争吵的人中，绝大多数人不承认自己个性太强，也就是不善于克制自己。

相互之间有了不同的看法，最好以商量的口气提出自己的意见和建议，语言得体是十分重要的。应该尽量避免用"你从来也不怎么样"，"你总是弄不好"，"你根本不懂"这类绝对否定别人的消极措辞。每个人都有自尊心，伤害了他人的自尊心，必然会引起对方的反感。即使是对错误的意见或事情提出看法，也切忌嘲笑。幽默的语言能使人在笑声中思考，而嘲笑使人感到含有恶意，这是很伤人的。真诚、坦白地说明自己的想法和要求，让人觉得你是希望得到合作而不是在挑别人的毛病。同时，要学会聆听，耐心、留神听对方的意见，从中发现合理的部分并及时给予赞扬或同意。这不仅能使对方产生积极的心态，也给自己带来思考的机会。如果双方个性修养、思想水平及文化修养都比较高的话，做到这些并非难事。

如果遇到一位不合作的人，首先要冷静，不要让自己也成为一个不能合作的人。宽容忍让可能会令你一时觉得委屈，但这不仅能表现你的修养，也能使对方在你的冷静态度下平静下来。当时不能取得一致的意见，不妨把事情搁一搁，认真考虑之后，或许大家能找到解决问题的好办法。善于理解、体谅别人在特殊情况下的心理、情绪是一种较高的修养。有的人生性敏感，遇到不顺心的事就发泄怒气，这就可能是造成态度、情绪反常或过激的原因。对此予以充分谅解，会得到相应的回报。

心胸开阔是非常重要的。任何人都会出现失误和过错，别人无意间造成的过错应充分谅解，不必计较无关大局的小事情。

被提拔时要怎样面对同事

在现代社会，提拔有德有才之士到领导岗位上是常见的。这些人大都年富力强，前途远大，不管他们自身愿不愿意，一旦到了领导岗位，就必须掌握说话的艺术和技巧。在被提拔之前，普通员工话说得好不好，对你的影响不太大；可现在不同了，你到了领导岗位上。

在你被提拔之后，原来的领导或许成了你的同仁，而原来的同事成了你的下级，这样在你与他们之间就突然有了一种很微妙的距离感。你如何说话才能尽快打破这种局面呢？下面的方法可以一试。

1.对新同事的说话技巧

"各位领导，原来你们是我的上级，曾经不断鼓励我争取上进，并给了我许多机会显示自己的能力和才华，才使我在众多候选人中脱颖而出，得到提升。

"我很感谢各位对我的扶持和帮助，也希望在今后的工作中继续给我指出努力和前进的方向。

"对于做领导的艺术和学问，我想我一定不会像你们那样在行，你们从事领导工作时间比我早，所以在许多方面都是我的老师，我要好好向你们讨教学习……"

2.对旧同事、新下级的说话技巧

"以前我们大家是同事，在一起打打闹闹，处得非常愉快，现在虽然没有机会多和大家热闹，但我们的关系还和过去一样是平等的，在工作中希望大家支持我；工作之外，和过去没有任何区别，你们有什么意见和要求可随时提出来，有什么建议和不满也随时反映，我一定会尽自己的能力尽快地给予解决。

"希望大家理解和支持我的工作！希望大家配合我把工作做得更好！"

这样一番话说下来，相信谁也不会与你为难，对你心存芥蒂了。

第五章

如何与客户说话

赢得客户的信任

现代营销充满竞争，产品的价格、品质和服务的差异已经变得越来越小。推销人员也逐步意识到竞争核心正聚焦于自身，懂得"推销产品，首先要推销自我"的道理。要"推销自我"，首先必须赢得客户的信任，没有客户信任，就没有展示自身才华的机会，赢得销售成功的结果更无从谈起。

为了利益，一些推销员不择手段，到头来其实失去的比得到的要多，损失最严重的就是失去客户的信任。

在一个人的推销生涯中，取得信任是不可或缺的一环。不要以为推销就是骗人，如果你得不到人们的信任，也就无法实现你的推销。

在推销过程中，顾客是形形色色的，对于那种非常顽固的顾客，你不妨使用一些直率、诚挚的话语来打动他，从而取信于他。

推销员想要赢得顾客信赖，不管采用何种方法达此目的，都需要从一些微不足道的小事做起。莎士比亚说："最伟大的爱情用不着说一个爱字。"爱得你死我活的热恋者，一定会以悲剧收场。套用莎翁的话，最伟大的推销员也用不着说"我是非常守信用的"。推销员的一举一动、一言一行更能表明自己是否值得信赖。有时，哪怕是一个极不起眼的细节，也可能使你信誉倍增。

你听说过有人带着闹钟去推销吗？这人就是齐藤竹之助。

据说，齐藤竹之助每次登门推销时总是随身带着闹钟，当会谈一开始，他便说："我打扰您10分钟。"然后就将闹钟调到10分钟后的时间。时间一到，闹钟便自动发出声响，这时他便起身告辞："对不起，10分钟时间到了，我该告辞了。"如果双方商谈顺利，对方会建议继续谈下去，他便说："那好，我再打扰您10分钟。"于是，他又将闹钟调了10分钟。谈话就这样10分钟10分钟地继续下来。

齐藤给人一种说话算数的感觉，从而让对方对他产生很强烈的信任感。

不管是用独树一帜的方法还是采取直率的态度打动对方，推销首先要设法做成功的一件事就是取信对方。

投其所好进行推销

投其所好，是一种艺术、一种智慧，实际上更是一种沟通。它是寻求不同职位、不同行业、不同经历的买卖双方的利益共同点。

一位推销员奉命到印度去谈判一笔很难成交的生意。他事先和印度军界的一位将军通电话，但从来不提合同的事，只是说："我准备到加尔各答去，这次是专程到新德里拜访阁下，只见1分钟的面，就满足了。"那位将军勉强地答应了。

来到将军的办公室，将军先声明："我很忙，请勿多占时间！"冷若冰霜的态度给人增加了极大的失望感。

推销员思索片刻，说出了一番令人意想不到的话："将军阁下！您好。"他说，"我衷心向您表示谢意，感谢您对敝公司采取如此强硬的态度。"

将军顿感莫名其妙，一时无言以对。

"因为您使我得到了一个十分幸运的机会，在我过生日的这一天，又回到了自己的出生地。"推销员不紧不慢地说道。

"先生，您出生在印度吗？"将军冷漠的脸上露出了一丝微笑。

"是的！"推销员打开了话匣子，"1929年的今天，我出生在贵国名城加尔各答。当时，我父亲是法国密歇尔公司驻印度的代表。印度人民是好客的，我们一家的生活得到了很好的照顾。"

接着，推销员又深情地谈起了他对童年生活的美好向往："我过4岁生日的时候，邻居的一位印度老大妈送给我一件可爱的小玩具，我和印度小朋友一起坐在象背上，度过了我一生中最幸福的一天……"

将军被他的一番情真意切的话语深深感动了，当即提出邀请说："您能在印度过生日太好了，今天我想请您共进午餐，表示对您生日的祝贺。"

汽车驶往饭店途中，推销员打开公文包，取出颜色已经泛黄的合影照片，双手捧着，恭恭敬敬地展放在将军面前。"将军阁下！您看这个人是谁？"

"这不是圣雄甘地吗？"将军吃惊地说道。

"是呀！您再仔细瞧瞧左边那个小孩，那就是我。4岁时，我和父母一道回国途中，曾经十分荣幸地和圣雄甘地同乘一条船，这张照片就是那次在船上拍的。我父亲一直把它当作最宝贵的礼物珍藏着。这次，我要拜谒圣雄甘地的陵墓。"

"我非常感谢您对圣雄甘地和印度人民的友好感情。"将军紧紧握住了推销员的手。

当推销员告别将军回到住处时，这桩生意已成交。

在经营、推销的活动中，既要知彼，又要知己，同时再加上巧妙地周旋，艺术地交谈、推销，说客户喜欢听的话，你就能赢得主顾心甘情愿的解囊，在生意场上做到游刃有余，纵横驰骋。

◇ 说话要投客户所好 ◇

在生意场上如果想要做到游刃有余、纵横驰骋，赢得主顾心甘情愿的解囊，就需要做到说话投客户所好。

> 听说您是游戏高手，这款电脑屏幕大，非常适合闲时游戏。

1.抓住客户爱好

事先了解客户的爱好，将其赋予到说话中去，获取客户欢心。

2.适当夸赞客户

夸赞他人能够得到别人好感，从而获取对方认可，获取利益。

> 张总一看就是利索人，合作愉快。

利用问题接近客户

推销是一件很难的事情，要推销成功，成为一位优秀的推销员，需要掌握很多推销方法，其中利用问题接近客户是很有效的方法。推销员直接向客户提出问题，引起客户的注意和兴趣，引导客户去思考，并顺利转入正式面谈阶段。作为一名推销员，你可以首先提出一个问题，然后根据客户的实际反应再提出其他问题，步步紧逼，接近对方。也可以开头就提出一连串问题，使对方无法回避。

"到2020年，你将干什么呢？"这个问题可能引起一场推销员与客户之间关于退休计划的讨论。

"你的生意大得足以有利可图地使用自动化生产设备吗？"这个问题引得一家发展中的制造公司总裁提出新问题："我不知道，我的生意必须达到多大规模？"从而进入正式的推销面谈。

某公司推销员对客户说："只要你回答两个问题，我就知道我的产品能否帮助你装潢你的产品。"这实际上也是一个问题，并且常常诱出这样的回答："你有什么问题？"

美国一位推销女士总是从容不迫，平心静气地提出3个问题："如果我送给你一套有关个人效率的书籍，你打开书发现内容十分有趣，你会读一读吗？""如果你读了之后非常喜欢这套书，你会买下吗？""如果你没有发现其中的乐趣，你把书重新塞进这个包里给我寄回，行吗？"这位推销女士的开场白简单明了，使客户几乎找不到说"不"的理由。后来这3个问题被该公司的全体推销员所采用，成为标准的接近方法。

美国一位口香糖推销员遭到客户拒绝时就提出一个问题："你听说过威斯汀豪斯公司吗？"零售商和批发商都会说："当然，每个人都知道！"推销员接着又问："他们有一条固定的规则，该公司采购人员必须给每一位来访的推销员1小时以内的谈话时间，你知道吗？他们是怕错过好的东西。你是有一套比他们更好的采购制度，还是害怕看东西？"

某自动售货机制造公司指示其推销员出门携带一块两英尺宽三英尺长的厚纸板，见到客户就打开铺在地面或柜台上，纸上写着："如果我能够告诉你怎样使这块地方每年收入250美元，你会感兴趣，是吗？"

当然，接近问题必须精心构思，刻意措辞。事实上，有许多推销员养成一些懒散的坏习惯，遇事不动脑筋，不管接近什么人，开口就是："生意好吗？"有位采购员研究了推销员第一次接近客户时所说的行话，做了这样一个记录，在一天里来访的14名所谓的推销员中，就有12位是这样开始谈话的："近来生意还好吧？"这该是多么平淡、乏味。某家具厂推销经理抱怨说4/5的推销员都是以同一个问题开始推销面谈："生意怎样？"

一名成功的推销员，他最大的优势在于能将他接触的每一个人都自然转化为准客户，那么他是如何做到这一点的呢？

到一个公司或一个小区（亦即机关、单位或居民区）拜访前，尽力收集其内部情况，至少也要弄到一个人的姓。如事先来不及了解有关情况，则向在小区、公司遇见的人询问负责人的办公地点。问路也有窍门，你得选择固定的人才行，小店老板、办公室职员等都是理想目标。不然，你再也见不到你接触过的人，只是白费工夫。

"请问，物业管理委员会（居委会）在哪里？"

"请问××办公室怎么走？"

问题很简单，对方回答起来特别容易。

得到答案后，径直走向目的地找负责人。找到了当然再好不过，即使找不到，也不要紧。你的推销对象多着呢！

你回过头来再次与给你指路的人见面。这时候，对那个人来说，你不是真正意义上的陌生人了。你很诚恳地表示他或她的指点让你获益多多，能够认识他或她，你很高兴……你得营造出人与人之间交往的良好气氛。这样一来，进行推销就轻松了，因为你们已经变成熟人了嘛。

用计要灵活，你心里很清楚到哪个地方怎么走的时候，也可以"问路"。

有些推销员非常讨厌秘书、保安，总觉得他们碍手碍脚，整日琢磨骗过他们的"过关法"。其实，你把他们也看成推销对象、未来的合作伙伴，所有问题都能迎刃而解。

随身携带赞美

恐怕这世上没有人会拒绝被别人赞美，推销员在推销过程中应适度赞美，事情会比你想象的好办得多。

对客户的能力和品格进行美化，这是销售成功必备的细节。想想看，谁不愿意听到美化自己的语言呢？谁又不认同美化自己的人呢？找到客户身上的闪光点，将它在合理的范围内合理放大，相信你总是受欢迎的。

有的推销员更是胜人一筹，在推销自己的产品之前先对对方的某个产品大赞一番，人们崇尚礼尚往来，我说你的产品好，再提到我的产品时，你还会给我泼冷水吗？

"我工作时，常用贵公司制造的收音机。那台收音机的品质极佳，我已经用了5年，还完好如新，没发生过故障。真不愧是贵公司生产的，就是有品质保证。"一个纸张推销员在推销本公司产品之前这样说道。

当然，他非常懂得怎样去丰富他的赞美之辞，他不仅说出自己对对方公司的商品有兴趣，还具体地说明了他实际使用后，该商品的特征与性能，从而使自己评价的重点有了价值：

"或许大家不知道，我现在仍使用贵公司20年前生产的扩音器。其间，我也买过好几次别的产品，但不是发生故障，就是声音难听，结果还是买贵公司的产品划

◇ 说话时不忘赞美 ◇

拣别人爱听的、想听的话说，迎合他的虚荣心，自然可博得对方欢心，获取他人友谊和好感，从而有利办事。

眼睛小的女人笑起来特别有魅力。

1 适当夸赞对方弱点

恭维需要反其道而行之，从对方弱点入手，更能深入人心。

现在只有在您这儿才能享受到平静。

2 语言和态度要真诚

真诚的态度和基于事实的语言能化解对方内心的怀疑。

这双高跟鞋的颜色跟你的肤色很搭。

3 恭维的内容越具体越好

恭维的细节越具体越能得到对方认可，被人接受。

算。贵公司的产品真是好用，即使用了20年，比起现在的新产品也毫不逊色，真是令人佩服。"

"是的，本公司生产的扩音器都是采用进口技术的，材料把关也相当严格，所以非常耐用。现在市场上这样有质量保障的品牌为数不多。你真是有眼光，我看你们公司的产品也挺不错嘛，能让我试用一下吗？"对方再也忍不住要和他沟通起来。

好听的话令人感到开心和快乐，而对于说话的人也没有任何损失，何乐而不为呢？比别人少遇到一半的麻烦，它们会给你带来大量的生意。

提醒他及早签约

每一个人都懂得时间的重要性，运用这一点制造紧迫感是非常有效的。如果是推销房地产，你有必要对顾客说："艾伦，我相信你明白生意场上'时间就是一切'的含义。我觉得要是你今天放弃购买这套房屋的话，你会感到很后悔，每个人都能看见房价在飞涨。"

你可以随时从报纸及电视广告中看到那种限时报价。商场和超市都在运用这种技巧出售所有商品，不管是弹簧床垫还是冰镇橙汁。例如，一位零售商会说某某报价在某段规定时间内有效，顾客要是错过的话，就会失去获得好交易的机会。限时报价是如此有成效，这就不难解释为什么美国公众常常被铺天盖地的鼓动性广告所包围。

处在犹豫中的顾客，大多在取舍问题上拿不定主意。因为买了担心不合算，不买又怕失去机会，患得患失。从推销心理分析，顾客对不能如愿以偿地满足需求，又花了冤枉钱，常常会感到非常惋惜。尤其是处于成交前夕的顾客，这种惜失心理更为明显。推销员利用顾客这种惜失心理，采取故意提醒顾客如果还不下定购买决心，则可能失去一次好机会的做法，称之为惜失成交法。当顾客感到将会失去唾手可得的种种好处与具体利益时，许多人会马上改变犹豫的态度，迅速采取购买行动，生怕过期不候。

有时，顾客需用600美元才能买下的东西，我们能以300美元的价格批发给他们——由此而完成一笔大型交易是很值得的。

这种引导物不必是一种实体物质，它可以是一种心理印象。假如你告诉顾客如果不购买就会失去一个机会，它甚至可以是一种威望，那也是一种引导物。假如你告诉顾客如果能马上购买，他的名字就会上光荣榜，那也是一个充分的引导。

你也可以把它调过来说："假如你放弃，别人可能会在下一刻获得这种优惠。"

任何人买东西都有一个理由，所以为了推销成功，你必须向你的顾客提供他为什么应当买你的产品。如果做不到这一点，顾客就无法产生立刻购买的动因，相反，他们常常需要推迟决定。你可以说你的产品存货不多，顾客不尽快买的话，很可能遭遇可怕的后果，这样的说法往往能创造出购买的必要性。

当你推销汽车时，你会有一种感觉，那就是顾客本来急于拥有一辆新车，但不知为什么又犹豫不决。这时你可以说："我们的车库里只剩下一辆这种颜色和款式的车了，要是您想要的话，我可以替您准备好，今天下午就可以取货。但是，如果您选择等一等的话，我担心这辆车会很快被人买走，我们今天上午就已经卖出了两

◇ 有效制造紧迫感 ◇

为了能尽早完成任务，在日常生活中，推销员所制造的紧迫感几乎无处不在。大致分为以下几种：

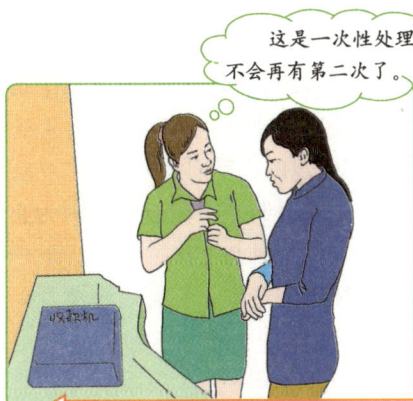

> 这是一次性处理，不会再有第二次了。

> 听说下个星期就要涨价。

1.时间紧迫感

通过强调时节、时间、频率等来制造紧迫感。

2.价格紧迫感

这是最能刺激对方做决定的直接方式。

> 人这么多，赶紧买。

3.心理紧迫感

通过对比、制造热销等方式来制造心理紧迫感，加速成事目的。

辆这样的车。当然，我们还有另外一个办法，那就是我给别的推销员打电话，让他们替你选一辆，但那样可能需要等上一个星期，而且，我也不敢保证您就能得到您真正喜欢的车。"

然后你再停顿一会儿接着说："为什么您不肯帮自己一个忙，说一声'是'呢？我会通知服务部今天下午就准备好您的车。"

股票经纪人能够有效地制造出紧迫感，他说："托尼，我今天打电话给你是因为现在有一个购买通用产品公司股票的绝好时机。我认为我们很有必要以每股40或再低一点的价格吃进这些股票，这种价格的股票将来能让我们赚好几倍。你知道这家热门股票公司的骄人纪录吗？咱们得抓住这个机会，我建议先吃进3000股。"在投资领域，迟疑不决很可能带来昂贵的代价和损失，尤其在行情看涨的牛市。

人寿保险代理人可以对他的客户说，保险费会随着客户年龄的增大而提高。"艾迪，你的生日就快到了，所以我想今天就递交你的申请表。"如果客户的生日还差一个月才到，代理人则可以说："公司一般要花4～6个星期才能处理完一份申请，我会尽力设法加快办理速度，以赶在你生日之前把保险单签署下来。"

服装厂代表说："本公司正在考虑再次提高纤维织物的价格，所以我准备马上呈递你的西服订单，以便能够以低价发货。"只要有通货膨胀存在，物价上扬的可能性也就会存在，这也就是刺激顾客迅速作出购买决定的关键因素之一。

对于那些垄断性产品或别人不易得到的东西更容易制造出紧迫感，因为它是独一无二的，如果你告诉他"如此不易获得的珍品，你一旦与它失之交臂，下一秒它将有可能出现在你隔壁邻居家的客厅里，成为他炫耀的资本，你会后悔莫及。"一般对方都会心动，并行动起来。

巧妙应对7种客户

推销人员在推销产品时，应根据不同类型的客户采取不同的对策，因人而异，灵活应变。"知己知彼，百战不殆"，推销员要有效激发客户的购买欲望，就要对各类客户事先研究，迅速判断出客户属于何种类型，应该采取怎样的推销策略。在此，有必要对各种客户类型加以介绍。

1.犹豫不决的客户

无论是店员或推销员，都要在这些客户上花很多时间，但是你必须认清一点，推销员谈不成生意，责任不在客户。尤其年岁的大小，也会使某些客户裹足不前，像年纪轻的人，比较缺乏判断力，需要有人从旁鼓励，帮他作决断，当你要引导这些客户时，可以采用指导晚辈或部下的方法，一一指点说明，如此在谈话的过程和技巧中，也可以让你学习如何去领导他人，这也是你必须学习的一面。

犹豫不决的客户，一般而言，并非与年龄成正比，只是自己不知道该如何处理的自尊心特别强，优越感和自我表现的欲望也很大，如果你当面指责客户讲话矛盾或错误时，当然是不易为客户所接受的。

为了要知道客户究竟懂多少，可以用一小部分专门问题来问他，例如说："电线回路不好，到底是什么原因呢？"或者说："扩音器愈多，为什么发出的声音愈好？"如果客户能够很流利地回答这些问题，当然显示他懂得不少，你可以照他懂的程度来应付。

相反地，如果客户的回答是："嗯！这个嘛！意思就是……就是，总而言之，它的性能很不错。"像这种答案，无论是谁听起来，都知道对方的知识有限，但是推销员却不可以马上露骨地表示出来，必须帮他答下去："也许你知道吧！就是……"

先要称赞一下客户的了解程度，然后再向他说明，这也是应付这一类型客户的方法。

2.从容不迫型客户

这种客户严肃冷静，遇事沉着，不易为外界事物和广告宣传所影响，他们对推销员的建议认真聆听，有时还会提出问题和自己的看法，但不会轻易做出购买决定。从容不迫型的客户对于第一印象恶劣的推销员绝不会给予第二次见面机会，而总是与之保持距离。

而对此类客户，推销员必须从熟悉产品特点着手，谨慎地应用层层推进引导的办法，多方分析、比较、举证、提示，使客户全面了解利益所在，以期获得对方理性的支持。与这类客户打交道，推销建议只有经过对方理智的分析思考，才有被客户接受的可能；反之，拿不出有力的事实依据和耐心的说服讲解，推销是不会成功的。

3.不爱讲话的客户

推销员最难应付的客户，就是顽固的客户和不讲话的客户。

大凡客户不爱说话，有下列5种原因：

（1）客户认为一旦讲了话，恐怕有鼓励人家劝自己买东西的疑虑，所以还是不说话为妙。

（2）不讲话时，不容易给人家知道自己的底细，而生就了一副不爱说话的特点。

（3）性格上如此，就是不喜欢讲话。

（4）因为讨厌对方，所以不讲话。

（5）不知说什么样的话比较好（想不出谈话的内容）。

事实上，这种不爱说话的客户并非绝对不开口，只要有适宜的开头和相当的情绪，他也能讲得很开心，推销员应该针对客户开心的事去征询他的意见，热心地赋予同情，就可以让客户愉快地谈话了。

4.忙碌或性急的客户

对于很忙碌的客户，或看起来很忙的客户，洽谈时除了寒暄一番外，就该立刻谈到正题。话虽是这么说，但是真正忙碌，和看起来忙碌的人，在实质意义上是不同的，所以讲话的方式也要因人而异。这时，就像是碰到不喜欢开口的客户一样，你必须先设法探听出他喜欢什么、关心什么等，在谈到正题之前，先跟他聊聊天，如果看苗头不对，就该立刻谈到正题，如此先谈结论，再谈理由，也可以给忙碌的客户一个好印象。

"我只花你5分钟的时间。"当你谈到5分钟时，再看看客户的表情，如果客户面露喜欢听下去的模样时，你再说："我再谈几分钟就好。"然后当你谈到几分钟后，可以反问客户："你还有什么不清楚的地方，有需要我向你解释的吗？"就利用这种方式，静候客户的发言。

记住，这时应特别注意拖延时间的说话技巧，绝不可以讲4分钟、6分钟和10分钟，因为双数给人的直觉反应就是很多，这样会使客户怀疑你要讲很久，若用单数，让客户心里存着5分钟、7分钟的观念，他会觉得费时不多，就会安心地听下去，等他心里发生了这种微妙的变化后，你再观察他的表情，如果他还有继续听下去、看看你的商品的意愿时，你就可以把说明书或样本递过去，再诚恳地问他："你还有什么意见吗？"

若遇到性急的客户连珠炮似的发问时，推销员一定要先听清楚对方的问题，等把样品拿出来时，可以不必按照对方问话的次序，向他说明使用的方法和好处，同时在这种情形之下，你也可以对他说句："请你稍等一下。"然后再慢慢地向他解说。

当你把客户的注意力引到你的话上时，要尽量说明你所认为要紧的理由，如果推销员本身的行动和说服力不够机警和清楚的话，反而会使客户听得不耐烦，以致生意没谈妥，这时推销员最好长话短说，多用动词，少用形容词，言语简短有力，态度举动也要有分寸。

5.吹毛求疵型客户

有一种人专门爱跟别人斗嘴、瞎扯。这种人不论什么事，总爱批评几句，如果事情迎合他的口味，就会怡然自得。因为这种人喜欢理论，如果推销员不合他的胃口，他就会讨厌推销员，这种人还有个特征，就是对有权威的人所讲的话表示不屑的态度，且还会用诡辩式的三段论法，使推销员无法接近他。

"是的，你讲的话的确很有道理，这也不是我们所赶得上的，但是这种产品，是我们公司的新发明，也许你知道，某大学电子工程系的吴教授，就是这方面的权威人士，他曾经针对我们的产品研究试验后，称赞这项发明确实非常好。"

在理论上，你能够提出权威证明，对方也比较能接受。就算你知道客户是在诡辩，也不可以指责或点破对方，一方面可以表示说不过他，另一方面最好是设法改变话题，从其他方面再跟他谈论下去。

6.圆滑难缠型客户

这种类型的客户好强且顽固，在与推销人员面谈时，先是固守自己的阵地，并且不易改变初衷；然后向你索要产品说明和宣传资料，继而找借口拖延，还会声称另找厂家购买，以观察推销员的反应。

倘若推销员初次上门，经验不足，便容易中其圈套，因担心失去主顾而主动降低售价或提出更优惠的成交条件。针对这类圆滑老练的客户，推销员要预先洞察他的真实意图和购买动机，在面谈时造成一种紧张气氛，如现货不多，不久要提升，已有人订购等，使对方认识到只有当机立断作出购买决定才是明智举动。对方在如此"紧逼"的气氛中，推销人员再强调购买的利益与产品的优势，加以适当的"利诱"，如此双管齐下，客户也就没有纠缠的机会，失去退让的余地。

由于这类客户对推销员缺乏信任，不容易接近，他们又总是以自己的意志强加于人，往往为区区小事与你争执不下，因而推销员事先要有受冷遇的心理准备。

在洽谈时，他们会毫不客气地指出产品的缺点，且先入为主地评价推销员和有关厂家，所以在上门走访时，推销员必须准备足够的资料和佐证。另外，这些客户往往在达成交易时会提出较多的额外要求，如打折扣等，因此推销员事先在价格及交易条件方面要有所准备，使得推销访问井然有序，避免无功而返。

7.冷淡傲慢型客户

此类客户多半高傲自视，不通情理，轻视别人，凡事自以为是，自尊心强，不善与他人交往。这类客户的最大特征就是具有坚持到底的精神，比较顽固，他们不易接近，但一旦与其建立起业务关系，便能够持续较长时间。

由于这种类型的客户个性严肃而灵活性不够，对推销商品和交易条件会逐项检查审问，商谈时需要花费较长时间，推销员在接近他们时，由熟人介绍效果最好。对这种客户，有时候推销员用尽各种宣传技巧之后，所得到的依然是一副冷淡、傲慢的态度，甚至是刻薄的拒绝，所以必须事先做好思想准备。

碰到这种情况，推销员也可以采取激将法，给予适当的反击，如说上一句："别人老是说你最好商量，今天你却让我大失所望，到底是怎么回事？""早知道你没有这个能力，我当初真不该来这里浪费时间和口舌！"如此这般以引起对方辩解表白，刺激对方的购买兴趣和欲望，有时反而更容易促成推销交易。

第六章

如何与朋友说话

替别人找个下台的借口

在和朋友相处的过程中，难免会遇到一些尴尬的事情，让气氛骤然紧张、难堪，学会替别人找个下台的借口，不仅会缓和对方的紧张心理，让事情得到顺利发展，而且还会让彼此的友谊得到进一步的增进。要达到这样的目的，我们不妨学习使用以下的技巧：

1.给对方找一个善意的动机

突然间发现别人的失误或错误行为，但不会导致重大的损失出现时，我们应尽量克制自己的情绪，以平静如常的表情和态度装作不解对方举动的真实意图和现实后果，并且给对方找到一个善意的动机，让事态的发展按照自己所希望的方向推进，以免把对方逼到窘迫的境地。

一天中午，一位姓王的老师路过学校后操场时，发现前两天帮助搬运实验器材的几位同学正拿着一枚实验室特有的凸透镜在阳光下做"聚焦"实验。他想：他们哪来的透镜？难道是在搬运时趁人不备拿了一枚？实验室正丢了一枚。是上去问个究竟，还是视而不见绕道而去？为难之时，一位同学发觉了他，其余的慌忙站了起来，手拿透镜的这位同学显得很不自在。王老师从同学们慌张的神情中可以进一步判断这透镜的来历。当时的空气就像凝固了似的，一分一秒也不容拖延。王老师快速地构思，终于想出一条妙方，他笑着说："哟，这枚透镜原来被你们找到了！"凝固的空气开始流通起来。接着他用略带感激的语调补充道："昨天我到实验室准备实验器材，发现少了一枚透镜，我想大概是搬运过程中丢失了，我沿途找了好几遍都未能找到，谢谢你们帮我找到了这枚透镜。这样吧，你们继续实验，下午还给我也不迟。"同学们轻松地点了点头，空气依旧是那么温暖，那么清新。

2.换一个角度思考问题

在许多情况下，面对尴尬下不来台是因为思维框定在正常的状态之中，这对事态的发展毫无作用。如果我们换一种角度对其尴尬的举动做出巧妙、新颖的解释，便可使原本的消极举动具有另外的内涵和价值，成为符合常理的行动。

有一次全校语文老师来听安老师讲课，校长也光临"指导"，这下可使小安犯难了。他既怕课讲得不好，又担心有的学生回答时成绩不佳，有失面子。

课上，他重点讲解了词的感情色彩问题。在提问了两位同学取得良好效果后，接着提问校长孩子B："请你说出一个形容×××的美丽的词或句子。"

或许是课堂气氛紧张，或许是严父在场，也可能兼而有之，这位同学一时为难，只是站着。

空气凝固。王老师和校长都现出了尴尬的脸色。很快，这位老师便恢复正常，随机应变地讲道："好，请你坐下，同学们，B同学的答案是最完美的，他的意思是这个人的美丽是无法用文字和语言来形容的。"

听课者都发出了会心的微笑。

忠言还要顺耳

忠告，对于帮助他人和与他人建立真诚的友谊，起着难以替代的重要作用。反过来讲，不能给予他人忠告的人不是真诚的人，这种人不会将自己的真实感受告诉对方。也就是说，不爱别人的人是不会给予他人忠告的，不被人爱的人也同样得不到忠告。因此，我们应该欢迎忠告。

尽管如此，为什么一般人都讨厌忠告，忠告为何听起来总不顺耳呢？

究其原因，就在于一般人容易受感情支配，即使内心有理性的认识，但仍易受反感情绪的影响而难以听进忠言。

有一个中学生很贪玩，整日在外游荡，不爱学习。

有一天，他大彻大悟了，下决心要好好学习。当他刚一走进家门，他母亲就急不可耐地忠告儿子：

"你又到哪里野去了？还不快去复习数学，看你将来怎么考大学！"

"哼，上大学，上大学，我就不信不上大学就混不出人样！"

受逆反心理驱使，一气之下，儿子又跨出了家门，母亲的一番苦心白费了。

看来，仅有为别人着想的良好愿望还不行，忠告也需要技巧，否则就会起到相反效果。那么给人忠告时需要怎么做才能让其听着顺耳起来呢？

1.谨慎行事

说到底，忠告是为了对方，为对方好是根本出发点。因此，要让对方明白你的一番好意，就必须谨慎行事，不可疏忽大意。此外，讲话的态度一定要谦和诚恳，用语不能激烈，也不必过于委婉，否则对方就会产生你教训他，假惺惺的反感情绪。

2.选择时机

例如，当下属尽了最大努力而事情最终没有办好时，此时最好不要向他们提出忠告。如果你这时不适时宜地说"如果不那样就不致这么糟了"之类的话，即使你

◇ 如何让忠言顺耳 ◇

不要以为对方是你的朋友，说话就太随便，其实，有时候你无意表现出的一个小习惯，都会惹得双方不快。因此，若是想劝告朋友，就必须注意以下禁忌，让你的忠言变得顺耳。

真啰唆。

1.忌讳废话

想劝告对方时，在话题一开始时，就应该自然地把意思表达出来，切忌啰唆了半天什么也没说明白，还惹得对方厌烦，达不到劝告的目的。

别想烦心事了，我们去逛街吧，你看我这可是最新款的包哦。

每次都要炫耀，真是受够了。

2.忌讳炫耀

劝慰朋友时，切忌借机夸耀自己。凡事有限度，过于炫耀，必定会失去朋友，大家都会对你敬而远之。

3.忌讳过高的音量

给朋友提建议或者指出朋友的不足之处时，切忌声音过高。因为尖锐的高音往往能给人带来不安和烦躁的情绪，从而对你的忠言感觉逆耳！

指出了问题的要害且很在理，可下属心里却会顿生"你没看见我已在拼命了吗"的反感，效果当然不会好了。相反，如果此时你能说几句"辛苦你了"，"你已做了最大的努力"，"这事的确比较难办"之类的安慰话，然后再与部下一起分析失败的原因，最终部下是会欣然接受你的忠告的。

除此之外，在什么场合提出忠告也很重要。原则上讲，提出忠告时，最好以一对一，避开耳目，千万不要当着他人的面向对方提出忠告。因为这样做，对方就会受自尊心驱使而产生抵触情绪。

3.不要比较

忠告的第三个要素，就是不要以事与事、人与人做比较的方式提出忠告。因为此时的比较，往往是拿别人的长比对方的短，这样很容易伤害对方的自尊心。

"小于，你看人家小熊哪天不是安安静静的，而你总是疯玩疯闹，你就不能学学人家吗？"母亲痛切地对女儿说。

"她乖，她好！你认她做女儿算了，我走！"女儿嚷道。虽然女儿明明知道自己的缺点，但出于自尊心，她没好气地顶撞着母亲。母亲的劝告失败了。

把话亮出来说

有些朋友彼此太熟了，再用文绉绉、有模有样的说话方式交谈，朋友会觉得你"假"，所以和熟的朋友说话不必一本正经。这种沟通法也有好处，不容易有心结，心里有什么话，就亮出来。像是撒把胡椒粉，不容易有心结，心里有什么打个喷嚏，但是"喷"完了，也就没事了。

萧伯纳和丘吉尔两人，虽然一个在文坛，另一个在政界，但却是相知的好朋友。两个人的关系，由他们之间信函往来的内容就看得出来。

萧伯纳有一场新剧要在伦敦首演。他特别送了两张入场券给丘吉尔，还附上一张写着寥寥数语的便信：

"附上拙作演出入场券两张，一张给你，一张给你的朋友——如果你还有朋友的话。"

在政界一向饱受政敌攻击的丘吉尔看了哈哈大笑，随即回了一封也只写了几句话的便条：

"很抱歉，我今晚没空，但是我会和朋友明晚去观赏——如果你那场戏明晚还能继续上演的话。"

新剧上演前，萧伯纳一位要好的在银行工作的朋友也写了一封信给他：

"听说你的新剧就要上演了，送给我前排的入场券10张，以便分送朋友观赏如何？"

这位朋友也收到了萧伯纳的回信：

"听说贵行的新钞票已经出笼了，送给我大额票面的钞票10张，以便分送亲朋好友花用如何？"

曾两度竞选美国总统均败在艾森豪威尔手下的史蒂文森，从未失去幽默。在他第一次荣获提名，竞选总统时，他承认的确受宠若惊，并打趣说："我想得意扬扬不会伤害任何人，也就是说，只要不吸入这空气的话。"在他竞选败给艾森豪威尔

◇ 说说笑笑好相处 ◇

在朋友之间，懂得如何说笑的人是最受人欢迎的，但是一般人需要心理上的调整，才能够培养这份能力。

1.主动攀谈

不管是什么身份，如果想要说笑如朋友，都要学会主动攀谈。

2.待人亲切

亲切才能消除彼此之间的距离，说笑起来更自然。

3.说话不要像说教

朋友之间说理，点到为止就好，别一本正经，让人退避三舍。

的那天早晨，他以充满幽默力量的口吻，在门口欢迎记者进来："进来吧，来给烤面包验验尸。"几年后的一天，史蒂文森应邀在一次餐会上演讲。他在路上因为阅兵行列的经过而耽搁，到达会场时已迟到了。他表示歉意，并一语双关地解释说："军队英雄老是挡我的路。"

他用谈笑的口吻大大提高了自己的人气和威信，赢得了朋友们一致地尊重和爱戴。

有着高明的"说笑"技巧的说话高手，在人群里一向都会是最受欢迎的人物。说笑的时候大可放心，因为伤不了人，所以一旦遇到有什么状况发生，心胸宽大地拿自己来嘲笑一番，最能虏获人心。让人哈哈一笑，不但化解了尴尬，也放松了大家的紧张情绪，可真是功德一桩哩！

有一回北宋宰相王安石骑马游极宁寺，马儿由马夫牵着，王安石坐在马上放眼浏览四周的景致，心情十分愉快。

没想到，马夫一个疏忽，竟然让马儿受惊，马失前蹄，王安石由马背上摔了下来，这下大伙儿可紧张了，尤其是马夫紧张得手足无措。

众人赶快扶起王安石，幸好他毫发无伤。王安石看了看卧在地上吓得直打哆嗦的马夫，一言不发地跨上马背，然后用马鞭指着马夫说："幸亏我的名字叫王安石，要是叫王安瓦，这下可要摔得粉碎了！"

一句话说罢，他用鞭子轻打了一下马屁股，继续向前行进，一句妙语让四周的人哈哈一笑，解除了紧张的场面。马夫擦了擦额头上硕大的汗珠，松了一口气。

你有没有发现，懂得如何说笑的人是最受人欢迎的。所以，就像王安石一样，不管是什么身份，如果想要受人欢迎，就得要放下身段，轻松说笑，这样既幽默，又能化解尴尬，让人际关系向前更迈进一步。

因此，就算再有道理，也别把话说得硬邦邦，让人听了不舒服。想想看，谁会愿意接近一个成天紧绷着脸，眼睛长在头顶上的人。不仅是朋友之间，如果夫妻、亲子之间也以这种方式相处，就会有一个甜蜜温馨、让人一下了班就想要赶回去的家！

让朋友表现得比你出色

每个人都希望自己比别人优秀，我们在对待朋友时，要尽量让其表现得比你出色，这样既表现出自己的谦虚，又让朋友喜欢你，达到融洽的交际关系，两全其美的事情，何乐而不为呢？

法国哲学家罗西法古说："如果你要得到仇人，就表现得比你的朋友优越吧；如果你要得到朋友，就要让你的朋友表现得比你优越。"

为什么这句话是事实？因为当我们的朋友表现得比我们优越，他们就有了一种重要人物的感觉，但是当我们表现得比他还优越，他们就会产生一种自卑感，造成羡慕和嫉妒。

纽约市中区人事局最得人缘的工作介绍顾问是亨丽塔，但是过去的情形并不是这样。在她初到人事局的头几个月当中，亨丽塔在她的同事之中连一个朋友都没有。为什么呢？因为每天她都使劲吹嘘她在工作介绍方面的成绩、她新开的存款户头，以及她所做的每一件事情。

"我工作做得不错，并且深以为傲，"亨丽塔对拿破仑·希尔说，"但是我的同事不但不分享我的成就，而且还极不高兴。我渴望这些人能够喜欢我，我真的很希望他们成为我的朋友。在听了你提出来的一些建议后，我开始少谈我自己而多听同事说话。他们也有很多事情要吹嘘，把他们的成就告诉我，比听我吹嘘更令他们兴奋。现在当我们有时间在一起闲聊的时候，我就请他们把他们的欢乐告诉我，好让我分享，而只在他们问我的时候我才说一下我自己的成就。"

苏格拉底也在雅典一再地告诫他的门徒："你只知道一件事，就是你一无所知。"

无论你采取什么方式指出别人的错误：一个蔑视的眼神，一种不满的腔调，一个不耐烦的手势，都有可能带来难堪的后果。你以为他会同意你所指出的吗？绝对不会！因为你否定了他的智慧和判断力，打击了他的荣耀和自尊心，同时还伤害了他的感情。他非但不会改变自己的看法，还要进行反击，这时，你即使搬出所有柏拉图或康德的逻辑也无济于事。

永远不要说这样的话："看着吧！你会知道谁是谁非的。"这等于说："我会使你改变看法，我比你更聪明。"—— 这实际上是一种挑战，在你还没有开始证明对方的错误之前，他已经准备迎战了。为什么要给自己增加困难呢？

有一位年轻的纽约律师，他参加了一个重要案子的辩论，这个案子牵涉到一大笔钱和一项重要的法律问题。在辩论中，一位最高法院的法官对年轻的律师说："海事法追诉期限是6年，对吗？"

律师愣了一下，看看法官，然后率直地说："不。庭长，海事法没有追诉期限。"

这位律师后来说："当时，法庭内立刻静默下来。似乎连气温也降到了冰点。虽然我是对的，他错了，我也如实地指了出来，但他却没有因此而高兴，反而脸色铁青，令人望而生畏。尽管法律站在我这边，但我却铸成了一个大错，居然当众指出一位声望卓著、学识丰富的人的错误。"

这位律师确实犯了一个"比别人正确的错误"。在指出别人错了的时候，为什么不能做得更高明一些呢？

因此，我们对于自己的成就要轻描淡写。我们要谦虚，这样的话，永远会受到欢迎。

要比别人聪明，但不要告诉人家你比他更聪明。

第七章

如何与爱人说话

与恋人初次交谈的成功秘诀

很多青年人在与异性初次交往时，往往由于缺乏准备，谈得不妙，"第一次"居然成了"最后一次"，造成了抱憾终生的后果。

"谈情说爱"，这4个字分明告诉你，欲获得"情"和"爱"，非得"谈"与"说"不可。第一次与她谈，称之为"初恋的交谈"，则更是一种艺术，非掌握技巧不可。它能使你在情窦的初萌中，把你丰富的思想、微妙的心声用妥帖的话语表达出来，去"接通"对方的脉搏，爆出初恋的火花，使爱情的烈火从此熊熊燃烧起来。这是一门复杂的学问，也是一个难题。这正如恋爱，没有固定的模式。这时仅就常见的几种形式的恋人进行探讨，希望能对更多的年轻男女有所帮助。

1.同"一见钟情式"的恋人

伟大的俄国诗人普希金的代表作—诗体长篇小说《叶甫盖尼·奥涅金》中，女主人公达吉雅娜是个朴素热情、富于幻想、热爱自然的姑娘，她见到男主人公奥涅金后就立即爱上了他，并大胆地写信向他表白，诗中写道：

别人啊！……不，在世界上无论是谁

我的心也不交给他了！

这是神明注定的……

这是上天的意思：我是你的；

我的一生原就保证了

和你必定相会；

我知道，你是上帝派到我这里来的，

你是我的终身的保护者……

你在我的梦里出现过，

虽然看不见，你在我面前已经是亲爱的，

你奇异的目光使我苦恼，

你的声音在我的心灵里，

早已响着了……不，这不是梦！

你一进来，我立即就知道了，

完全昏乱了，羞红了，

就在心里说：这是他！

达吉雅娜见到奥涅金，真可谓是"一见钟情"。但我们这里所讲的"一见钟情"的爱恋，是指由爱恋的双方的直觉感官产生的，是由对方的形象、印象起决定作用的，如外貌、风度、言谈，等等，使男女双方的"钟情"往往产生于"一见"之际。

2.同"友谊发展式"恋人

既然恋人是由友谊发展而来的，那么就比较难明确从哪一次开始不再作为朋友，而是作为恋人做第一次交谈的。在两位年轻人经历了漫长的友谊过程后，随着年龄、感情的增长，友谊出现了"飞跃"，产生了爱恋。我们把年轻人向他所爱的人表白爱情的言谈，作为同恋人的第一次交谈。

19世纪法国著名的微生物学家路易·巴斯特，他表达爱情的方式是颇具特色的。巴斯特在法国斯特拉斯堡大学任教时，认识了校长洛朗的女儿玛丽小姐，在友谊持续了一段时间后，巴斯特深深地爱上了玛丽。于是，他分别给洛朗先生、洛朗太太、玛丽小姐写了信。除了表达真挚的爱情外，巴斯特在给洛朗先生的信中写道："我应该先把下面的事实告诉您，让您容易决定允许或拒绝。我的家境小康，没有太多的财产。我估计，我的家财不过5万法郎，而且我早已决定把我的一份送给我的姐妹们了。所以，我可以算是一个穷汉。我所拥有的只是健康、勇敢和对科学的热爱，然而，我不是为了地位而研究科学的人。"巴斯特的言语非常坦率，非常诚实，又带着炽热的情感，他终于得到了玛丽小姐的爱情。

马克思同燕妮的爱情更是脍炙人口，在全世界人民中被广泛地传为美谈。马克思同燕妮从小青梅竹马，他向燕妮表示爱情，提出求婚时说：

"我已爱上一个人，决定向她求婚……"

此刻，一直深爱着马克思的燕妮心里急了，她问："你能告诉我，你所选择的恋人是谁？"

"可以。"马克思一面回答，一面将一个小方盒递给了燕妮，并接着说：

"在里边，等我离开后，你打开它，便会知道。"

马克思走后，燕妮怀着忐忑不安的心情，小心地打开小方盒，里边装的只是一面镜子，其他什么也没有。镜子里照出了燕妮自己美丽的容貌，燕妮顿时恍然大悟，幸福地笑了，被马克思所爱、所追求的正是她自己。

列宁同夫人克鲁普斯卡娅的"首次恋爱言谈"，似乎有着传奇的色彩。列宁自己风趣地说，是在伏尔加河畔认识克鲁普斯卡娅的，是在"吃第四张春饼时爱上她的"。由于列宁没日没夜地为革命工作忙碌，没有时间顾及个人的恋爱私事，他只能把爱情的种子深深地埋在心底。直到当列宁和克鲁普斯卡娅被捕后，在监狱里，

◇ 相亲时如何交谈 ◇

一般来说，经人介绍发生恋爱关系的恋爱对象，无论男女，都会有这三种状态，究竟该怎样说话应对呢？

> 我觉得今天与你认识很愉快！

1.一见钟情

如果你对见到第一眼的他（她）有感觉，应主动启齿表达出来。

> 我希望以后能常联系，你呢？

2.有待了解

如果双方需要进一步的认识和考虑，也应该直接告知对方。

> 我将征求父母的意见。

3.不满意

若感到不满意，应保持交往礼仪，委婉表示，避免将不满情绪流露出来。

列宁才用化学药水给克鲁普斯卡娅写信，倾诉了埋在心底的火热的爱情。此后，列宁被流放到西伯利亚，在流放生活中，他抑制不住相思的痛苦，才在给克鲁普斯卡娅的信中提出求婚。在信的末尾，列宁是这样写的："请你做我的妻子吧。"列宁坦率、真情的求婚，使克鲁普斯卡娅非常激动，她毫不犹豫勇敢地向寒冷的西伯利亚疾跑，与列宁生活、战斗在一起。

沐浴爱河时应多多放"蜜"

恋爱中的男女相处的时候，有时甜言蜜语非常受用，尤其是爱侣已到了接近谈婚论嫁的阶段，你不妨大胆些，在言语间多放点"蜜"。

一般来说，女人有爱听温柔、甜蜜语言的天性，沐浴在爱河里的人的字典里，是没有"老套"这个字眼的。

任何海誓山盟，"爱你爱到入骨"的话也可说，不必怕肉麻，除非你并不爱她。

与她久别重逢时你可以讲："好像做梦，多么希望永远不要清醒。"

你以充满爱意的眼神望着你的心上人："总是惦念着你！我的感觉，好像一直跟你在一起。"

这是"无法忘怀、时时忆起"的心境，只要谈过恋爱的男女，一定有此经验的。说上面那句话不用怕羞，可以反复使用。相爱之初，热烈的甜言蜜语绝对不会使人感到厌烦，也或许还认为不够呢！

"你喜欢我吗？"你不妨大胆地问。

"说说看，喜欢到什么程度？"或用这样的语气追问。

"请你发誓，永远爱我！"甚至你单刀直入地这样对他撒娇说。

"世界是为我们而存在，对不对？"

"你爱我，我可以抛弃一切！你也是这样？爱就是一切。"

有很多女性使用如此甜蜜的词句来表达爱意。接二连三地用这样的言语向男性表示"永远不变的纯情爱情"，女性便会沉浸在自我的陶醉之中，而男性的反应也会是积极的。

"可以发誓，我永远爱你一人。纵使海枯石烂，爱情也永不变！"

男性若能够这么流利地说出来，一定表示他并不重视你，因为他对任何女性都这么说。

普通男性会说："又来了！"感到畏缩与失望，口中哼哼嗯嗯地无法给予明确的回答，心中还想着其他的事，譬如房子需分期付款。

"对永恒不变的爱无法负责。"事实上，这才是男士的真心话。

当然，在爱情上，"我爱你"的言辞用得过多，未免有庸俗之感，倘若你换用

"我需要你！"就显得有实际的感觉。

"需要"与"爱"所表现的感受，对男性而言，似乎前者胜于后者。

男性在社会活动中，喜欢被人发现自己的存在价值。

恰当地运用甜言蜜语，可以使两人之间的爱情温度逐渐升高。然而这样的话只能用两人听得到的声音互相呼应，如果在许多朋友面前得意地大声说，周围的人会感觉很扫兴，还会很恶心。

"怎么了？愁眉苦脸的熊猫，明天工作一定会顺利进行，提起精神，振作吧！"

你选用这很开朗的呼唤与安慰。这时他会回答：

"我是愁眉苦脸的熊猫，那么你是花蝴蝶？"

甜蜜的称呼也会在两人之间产生情意的相投。他的心理逐渐恢复开朗，感觉到你赐予的爱情的温暖。

多交谈是情感保值的秘密

"相爱简单，相处太难"。在恋爱之初，相互觉得性格相投、相处融洽，为什么一旦有了婚姻之后，却发现彼此间有那么多的差异，作为截然不同的两个个体，这时，语言的沟通有着极其重要的作用。

在性格不同的夫妻身上，我们往往更容易发现一些不尽相同的特点，或者会遭遇到一些不熟悉、不习惯的东西。如果我们对那些与自己不同特点、习惯、兴趣和爱好的人过分挑剔，其结果是不堪设想的。

林肯一生的大悲剧，就是他的婚姻，而不是他被刺杀。请注意，是他的婚姻。布斯开了枪以后，林肯就不省人事，永远不知道他被杀了，但是几乎23年来的每一天，他所得到的是什么呢？根据他律师事务所合伙人荷恩登所描述的，是"婚姻不幸的结果"。"婚姻不幸"说的还是婉转的呢！几乎有1/4个世纪，林肯夫人唠叨着他，骚扰着他，使他不得安静。

她老是抱怨这，抱怨那，老是批评她的丈夫：他的一切，从来就没有对的。他老是伛偻着肩膀，走路的样子也很丑。他提起脚步，直上直下的，像一个印第安人。她抱怨他走路没有弹性，姿态不够优雅；她模仿他走路的样子以取笑他，并唠叨着，要他走路时脚尖先着地，就像她从勒星顿德尔夫人寄宿学校所学来的那样。他的两只大耳朵，成直角地长在他头上的样子，她也不喜欢。她甚至还告诉他，说他鼻子不直，嘴唇太突出。看起来像痨病鬼，手和脚太大，而头又太小。

亚伯拉罕·林肯和玛利·陶德，在各方面都是相反的：教育、背景、脾气、爱好，以及想法，都是相反的。他们经常使对方不快。

"林肯夫人高而尖锐的声音，"最杰出的林肯研究的权威、原参议员亚尔伯

◇ 成为恩爱夫妻的秘诀 ◇

恩爱夫妻有一个共同的特点，就是在通向恩爱和睦的大道上，是需要付出代价的，爱情需要时间的考验、精神上的投资。他（她）们有什么样的秘诀呢？

> 我弟弟装修房子呢，想让我们帮他一下，你说借给他5000块钱怎么样？

> 是不是有点少，至少10000元吧。那可是你弟弟啊，再说他也都过我们不少。

1.多商量

在家中多点民主空气，凡事多商量，许多棘手的问题，往往可迎刃而解。

> 别难过，你还有我。

2.多安慰

一个人受委屈时，需要关怀和安慰，女性更是如此。安慰话胜似"灵丹妙药"。

> 别泄气，我一直相信你能成功。

3.少泄气

夫妻任何一方都难免遭受意外，这时对方的安慰能给人勇气和力量。

特·贝维瑞治写着，"在对街都可以听到，她盛怒时不停的责骂声，远传到附近的邻居家。她发泄怒气的方式常常还不仅是言语而已。她暴躁的行为简直太多了，真是说也说不完。"

举一个例子来说，林肯夫妇刚结婚之后，跟杰可比·欧莉夫人住在一起——欧莉夫人是一位医生的遗孀，环境使她不得不分租房子和提供膳食。

一天早晨，林肯夫妇正在吃早饭，林肯做了某样事情，引起了他太太的暴躁脾气。究竟是什么事，现在已经没有人记得了。但是林肯夫人在盛怒之下，把一杯热咖啡泼在她丈夫的脸上，当时还有许多其他房客在场。

当欧莉夫人进来，用湿毛巾替他擦脸和衣服的时候，林肯羞愧地静静坐在那里，不发一言。

林肯夫人的嫉妒，是如此的愚蠢、凶暴和令人不能相信，她在大众场合所弄出来的可悲而又有失风度的场面，在75年以后，都叫人惊讶不已。她最后终于发疯了。对她最客气的说法，有专家分析指出，她之所以脾气暴躁，或许是受夫妻之间缺少情感交流的影响而造成的。

诚然，夫妻间要注意的方面还有很多，但只要以诚相待，注意各自的修养，讲究交谈艺术，就能使夫妻生活更加幸福美满，恩爱。

争吵有度，和好有方

俗话说："谁家的烟囱都冒烟。"即使是最恩爱的夫妻，相互间也难免发生争吵。一般口角，吵过之后也就完了，但是，如果争吵起来不加控制就可能激化矛盾，引出意想不到的坏结果。所以，夫妻争吵有必要控制好"度"，即使在最冲动的情况下，也不要超越这个界限。

这里要注意以下几点：

1.不带脏字

争吵时，夫妻双方可能高声大嗓，说一些过激过重的话，但是绝不能骂人，带脏字。有些人平时说话带脏字和不雅的口头禅，争吵时也可能顺口说出来。然而，这时对方不再把它当成口头禅，而视为骂人，因此同样会发生"爆炸"。

2.不揭短

一般说来，夫妻双方十分清楚对方的毛病和短处。比如，对方存在生理缺陷，个子小，不生育，或有过失足等。在平时，彼此顾及对方的面子而不轻易指出。可是一旦发生争吵，当自己理屈词穷、处于不利态势时，就可能把矛头对准对方的短处，挖苦揭短，以期制服对方。

有道是"打人莫打脸，骂人不揭短"，任何人都最讨厌别人恶意揭短，这样做只会激怒对方，扩大矛盾，伤及夫妻感情。

3.不翻旧账

有的夫妻争吵时，喜欢把过去的事情扯出来，翻旧账，拿陈芝麻烂谷子作证据，历数对方的"不是"和"罪过"，指责对方，或证明自己正确。这种方式也是很愚蠢的。夫妻之间的旧账很难说得清。如果大家都翻对自己有利的那一页，眼睛向后看，不但无助于解决眼下的矛盾，而且还容易把问题复杂化，让新账旧账纠缠在一起，加深怨恨。夫妻争吵最好"打破盆说盆，打破罐说罐"，就事论事，不前挂后连，这样处理问题，才容易化解眼前的矛盾。

4.不涉及亲属

有的夫妻争吵时，不但彼此指责，而且可能冲出家门，把对方的父母、亲属也裹进来。如说："你和你爸一样不讲理！""你和你妈一样粗鲁！"等。如此把争吵的矛头指向长辈是错误的，也是对方最不能容忍的。

总之，夫妻争吵只要把握好了度，就不会伤及感情，"雨过天晴"，两个又会和好如初。当夫妻因事发生矛盾出现冷战局面时，到一定程度就要有一方首先打破沉默，这时另一方就会响应，夫妻握手言和，重归于好。

5.不贬低对方

最容易激起对方反感的莫过于拿别人家的丈夫、妻子作比较，来贬低自己的丈夫或妻子："你看看人家老王，有手木匠活多好，光是每月给别人做几个大柜，就几千块了。""同样的收入，人家小陈家每月可存入几千元，你呢？月月超支，怎么当家的？"

俗话说："人比人，气死人。"要是对方接受数落，咽下这口气倒也罢了，就怕对方敬你一句："你觉得他（她）好，怎么不跟他（她）过去呀！"长此下去，夫妻关系必然产生裂痕。

6.留下退路

小两口打仗，妻子的绝招之一就是抓上几件衣服或抱上孩子回娘家。此时丈夫如不冷静，总是在盛怒之下火上浇油，送上句"快滚吧，永远不要回来"之类的伤人话就会使事态更为严重。反之，当你觉得妻子的走已成定局时，如果施些补救之计如追妻至大门外："你走了我怎么生活！""等一等，我去给你叫辆出租！""就当今天是星期天吧，明天就回来！"如此等等，话说到点子上，常能打动对方的心，即便是她走了，但感觉总是不一样的，为她的回归留下了余地。

7.打电话向对方道歉

当面讲难以启齿，而在电话里讲，双方都比较自然、方便，也可以通过其他话题进行沟通。夫妻生活在一起，家务事总是有的。上班时，你可一个电话打给对方，以有事相商来引发对话。此种方法应既考虑对方乐意接受的内容，且又给对方发表意见的机会。

8.认错求和

如果一方意识到发生矛盾的主要责任在自己，就应主动向对方认错，请求谅解。如："好了，这事是我不好，以后一定要注意。这件事是我考虑不周，责任在我，我赔不是，你就不要生气了，气出病来可不划算！"对方听了，一腔怒火也许立刻就烟消云散。

退一步说，即使错误不在自己一方，也可以主动承担责任。

9.求助示弱

早晨起床时，已经几天没与妻子说上一句话的丈夫问妻子："你给我洗好的那件白衬衣放到哪里啦？"早已想和丈夫恢复正常的妻子见有了台阶，忙着应声："你这个人呀，总像客人似的，衣服放在哪儿都不清楚，我去给你拿来。噢，对了，昨天还给你买了件新的，只是忘了告诉你。""是嘛，快拿来看看，还是老婆心里有我，斗气也没有忘了冷暖。"这一来一去关系自然就好了。在化解沉默中，女方"示弱"也是一小招。如早晨或晚上表现出不舒服、不想动、吃几片小药什么的，都能引出丈夫的话题，因为男人在关心妻子时开口，这绝不是屈从的表现，不会有损于大丈夫的形象。

10.直言和解

如果双方的矛盾并不大，只是偶然出现摩擦，就可以直截了当和对方打招呼，打破沉默。如说："好了，过去的事就叫它过去吧，不要再憋气了。"对方会有所回应，言归于好。也可以装作把所有的不愉快都忘掉了，像什么事也没有发生似的，主动与对方说话，对方如顺水推舟，便可打破沉默。如上班前，丈夫突然对还在生气的妻子问："我的公文包呢？"见丈夫没有记仇，妻子也不好意思不理睬，应声道："不是在衣柜上吗？"这样就打破了僵局。

11.幽默和解

开个玩笑是打破僵局的最佳方式。如果我说："你看世界上的冷战都结束了，我们家的冷战是不是也可以松动一下？""瞧你的脸拉那么长干什么！天有阴晴，月有圆缺，半月过去了，月儿也该圆了吧！女人不是月亮吗？"对方听了大多都会"多云转晴"的。

总之，只要一方能针对矛盾的具体情况，采取相应的沟通方式，巧用言语，就可以尽快打破僵局，让家庭生活恢复往日的欢乐与和谐。

第八章
如何与孩子说话

孩子需要你的赞美

南京某厂技术员周宏用赞美的办法，把双耳几乎失聪的女儿婷婷，教育成了优秀人才。

周宏第一次看小婷婷做应用题，10道题只做对了1道，按说该发火了，可是他没有。他在对的地方打了一个大大的红钩，并由衷地赞扬她："你太了不起了，第一次做应用题10道就对了1道，爸爸像你这么大的时候，碰都不敢碰呢！"8岁的小婷婷听了这些话，自豪极了。在父母的鼓励下，10岁那年，婷婷就写作出版了6万字的科幻童话。消息见报后，不少残疾儿童被送到周宏门下，都在周宏的"赏识教育法"下得到了很大进步。他说："哪怕天下所有人都看不起你的孩子，你都应该眼含热泪地欣赏他，拥抱他，赞美他。"

周宏巧妙地把赞美运用到了孩子的真善美上。赞美开发了孩子内在的潜力，激起了他们学习上的热情，唤起了他们强烈的进取心，使得孩子变"要我学"为"我要学"，从而在心理上彻底解放了孩子。

然而，在现实生活中，有的家长不是。他们认为孩子是自己生的自己养的，督促学习也是为了孩子好，不必老是哄着、捧着，甚至以为不打不成材，"棍棒底下出孝子"。因此，这些家长老是"居高临下"，总想从精神上肉体上驾驭孩子，结果孩子在家长的高压下，心情焦虑，逐渐出现心理障碍，甚至精神和行为失控，不少家长为此付出了惨痛的教训。他们不知，光靠压是不行的。只有加强引导，让孩子好之乐之，孩子才会"不用扬鞭自奋蹄"。而赞美就是一剂良方。

人都是爱听好话，喜欢受到表扬的。美国著名心理学家威廉·詹姆斯研究发现：人类本性最深刻的渴望就是受到赞美。孩子更是如此。因为孩子好奇心强但自信心不足，他们对自己的每一点小小的进步都非常在乎，渴望得到大人的肯定。

其实，心理学中的"罗森塔尔效应"，揭示的就是"赏识·赞美"的巨大作用。现实生活中，也不乏这样的经典范例。如19世纪德国《卡尔·威特的教育》的真实记录；我国著名教育家陶行知先生"四块糖果"的故事等。

对孩子的教育，家长不应当吝啬赞美，吝啬肯定，吝啬鼓励。只有学会这些，

◇ 学会赞美孩子 ◇

如果家长能恰当地运用赞美，就会帮助孩子达到光辉的顶点。因此，家长学会赞美孩子是很有必要的。要学会赞美孩子，就要做到：

1.尊重孩子

把孩子当作朋友，平等相待，切实尊重孩子，才会从内心去赞美孩子。

2.有一颗平常心

家长对孩子的期望值不要过高。当孩子没有当成目标时，要适时鼓励不要责备。

你已经尽力了，我很欣慰。

3.要持久

孩子的培养不可能一蹴而就，家长应持之以恒地鼓励孩子，让孩子在赞美中健康成长。

并适当地运用这些，才会使孩子树立向上的信心，鼓起前进的勇气，大胆地往前走。

与孩子有效沟通的秘诀

现在很多父母都感觉跟孩子讲道理是非常难的一件事。父母说得天花乱坠，孩子却这耳朵进，那耳朵出，一不留神，孩子还逮着个错反诘父母半天。有些父母能与孩子说得眉飞色舞、热火朝天，有些父母却很少与孩子讨论什么。他们与孩子说话，往往说上个三五句，孩子不耐烦，父母也没词了。为什么父母和孩子发生沟通危机呢？又怎样和孩子沟通呢？

"沟通"一词，《中文大辞典》的解释是："穿沟通达也；疏通意见，使之融洽。"用时下的语言，就是寻求事情的"共同处"，找出事物的"平衡点"，画出事物的"交集"，其过程是"疏通"，其结果是"融洽"。作为孩子的第一老师，和谐地与孩子沟通至关重要。

1.了解是沟通的前提

孩子与家长出现沟通危机，不怪孩子，主要还是家长造成的，为什么孩子懂的家长不懂？为什么孩子关心的事，家长就不关心呢？这是因为我们不了解孩子，不知道孩子想什么，关注什么和需要什么。没有进入孩子的内心世界，又谈何沟通呢？

此外，当我们和孩子沟通时，还要了解孩子当时的情绪状况。孩子和大人一样，情绪好时比较容易接受不同的意见，不高兴时则容易发拗，因而跟孩子讲理，要充分了解孩子的情绪状况，在其情绪较好时，对其进行教育，若在孩子情绪低落时跟他说理，是不会奏效的。

2.平等是沟通的关键

为人父母者往往仗着"闻道"早于孩童辈，就不知、不愿、不肯、不屑去认同孩子，就以成人的眼光、成人的标准去"箍"、去"套"、去约束孩子的小脑袋、小世界。他们总是难以忘记自己"教育者"的角色，以至于和孩子沟通时总是难以保持平等，"你要""你应该""你不能"等词语常常挂在嘴边，孩子自然渐渐失去了与家长沟通的愿望。

因此在和孩子沟通时，要讲究技巧，和孩子平等沟通。我们是与孩子谈话而不是训话，如果总是板着面孔，居高临下，就很难和孩子交知心朋友，孩子不是不愿谈，就是说假话。这就要求家长和孩子谈话时，要以孩子的心态和孩子能理解的语言进行，要蹲下身来和孩子沟通，让孩子觉得你是他的朋友和伙伴，这样沟通才会水到渠成。

3.倾听是沟通的良方

现在许多孩子都有了一定的主见，已经不愿意再当被训导的角色，他们思想活跃，希望有个细诉衷肠的对象。这时的家长应该改变原来的教育方法，努力创造一种"聆听的气氛"。最好的办法是家长经常抽空陪伴孩子，并且当一个好听众。

只有倾听孩子的心里话，才能更好地与孩子沟通。孩子向你诉说高兴的事，你应该表示共鸣，如孩子告诉你他在学校得到了老师的表扬，你可以称赞说："噢，真棒，下次你会做得更好！"孩子向你诉说不高兴的事，你应该让他尽情地宣泄，并表示同情，如当孩子告诉你小朋友推了他一把，他非常气愤时，你可以说："你很生气甚至想打他，是吗？但你不能这样做，你可以告诉老师，请求老师的帮助。"当孩子向你诉说你不感兴趣的话题，你应该耐着性子听，表示你关注他的谈话内容，你可以使用"嗯""噢""是吗""后来呢"等词语，表示你在认真地倾听，鼓励孩子继续说下去。这样，不仅使孩子更乐意向你倾诉，也可以提高他的语言表达能力。听和说总是联系在一起的，要掌握与孩子交谈的艺术，就要耐心地当好孩子的听众，在孩子漫无边际的讲述中，父母可以了解他的真实想法，在他针对某件事的辩解中，可以发现事情的真正原因，便于说服教育。所以，和孩子交谈时，父母不要只注重自己怎样说，更要注重怎样听孩子说。

4.信任是沟通的基石

和所有的友谊一样，两代人的沟通也要讲一个"信"字。说话算数说起来简单，真正做到并不容易。儿童心理医生林达曾经举过这样的例子：一位妈妈因为6岁的女儿不愿与她沟通，便领着女儿去进行心理咨询，结果发现原因是妈妈将女儿告诉她的"秘密"，在晚饭时不经意地告诉了家庭其他成员，结果哥哥姐姐们以此来取笑她，从此她再也不肯对妈妈说什么了。可见，孩子和家长之间的相互信任是非常重要的。

你若不能相信孩子，孩子又凭什么信任你，相信你是真心帮助他的？你若得不到孩子的信任，又怎能跟孩子沟通？

5.赏识是沟通的最好添加剂

古语云："数子十过，不如奖子一长。"跟孩子讲道理，应充分肯定孩子的长处，对孩子的进步给予及时的表扬和鼓励，在此基础上再对孩子的过错予以纠正，这样孩子就容易接受大人的意见。如果一味地数落孩子，责怪孩子这也不是那也不对，只会让孩子产生自卑心理和逆反心理。

恰到好处的赞美是父母与孩子沟通的兴奋剂、润滑剂。家长对孩子每时每刻的了解、欣赏、赞美、鼓励会增强孩子的自尊、自信。我们要切记：赞美鼓励使孩子进步，批评指责使孩子落后。

沟通是一门学问，一位教育家说得好："父母教育孩子的最基本形式，就是与孩子沟通。我深信世界上最好的教育，是在和孩子的沟通中实现的。"让我们每位家长在沟通这门学问面前做一回小学生，真正成为孩子亲密无间的知心朋友！

◇ 惩罚是沟通的双刃剑 ◇

惩罚是一种特殊的沟通，它是一把双刃剑，既可以教育孩子，也可以伤害孩子，如何使用惩罚是教育成败的关键。

妈妈惩罚你打扫一个星期的卫生。

1 惩罚要有理由

父母应牢记，惩罚并非不讲道理，而是将道理渗透在惩罚之中。

你之前欺骗、撒谎，这次又逃学，真是被你气死了。

2 惩罚不能揭短

在惩罚时不断地揭孩子的短，翻老账，这样会彻底损坏孩子的自尊心。

3 惩罚要公平和适度

过多过重的惩罚会让孩子心理出现偏差，感受不到父母的爱和理解，走向极端。

学会这样对孩子说话

父母要解除与孩子之间的代沟，让孩子敞开心扉和自己说话，赢得孩子的热爱，就要首先懂得孩子内心的秘密。而孩子内心最大的秘密是情感，或情感的焦虑。因此，父母必须要掌握情感交流的秘方，走进孩子的内心世界，增强彼此之间的信任和感情。

作为孩子，如果遭遇了问题或烦恼，首先求助的是父母。如果做父母的不善于与孩子交流，也就从一开始就阻断了与孩子之间的融洽关系。

小花是一个紧张而又爱哭的女孩子。她的表妹小羽来跟她住了一个假期。暑假快结束时，就要回家了。小花非常舍不得，眼泪汪汪地对妈妈说："羽羽就要走了，以后又是只有我一个人了。"

妈妈很轻快地说："你会另外再找到一个好朋友的。"

小花回答说："可是我还是会很寂寞的。"

妈妈开始安慰她："过不了多久，你就会忘了。"

"啊，妈！"小花说着就哭起来了。

妈妈生气了："你都快念中学了，还是这么爱哭。"

小花狠狠地瞪了妈一眼，跑进卧室里，哭得更伤心了。

为什么会出现这种结果呢？原因就在于，孩子对于友情、亲情的渴望。他们会对自己的感情需求很在意的。然而，处于世故与冷漠世界的成人，往往对孩子的这种情感需求很不在乎。这样，就会忽视孩子的感觉，对孩子细小的情感波动表现冷酷。这样一种对待孩子的情感反应方式显然不利于父母与孩子之间的情感交流。

事实上，孩子们最需要的就是父母对他的重视，哪怕是当时的实际情况一点也不严重，父母也不能掉以轻心。或许在上例中的母亲看来，女儿不应该因为与表妹的分离就流泪哭鼻子，但是她的反应却不应该没有同情。做母亲的应该这么想：女儿很难过，我应该尽最大的努力来帮助她。尽量设法使她知道我明白她内心的感觉。如果这样想，她就可以用以下方式来安慰女儿："羽羽走了，让人觉得很寂寞。""你们俩这么要好，真舍不得让她走。"

"你会想她的。"这种反应使父母与孩子之间产生亲密的感觉。孩子的内心感受一旦被父母了解了，他的寂寞和情感创伤就会消失。父母对于孩子的了解和同情是情感的绷带，可以治愈孩子受了损伤的心灵。因此，要达成和谐美满的亲子交流，做父母的也必须要对情感交流的技巧加以自觉的领会。

做父母的如何才能架设好与孩子之间的情感交流的"桥梁"呢？比较实际的做法，就是从克服自己与孩子的情感交流的障碍开始。通常而言，当孩子试图与你谈论他内心的烦恼时，如下反应方式，都有可能加速交流障碍的形成：

用命令、指示或指挥的语气，告诉孩子该去做什么事情，给他下命令："我不管别的父母如何做，你必须给我。"

用警告、责备或威胁的语气，告诉孩子如果他做了某件事情会产生什么样的后果："如果你知道好歹的话。"

用说教、教化或规劝的语气，告诉孩子他应该如何做："你应当……"

以提出忠告、方法或建议的方式，告诉孩子该怎样解决问题："为什么不用另一种方法来替代呢？"

用评判、批评、否定或指责的语气，对孩子进行负面的评判："你那样做太不应该了。"

以谩骂、嘲笑或羞辱的方式，使孩子感到自己犯傻，把孩子归入另类，羞辱他："你的行为像一个不懂事的孩子。"

通过解释、分析或诊断的方式，告诉孩子他的动机是什么，或者分析他为什么那样说，那样做。让孩子感到你在给他筹划，帮他分析："你那样说是想。"

用保证、同情、安慰或支持的方式，努力使孩子感觉好受一些。劝说他从不良情绪中解脱出来，尽力消除他的不良情绪，否认不良情绪的影响："不要担心，情况会变好的。"

用探索、询问的方式，努力去找理由、动机和原因，获取更多的信息帮助孩子解决问题："关于这件事情，你还和那些孩子说过了？"

以退缩、转移或迁就的方式，努力使孩子从问题中摆脱出来，自己也避开问题，分散孩子对问题的注意力，引导孩子把问题搁置起来："吃饭的时间咱们不谈这个。"

而正确的反映方式则基本不需要表达出自己的意见、评判和感觉，让孩子把自己的意见、判断和感受充分表达出来，给孩子打开一扇门，引导孩子去说话，使孩子在交流过程中发泄自己的情绪，理清自己的思路，进而自己找出解决的方法。用这种态度来与孩子进行情感方面的沟通，以下一些回应方式是比较简单而又有用的：

"哦！"

"我懂了！"

"有意思。"

"怎么样啦？"

"真的？！"

"我简直不相信，真是这样？"

其他一些反应在诱导孩子去讲、去说方面，更为有效：

"把这件事情讲给我听听。"

"我想听听这件事情。"

"后来呢？"

◇ 与孩子忌说的几种话 ◇

父母与孩子的关系虽亲密，但说话也不能随便。如对孩子说一些不该说的话，势必不利于孩子的健康成长。因此，父母在与孩子交谈时应注意自己的措辞。

你看你画的能见人吗？

1.伤害孩子自尊的语言

损话、气话、侮辱话这类话严重伤害孩子的自尊，伤害孩子心理。

快捡起来，一会领你去动物园。

根本就是骗人，你之前也答应我去。

2.影响孩子修养的语言

埋怨话、欺骗话这些话如果家长经常放在嘴边，言传身教影响孩子修养。

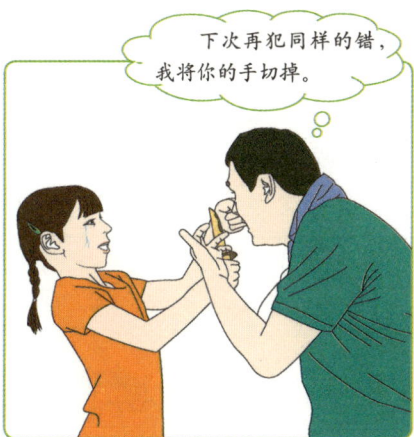

下次再犯同样的错，我将你的手切掉。

3.恐吓或溺爱的语言

宠爱或恐吓都不是正确教育孩子的方式，甚至造成孩子行为偏差，心理失衡。

"听起来你对这件事情有话要说。"
"这件事看起来对你很重要。"
"咱们一起来讨论一下吧。"

规劝的话要"裹着糖衣"

一种苦味的药丸，外面裹着糖衣，使人先感到甜味，容易一口吞下肚子去。于是，药物进入胃肠，药性发生效用，疾病也就好了。父母要对孩子说规劝的话，在未说之前，先来给他一番赞誉，使孩子先尝一些甜头，然后你说上规劝的话，孩子也就容易接受了。

如果你要人家遵照你的意思去做事，总应用商量的口气。譬如有一位主管要求属下做事时，总是用商量的口气说："你看这样做好不好呢？"

正处于青春期的孩子，逆反心理比较强，如果父母在批评孩子时只顾苦口婆心地规劝，往往起不到实质的作用。

当然，为了纠正孩子的错误，指导孩子去做应该做的事情，有时批评孩子是必要的，只是要特别小心，在言语和态度上都要谨慎，千万不可用讽刺或嘲笑的言语，免得引起孩子的反感和难堪，使之产生自卫和反抗的心理。

如果孩子做错了事情，父母可先间接指出其错误的地方，告诉其这样做会带来哪些后果，然后提出改正的方法，使孩子明白应该走的路和应该做的事。如果孩子付出了努力，尝试去改过，就算不能立即生效，做父母的也不必气馁，可以从旁鼓励，告诉孩子他的努力不会白费。

此外，在规劝孩子的时候应尽量避免有外人在场，因为这样他就会觉得自己很丢脸，没有面子，所以也很难接受你的劝告。

第九章

如何与父母说话

说服父母有妙招

许多子女都说与父母有代沟。的确，父母因为年龄的原因，与社会有些脱节。而因为缺乏交流的艺术，双方经常产生摩擦。家庭中父母与子女间的摩擦，许多是两代人之间的思想分歧，解决起来不大容易。而偏偏长辈大多固执，后辈又执拗，他们觉得自己正确的时候，往往靠争辩解决问题，这就更加激化了矛盾。

在这种情况下，如何说服父母，就需要一定的技巧。说服父母是一种特殊的交流和沟通过程。

1.利用类比讲明道理

在说服过程中，可以巧妙地把父母的经历和自己目前的状况类比，以求得他们的理解，使他们没有反对的理由。

比如，有一位大学毕业生想到南方闯一闯，家长不同意，他这样找理由说服父亲："爸，我常听你说，你16岁就离家到外地上学，自己找工作，独自奋斗到今天！我现在比你当时还大两岁呢，我是受你的影响才这样决定的，我想你会理解和支持我的。"

这样一来，儿子成功地说服了父亲，父亲无法再坚持自己的意见了。

一般情况下，做父母的都有自己认为辉煌的过去，他们免不了以这些资本教育子女。对于已成年的子女，如果要干一番事业但受到父母的阻挠时，就可以拿他们的经历作为论据，进行类比，这样有很强的说服力。

2.献殷勤，套近乎

献殷勤，不是虚情假意，而是要实实在在地孝敬父母。虽然父母有许多缺点，可做儿女的应该真心实意地爱他们，关心他们的冷暖和健康，为他们分忧解愁。有了这个心理，你就会有许多"献殷勤"的办法，也会有诚恳、礼貌、亲切的态度，自然而然就会说得顺耳，讲得动听了。

需要提醒的是，当父母问你什么事情时，这是送上门的"献殷勤"的好机会，你一定要耐心、认真地正面回答或解释，这样一定会换得父母更多的怜爱。长辈总想更多地了解晚辈的生活，你只要耐心地陪着他们就足够了。

人与人之间应该互相尊重，子女对父母更应该如此。而这种尊重，很重要的一个方面就是经常向老人请教和商量问题。除了那些自己能够预料到的肯定与父母的观点存在明显分歧，而又必须坚持己见的问题之外，其他的事情，则应该经常及时地与父母商量，听听他们的意见，这无疑是有好处的。即使清楚地知道自己与父母的观点绝对一致，也不妨走走过场，以求得意见一致时所带来的愉快心情。

3.以父母的期望作为自己的旗帜

父母对子女的未来都寄予厚望，望子成龙是他们梦寐以求的，而且在日常生活中，父母常常教导子女要敢闯敢干，将来要做一个有作为、有成就的人。

在说服他们时，只要你提出的意见与他们的目标一致，就可以抓住这面旗帜，作为有力的武器，为己所用。

有一位刚毕业的年轻人在一家公司找到一份工作，而父亲不同意儿子的选择。这个年轻人说："这个公司我了解过了，很有前途，生产的是高科技产品，和我学的专业很对口。在这个公司总经理要我把技术工作抓起来，这是多好的机会。我从小就依靠你们，没有主见，我现在长大了，觉得你说得对，这个决定就是我自己独立思考定下的。我想你一定会支持我的。"

听到这里，父亲还能说什么呢？

一般说来，父母很注意自身的尊严，对过去说过的话不会轻易失信，而且会及时兑现。所以，在说服他们时，就可以适当利用这种心理，用他们的话作为自己的旗帜，很容易就会成功。

4.发挥坚决的态度的震撼力

子女在说服父母时要表明自己的坚决态度，让他们明白自己的选择是慎重的，是下了决心的，不管遇到什么情况都不会动摇，即使决定错了，也准备独自承担责任，决不后悔。

这种坚决的态度具有柔中寓刚的作用，对于父母有强烈的震撼力。父母从中可以看到子女的主见和责任感，就不会硬顶着把事情搞僵，反而还会顺水推舟，同意子女的意见。

一位女孩的父母不同意女儿和那个男孩谈恋爱，她对父母说："在这件事情上我决心已定，希望你们能理解女儿的心思。以后吃苦受累我也心甘情愿。如果你们硬不同意，那也没有办法，就当没有生我这个不孝的女儿吧。不过，我是多么希望你们能理解和支持我呀！那样，我会感谢你们的。"

话说到了这里，父母还能说什么呢？他们并不想失去女儿，既然女儿已经铁了心，为什么还要苦苦相逼呢？这个事例中，女儿的决心起了重要作用。

最后，需要指出的是，如果自己的意见不正确，甚至完全错误，那就不是说服父母的问题，而是应该愉快地放弃自己的意见，采纳他们的意见。当然，这同样也需要勇敢和理智。

父母吵架时的劝说艺术

世间最美满的家庭也难免存在矛盾，父母发生摩擦闹矛盾，甚至公开吵架时怎么办？最重要的是你要当好中间人，在任何家庭中，父、母、子女三者的关系总是最亲密的，子女是父母感情的纽带，是父母关心的中心，在父母面前，始终处于被爱护，被关心的地位。

◇ 父母吵架应该怎么劝 ◇

父母争执发生矛盾，孩子最利于做好双方工作。所以当父母争吵时，应保持冷静的头脑，绝不可意气用事。一般父母吵架后会出现3种情况：

看镜头，吵架的老头儿和老太儿。

1.双方僵持不肯让步时
此时子女应主动安慰，立即做好劝说工作，尝试用幽默的方式化解纠纷。

爸妈，我还有事，你们好好吃，别浪费。

2.双方后悔羞于认错时
此时子女应创造机会，为双方搭桥，暗中巧妙让双亲言归于好。

妈，你就原谅爸吧，他已经知道错了。

3.一方求和一方生气时
此时子女应传递想要和好的心情，这样几经劝说，就可以和好如初。

有一位教育家这样说：我小的时候，隔壁邻居家夫妻两个经常吵架，而他们吵架的时候两个孩子通常只是在一边傻傻地看着，或是在一边流泪，夫妻俩总是小事吵成大事，大事就更不得了，一直到有人劝为止。通常夫妻吵架有时会陷入双方谁也不服谁的僵局，而且外人来劝没有内部解决好。这个时候如果孩子能很好地劝架，那么夫妻的吵架问题就很容易解决，父母会因为孩子那么懂事而欣慰，说不定以后会减少吵架的次数。

不能把自己置于局外人的地位，对父母的争吵毫不过问，冷眼旁观，熟视无睹，自称"小孩不管大人的事"；也不能不分青红皂白跟着大吵大闹，把父母双方都责怪一通，两人吵变成三人吵。

任何夫妻都有吵架的时候，但夫妻吵架的时候孩子的态度通常是很重要的，因为没有父母不疼自己的孩子的。

恰当化解与父母的争执

在孩子的眼里，父母似乎永远是"自由"的反义词，在父母的眼里，孩子似乎总是"天真"的代名词。当你对某一事物的看法与父母不一致，而父母又不肯改变自己的意见时，你应该运用怎样的说话技巧说服父母呢？

与父母意见不一致时，很多人会与父母顶嘴、唇枪舌剑地理论，也有一些人会躲在一边生闷气，再不就是拂袖而去，一走了之。这样做可以在一定程度上发泄你愤怒的情绪，却会伤害你与父母之间的感情，而且也无助于培养你和父母相互尊重的习惯。因此，最好能学会掌握说话的艺术，以建设性的方式处理你与父母的不一致的想法。

下面不妨看看这样一个例子：

小王到北京出差时，遇到张敏，两人一见如故，短短一个月便成为亲密无间的好友。事情办完后小王不得不离开北京，临走前小王把地址、电话都留给了张敏。

没过多久，张敏也出差，目的地正好是小王所在的城市，于是他给小王打了电话。二人在小王家见面了，像故友一样两人无话不谈。等张敏走后，小王的父母发话了："你怎么交了这么个朋友，这个人看起来很不地道。"小王一听不乐意了："我交什么朋友，你们都不满意。""我们这是为你好，怎么这么不懂事？""你们看着好就一定好吗？你们觉着不好，就不能来往吗？"父母听了气不打一处来，开始骂了起来。小王一看这样说下去肯定不行，马上缓和了口气："我知道你们是为我好，张敏和我属于同一个集团，做事干练，人也挺好的，而且从小没了父母，也怪可怜的。再说了我都这么大了，也能分清是非了。"父母听了小王的话也缓和了下来，最后小王终于说服了父母。

每个人的看法都会有一定的道理。与你相比，父母的人生阅历丰富，考虑问题

◇ 如何处理与父母的争执 ◇

　　子女与父母发生争执是很正常的，因为一个人看问题的角度往往与他（她）过去的经历和现在的状况有关。因此，我们应该学会处理与父母之间的争执。

> 爸妈，别生气，我先去上班，这事晚上再说。

1.躲开争执现场

　　最好先找个借口离开现场，等大家都心平气和的时候再讨论问题。

2.利用中间人

　　事先说服其中一位，然后再说服另一位，或者邀请同龄好友参与讨论。

> 还是妈妈最疼我，爸爸那边也拜托你了。

3.尊重父母

　　父母有权坚持自己的意见，子女应当尊重他们的权利，这样才能得到他们的尊重。

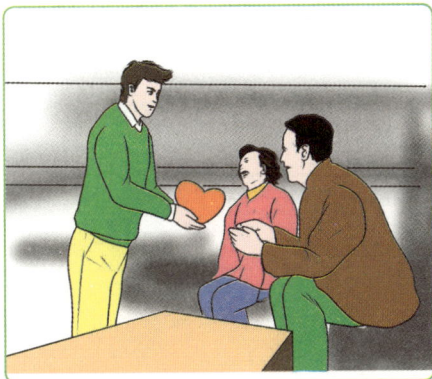

会比较周到，但也容易形成固定的看法，产生偏见。你呢？由于思想上没有那么多框框，容易接受新东西，但考虑问题难免片面、肤浅。如果你既能看到对方意见中不合理的成分，还能看到其中有道理的一面，不仅能"化干戈为玉帛"，还会得到有益的借鉴。

当你与父母的意见不一致的时候，不妨静下心来想想，父母为什么会有这样的看法？其中是否有一定的道理？最好先肯定父母观点中有道理的一面，再说明自己的看法。即使你完全不同意父母的意见，也不要用挖苦的语调大声地与父母说话，那样父母会感到受到伤害。

多一些了解，少一些冷漠；多一些关爱，少一些摩擦；多一些鼓励，少一些责备。如果我们能为父母多想想，站在他人的角度看自己，也许和父母的争执就不会那么激烈了。

孩子需要父母的支持，父母更需要孩子的理解。只要多和父母交流，坦诚相待，也许在与父母的争执过程中会闪出爱的火花。

第十章

如何与对手说话

一语双关，回味无穷

一语双关，是指在一定的语言环境中，利用语句的同义或谐音的关系，有意识地使语句具有双重意义，言在此而意在彼。

由于双关含蓄委婉，生动活泼，又幽默诙谐，饶有趣味，能给人以意在言外之感，又使人回味无穷，因而在辩论中经常为人们所使用。

有一天，一位年轻的作者来到某编辑部，递上自己的作品。编辑看了作品以后问他："这篇小说是你自己写的？"

"是我自己写的。"年轻人答道，"我构思了一个多月的时间，整整坐了两天才写出来的，写作真苦！"

"啊，伟大的契诃夫先生，您什么时候复活了啊！"编辑大发感慨。听了编辑的话，年轻人赶紧悄悄地离开了编辑部。稍加思索，就会明白，"契诃夫先生，您什么时候复活了啊"这句话，隐喻着"你抄了契诃夫先生的作品"。其效果远胜于明言快语地指出作品是抄袭的。

这句一语双关的妙言，一时竟使得那些反对者不知所措。

在论辩中，当遇到棘手的问题不好回答或不能回答时，一语双关往往能收到出人意料的效果。

用话语引起共鸣

"心战为上，兵战为下。"与对手辩论也是如此，欲攻其人，先攻其心，揣测对方心理，抓住关键，方能一语中的，成功地击败对方。

第二次世界大战时，丘吉尔于1941年圣诞节前去了美国，希望说服美国人和英国人结盟，立即对德宣战，以扭转英国所面临的危机。可是当时不少美国人对英国人不抱好感，反对介入对德战争，这无疑给丘吉尔的说服工作增加了许多困难。但丘吉尔不愧是著名的论辩家，他在进行说服工作时十分注意攻心技巧的运用，用情感来打动美国人的心，化解了他们对立的情绪，让他们把英国人当作"自己人"，

◇ 谈判中如何打动对方 ◇

谈判的过程实际上是谈判双方基于各方利益互相沟通的过程。所以，谈判双方沟通的效果好与差，直接关系到双方各自意向是否能顺利达成。下面分享高效谈判沟通技巧：

1.从达成共识的话题谈起

谈判开始的发言如果能抓住对方眼球就成功了一半，因此要从共识话题谈起。

2.寻找彼此之间的双赢点

谈判前了解对方所要追求的利益，认真分析，找到彼此之间的双赢点。

老刘，这次我们有共同的对手。

是的，我们必须要赢。

感谢白总给我的这次机会，期待下次的合作。

3.印象深刻的结束语

不论何种结果，态度积极的结束语都会带来更大的回报。

从而转变了态度，支持政府援助英国，参加对德作战。

丘吉尔说："我远离祖国，远离家园，在这里欢度这一年一度的佳节，但我并不觉得寂寞孤独。或许是因为我母亲的血缘关系，或许是因为我在这里得到的许多友谊，让我根本不觉得自己是个外来者。我们的人民和你们讲着同样的语言，有着同样的宗教信仰，追求着同样的理想。我感受到的是一种和谐的、亲密无间的气氛。

"此时此刻，在一片战争的混乱中，今晚，在每一颗宽容无私的心灵中都得到了灵魂的平安。因此，至少我们可以在今晚，把那些困扰我们的各种担心和危险搁置一边，并在这个充满风暴的世界里，为我们的孩子准备一个幸福的夜晚。那么，此时此刻，在今天这个夜晚，讲英语世界中的每个家庭都应该是一个有阳光普照、幸福和平的小岛。"

丘吉尔从两国人民间共同的语言、共同的宗教信仰、共同的理想及长期的友谊切入，将这些共同点作为彼此相信、相互了解的基础，并把它提出来，用"讲英语的家庭都应过一个和平安详的圣诞节"这样的话语，打动了无数美国人的心，使他们改变反战立场转而与英国结盟。

动之以情，方能晓之以理

成功的论辩不仅必须凭借锋利的言辞、缜密的思维、铿锵有力的语调，还必须常常诉之以情，把自己的感情融入对方及听众的血液里，令其沸腾。简而言之，就是靠情感战胜对方。

有一天，一位老态龙钟的妇女前去面见林肯，哭诉自己被欺侮的经过。这位老妇人原是美国独立战争时期一位烈士的遗孀，每月靠抚恤金勉强维持生活。前不久，出纳员竟要她先缴出一笔手续费才能领钱，而这笔手续费竟高达抚恤金的一半，这分明是敲诈勒索。素有修养的林肯听完老妇人的泣诉后，怒不可遏，他安慰老妇人，并答应一定帮助她打赢这场官司。

法庭开庭后，因证据不足，所以被告矢口否认，情况明显对老妇人不利，轮到林肯发言，几百双眼睛盯着他，看他有没有办法扭转局势。

林肯并没有在老妇人的不幸上大做文章，而是用抑扬顿挫的嗓音，把听众引入对美国独立战争的回忆。他双眼含泪，用真挚的情感述说革命前美国人民所遭受的沉重苦难，述说革命志士在冰天雪地里战斗，为灌溉"自由之树"而流尽最后一滴血的事迹。突然间，他情绪激动，言词夹枪带剑，直指那位企图勒索烈士遗孀的出纳员。最后，他以巧妙的设问，做出精彩的结论：

"现在，1776年的英雄早已长眠于黄泉，可是，他那衰老而可怜的遗孀，还在我们面前，要求我们代她申诉。这位老妇人从前也是一位美丽的少女，曾经有过幸福愉快的家庭生活，然而，她为美国人民牺牲了一切，到头来却变得贫困无依，不得不向享受着革命先烈争取来的自由的我们请求一些援助和保护。试问，我们能视若无睹吗？"

这样一个问题，成功地触发了在场所有群众的同情心，在场的人眼眶泛红，都为老妇人掬一把同情之泪。有的捶胸顿足，有的当场慷慨解囊。在陪审团的一致要求下，法庭通过了保护烈士遗孀不受勒索的判决。

动之以情，激发众人内心深处的温暖情感，将有助于扭转劣势。

俗话说"通情，才能达理"，没有心理上的沟通做基础，即使有理，也达不到说服的目的。

让事实说话

人们常说"事实胜于雄辩"，在具体的事实面前，即使再蛮横、再能狡辩的人，也不能置事实于不顾，睁着眼睛说瞎话。大家一定还记得那个小时候听过的关于爱因斯坦的"板凳"故事：

一次手工课，爱因斯坦把自己"制造"的一张很不像样的"板凳"交给了老师。

老师看后很生气，举着"板凳"问孩子们："你们见过比这更糟糕的凳子吗？"

小朋友们都一个劲儿地摇头表示"没见过"。但爱因斯坦却从课桌里拿出了另外两张"板凳"说："比这更糟糕的凳子还是有的。"他指着拿出来的那两张"板凳"说："这是我第一次和第二次制作的。刚才交老师的已是第三张板凳了，虽然它做得并不好，但比这两张好多了。"

结果，老师被说得哑口无言。

这就是摆事实最直接的办法——示物助说。

所谓示物助说，就是在适当的时机当场拿出具体的实物来进一步证明自己的观点。其特点是语言与动作糅合为一体或同时并举，形象直观，富有真实感。

然而作为一个成熟的辩手，挖掘例证来源的能力应该是非常强的。大凡好的例证更能感化别人。而好的例证的来源之一就在辩论的现场。就看你的想象能力如何，具备想象能力者，在辩论现场直接取证来论证自己的观点，其效果一定极佳。

在辩论中，雄辩者及时抓住现场的某些事物用作论据反击敌论，这种辩论技巧，就是就地取证战术。由于这些事物都是辩论者在现场的所见所闻所感，是大家有目共睹的，生动具体，直观性好，一点就明，一说就透，因而具有很强的雄辩力量。

在一次"大学生可不可以下海经商"的论辩比赛中，正方的一辩是这样开始他的发言的："朋友们，在我们这个'有钱非万能，无钱万不能'的时代里，钱这个身外之物一定令在座的各位男女同学苦苦追求过。也许哪位女同学曾为缺少1元钱而买不到自己喜爱的'发嘉丽'伤透了脑筋;也许哪位男同学曾因缺少5角钱而不能吃上一份红烧肉只能吃盘白菜而搓痛了脑袋;也许哪位同学因为缺钱而买不起牙膏刷牙以致口臭,买不起邮票寄信以致难向远方亲人倾吐感情……也许,无数的也许。看来钱让人有风采,有魅力,才能让人生存。钱可以给我们带来巨大的物质、精神享受。而下海经商首先做到的是可以开拓生财之道。这样说来,何乐而不为呢?这是其一。其二……"

这位论辩者抓住现场观众感兴趣、联系紧的日常琐事临场切入,就地取证,讲出了大家的心里话,深得观众认同。

王阳明是我国明代著名的"心学"思想家。他主张心外无物,受到很多人的崇拜,也受到一些人的质疑。有意思的是,他还被自己的主张绊倒过一次。

那一天,王阳明和朋友登山观赏风景,一路上滔滔不绝地谈论他的哲学思想。他说:"凡是人们心中没有想到的东西都是不存在的,就说这些大树吧,它们之所以存在,就是因为我们看到了它们,心中想到了它们,否则就不存在了!"他正谈得兴致勃勃的时候,不料被一块石头绊了一跤,帽子滚到山下去了,于是扫兴地说:"没想到被石头绊了一跤。"他的朋友便问他:"你没想到的东西怎么会存在呢?可见还是心外有物呀!"王阳明无言以对。

王阳明开始说心外无物,可没想到后来会被石头绊一跤,他朋友抓住了这一现场证据反问他,使他哑口无言。可见,就地取证能使自己的观点更具战斗力,具有很好的辩论效果。

需要注意的是,运用就地取证术时要做到思维敏捷,语言陈述情真意切,证物要有典型性和代表性,以理服人,如果做不到这些,弄不好会适得其反。

就地取证,顾名思义,就是现场找例证现炒现卖。所以,在用此法时要弄清的是,从现场找来的例证是否有说服力,如果缺乏说服力,还是别把时间白白搭在此方面为好。

抓住对方破绽,有力反击

论辩场上,唇枪舌剑,你来我往,难免会犯一些错误,存在一些纰漏,产生一些破绽,机智者常常可及时捕捉住对方的破绽,给以有力的回击,这是展示言辩者知识水平、理论功底、逻辑能力与语言技巧的最佳时机。

1993年8月,在新加坡国际大专辩论赛中,复旦大学与悉尼大学对垒,辩题是"艾滋病是医学问题,不是社会问题"。悉尼大学队是正方,复旦大学队是反方。开始,双方你来我往,势均力敌,难分胜负。这时,复旦大学队的二辩问了对方一个问题:"请问对方,今年世界艾滋病日的口号是什么?"对方四位辩手面面相

◇ 反驳对方错误的两种形式 ◇

想要在辩论场上进退自如，就必须在辩前有深入思考，形成具体的反驳思路，和成文的反驳语言。下面介绍两种反驳对方错误的两种形式：

> 对方辩友所举例子不合适，因为文学作品中的许多人物和故事是虚构的，所以对方辩友的例子也是虚构的。

1.反驳例子

找到对方语言中不够准确的例子进行反驳。

> 当电脑裁判引入赛场后，过分地强调准确，将严重弱化体育比赛的观赏性和参与性。

> 观赏的是什么？是一种体育美，美的基础是什么？是真。公平就是对真的一种保证。如果连公平都得不到保证，欣赏性从何而来？

2.反驳语言

抓住对方辩论时的语言漏洞进行反驳。

觑，瞎猜一气，错误应答。复旦大学队立即纠正，并巧妙引开："错了，今年艾滋病日的口号是'行动起来，时不我待'，对方辩友连这都不知道，难怪谈起艾滋病来这么不紧不慢的啊！"这一招儿，在对方的阵地上打开了一个缺口，从而瓦解了对方的阵线。

在辩论中，一方面要守住阵地，稳扎稳打，不能贪图一时之利口不择言，言语出错，给对方以可乘之机；另一方面又要洗耳恭听，捕捉对方的言语、逻辑错误，一有机会，立即盯住，穷追猛打。

在北大首届辩论赛中，国政系与历史系就"仓廪实而知礼节"展开辩论。正方历史系在论证物质与文化的关系时，提出："在德国这样经济发达的国家，产生了巴赫、贝多芬、门德尔松等伟大的音乐家……"

反方国政系立即抓住正方论据中出现的"贝多芬"发出反击："正方错了，贝多芬恰恰是在贫困交迫的情况下才写出《命运交响曲》这样辉煌的作品的！"

正方错上加错："那他也必须在吃饱饭的情况下才能进行创作呀！"

反方步步紧追："那么请问贝多芬是在哪一顿吃饱了之后才写出《命运交响曲》的？"

上例中，反方抓住正方口误，及时予以回击，赢得了观众的掌声，直逼得对手落荒而走。

在司法审讯中，常见一些有经验的审讯者巧设圈套，让罪犯露出破绽，出现常识错误，在其阵地上打开缺口，从而瓦解其坚固阵地。

说得多不如说得妙

论辩是非常激烈的，针锋相对，各不相让。而这也就给人们造成了一个误解：谁说得多谁就有优势。其实不然，论辩双方取胜的判断标准是：谁最有理、有力地反驳了对方。这就是说，论辩时说得多不如说得巧，说得妙。

据《晏子春秋》记载，齐景公爱打猎，非常喜欢养老鹰，并用它来捉兔子。一次，烛邹不慎让一只鹰逃走了，景公下令把烛邹推出去斩了。晏子为了营救烛邹，立即上前拜见齐景公说：

"烛邹有三大罪状，哪能这么轻易杀了呢？请让我一条条数出来后再杀他，可以吗？"

齐景公说："可以。"

晏子指着烛邹的鼻子说："烛邹，你为大王养鸟，却让鸟逃走，这是第一条罪状；你使得大王为了鸟的原因要杀人，这是第二条罪状；把你杀了，天下诸侯都会责怪大王重鸟轻士，这是第三条罪状。"

齐景公听了，对晏子说："别杀了，我明白你的意思。"

晏子运用假设"罪状"的方法对没有罪的烛邹设立了三条明显违背常理的罪名，并说给齐王听。而这些罪名又明显是从齐王的角度来设立的，因而使齐王作为旁观者，自己也觉得不合理。齐王明白了晏子的用意，放过了烛邹。从这个例子我们可以明白，论辩不一定要说得多，而是要句句有理，句句到位。

在论辩过程中，如果你滔滔不绝，那么就必须保证你所说的每句话都精湛、到位，有针对性，否则只会让对手从中找出破绽，有力地反击你，从而影响辩论的结果。

比喻是论辩的精妙关键

在论辩中，比喻技巧的运用是非常广泛的，这是因为生动形象的比喻，能化抽象为具体，化生僻为通俗，化深奥为浅显，能准确地讲解知识，形象地表达感情，能启发人们丰富的联想，使自己的论证如虎添翼，效果倍增。

有一次，爱因斯坦到柏林哈顿街工人学校讲学，一位工人好奇地问："爱因斯坦先生，听说您创立了相对论，那是什么意思啊？"

爱因斯坦风趣地说："打个比方来说吧，如果你在一个漂亮的姑娘身旁坐一个小时，只觉得坐了片刻；如果你在一个热火炉旁坐上片刻，你会觉得像坐了一个小时，这就是相对的意思。"

相对论作为一种准确严密的理论体系当然十分深奥，但爱因斯坦只用一个比喻就生动形象地将其基本原理表达得清清楚楚。

比喻，是一种常用的修辞格式，是语言形象化的手段，由于它取喻明理，以此喻彼，把精辟的论述与摹形拟象的描绘糅合在一起，既给人以哲理上的启示，又给人以艺术上的美感，因此，比喻能使表达充满幽默色彩。

比喻，一般分为明喻、暗喻和借喻3种。

明喻，就是说清楚这是在打比方。本体和喻体之间通常用"像""如""一样""犹如"等喻词联结。下面我们看美国黑人领袖马丁·路德·金《我有一个梦想》中的一段：

"100年前，一位伟大的美国人在《解放宣言》上签了字，今天，我们站在他的雕像前集会，这一庄严宣言就如灯塔的光芒，给千百万在那摧残生命的不灭之火中受煎熬的黑奴带来了希望；它之到来犹如欢乐的黎明将结束那被监禁的漫长黑夜。"

这段演讲词，采用明喻方法，语言感染力非常强，说辩效果非常好。

暗喻，是只出现本体和喻体而不用比喻词连接的比喻。这种方法由于富有隐含性，使用效率更高。

借喻，是指本体和喻词都不出现，直接把喻体当本体说的比喻。

在1986年亚洲大专辩论会上，北京大学队代表李玫在论证"发展旅游业利多于弊"这一辩题的反方观点时，曾谈到旅游业与世界经济发展的关系，她说："旅游业的兴衰，完全依赖于世界经济发展的好坏，打个比方，如果世界经济打个喷嚏，那么旅游业也会感冒，甚至得肺炎……"

这里巧用借喻，化深奥为浅显，很好地启发了人们的联想，使自己的论证如虎添翼，效果倍增。

比喻论证虽然灵活性强，但毕竟是一种辅助性的方法，只能用于揭示一般性生活事理。在运用时要注意：所取喻例虽不必真实，但必须通俗明白，易为对方理解和接受；所比两事物虽然相异，但两者必须自然相通，不可生拉硬扯，牵强附会。

绵里藏针，以柔克刚

人之所以要学习"说话"的方法，原因就在于人必须在不同的论点中寻求和谐，不能因各自不同的理念而损及人际关系。因此，与人沟通时，就必须注意分寸的拿捏。如果论辩中既不想太强硬，又不想违背自己的原则主张，你可用绵里藏针法，这或许是一个不错的方法。绵里藏针意味着软中有硬，硬是通过软的方式表现出来的，婉言中预示警戒，柔弱中显示刚强。

郑穆公元年，秦穆公任命孟明视为大将，集合300辆战车，于12月出发，准备带兵偷袭郑国。

这消息被郑国的一个贩牛商人弦高知道了。当时他正赶着一群牛准备到市集兜售，正在往洛阳的途中，回国报告已经来不及，于是他急中生智，一边派人抄近路连夜回国报信，让国君作好迎战准备；一边把自己装扮得衣冠楚楚，并挑选了12头肥牛和4张牛皮，乘着马车，带着随从，在秦军必经之路等候着。

这天，秦国队伍行经时，突然有人拦住去路，大声喊道："郑国使臣弦高受国君派遣，特来求见将军。"

孟明视听了，不禁一怔，心想：莫非我们派兵偷袭的消息被郑国人知道了？他满腹狐疑地接见了弦高，并迫不及待地问："先生到这里来有何见教？"

弦高说："我们国君听说将军带兵要来敝国，特派我来犒劳大军，先送上这12头肥牛和4张牛皮作为慰劳品，表示我们的一点心意。"

孟明视故作镇静，收下慰劳品，假惺惺地说："听说郑国国君新丧，我们国君怕晋国乘机来侵犯你们，特意叫我带兵来保护。"

弦高说："我们郑国是个小国，夹在秦、晋两个大国中间，为了安全，我国的将士们枕戈待旦，日夜小心地守卫着每一寸国土，要是有谁胆敢来侵犯，我们一定会给以迎头痛击。这一点请将军放心。"

孟明视又不甘心地说："这么说来，郑国就用不着我们秦军的帮助了吗？"

弦高说："我们已经做好了一切准备，如果贵国军队真的入境，我们将负责供应你们粮食和柴草，派兵保护你们的安全。"

孟明视听了弦高的话，心想郑国早已有所戒备，只得放弃进攻郑国的打算。事后，郑穆公召见了智言周旋而救国的弦高，并封他为军尉。

此外，在外交上，委婉含蓄的语言往往更意蕴深刻。1984年9月，苏联外长葛罗米柯访问白宫时，曾开玩笑似的对第一夫人南茜说："请贵夫人每天晚上都对里根总统说句悄悄话——和平。"言外之意是里根总统头脑不够冷静，往往做出有损于世界和平的事。对此，南茜回敬说："我一定那样做，同样地，希望你的身边也能常常吹出这样的'枕边风'。"葛罗米柯听后，心领神会地讪讪一笑。

由于代表着不同国家、不同的政治利益，政治家之间的语言游戏，无论形式如何，都是针锋相对的斗争。葛罗米柯和里根夫人的妙语，都在含蓄之中藏着三寸钢针，一个刺得好，个扎得妙。听似玩笑，实则真言。凭借委婉含蓄，政治家把尖锐的批评包藏起来，抛向对方，不显山不露水地进行了一番较量。

人人各有立场，如果都冲动地、直截了当地阐明自己的立场，恐怕世界纷争不断。所以既要维持表面的和谐关系，在捍卫自己的理念上又不能有丝毫让步时，绵里藏针便是最好的方法了。

第三篇

不同场景下的说话艺术

第一章
求职面试时的说话艺术

不要小看自我介绍

在求职面试时，考官一般都要你先做个自我介绍。看似简单的一个问题，但如果处理得不好，就会全盘皆输。所以为了使用人单位全面、具体了解你自己，应实地向对方介绍自己的情况，即介绍与求职有关的、最主要的情况。与此有关的要介绍清楚，不要遗漏；与此无关的则不必介绍，以防眉毛胡子一把抓，反而冲淡了主要内容。

介绍自己的情况时一般包括以下几方面：

（1）一般情况。如姓名、年龄、工作或学习单位、家庭住址等。

（2）学历及工作经历。

（3）职业情况。将所从事工作的内容、时间、职务、效果、评价一一说清。

（4）其他情况。凡不属以上三方面的内容而又有必要加以介绍的情况，都可分小项介绍，如家庭成员、与本人的关系，也可专门介绍你的爱好和特长。

另外，如果对求职有什么要求，也可以专门介绍。

为了使录用单位更全面地了解自己，将自己的基本情况整理好，介绍出来，是一项重要的、必不可少的工作。

除了介绍自己的基本情况外，还可以适当地将自己的能力和才干表现出来。

求职者总要想方设法把自己的能力和才干表现出来，让招聘者了解自己。然而，表达自己的能力和才干也是一门艺术，如果一味地平铺直叙，大讲特讲自己比他人如何如何好，恐怕会给人自吹自擂不谦虚的印象，所以，在说出自己的能力后应作些补充说明。如果有条件的话，即使不补充，也可以让事实来说明问题。

某电信公司在招聘考试时，发现一位叫柳杉的应试者在校成绩不太好。

主考者问道："你的成绩不大好，是不是不太用功？"

柳杉回答说："说实在话，有的课我认为脱离实际，所以把时间全花在运动上了，所以身体特别好，还练就一身好功夫。"

主考者很感兴趣，让他表演一下，柳杉脱下衣服，一口气做了100多个俯卧撑，使主考者大为吃惊，立即录用了他。

◇ 自我介绍时的注意事项 ◇

在求职面试时，自我介绍占有很大的比重，为了让对方了解你的优点、录用你，以下几点需要注意：

连续四年获得学校奖学金。

1 只讲正面性的事

讲正面事情是为了给用人单位留下良好的第一印象。

这是获奖证书。

2 用证据支持陈述

在陈述的过程中，应该加上事实依据，增强说服力和可信度。

我的发言结束，谢谢。

3 简明清晰不超过三分钟

自我介绍不需要累赘的语言，最好不要超过三分钟。

有时稍稍抬高自己也是必要的。面谈者当然知道你不会"自道己短"，但别扯得太远，"吹嘘自己"时只要谈谈有关工作方面的内容即可，而且千万要记住要用具体例子来做支持。

比如说，你说"我和其他工作人员关系很好"时，别说到这里停止了，还要举一些具体事例来加以陈述，如"我总是和我的工作伙伴和属下有着相当融洽的关系，而且我也跟从前每一位上司都成为好朋友。"

妙对面试官的陷阱问题

求职面试时，面试官经常设下圈套，以判断求职者的心理素质、反应能力等，稍有不慎，就会落入圈套，以全盘皆输。那么常见的陷阱问题有：

1.压力问题

在求职面试时，有些主考官会故意提出一些问题，让你处于不利的境况。如果回答得好你就可以顺利通过面试，否则只有失败的份儿。那么我们一起看看下面这个例子：

在一次面试中，考官对一位少女考生前面问题的回答非常满意。最后，一位考官对她说："你是一个很漂亮的女孩，但是我们发现你脸上有不少雀斑，你觉得这会对你的面试有影响吗？"面对这种故意设置的压力问题，该女孩的回答非常精彩：

"我是来面试的，今天主要考察的应该是能力，我想各位老师坐在这里也肯定是为选材而不是选美，如果各位是来选美的，我想我不合适，但如果是选材，我相信自己是人材。"

女孩非常自信，没有因为被问及自己的缺点而丧失信心，相反，回答得有理有据，没有正面回答缺点对面试是否有影响，而是从另外一个角度阐述，把问题交给考官，任其选择，获得成功。因此，当被问及自身缺点时，不要慌张。回答时可以扬长避短，突出自身优势，减少缺点带来的影响。

2.迷惑问题

面试时，有些问题并非是面试官的本意，他们只是在试探你，看看你有何反应，面对这些迷惑性的问题时你可要提高警惕。

在一家企业面试中，张雷凭借自己的实力已经通过了笔试和第一次面试，在最后一次面试过程中，考官突然问道："经过了这次面试，我们认为你不适合我们单位，决定不录用你，你自己认为会有哪些不足？"面对考官的问题，张雷回答道：

"我认为面试向来是5分靠实力，5分靠运气的。我们不能指望一次面试就能对一个人的才能、品格有充分的了解和认识。通过这次面试，我学到了很多东西，也发现了自己的不足——既有临场经验的不足，也有知识储备的不足。希望以后能有机会向各位考官讨教。我会好好地总结经验，加强学习，弥补不足，避免在今后工作中再出现类似的问题。另外，希望考官能对我全面、客观地进行考察，我一定会努力，使自己尽量适应岗位的要求。"

其实，考官这是在考察你的应变能力，并非真的对你不满，如果他们认为你不合适的话，是不可能再问你问题的。因此，要沉着应付，不要中了圈套而暴露自己的弱点，回答时可以虚一点，把重点放在弥补弱点上，这可以看出你积极进取的品质。另外，要诚恳地向考官讨教，以博取他们的好感。

3.刁钻问题

在面试时，经常会碰到一些刁钻问题，如果按一本一眼地方式回答，很容易让自己处于劣势。这时你不妨以刁制刁。

在一次公司求职面试中，某主考官见一位湖南来的小马先生知识渊博，思维敏捷，各类问题都对答如流，便突发异想，抛开原定题目，出了一道偏题："朱自清的散文《春》，尽人皆知。请你回答这篇文章一共多少字？"这下可真把马某考住了。他暗想，主考出此题目未免脱离常规，既然有意刁难，录取必然无望，就不管一切，大胆反问："主考官的尊姓大名，天天目睹手写，也已烂熟，请问共有几笔？"主考官想不到应考者竟会有如此反问，一时愣住。事后，主考官十分赏识马某的才能和胆识，于是亲自录用。

有些问题过于刁难，而且实在无法回答，不妨反戈一击，反问对方，可能会起到意想不到的效果。不过，切记要保持微笑，以礼待人，因为考官只是在考察你的应变能力而非真的刁难你。

4.两难问题

有些问题，如果只简单地回答"是"或"不是"，强调一方面的话，很难让自己顺利通过面试，这时不妨采用折中的回答方式，在两者兼顾的基础上强调重点。

在一次公司招聘面试中，考官突然对一位应聘者提出这样的问题："你对琐碎的工作是喜欢还是讨厌，为什么？"对于这个两难问题，若回答喜欢，似乎有悖现在知识青年的实际心理；若说讨厌，似乎每份工作都有琐碎之处。因此，小梁在思考过后回答道：

"琐碎的事情在绝大多数工作岗位上都是不可避免的，如果我的工作中有琐碎事情需要做，我会认真、耐心、细致地把它做好。而且，我刚到一个单位，情况还不十分熟悉，通过做小事，可以熟悉工作，熟悉单位，尽快进入角色。不管是什么学历，都要从小事做起，甘当小学生。一屋不扫，何以扫天下？只有把小事做好，才能让领导信任，才有机会做大事。"

其实，考官并不是真正考察你到底是否喜欢做琐碎的工作，其真正的目的在于"工作态度"。小梁的回答，委婉地表达了大多数人的普遍心理——不喜欢琐碎工作，又强调了自己对琐碎事情的敬业精神——认真、耐心、细致。既真实可信，又符合对方的用人心理，是个很好的回答。因此，对于这种两难问题，可以采取避实就虚的方法，不要从正面回答问题，而从多角度分析回答。

5.测试式问题

有些问题，看似让你回答，实则是在测试，比如：诚实、信用等。面对这些问题，你要三思而后行。

谢元在应聘某家公司财务经理一职时，被问道："作为财务经理，如果总经理要求你一年之内逃税100万元，你会怎么做？"因做过很多财务工作，谢元深知工作中的要求规则，于是很快地回答："我想您的问题只能是一个'如果'，我确信像贵公司这样的大企业是不会干违法乱纪的事情的。当然，如果您非要求我那么做的话，我也只有一种选择：辞职。虽然能够在贵公司工作是我一心向往的，但是无论什么时候，诚信都是我做人的第一原则。我不能为了留在公司工作而违背良知、违背工作准则。"

面对这类问题，如果你抓耳搔腮地思考逃税计谋，或者思如泉涌地立即列举一大堆方案，都会中了考官的圈套。实际上，考官在这个时候真正考核的不是你的业务能力，而是你的商业判断能力及商业道德方面的素养，遵纪守法是员工最基本的要求。谢元的回答非常精彩，既遵循了原则，又突出了诚信。

6.诱导式问题

面试时，有些考官会诱导你作出错误的回答，如果你中了圈套，你也就与工作无缘了。

王飞是一名大学毕业生，在一次公务员面试中，考官问道："你认为金钱、名誉和事业哪个重要？"王飞面对这种诱导式的语言陷阱，回答道："我认为这三者之间并不矛盾。作为一名受过高等教育的大学生，追求事业成功当然是自己人生的主旋律。而社会对我们事业的肯定方式，有时表现为金钱，有时表现为名誉，有时二者均有。因此，我认为，我们应该在追求事业的过程中去获取金钱和名誉，三者对我们很重要。"

这个问题，好像是一道单项选择题，它似乎蕴涵了一个逻辑前提，即"这三者是互相矛盾的，只能选其一"。实则不然，切不可中了对方的圈套，必须冷静分析，可以明确指出这种逻辑前提条件不存在，再解释三者的重要性及其统一性。对于这种诱导式问题，不能跟随考官的意图说下去，以讨好考官。这样做的结果只能给考官"此人无主见，缺乏创新精神"的感觉。

7.工作经验问题

"你的相关经验比较欠缺，你怎么看？"如果回答"不见得吧"，"我看未必"或"完全不是这么回事"，那么也许你已经掉进陷阱了，因为对方希望听到的是你对这个问题的看法，而不是简单、生硬的反驳。

对于这样的问题，你可以用"这样的说法未必全对"，"这样的看法值得探

◇ 善于洞察"陷阱"问题 ◇

在招聘中，用人单位会有意设置一些陷阱问题检测应聘者是否具有该职位所要求的独特的能力和素质。这时应聘者就需要有一颗洞察"问题"的慧心。

你的朋友是怎么看待我们公司的？

1.注意主考官"声东击西"的策略

当主考官询问你周围人的看法时，切勿大意，因为他会将此认为成你个人看法。

你看看这幅画，然后根据这幅画编一个故事。

2.利用媒介测试面试者

当主考官利用其他媒介任你联想时，应转到积极向上的方向，他会以此分析你真实的内心想法。

这个问题我得慎重回答。

3.问题里有潜台词

要分析判断主考官的提问是评测你哪个方面的素质和能力，从而有针对性地进行回答。

讨"，"这样的说法有一定的道理，但我恐怕不能完全接受"为开场白，然后婉转地表达自己的不同意见。面试官有时还会哪壶不开偏提哪壶，提出让求职者尴尬的问题，如："你的学习成绩并不很优秀，这是怎么回事？""从简历看，大学期间你没有担任学生干部的经历，这会不会影响你的工作能力？"等等。

碰到这样的问题，有的求职者常常会不由自主地摆出防御姿态，甚至狠狠反击对方。这样做，只会误入过分自信的陷阱，招致"狂妄自大"的评价。而最好的回答方式应该是，既不要掩饰回避，也不要太直截了当，可用"明谈缺点，实论优点"的方式巧妙地绕过去。

比如说，当对方提出你的学习成绩不很优秀时，你可以坦然地承认这点，然后以分析原因的方式带出你另外的优点。如，在校期间学习成绩之所以不很优秀，是因为我担任社团负责人，投入到社团活动上的精力太多。虽然我花在社团的心血也带给我不少的收获，但是学习成绩不是最优秀，这一点一直让我耿耿于怀。当意识到这一点后，我一直在设法纠正自己的偏差。

在面试中屡战屡胜的Michael就有过一次这样的面试经历。Michael的学习成绩不算顶尖，面试咨询公司时，这便成了考官发起攻击的要害："你的成绩好像不太出众哦，你怎么证明自己的学习能力呢？"Michael不慌不忙："除了学习，我还有其他活动，不是只有成绩才能反映人的学习能力。其实我的专业课都相当不错，如果你有疑问，可以当场测试我的专业知识。"Michael巧妙地绕开了令人尴尬的问题，将考官的注意力引导到他最拿手的专业知识上。

8.业余时间问题

"你怎样消磨休闲时间？包括星期天、节假日、每天晚上，当你参加聚会时，你是喜欢独处，还是喜欢出风头？请谈一谈你最要好的朋友？你选择朋友时，一般考虑哪些因素？"

诸如此类问题看似在问一些有关生活的轻松话题，实意在考察你人际交往能力和与人相处的技巧。对于这类问题，你不必拘泥于自己的实际情况，可以适当加以修饰，一般来说大多数人都愿意和开朗、热情大方、善解人意的人交朋友，而不愿意与那些过于清高、气量狭小、毫无生活情趣的人在一起。

离职原因小心说

"你能说一说离开原单位的原因吗？"这类问题在面试时经常会被问及，面试考官能从中获得很多有关你的信息。因此，求职者面对这个看似简单的问题，回答时切不可掉以轻心。对于一些普遍性的原因，如"大锅饭"阻碍了自身的发挥、上班路途太远、专业不对口、结婚、生病等人们都可以理解的原因，是可以如实道来的。而对下面一些原因就要慎之又慎了，否则，很有可能使你的面试陷入僵局。

1.关于上司的问题

对你的前任上司切不可妄加评论，要知道现在招聘你的考官可能就是你未来的上司，既然你可以在他面前说过去的上司不好，难保你今后不在上司面前对他说三道四。一个人要在社会中生存，就得与各色各样的人打交道，挑剔上司说明你对工作缺乏适应性。

其实主考人心里有数，知道许多人是因为讨厌上司而辞职不干的，他们自己也可能因为同一原因换过几次工作。但是没有多少雇主喜欢听这种话。

惠普公司的副总裁麦克·李弗尔说："我想不通为什么有些人希望我录用他，却又去谈他和上司有冲突。那等于拉起了警报。"然而，如果你真是因为上司太难应付而辞职，就应该委婉地告诉主考人，这比直接说出来好得多。要说得得体，保持冷静。

刘婷是一位很有工作经验和工作能力的女秘书。当招聘她的女经理问她："小姐，你人这么美，学历又高，举止又优雅，难道你原来的上司不喜欢你吗？"刘婷微笑着说："也许正因为美的缘故，我才离开原来的公司。我宁愿老板事多累下人，也不希望他们'情多累美人'。我想在您手下工作，一定会省去许多不必要的累。"刘婷并没有说"老东家"的好与不好，但一句"情多累美人"既让人同情也让人爱怜。结果刘婷很顺利地走上了新岗位。

如果你只是因为领导层频频换人而辞职，而领导本人并无问题，这个原因你也不可以随便讲出来。因为很明显，工作时间，你只管做自己的事，领导层中的变动与你的工作应该是没有直接关系的。你对此过于敏感，也表现了你的不成熟和个人角色的不明确。

2.关于人际关系的复杂

现代企业讲求团队精神，要求所有成员都能有与别人合作的能力，你对人际关系的胆怯和避讳，可能会被认为你心理状况不佳，处于忧郁、焦躁、孤独的心境之中，从而妨碍了你的从业取向。

3.关于工作压力太大

在这个快节奏的现代社会，无论是在企业内部还是在同行业之间，竞争都很激烈。竞争不仅来自于社会压力，同时也要求员工处于高强度的工作状态。如果你动不动就说，在原单位工作压力太大，很难适应，很可能让现在的招聘单位对你失去信心。

李强原是某经济报专刊部记者，报社不仅要求记者一个月完成多少字的文稿，而且还要负责拉广告。中文系毕业的他对家电、电脑市场行情一窍不通，要写这方面的文章，感到压力太大。于是他到商报应聘新闻记者。负责招聘的考官问他："你是否觉得在经济报社的工作压力太大？我们社的工作压力也不小的，你可以承受吗？"李强说："作为年轻人，工作压力大点没关系，最重要的是希望找到能发

◇ 离职原因这样说 ◇

关于离职原因的说法，我们应该选择慎重的答案，因此推荐尽量采用与工作能力关系不大，能为人所理解和接受的原因，如下有三种适宜的离职原因：

上次的离职符合我的职业生涯规划。

1.离职符合职业生涯规划

将离职符合职业生涯规划作为原因，能体现个人的计划性。

2.影响工作效率

住处太远、交通不便等都可以作为影响工作效率的说法而成为离职原因。

因为离家太远没有办法按时上下班。

家里老人生病需要照顾所以离职。

3.客观原因

常见的客观原因有结婚、回老家、生病等。

挥自己专长的工作岗位。"结果李强如愿以偿进了商报社，文章也频频得奖，很快当上了新闻部主任。

4.竞争过于激烈

随着市场化程度的提高，无论是在企业内部还是在同行之间，竞争都日益激烈，需要员工能适应在这种环境下干好本职工作。

5.关于你想换行业的意愿

洛杉矶的招募经理霍华德·尼奇克告诫说："不要直接说'我想试一试另一份工作。'我听了会这么想：'此人对自己的方向都没搞清楚。'"你应该说，以你的能力、个性和志向，做这项工作更适合；或者说，你想"添加"一些能助你取得更大成就的新经验。

你可以从几个方面来说，一方面是自己的专业基础，例如会计事务所其实很欢迎工科的学生，因为他们对数字很敏感，曾经的工作经验、社会活动、个人感受，说明你对这个职位的了解；另一方面告诉考官你的性格，正是这样的性格适合这个工作；此外，再把你的兴趣与工作联系起来就使这个回答更加圆满了。

让对方看到你曾经的辉煌

在人才市场上，那些工作能力强，或对所从事的职业怀有很高的热情，或富有自信心，或办事果断刚毅，或为人处世老成持重，或擅长社交，或对从事的工作孜孜不倦，或者以前的工作硕果累累的求职者往往受到用人单位的青睐。求职者在面试时可以从以前的工作中挑出几个具体的例子来说明自己有很强的办事能力，那些能适应瞬息万变的社会的职员是最受上司宠爱的。

某市一家外企急欲招聘一名总经理助理，招聘广告刊出后，来求职的人络绎不绝。这家公司经过笔试的筛选后，淘汰掉了100多名的求职者，剩下的5名应聘者必须参加面试，以确定最佳人选。100多名的求职者围猎一个职位，竞争可谓激烈而残酷。通过最后的一道关卡——面试后，公司录用了来自河北大学的一名研究生，这位研究生怎样成功地展露自我，推销自我呢？下面是他求职面谈的一些片断：

招聘人员："你认为作为一名总经理助理，应具备什么样的素质？"

求职者："他应当具备必要的经营管理能力和协调上、下级之间关系的能力，此外，他还应当具备基本的财务预算、决算、审计等方面的知识和才能，较为熟悉有关的法律法规等。"

招聘人员："你有过管理企业的实践经验吗？"

求职者："在攻读硕士学位期间，我曾在某合资企业担任过兼职部门经理，代表公司同十几家外国企业进行商业谈判，成交贸易额达数百万元。"

招聘人员："你具备较扎实的财务核算技能和有关的经济法律知识吗？"

求职者："我在读研究生一年级期间即参加了全国律师资格考试，并以高分的成绩顺利通过这次考试。二年级又一次参加了全国注册会计师资格考试，并全部通过4门考试科目（他向招聘人员出示两个资格证书）。此外，我还在兼职的那家合资企业协助有关会计人员搞过几次财务预算、决算工作。"

招聘人员："你的外语水平如何？"

求职者："我的外语读、写基本上没有问题，能翻译一般的外文、文章、书信、函电等，口语较好，已通过了英语六级考试，这是证书（求职者又向招聘人员出示了英语六级证书）。"

随后，招聘人员对求职者用英语进行单独的会谈，并当场让这位研究生翻译一些商贸函电和外文书信，他很快便完成了公司交代的任务。最后，公司聘用他担任总经理助理职务。

如果你才华出众，业务能力强，但如果没有在求职面试中展现给对方，那也是白费力气。同时，面试只有短短几十分钟，乃至几分钟，在如此短暂的时间里让对方看到你曾经的辉煌是件不容易的事，不掌握一定的说话技巧是很难圆满成功的。

要求薪酬时只给个"提示"

有工作经历的人在求职面试中，也许都碰到招聘者提出这样的问题：你对薪酬有什么要求？一个人的薪酬是与其能力、作用、表现和贡献等息息相关的。在用人单位尚未了解你上述情况时，开价过高，难以被用人单位接受；开价过低，吃亏的又是自己。

一种办法是在听到有关薪酬的提问时，顾左右而言他，"打太极拳"，如"我相信公司会根据我的业绩给予合理报酬，以体现多劳多得的原则"，或"钱不是我唯一关心的事。我想先谈谈我对贵公司所能做的贡献——如果您允许的话"等，这样将球又踢了进去。

谈薪酬不能像其他谈判那样，一味设法提高对方开出的条件，而对方就只顾压低你的价钱。把原来和谐的气氛弄成敌对的局面，这对你实在没有好处。

一种办法是，在协商过程中，如果用人单位要你开价，可告诉其一个薪酬幅度。如他一定要你说出个明确数目，可问他愿意付多少，再衡量一下自己能否接受。

小宫是某大学的优秀毕业生，毕业后应聘到一家投资公司做助理。在最后谈工资的时候，投资公司的经理问道："小宫啊，你想拿多少工资啊？"说实话，小宫当时就有点懵了，作为一个应届毕业生，没工作经验，根本就没有可以比较的，也不太清楚经理的意思。小宫想了想，笑着说："主任你看呢？你说给我多少啊？"主任又说："像你们这样刚毕业的助理一般就是2000多元吧！"小宫随后说道：

◇ 薪酬要求这样提 ◇

公司都希望应试者对应聘的职位感兴趣，而非纯粹以金钱挂帅。因此，只要老板觉得请你没有令公司损失，你要争取高薪和福利并不困难。

> 赵总，我最近都能超额完成任务，待遇是不是能够提高？

1.谈及自身能力

你可以讨论自己的才能、经验，作为要求薪资的资本。

> 张总，财务这边的工作可以让我来做，我已经很熟练了。

2.多承担责任

要求老板让你多承担点责任，把职位提高，这样就有机会将福利提高。

> 小李，你这些天多忙点，下月会涨薪。

3.扩大工作范围

即使职位不能得到提升，但是工作范围扩大了，单位多付薪水也是补偿。

"那大致上就2000～3000之间吧！和市场挂钩啊！您看怎么样？"小宫使用比例方法，不容易把话说死，留有回旋余地。

每个雇主在心里对薪水的上下限度都有个数，凭着手头掌握的你所不知的内情，他们经常会在那个限度内自由调整。当你不知道对方是怎样想的时候，你往往容易自降身价，这岂不正中其下怀？所以呢，在你提出任何薪水要求之前，请务必搞清它的大致价位，以退为进提出反问，如："我愿意接受贵公司的薪酬标准，不知按规定这个岗位的薪酬标准是多少？"这样，不但没有露出自己的底，反而可以摸清对方的底。假如它低于你的心理价位，你就定一个比你现在的薪水高至少10%～20%的价。总之，你必须得先开价，而且勿将底线定得太低。

还有一种说法是以退为进。虽然工作机会是很重要的，但是如果自己的要求实在不能得到满足时，采取以退为进的方法，或许能够让对方重视起来，认真考虑你的要求。当然，即使拒绝对方，也要为协商留有余地。如果雇主需要你，他会乐于满足你的要求。

为减少讨价还价的盲目性，可到其他同类公司询问职位空缺情况和大概的薪酬标准，以便自己心中有数。同时别忘了，福利也是你应得的报酬，如医疗保险、公积金、带薪休假和年底分红等。

薪酬的交谈一旦出现僵局，不妨把话题转移到有关工作的事情上。例如，对方有心压低你的薪酬，就可将话题转移到你上任后有何大计，如何扩大市场占有率、如何降低产品成本等，那样原来紧张敌对的状态，很快便会变成同心协力的局面。

求职面试说话五忌

求职面试时，一定要注意说话方式，否则会让你与工作失之交臂。一般而言，求职面试时有以下5大忌讳：

1.狂妄自大，目中无人

求职看文凭，工作靠能力。用人单位在不了解求职者能力时，文凭是一块敲门砖。某科技有限公司急需招聘高级软、硬件工程师各一名。刚毕业于北方一名牌大学计算机专业的杨言看到广告后前去应聘。他拿出烫金的毕业文凭，颇为自信地对主考官说："我是名牌学府本科生，英语六级。读大学期间，对数字通信产品的软硬件开发有特别的研究，尤其是有较强的数字逻辑学电路设计能力，能熟练地运用汇编语言和C语言编写软硬件驱动程序，只需要用我一个人，就能解决贵公司的一切难题，确保科研项目上水平、上台阶。其他的人在我到后一周之内，全部可以辞去……"

在讨论是否录用杨言时，公司有关方面的负责人意见一致：杨言在求职时，虽然文凭占有一定优势，但他出言锋芒毕露，情绪偏激，不具备一名科研工作者所必需的涵养和风度。其次，杨言刚出学堂，连一点实践经验都没有就夸夸其谈，目中无人，缺乏现代企业所需的团队合作精神。因此，杨言自然就落聘了。

2.唯唯诺诺，缺乏主见

求职者适度、得体的恭维招聘者可以拉近二者之间的距离，让考官对你的谈话产生一定的兴趣，但这并非意味着你不能独抒己见、表露自我。部分求职者，面对正襟危坐的招聘考官，想到山外有山，天外有天，不敢谈想法说主张，面试时一味地唯唯诺诺，完全把自己置于一种被动受审的境地。也许他们认为，这样才可以避免恃才傲物、倚才轻上的人才通病，从而给考官留下"服从领导""尊重上司"的印象。其实不然，你如此"表现"只能让考官觉得你缺乏主见，奴性十足。

3.不懂"包装"，我卖你买

"包装"原是演艺界一个挺时髦的名词。求职者倘若能把求职语言也进行一番精美而富有创意的"包装"，那么，求职成功的机会就会大大增加。

A和B条件基本相同，都从同一公司辞职出来，又同时到一家私营公司应聘。初试都顺利通过。有趣的是，复试时，人事经理问到两人一个同样的问题："你为什么离开你原来的那家公司？"B抢先回答："原来那家公司的老板是一个昧良心的，一个彻头彻尾的虐待狂，我不想再给他卖命了！"A却心平气和，用一口标准得让人感动的普通话说道："其实，老板能否留人的关键不完全在薪水的高低，能否人尽其才，用人不疑，充分挖掘每个员工的聪明才智，我想这才是关键，同时也是我到贵厂的希望所在。"结果可想而知。求职和招聘不是简单的"我卖你买"的生意，语言出口时，讲究一点"包装"，它会给你的求职路锦上添花。

4.君子一言，毫无回旋

常言道，"君子一言，驷马难追"，但在求职时，倘若果真如此，十有八九，谈砸走人。招聘官大多对人才进行这样的攻心术：薪酬不高，待遇偏差，实则压价再压价，要你"物美价廉"。作为求职者，此时你不要一口回绝，也不要满口答应，可以留一个回旋的余地，同时又可以稳住对方，给对方一些希望，让他觉得你是此次招聘的合适人选。

5.自惭形秽，胆气不足

一次专场招聘会上，一家儿童玩具公司"诚聘美术设计师"的广告前人头攒动。何湘看到一拨拨高兴而来扫兴而归的应届中专生同胞，既同情又气愤。她终于挤到考官面前，递上了自己的毕业证书，没料到考官看都没看一眼："你是毕业于哪所名牌院校？你有创意经验吗？"

何湘面对这样一位刻薄的考官毫不友好地发问，她绵里藏针："我想请问考官，比尔·盖茨是不是毕业于名牌的哈佛大学？谈到经验，总统是不是要曾经当过的才行？"

当考官又因为何湘的专业不对口进行挑剔时，何湘亮出自己的获奖证书和创

◇ 三个"第一"助你通过面试 ◇

如果你想顺利通过面试，那么就要做到三个"第一"。

1 第一句话

面试过程中，讲好第一句话，常常可以出奇制胜。

2 第一动作

一个细微的动作，往往能反映出一个人的整体素质。

3 第一印象

面试时的衣着打扮，应符合场合需要，大方得体，符合职业特点即可，不需教条地全部是西装。

意作品，胆气十足："我要见见贵公司的老总！他一定欢迎复合型的人才。"考官不禁大吃一惊，用一种新奇的眼光打量着这样一位与众不同的求职者，并请她谈谈自己的优势在哪里。"我虽非专业人才，但我的思维没有定势，灵感往往要超过内行。"何湘出色的表现最终让主考官满意了。

学历不高又无经验的应届毕业生，求职场上千万不要自惭形秽，千万不要被广告上的条件吓跑，企业招人，重学历更重能力。鼓起勇气，亮出你的"绝活"，最终你就胜券在握了！

对于初次找工作的毕业生来说，如何面对用人单位的选择，如何与企业的招聘人员沟通，如何让自己在众多的求职者中脱颖而出，都是他们所要面临的问题。

第二章

寻求帮助的说话艺术

在激将法上做文章

激将法是别人在不愿表态、讲话时，用来引发其讲出话来的一种有效方法，借以打开对方的"话匣子"。在外交，商务谈判中经常用到这种方法，在适当的时候也不妨用一下这种方法，以一语刺激对方做出有利于己方的反应。按激将的内容、形式可分为：反语式激将法、贬低式激将法、及彼式激将法等3种主要类型，在办事时使用这3种方法往往能起到事半功倍的效果。

1.反语式激将法

是以正话反讲，用故意扭曲的反语信息和反击的语气表述自己的意念，以激起对方发言表态，达到预期目标的方法。一家中外合资公司的总裁与一家乡镇企业厂长的洽谈正体现了反语式激将法的妙处。

厂长："总裁先生赢利的魄力，的确比我们这些乡下人大得多，简直是一个大如牯牛，一个小如毫毛。这么大的魄力，虽然让我们佩服，但我们实在不敢奉陪，只能收回土地，停止合作。"

总裁："好吧，我再让利一成。"

厂长："不行，按我方投资比例，应当让利两成。"

总裁："行，本公司原则上同意。"

厂长不说对方"黑心贪利"，而说其反语"魄力大"，又以"不敢奉陪"的"哀兵"战术以退为攻，激发对方让步。

2.及彼式激将法

是以一种推己及人、将心比心的心理效应，激发对方做角色对换，设身处地同意他人的语言反馈。

及彼式的激将成功，正在于由己及彼，再由彼及己的有效反应。

3.贬低式激将法

这是说话人的一种善意贬低他人，促使发话生效，从而达到效果的言语激将方法。

某厂改革人事制度，招聘车间主任，工人们都希望一位年轻有为的技术员受聘，可这位技术员就是犹豫不决。一位老工人冲着他当众发了言："我说你啊，厂里花了上万元送你上大学，学了一手本领，连个车间主任都不敢当，真是窝囊废！"结果这个技术员在一激之下，终于揭榜出任了车间主任，果然不负众望。后来，他在一次授奖表彰大会上谈体会时说："厂里出钱培养我，车间广大工人师傅信任我，我怎么能甘当一个窝囊废呢！"

我们常说，某某的嘴很甜，某某真会说话。其实说的是这个人能够恰如其分地夸奖或称赞他人。为了拉近彼此间的心理距离，让对方能顺利地答应你的要求，办成事，我们不妨称赞他几下。那么怎么样才能够恰如其分称赞他人呢？

人们发现，自我意识强，警觉性高的人，老于世故，难以相处。遇到这种人，不妨投其所好，因为对他说几句好听的奉承话于己无损。切忌过火，也切忌过分，短短一触，有时并不能得到预期效果，要做到让对方自己入壳，逐步陶醉，逐步忘我，得意扬扬。

被人过分地夸奖，最初你可能有酥痒酥痒的感觉，稍稍过后，便会越想越不对劲，简直有被揶揄、有立刻予以否定的冲动。愈是在自己受人过分赞美时，愈感到自己不被了解，甚至有种被他人捉弄的感觉。

不要过于直截了当，例如说"你是这么聪明的人，一定难不倒，能不能告诉我答案。"让对方觉得你的主要目的不是赞美，别人更容易相信你的赞美。

有时候赞美对方的成功效果更好。与其赞美对方的容貌，不如赞美对方的品味和能力。因为品位和能力是自己后天培养出来的，而容貌却是父母给的，不是自己的成功。例如说"你的身材很好"，就不如说"你的穿着非常得体"。

注意赞美不能过多，赞美话过多，对方会觉得不自在，也会认为你惯于使用花言巧语，因而不信任你。赞美得过多，还会妨碍谈话。例如你频频跟对方说"你真漂亮"或"你好聪明"，对方就得频频表示客气，或者频频回报你的赞美话，你们之间的谈话就往往无法进行下去。

赞美话要有新意，例如有一头秀发的女孩最常听到的赞美话是"你的头发好漂亮！"而如果你说："你的一头乌发配上一双明亮的眼睛，真是太吸引人了！"这就有新意了。

在对方想听到赞美话时，不要令其失望。例如你的朋友对你说："我昨天买了一套西服，你看怎么样？"这时即使你觉得不以为然，也千万别说"不怎么样"或者什么别的话。你应该说："难怪你一进来，我就觉得你今天怎么特别的精神。"

对方的名字是赞美的话题，如果别人刚刚介绍你认识对方，这时你不妨赞美一下对方的名字如何如何。这样会使对方觉得你对他很有兴趣。

不必说话也可表示赞美，眼光注视对方，流露出正在倾听对方讲话的表情，会让对方意识到自己的重要，这是"无声胜有声"式的赞美。

留心对方的反应，当对方听到你的赞美显得不自在或不耐烦时，就不要再说下去了。

谈话中避开自己

寻求帮助时，只有让对方感到高兴才能让其爽快答应，把事情办成。那么，让其高兴的方法之一就是多谈论他，而少谈论自己。

人们最感兴趣的就是谈论自己的事情，对于那些与自己毫无相关的事情，多数人会觉得索然无味。对你来说是最有趣的事情，常常不仅很难引起别人的共鸣，甚至还会让人觉得可笑。

年轻的母亲会热情地对人说："我的宝宝会叫'妈妈'了！"她这时的心情是很激动的，可是，旁人听了会和她一样地高兴吗？谁家的孩子不会叫妈妈呢？你可不要为此而大惊小怪，这是很正常的事情，如果孩子不会叫妈妈才是怪事呢。所以，在你看来是充满了喜悦的事，别人不一定会有同感。

竭力忘记你自己，不要老是谈你个人的事情，你的孩子，你的生活，以及你的其他的事情。人们最喜欢谈论的都是自己最熟知的事情，那么，在交际上你就可以明白别人的弱点，而尽量去逗引别人说他自己的事情，这是使对方高兴的最好方法。你以充满了同情和热诚的心去听他叙述，你一定会给对方留下最佳的印象，并且他会热情欢迎你，热情接待你。

在谈论自己的事情时，和人较真或争辩等，都是不明智的表现，不利于达到求人办事的目的。但还有一样最不好的，就是在别人面前张扬自己，在一切不利于自己的行为中，再也没有比张扬自己更愚笨了。

例如，你对别人说："那一次他们的纠纷，如果不是我给他们解决了，不知要闹到怎样，你们要知道，他们对任何人都不放在眼里的，不过当着我面前，就不敢妄动了。"即使这次的纠纷的确因为你的排解而得到解决，可是如果你只说一句，"当时我恰巧在场，就替他们排解了"的话，不是更使人敬佩？这一件值得称赞的事情被人发觉之后，人们自然会崇敬你，但如果你自己夸张地叙述出来，所得到的效果恰恰相反，人们会认为你在自吹自擂，大家听了你的自我夸奖，反而会轻视你。

一句自我夸奖的话，是一粒霉臭的种子，它是由你的口里播种在别人的心里，从而滋长出憎恶的芽。

爱自我夸大的人，是找不到好朋友的，因为他自视甚高，鄙视一切，不大理会别人的意见，只会自己吹牛。他一心只想找那些奉承和听从他的朋友。他常自以为是最有本领的人，如果他做生意，他觉得没有人比得上他；如果他是艺术家，他就觉得自己是一代大师；要是他在政治舞台上活动，他会觉得只有他自己是救世主。你自己若是具有真实本领，那些赞美的话应该出自别人的口，自吹自擂，其结果是自己丢脸面。

◇ 寻求帮助切勿张扬自己 ◇

　　口才是帮助你待人处世的一种方法，口才本身并不是我们的目的，口才一定要正确灵活地表现，而不是为了自吹自擂张扬自己，因此应该注意以下三点：

这份提案根本就没有意义。

1.否决别人的一切意见

　　抹杀别人的一切，这样，谈论就不会愉快，求人办事的目的也就不会达成。

我要多向你学习。

2.不乱充内行

　　坦白承认无知，绝不是耻辱，相反，别人会认为你的话有参考的价值，从而愿意与你继续沟通下去。

你已经不需要再向我展示你的奖状了。

3.不夸耀私生活

　　例如你的生活富有或老向别人说自己的孩子了不起，这些都容易让人反感从而阻碍办事的成功率。

凡是有修养的人，必定不会随便说及自己，更不会夸张自己，他自己很明白，个人的事业行为在旁人看来是清清楚楚的，没必要自己去说，人们自会清楚。

请你不必自吹自擂，与其自己夸张，不如表示谦逊，也许你以为自己伟大，但别人不一定会同意你的看法。好夸大自己事业的重要性，间接为自己吹擂，纵使你平日备受崇敬，别人听了这些话也觉得不高兴。世间没有一件足以向人夸耀的事情，自己不吹擂时，别人还会来称颂，自己说了，人家反而瞧不起了。

千万不要故意地与人为难，有的人专门喜欢表示自己与别人意见不同。如果你说这是黑的，他就硬说这是白的，如果下一次你说这是白的，他就反过来说这是黑的。这种处处故意表示自己与别人看法不同的人，和处处随声附和的人，一样都是不老实的，会被人看不起，甚至被人们所憎恶，是不忠实的朋友，试想一下，谁会为这样的人办事呢？

寻求帮助时动之以情

当我们有求于人时，如果别人用一般理由来搪塞拒绝，我们往往会发现对方其实没有经过深思熟虑，只是因为一些细小的原因而做出了拒绝的决定。如果我们能帮助对方分析现状，用真情打动对方，对方一般会欣然相助。

20世纪80年代初，引滦入津工程正在加紧进行。担负隧洞施工任务的部队因炸药供应不上，可能停工和延误工期。部队领导心急如焚，派李连长带车到东北某化工厂求援。李连长昼夜兼程千余里赶到该厂供销科，可是得到的答复只有一句话："现在没货！"他找厂长，厂长很忙，没时间听他陈述，他就跟进跟出，有机会就讲几句，但厂长不为所动，冷冷地说："眼下没货，我也无能为力。"厂长给他倒了杯茶水劝他另想办法。李连长并不死心，他喝了口茶，说："这水真甜啊！天津人可是苦啊，喝的是从海河槽里、各洼淀中集的苦水，不用放茶就是黄的。"他瞥见厂长戴的是天津产的手表，就接着说："您也是戴的天津表！听说现在全国每10块表中就有1块是天津的，每10台拖拉机中就有1台是天津的，每4个人里就有1个人用的是天津的碱。您是办工业的行家，最懂得水与工业的关系。造1辆自行车要用1吨水，造1吨碱要160吨水，造1吨纸要200吨水。引滦入津，解燃眉之急啊！没有炸药，工程就得延期。"厂长一听，心中受到触动，就问："你是天津人？""不，我是河南人，也许通水时，我也喝不上那滦河水！"厂长彻底折服了。他抓起电话下达命令："全厂加班3天！"3天后，李连长带着一卡车炸药返程了。

能跳出自己的狭小圈子，而从对方内心深处的角度去说话，才更容易引起对方的共鸣，从而答应你的请求。

在美国经济大萧条时期，有一位17岁的姑娘好不容易才找到一份在高级珠宝店当售货员的工作。在圣诞节的前一天，店里来了一位30岁左右的贫民顾客，衣衫褴褛，面黄肌瘦，他用一种不可企及的目光盯着那些高级首饰。

姑娘要去接电话，一不小心，把一个碟子碰翻，6枚精美绝伦的金戒指落到地上，她慌忙捡起其中的5枚，但第6枚怎么也找不着。这时，她看到那个30岁左右的男子正向门口走去，顿时，她知道了戒指在哪儿。

当男子的手将要触及门柄时，姑娘柔声叫道："对不起，先生！"

那男子转过身来，两人相视无言，足足有1分钟。

"什么事？"他问，脸上的肌肉在抽搐。

姑娘一时竟不知说些什么。

"什么事？"他再次问道。

"先生，这是我的第一份工作，现在找个事儿做很难，是不是？"姑娘神色黯然地说。

男子长久地审视着她，终于，一丝柔和的微笑浮现在他脸上。

"是的，的确如此。"他回答，"但是我能肯定，你在这里会干得不错。"

停了一下，他向前一步，把手伸给她："我可以为您祝福吗？"

他转过身，慢慢走向门口。

姑娘目送着他的身影消失在门外，转身走向柜台，把手中握着的第6枚金戒指放回了原处。

这位姑娘成功地要回了青年男子偷拾的第6枚金戒指，关键是在尊重、谅解对方的前提下，以"同是天涯沦落人"凄苦的言语博得对方的真切同情。对方虽是流浪汉，但此时握有打破她饭碗的金戒指，极有可能使她也沦为"流浪汉"。因此，"这是我的第一份工作，现在找个事儿做很难"，这句真诚朴实的表白，却饱含着惧怕失去工作的痛苦之情，也饱含着恳请对方怜悯的求助之意，终于感动了对方。对方也巧妙地交还了戒指。试想，如果姑娘怒骂，甚至叫来警察，也可能找回戒指，但姑娘的"饭碗"还保得住吗？

打蛇打七寸，说话说到心

高尔基的名著《在人间》里有一个两店铺推销圣像的情节：

一家店铺的小学徒没有什么经验，只是向人们说："……各种都有，请随便看看。圣像价钱贵贱都有，货色地道，颜色多样，要订做也可以，各种圣人圣母都可以画……"尽管这个小学徒喊得声嘶力竭，可仍很少有人问津。

另一家店铺的广告则不同："我们的买卖不比卖羊皮靴子，我们是替上帝当差，这比金银还宝贵，当然是没有任何价钱的……"结果，许多人都情不自禁地被吸引了过来。

相同的意思，为什么会有截然相反的效果呢？原因就在于前者用语冗长，平淡

◇ 善于突破心理防线 ◇

善于突破对方的心理防线，就可以争取对方的理解和支持，为自己赢得助力。那么，怎样说话才能突破对方的心理防线呢？不妨用用下面的方法：

> 我家西瓜好吃，大家都在这里买。

1.利用同步心理说话

利用一般人的盲目和附和心理，巧妙地劝服对方，达到自己的目的。

> 越不让我买我越买，绝对有利润。

XX保险

2.利用叛逆心理说话

利用对方的叛逆心理，将被禁止的欲望表现得越强烈，那对方的抗拒心理就会越大。

> 住手，你别忘我们的共同敌人是他。

3.利用共同敌人说话

出现强大的共同敌人，即使是敌对的两方，也有可能成为合作的对象。

刻板，而后者则针对顾客的心理，将自己说成是"为上帝当差"的，用心独到，言简意赅。

要说服别人帮助自己，就要把话说到对方心窝里，攻克对方的心理防线，消除对方由于对你的诚意表示怀疑而产生的戒备。否则，这道防线将像一堵墙，使你的话说不到他的心里去，甚至产生反感。

在一定的条件下，每个人都会产生某种危机感，这种意识使他心生恐惧，并由此激发出强烈的要求上进的愿望。如果你能把握住他的这种危机感，就能有针对性地采用相应的对策。

在与人交流中，如果你能洞悉他的内心，巧妙地刺激对方的隐衷，使他内心的想法完全暴露出来，就能找到他的危机感。这个危机感就是你说服他的一把利器。

第三章
谈判时的说话艺术

投石问路巧试探

投石问路是谈判中一种常用的策略。作为买家，由此可以得到卖家很少主动提供的资料，来分析商品的成本、价格等情况，以便做出自己的抉择。

投石问路是谈判过程中巧妙地向对方的一种试探，它在谈判中常常借助提问的方式，来摸索、了解对方的意图以及某些实际情况。

作为买家，在讨价还价时，你可以提出下列问题：

"假如我们和你们签订半年的合同，或者更长时间呢？"

"假如我们减少保证，你有何想法？"

"假如我们自己提供材料呢？"

"假如我们要求改变产品的规格呢？"

"假如我们采取分期付款的方式呢？"

当你想取得对方的情报，获取所需要的信息时，可以提出下列问题：

"请问这批货物的出厂价是多少？"

"请问，提货地点在哪里？"

"究竟什么时候才能到货？"

当你想引起对方的注意，并引导他的谈话方向时，可以这样提出问题：

"您能否说明一下，这种类型的商品修理方法？"

"如果我们大批订货，你公司能不能充分供应？"

"您有没有想过要增加生产，扩大一些交易额？"

当你希望对方作出结论时，可以这样提问：

"您想订多少货？"

"您对这种样式感到满意吗？"

"这个问题已完全解决了，我们可以签订协议了吧？"

当你想表达己方的某种情绪或思想时，可使用这类问话：

"我们的价格如此低廉，您一定会感到吃惊吧（表达炫耀的情绪）？"

"您是否调查过本公司的财务状况和信用（表达自信和自豪的情绪）？"

"对于刚才那个建议，您的反应如何（引起他人注意，为他人思考指引方向）？"

总之，每一个提问都是一粒探路的"石子"。你可以通过对产品质量、购买数量、付款方式、交货时间等问题来了解对方的虚实。

同时，不断地投石问路还能使对方穷于应付。如果卖方想要拒绝买方的提问一般是很不礼貌的。

面对这种连珠炮式的提问，许多卖主不但难以主动出击，而且宁愿适当降低价格，而不愿疲于回答询问。

在谈判中，恰到好处地使用"投石问路"的方法，你就会为自己一方争取到更大的利益。

环顾左右，迂回入题

我们每个人对"环顾左右而言他"这句古话都不陌生，但在谈判中，如何运用它，也许不是每个人都熟悉的。在谈判中，特别是开谈之前，巧妙运用其法，将有利于你取得谈判的胜利。

谈判开始之时，虽然双方人员外表彬彬有礼，但往往内心忐忑不安。尤其是谈判过程中更是如此。因此，不能一碰面就急急忙忙地进入实质性谈话，要善于运用环顾左右，迂回入题的策略，一定要用足够的时间，使双方协调一致。因此，谈判开始的话题最好是松弛的，非业务性的。这样，可以消除双方尴尬状况，稳定自己的情绪，使谈判气氛变得轻松、活泼，为谈判成功奠定一个良好的基础。

环顾左右，迂回入题的做法很多，下面介绍几种常用有效的入题方法：

1.从题外话入题

谈判开始之前，你可以根据谈判时间和地点，以及双方谈判人员的具体情况，脱口而出，亲切自然，不必刻意修饰，否则反而会给人一种不自然的感觉。

2.从"自谦"入题

如对方为客，来到己方所在地谈判，应该向客人谦虚地表示各方面照顾不周，没有尽好地主之谊，请谅解等等。也可以由主人介绍一下自己的经历，说明自己缺乏谈判经验，希望各位多多指教，希望通过这次交流建立友谊等。

3.从介绍己方人员情况入题

可以在谈判前，简要介绍一下己方人员的经历、学历、年龄和成果等，由此打开话题，既可以缓解紧张气氛，又不露锋芒地显示了己方的实力，使对方不敢轻举妄动，暗中给对方施加了心理压力。

4.从介绍己方的基本情况入题

谈判开始前，先简略介绍一下己方的生产、经营、财务等基本情况，提供给对方一些必要的资料，以显示己方雄厚的实力和良好的信誉，坚定对方与你合作的信心。

◇ 寻找题外话 ◇

题外话往往是双方谈判前相互熟悉了解、打开尴尬气氛的切入点，以下介绍几种常见的话题，以供参考。

> 还是南方好，一年到头，温度都这么适宜。

1.有关气候的话题

如："今天的天气不错。""今年气候很怪，三四月了，还这么冷。"

> 兵马俑堪称世界一绝，没有去看那真是一大遗憾。

2.有关旅游的话题

如："西湖真是美啊，各位去过没有？""这次经过少林寺，印象如何？"

> 我也喜欢养花，但就是不知道怎么才能养好。

3.有关嗜好的话题

如："我也喜欢集邮。""钓鱼最重要的是耐心，否则谈不上钓鱼。"

取得谈判胜利的9种方法

谈判，是一种过程，也是一种较量，是谋略的较量，也是口才的较量，不具备一流的口才，是无法进入实际的谈判过程的，学好谈判的各种口才技巧，将使你出奇制胜，达成双赢。

下面我们一起看看有哪几种技巧：

1.虚张声势

为了让对方产生一种立刻购买的欲望，在推销产品的谈判过程中，可恰当地给对方造成一点悬念，让他有点紧迫感，产生"现在是购买的最佳时机，否则将会错过很好的机会"的感觉，促使他立即与你成交。

比如你可以这样说："这种商品的原材料已经准备提价了，所以这种商品也将会因此而价格上涨的。"

或者说："我公司从下个季度起可能会因人手不够而减少这种商品的供应量。"

这种方法就是积极主动地去刺激顾客，调动顾客的购买欲，这在推销过程中是很重要的。如果你只是一味等待顾客来与你洽谈，让主动权掌握在顾客手中，你的推销谈判将不会成功。

2.制造优势

谈判中双方在条件、地位等方面的优势，是起决定作用的。但是，谈判是一个动态系统，各项条件是可以变化的。在总体不利的时候，可以采用一些策略，来制造自己的优势。有些人在谈判中刚毅果断、不苟言笑；有些人更愿意谦恭节制、平心静气。无论哪种谈判风格，都是外在的表现形式，无法影响买家的立场。取得谈判的优势不在于你的言谈举止，关键是你能否改变双方心理优势的对比。

谈判双方的确存在着客观的差距。在一条产业链中，生产企业一定会在很多方面受制，比如彩电企业的产品价格受显像管企业的影响，当年四川长虹囤积彩管，其目的就是要建立客观的比较竞争优势；影碟机企业被几家掌握核心技术的芯片公司制约，每台机器将被索取一定的专利费。这些现实条件是无法改变的，你唯一能够改变的是双方的心理！在很多时候，谈判者心里的感觉或印象要比客观现实更具影响力和说服力。

如果谈判仅仅停留在客观条件的层面上，那就不再需要研究什么技巧了。谈判的优势存在于每个人的心智中，如果你能建立起对对方的心理优势，能够改变对方的立场，那么你就能成交一笔出色的交易，无论你是买方还是卖方。

谈判桌上永远是虚虚实实、真真假假，信息的掌握也各有不同，买方会用尽各种办法让你相信他们比你更有优势。最常使用并且效果最佳的方法就是拿竞争对手来压你，他们会在事前对竞争者进行充分的调查，谈判时突然拿出数十张数据资料使你信以为真，这一招确实屡试不爽，缺乏经验的谈判者会立刻手足无措，顷刻间失去了所有的优势。通常在这种场景中，心理素质决定着谈判的优势。首先我们要明确一点，买家需要与你做交易，否则他们可以直接同竞争者合作，何必再浪费时间和精力与你讨价还价。既然各有所需，就不要被竞争者的报价所迷惑，坚定你的谈判立场，不要轻易做出让步。

3.逆向思维

在商务谈判中，如突遇紧急情况百思不得其解时，可以从反向角度即倒过来想想看，有时能取得意想不到的效果。

美国谈判专家尼尔伦伯格曾与他的合伙人前去参加某家飞机制造厂的拍卖，该工厂属政府所有，总务管理局决定，拍卖时谁开价最高就卖给谁。合伙人弗莱德和尼尔伦伯格商定，在充分估算其资产价值的基础上决定出价37.5万美元买进。在拍卖现场，已有百余人捷足先登。竞价开始后，尼尔伦伯格开价10万美元，紧接着就有人加到12.5万美元，待尼尔伦伯格再叫到15万美元时，又有人加到22.5万美元。这时，弗莱德不再应叫，拉着尼尔伦伯格离开了拍卖现场。尼尔伦伯格大惑不解。

在场外，弗莱德解释说，他读了出售通告，按照此次拍卖规则，如果政府认为出价不够高，就将拒绝出售。他们的出价在投标者中位居第二，所以拍卖人一定会来和他们联系，告诉他们，那个22.5万美元的报价已被否决，问他们是否愿意再报一个价。到那时，他们就可以出个较高的价，同时要求政府做出一定的让步，比如要求政府同意以抵押方式支付一部分价款等。

弗莱德的估计一点儿不错，在不到一周的时间里，上述几件事情都一一发生了。这就是弗莱德逆向思维的效应。

如果他们一味地在拍卖场上与竞争对手较量，很可能突破预订的37.5万美元的最高报价，从而失去收购的机会。而采取逆向思维的做法，不仅控制了价格，还成功地收购了该厂。

4.装聋作哑

卡耐基指出，在谈判中，正确的答复未必是最好的答复。应答的艺术，在于知道什么应该说，什么不应该说。对有些问题不值得答复，可以表示无可奉告，或置之不理，或转换话题；对有些问题回答整个问题，倒不如只回答问题的一部分更有利；对有些问题不能作正面回答，可以采取答非所问的回避方法。这类应答方式，称之为躲避式应答。

谈判中，回答对方的问题之前，要让自己获得充分思考的时间。争取充分时间，可以请对方澄清他所提出的问题。例如：

"请您把这个问题再说一次。"

"我不十分了解您的意思。"

也可以借"记不太清楚了"，"资料不够完备"，"我们对这个问题尚未做认真的考虑"等话，来拖延答复的时间。

总之宁可装聋作哑，大智若愚，也不能自作聪明，给人抓住把柄。

运用"装聋作哑"谈判技巧，常用的词语有：

"这个问题么，要看情况而定。"

"对于这件事情，我没有直接经手，但我听说是这样的。"

"结论先不忙下，还是让我们谈谈事情的经过吧。"

"在我回答这个问题之前，你必须先了解一下事情的来龙去脉，那是开始于……"

"那不是'是'或'否'的问题，而是程度上的多少问题。"

"这是一个一般性的问题，通常的处理方法是……"

"你应当知道，事情绝非这一个原因，还有许多因素能导致这种后果，比方说……"

"我不想谈论这个问题，但是……"

"我不想谈论这个问题，因为……"

"这是一个专门性的问题，让我们下次再专门讨论吧！"

"请把这个问题分成几个部分来说。"

对对方提出的问题，也可以佯装没听见，当然就用不着回答了。

5.刨根问底

面对回避和含糊不清的问题，多问些为什么。

作为一个精明的卖主，必须能够寻找出对方可以妥协和让步的地方。对方在哪些方面躲躲闪闪，哪些地方避而不谈，便可以此为突破口，击中对方的要害。这时你需要有穷追不舍的精神，打破砂锅问到底，最好的方式是多问"为什么"。

如果对方继续解释，就可以抓住他的要害，从而解决问题。

同时，聪明的买主，也会经常提出一些含糊不清的问题，这问题也是可以做多种解释的问题，目的是套出对方的话。

针对这些问题，在你没有了解对方的意图或问题本身的含义之前，千万不要轻易回答，更不要做正面回答，你最好回答一些非常概括、原则的问题。轻易地将自己一方的真实情况毫无保留地泄露给对方是极不明智的。

6.有的放矢

有的放矢是谈判语言表达针对性原则的实际应用。然而，面对着不同的谈判对象，谈判者要真正能娴熟、有效地运用却并非易事。要知道，纸上谈兵终不如人们在谈判实践中的体会来得真切与深刻。谈判语言表达的方法与技巧更需要人们在谈判实践的过程中进一步去总结、思考、提高。

我们以话剧《陈毅市长》中陈毅与原国民党的上海代理市长、化学家齐仰之的一场成功对话来进行分析。

剧中的齐仰之，因被国民党搞得心灰意冷，闭门谢客，并规定了"闲谈不得超过三分钟"的禁令。身为共产党新任市长的陈毅，为动员这位试图与世隔绝的老化学家参加新中国的建设，下了很大的决心并费了不少周折才敲开齐仰之的家门，下面是他们的对话：

陈毅："齐仰之先生虽是海内外闻名的化学家，可是对有一门化学，齐先生也许一窍不通！"

对于潜心于化学研究的齐仰之来说，他所关心的莫过于化学了，现在听说还有一门化学自己一窍不通，便要问个明白，他自己先解除了禁令。

齐仰之："今日可以破此一例，请陈市长尽情尽意言之。"

当陈毅向他说明了共产党的"化学"之后——

齐仰之："这种化学，与我何干，不知亦不为耻！"

陈毅："先生之言差矣！孟子说：'大而化谓之圣。'社会若不起革命变化，实验室里也无法进行化学变化。齐先生自己也说嘛，致力于化学40余年，而建树不多，啥子道理哟？齐先生从海外学成归国，雄心勃勃，一心想振兴中国的医药工业，可是国民党政府腐败无能，毫不重视。齐先生奔走呼吁，尽遭冷遇，以致心灰意冷，躲进书斋，闭门研究学问以自娱，从此不再过问世事。齐先生之所以英雄无用武之地，岂不是当时腐败的社会造成的吗？"

齐仰之："是啊，归国之后，看到偌大的一个中国，举目皆是外商所开设的药厂、药店，所有药品几乎全靠进口……这真叫我痛心疾首。我也曾找宋子文谈过兴办中国医药工业之事，可他竟说外国药用也用不完，再搞中国药岂不多此一举？我几乎气昏了……"

陈毅："可如今不一样了！……如今建国伊始，百废待举，这不正是齐先生实现多年梦想，大有作为之时吗？"

齐仰之："你们真的要办药厂？"

陈毅："人民非常需要！"

齐仰之："希望我也……"

陈毅："否则我怎么会深夜来访？"

此时齐仰之才如梦初醒，承认自己一是"对共产党的革命化学毫无所知"，二是"自己身上还有不少酸性"。

陈毅："我的身上倒有不少碱性，你我碰到一起，不就中和了？"

齐仰之："妙，妙！陈市长真不愧是共产党人的化学家，没想到你的光临使我这个多年不问政治、不问世事的老朽也起了化学变化！"

陈毅："我哪里是什么化学家呀！我只是一个剂，是个催化剂！"

大家熟知，陈毅是行伍出身，又是党的高级干部，一向以坦率耿直著称。为实现说服齐仰之的"谈判目的"，就要克服重重障碍，包括转变自身传统语言表达风格的困难。对此，陈毅确实需要下很大的决心。这场谈判的成功，一是在于陈毅针对

◇ 谈判中的拒绝技巧 ◇

　　商务谈判中，讨价还价是难免的。高明的拒绝否定应审时度势，随机应变，让双方都有回旋的余地，使双方达到成交的目的。下面介绍几种拒绝方法：

> 很抱歉，这个报价超出我们公司的承受能力。

1.移花接木法

　　谈判中，无法满足对方条件时，可设计无法跨越的障碍，既表达拒绝，又能得到谅解。

> 我同意。虽然我们的品牌不是很知名，可面市以来产销两旺，有些地方竟然脱销。

2.肯定形式，否定实质

　　从对方意见中找出彼此同意的非实质性内容，予以肯定，产生共鸣，借机表达不同看法。

> 这样吧，价格不能再优惠了，我们再附赠一些电池，可以零售。

3.迂回补偿法

　　拒绝时，在能力所及的范围内，给予适当的优惠条件或补偿，往往会取得曲径通幽的效果。

齐仰之的职业特点，以"化学"话题作为突破口，使齐先生自动地取消了自己设置的"禁令"；二是陈毅针对齐先生作为传统文人的身份和一生中一再碰壁的经历，在谈论用词上颇为用心。例如陈毅使用了"差矣""才疏学浅""孟子说"，以及"碱性""中和""催化剂"等化学名词。这种有的放矢的语言表达技巧，终于使原本拒不见客、心灰意冷的老化学家重新燃起已冷却多年的事业心，投身到新中国建设事业的行列中来。陈毅的"谈判目的"通过运用有的放矢的语言技巧，最终顺利实现。

7.舍小求大

谈判中有一条原则，叫作"统筹计算"。在许多综合性谈判中，议题往往有好几个，具体争论点可能会更多。善于谈判的人不是处处都"以牙还牙"，寸步不让，而是做到让少得多，让小得大。谈判中时刻要有全盘的统筹计划，这才是聪明而又高明的谈判家。谈判中有些无关紧要的问题，最好不要争论。请看下面这个例子：

第二次世界大战结束不久，美方卡耐基等与英方史密斯等举行了一次会谈。谈判还没有进入正题时，英国一位先生说："'谋事在人，成事在天'这句话出自《圣经》。"卡耐基纠正说："这个成语不是出自《圣经》，而出自莎士比亚的《哈姆雷特》。"结果两人争得面红耳赤。美方的葛孟在桌下用脚踢了卡耐基一下，说："卡耐基，你弄错了，英国朋友说得对，这个成语出自《圣经》。"在回去的路上，葛孟说卡耐基因小失大，为争一个成语，撇下了谈判的主题，破坏了气氛，这是得不偿失。葛孟又说："真正赢得优势，取得胜利的方法绝不是这种争论，这样的驳论有时能获得优越感，但是却永远得不到好感。"

从根本上说，以上争论的两人，都是凭意气用事，忘了谈判的"统筹"原则和舍小求大的技巧。

8.打好外围战

谈判中，面对面之外的外围战相当重要。先外围后内里，先低层后高层，先幕后再公开，在谈判场外找到双方的共同点，可以为场内谈判造就相对优势。谈判中的外围战，是联络感情、沟通信息、影响对手的手段，是对正式谈判的一种补充。

9.限时限量

给优柔寡断的人一个"千万别错过"式的暗示。

"迷惑"是人类心理状态的一种，在人的潜意识里，总认为还会有更好的存在。人的意识深处都藏有相当浓厚的寻求更好的欲望，这种欲望就是造成"迷惑"的主要原因。

妨碍果断行动的潜在心理，往往都是因为"还有"的意识存在。如果在限定的时间内，迫使对方做出决策，他就能够在很短的时间内做出决定。

比如在销售谈判中，卖方对正在犹豫不决、无法下决心购买的买方可以这样说：

"错过今天，明天就要涨价了。"

"如果你方不能在月底之前给我们订单，我们将无法在下个月交货。"

买方也可以说：

"我方再过半个月之后就无力购买了。"

"我方要在月底前完成全部订货。"

"这是我们的生产计划书，如果你们不能如期完成，我们只好另找门路。"

当然，限定的方式并不只是时间，也可以表现在数量上：

"存货不多，欲购从速。"

"只送给前50名购买者。"

积极突破谈判中的僵局

谈判中有时会出现让人不愉快的僵局，究其原因主要是双方各执己见，互不让步而造成的。参加谈判的人往往是一个公司的代表，或是一个组织的代表，甚至是一个国家的代表。他们的谈判地位决定了他们不能动摇自己的立场，否则会损坏企业、组织、国家的形象以及个人的信誉与尊严。如果经常变化立场，变化态度，往往会让人觉得你软弱，没有实力地位。所以，谈判者要力图保持自己的尊严，不要做有损于面子的事，即使要让步，也是在不失面子情况下的让步。

那么，怎么才能做到不失面子呢？一般情况下，要让对方认为，你这个让步是在已经获得某种利益或好处的情况下的让步，而不是被他的强硬态度所征服。同样，如果想要对方让步，也要让对方觉得你有同样的感觉。

谈判中，出现僵局是双方都不愿看到的事情。但谈判时分歧是不可避免的，所以僵局的出现也非偶然。那么一旦出现僵局，我们采用什么方法解决呢？

1.谅解疏导

当谈判出现意见对立的僵局时，双方除了要注意冷静聆听对方对自己观点的阐述外，还要变换自己谈话的角度，善于从对方角度解释你的观点，寻找双方共同的感受。从共同的信念、经验、感受和已取得的合作成果出发，积极、乐观地看待暂时的分歧。这种僵局的出现双方都是有责任的，因此在处理时，不要总是相信只有自己是有道理的，要多为对方想一想。

2.求同存异

它是指双方在某一问题上争执不下时，提议先议另外一个容易达成一致意见的问题。例如，双方在价格条款上僵持住了，可以把这个问题暂时放下，转而就双方易于沟通的其他问题交换意见。事情常常会这样，当另一些条款的谈判取得了进展以后，如对方在付款方式、技术等方面得到了优惠，再回到价格条款上来讨论时，双方已经从态度、方法上都发生了根本性的转变，谈判中商量的气氛也就浓厚起来。

3.沉默是金

实践证明，沉默是一个十分有利的谈判工具，运用得好，对方会慌乱起来。使用这种战术，事先应做好谋划，在僵局出现时，要能有效地约束自己的反应。虽然沉默不语，但表情却颇有含义。因为有时情况不允许我们多讲，少讲一句也许会使我们更加主动。

4.更换人员

把双方单位的头面人物即领导人，如董事长、总经理、总裁等请出来参加谈判，有时甚至需要请一个中间人，由他来主持双方的谈判。

5.更换场合

如果上面的方法都行不通了，那只有把谈判场合变更一下以改善一下谈判气氛。也就是将会议上的正式谈判变成会外的非正式谈判，如双方打打高尔夫球，举行一下宴会、酒会，在这样的场合下再进行谈判。

6.暂停谈判

谈判一旦陷入僵局，不妨提议休息一下，即采用休会策略，等休息结束后，双方也许会有一个新的精神面貌，原先处于低潮的，也可以回避过去。之后再提出可以接受的而又能打破僵局的方案，重新开始谈判。

增加谈判成功的可能性

1.顺利促使重新谈判

一名球星高高兴兴地和一支球队签订了5年打球合同，5年报酬总计2000万美元，平均每年400万美元。这足以使他成为这项专业运动中最富有的运动员了。两年后，球星发现，球员们的薪水普遍提高了50%。现在，与他同一水平的球星和部分比他低一级的球星签订长期合同，每年薪水高达700万美元。他非常嫉妒别人，觉得自己受了伤害。他逢人便说他更值钱，要求对他的合同进行重新谈判。

这样做好不好？当然不好。合同就是合同，人人都应该遵守合同，即使它对对方有利。如果说球星不喜欢原来合同的内容，他就不应该在合同上签字。

而且，对公众和新闻媒介公开发表对合同的不满是愚蠢的做法。把合同的分歧公开化，为谈判增添了不必要的障碍。本来每个人说的做的都是个人事务（比如工资单），现在却突然对外公开了。谈判时这种人一只眼睛盯着合同内容，另一只眼睛盯着同级球星。

这里的真正问题是：球星不能这样粗暴无礼地对待重新谈判。显然，他需要学习一些重新谈判的艺术规则：

（1）在双方最高兴的时候，提出重新谈判。重新谈判或者续签合同的最佳时机是，当双方的关系最为满意的时候。它既可以是你签订5年期限合同一个星期后的某个时间，也可能是两年后的某个时间。重签或者续签合同，没有任何法律限制你们的时间。

◇ 场外谈判的注意事项 ◇

任何一位优秀的谈判者，都深知场内谈判和场外谈判的力量。可是，由于每件事情都有好坏两面，因此我们也必须了解场外谈判的危险性，同时还要采取下列预防措施：

1 小心泄密

小心谨慎，不要作单方面的告白，免得泄露了己方的秘密。

2 提高警觉

进行场外谈判的时候，小心别人轻易地使你相信虚假的消息。

3 酒桌谈判

爱喝酒的谈判者很常见，他们常比一般人酒量好，千万不要被骗。

然而，糟糕的是，许多人常常在最不利的时机提出重新谈判的要求：他们感到自己在合同的双方关系中处于吃亏的位置；或合同即将到期，他们的谈判位置可能就不是最好的位置了。

当你的委托人公司刚刚宣布良好的利润纪录的时候尽管这些事情与合同无关，或者你刚刚得到他们的表扬和奖励的时候，就是你提出延长合同期限谈判的有利时机，这时，他们沉浸在喜悦之中，可能显得最为慷慨大方。

（2）把"重新谈判"写进合同。客观环境的变化，导致人们重新谈判。如果双方都认识到客观情况发生了变化，并一致认为有必要修改合同内容，那么重新谈判就是顺理成章的了。

帕特里克·伊文是纽约职业篮球队的高价球星。他在签订为期10年的合同中有这样一条内容：任何时候，只要他不是NBA全美职业篮球联赛前4名身价最高的球星之一，合同对他就不再有效。这相当于他可以随时修改合同条款，而他的身价只会升，不会降。如果球星身价普遍下降，他又不会受到影响。

只要有可能，我们就会把这种"调整性条款"写进合同，如果一名年轻的球星高兴地接受了100万美元的年薪。两年后，他成了超级巨星，身价就会倍增。这时候，100万美元的年薪就显得太少了。我们的合同应该及时反应球星的这种潜力和变化。当他的身价增长时，我们就应该重新举行谈判，或者不经谈判，根据情况变化，主动增加他的报酬。

这种合同不大可能引起争论，只可能使合同持续的时间更长。

（3）给对方增加竞争对手。在要求重新谈判时，如果你能向对方暗示还有感兴趣的第三方想和你签约，对方为了战胜竞争对手，可能非常乐意和你重新谈判，延长合同时间（即使没有法律方面的原因促使他们这样做）。

美国一位唱片公司的老板深谙此道，他讲过这样一件事：

很久以前，我们公司艺术业务部和一名年轻的小提琴家签订了制作录音带的合同。在合同中，小提琴家的报酬并不高，但是他每年能出两张专辑。等到合同期满时，小提琴家已经拥有10张个人专辑。对于一个正处于发展中的年轻艺术家来说，这是一个了不起的成就。

实际上，小提琴家在第三年就走红了，他的专辑非常畅销，商业利润也相当可观。我们有必要和他延长合同时间，但是这样一来，我们就成了"砧板上的肉"，可能要接受小提琴家的高额要价。

然而，出于对前途和名声方面的因素考虑，小提琴家没有主动提高要价，他对自己的现状很满意。

于是，我们没有明确告诉他我们想延长合同时间的打算。但是在合同的最后两年时间里，我们让他知道还有别的艺术家主动提出和我们合作。当然，我们给的酬金会更高，计划制作的专辑会更多，投资也会更大，艺术家对作品和制作人有更大的决定权，等等。这样一来，我们轻而易举地延长了合同期限。我认为不会有人认为我们是在拿着刀子宰他们。

2.用非正式谈判代替正式谈判

不论正式的谈判或非正式的谈判，实际上都只是买卖双方在交换意见而已。在非正式的谈判中，大家可以无拘无束地谈话——可以谈双方公司里不合理的规章，也可谈增进彼此感情的事情，如孩子、太太和偏高的税金等。这些谈话就像润滑剂一样，可使问题得以顺利解决，同时还能在非正式的情况下，评估对方的人品。

非正式的谈判还有一项常被忽略的好处：借助它，谈判双方的幕后主持人得以私下交谈。比方说，公司指派张三为采购小组的领导人，但实际上却由工程师李四执行，因为李四对于货品的了解比张三丰富，且能以更便宜的价钱洽购。在非正式的谈判里，李四就能够从容出面商谈，而又不致牵扯到身份的问题了。

当正式的谈判触礁时，非正式的谈判更是不可缺少了。在会议桌上，实在难以启齿求和，可是，在酒醉饭饱的时候，只要几句话就能把愿意妥协的态度全部表现出来。此外，为了要研究问题的细节，一连串的社交活动也是必要的—这种公私兼顾的法子，既能解决问题，又能不失面子。

3.采用"旁敲侧击"的策略

每个商谈都有两种交换意见的方式。一个是在谈判中直接提出来讨论。另外一个则是在场外，以间接的方法和对方互通消息。

间接交流的存在是因为有实际的需要。一个谈判者可能一方面必须装出很不妥协的姿态给己方的人看；另一方面又必须在对方认为合理的情况下和对方交易，以达成协定。不管是买主或者卖主都会有这种双重压力的困扰。这也就是谈判双方会建立起间接谈判关系的原因。

每一件事情并不一定都要在会议桌上提出来。彼此建立起来的间接关系，能使消息在最少摩擦的情况下传达给对方。假如对方拒绝这个非正式提出的条件时，双方都会知道，同时也不会有失掉面子的忧虑；倘若这个条件在谈判时被正式拒绝了，则很可能会引起对方的指责，而导致双方感情的破裂，造成不良影响。

所以，间接的沟通方式，可以帮助谈判者和公司在不碍情面的情形下，偷偷地放弃原先的目标。而某些偏差了的目标也可以借由半正式或非正式的沟通方式加以修正。以下所列的方式足以用来弥补正式会谈的不足：

（1）有礼貌地结束每一次谈话；

（2）在正式谈判之外，另外再秘密地讨论；

（3）用降价来探测对方的意见，或者故意放出谣言；

（4）故意遗失备忘录、便条和有关文件，让对方拾取而加以研究；

（5）请第三者做中间人；

（6）组成委员会来研究和分析。

第四章

演讲时的说话艺术

好的开头是成功的一半

好的开头是成功的一半，演讲的开头是联系演讲者与听众之间感情的一座桥梁，一句能让听众注意、让听众感动的开头是奠定演讲者与听众沟通感情的基础。也起到了开宗明义、升华主题的作用。

俗话说：万事开头难。演讲是一门语言艺术，要使你的演讲先声夺人、引人入胜，就要有个好的开头。很多名人演讲时都很注意开篇的语言效果，其具体方法主要有以下几种：

1.开始就要逗引听众大笑

当你在作严肃的政治演讲时，是否觉得很难使听众产生浓厚兴趣呢？那么，来看看英国文学家吉卜林在开始政治演讲时，是怎样逗引听众大笑的。他所讲的并不是编造出来的故事，却是他自己过去的经历，并且用一种戏谑的口吻指出其中的矛盾。他说：

"诸位，我在年轻的时候，住在印度。我常常替一家报社采访社会新闻，这工作是非常有趣的，因为它可以使我有机会去认识一些伪造货币、盗窃、杀人以及这一类富有冒险精神的有才干的人（听众大笑）。在我采访到他们被审判的情形后，我还要到监狱里，去拜访一下我们那些正在受罪的朋友（听众又发出笑声）。我记得，有一位因为杀人而被判无期徒刑的人，是一位绝顶聪明而善于说话的青年人。他告诉我一段在他看来是一生最重要的话：'我觉得一个人如果一失足跌入罪恶的渊薮里，他从此一定要为非作歹不止，最后他竟以为唯有把他人都挤到邪路上去，才可以表现自己的正直（听众大笑）。'这句话，真是妙不可言了（听众的笑声和鼓掌声同时响起）！"

2.使听众的心情仿佛悬在半空

下面是一篇演说开头的一段话，请你读下去，看看你对这开头是否喜欢？是否使你立刻产生了兴趣？

在1843年前，也正是这个时候，伦敦出版了一本被世人公认为不朽的小说的杰作，很多人都称它是"环球最伟大的一本小说"。该书出版之初，伦敦市民在街头巷尾，与朋友相遇，都要彼此问一声："你读过这本书吗？"答案一定是："是的，我已经读过了。"这本书出版的第一天，便销出1000册，两星期内共销售出15000册；自然，这本书以后又再版了许多次，世界各国都有了译本。在几年前，大银行家摩根以一个巨大的代价，买到了这本书的原稿，现在这本原稿和摩根的其他的无价宝物，一并陈列在纽约市的美术馆中。这一部世界名著是什么呢？就是狄更斯著的《圣诞节的欢歌》。

你认为这篇演说的开始的确很成功吗？为什么它一开始就能引起你的注意，并且还使你的兴趣逐步增高呢？就是它勾起了你的好奇心，使你的心情仿佛悬在半空中一样。

3.融入场景，即兴发挥

美国前国务卿埃弗雷特一次在葛底斯堡国家烈士公墓揭幕式上发表演讲，远处的群山、眼前的原野、伫立的人群、肃穆的气氛，激起他心底波浪翻滚，他抛开讲稿，即兴发挥：

"站在明静的长天之下，从这片经过人们终年耕耘而现在还安静憩息的广阔田野放眼望去，那雄伟的阿勒格尼山脉隐约地耸立在我们前方，弟兄们的坟墓就在我们脚下，我真不敢用我这微不足道的声音来打破上帝和大自然所安排的这意味无穷的寂静。"这个开场白相当精彩，字字句句震撼了听众的心。

4.接过话头，顺势发挥

1938年陈毅率领新四军在浙江开化县华埠镇休整。当地抗日组织召开欢迎大会，陈毅准备上台演讲。开始司仪介绍陈毅为"将军"，陈毅登上讲坛，接过话头大声说：

"我叫陈毅，耳东陈，毅力的毅。刚才司仪先生称我将军实在不敢当，我现在还不是将军。当然叫我将军也可以。我是受全国老百姓的委托，去'将'日本鬼子的'军'。这一'将'直到把他们'将'死为止……"

这个开场白十分漂亮。陈毅接过别人的话头，顺势尽情挥洒，讲得自然风趣，幽默传神，活跃了会场，紧紧抓住了听众。

5.用实物来刺激听众注意

在一个古钱币展览会中，一位男士用两个手指执了一枚钱币，高举过肩，这自然使观众都注意起他手上的钱币了。然后，他才开始演讲说："在场的诸位，有没有人在街上捡到过这样的钱币？"接着，他就讲述这枚钱币的稀珍和他的收藏经过了。

拿一些实物来给听众看，这是引人注意的一个最容易的方法。这种实在的刺激物，有时在一些知识程度很高的听众面前，也会发生很好的效果。

6.以故事导入话题

人们大都是爱听故事的，一般人尤其爱听演说者述说有关他自己亲身经历的故事。已故美国著名牧师康维尔，曾把他的那篇《遍地黄金》演说了6000次之多，这篇著名演说是这样开头的：

1970年，我们沿着土耳其底格里斯河顺流而下，走到巴格达城时，便雇了一个向导，领我们去看西坡里斯、巴比伦……

接着他把这个故事逐步讲了出来。这是能够抓住听众注意力的最好开端，这种开端，十分简单明白，非常不易失败。它灵活轻松，能使听众不知不觉地随着它走，因为他们都希望知道后来发生了些什么事，都会平心静气地听他讲下去。

7.自我贬抑，增进沟通

1990年春节联欢晚会上，电视节目主持人凌峰作了段精彩的演讲，他的开头是：

"在下凌峰，我和文章不一样，虽然我们都得过'金钟'奖和最佳男歌星称号，但我是以长得难看而出名的……一般来说，女观众对我的印象不太良好……她们认为我是人比黄花瘦，脸比炭球黑。"

这里，自我贬抑表现出演讲者的坦率幽默，机智随和。用这种方法作开场白往往能博得听众的掌声，效果很好。

8.引用名人格言

名人说过的格言，永远具有引人注意的力量，所以，你能适当地引用一句名人说过的话，实在是演说开端的好方法。一位演说者的讲题是："事业怎样成功？"他这样开始：

"著名的心理学家郝巴德说：全世界都愿把金钱和名誉的最优奖品，只赠给一件事，这就是创造力。创造力是什么？简单来说，就是不必人家指示，而能够做出别人没做过的事……"

这段演说词的开头，有几个特点是值得称道的。它的第一句话引用了名人名言，就引起了听众的好奇心，使听众愿意听下去，再多知道一些。演说者如果在说完"只赠给一件事"的后面，能够十分巧妙地略略停顿一下，那更会使人迫不及待地要问："世界把最优等的奖品赠给了谁？"它的第二句话立刻把听众引进了题目的中心。第三句是问话，可以引起听众的思索，而且使听众愿意共同讨论。第四句给创造力下了一个定义。接着下面演说者举了一件有趣的事实，来证明创造力的可贵。像这样巧妙的开端，依你的评判，应不应加以称颂呢？

随着生活节奏的逐步加快，时间以分秒来计算，因而，当今社会的演讲也要适应时代的这一特点。在演讲切入主旨之前，不能绕太大的弯子，不能把时间过多地花在讲一些与主题无关或关系不大的道听途说的笑话掌故、自我经历或不必要的提问、寒暄客套等上面，而应尽快打开场面，切入主题。

设置悬念，激发听众兴趣

演讲时，如果一味平铺直叙，一本正经地讲下去，有时是很难吸引听众的，这里不妨吊一下群众的胃口，设置悬念以引起听众的兴趣。

所谓悬念，是人们急切期待明白某种事物发生、发展、结局的心理状态。即兴说话时巧设悬念，可以勾起读者的迫切期望和悬念意识，使读者产生浓厚的探究心理和倾听兴趣。

构成悬念的因素是多种多样的：

1.突兀的提问构成悬念

问题总是听者所关注的，特别是那些与听者的工作、生活密切相关的问题，而问题仅仅是个"？"（问号），还需要有下文。所以，问题本身就是悬念。问题提出得越突兀，悬念的吸引力就越强。

2.以新鲜、奇异的事物构成悬念

新鲜、奇异的事物后面，隐藏着新事为什么新、奇事为什么奇的悬念。构思即兴说话的悬念，精心选择、运用新奇事实材料，可使悬念高高吊起读者的倾听"胃口"。

3.以鲜明的对比差异构成悬念

对比差异就是矛盾。越是鲜明的对比，越是悬殊的差异，就越引人注目，就越能强烈地吸引听众去探究原因，推动听众去了解矛盾的发生、发展和最后结局。

4.以越轨、反常行为构成悬念

正常的事人们不足为奇，超越常规，一反常理、常态的行为，人们就要感到好奇了。构思即兴说话的悬念，巧妙借助越轨、反常的事实材料，可收到出人意料、引人入胜的效果。

5.以惊人的结论构成悬念

以倒叙方式布局的说话，常采用这种思路设置悬念。听众被惊人的结论所吸引，就会进一步去研究这个结论是凭什么得出来的。所谓惊人的结论，不外乎言别人所不能言、不敢言、说别人欲说但尚未说，讲别人心中所有而言中所无的肯定或判断之语。

某大学举办写作知识讲座，主讲老师在谈到细节描写时，首先提出了一个悬念："请问同学们，男生和女生回到宿舍时，摸钥匙开门的动作有什么不一样呢？"台下的大学生们活跃起来了，有的私下议论，有的举手回答，有的干脆掏掏口袋，模拟一下自己回宿舍时找钥匙的动作。主讲教师让同学们议论一阵后说："据我观察，大多数的女生在上楼梯时，手就在书包里摸摸索索，走到宿舍门口，凭感觉捏住一大串钥匙中的那一片钥匙，往锁孔里一塞，正好门开了。而大多数的男生呢？他们匆匆忙忙地跑到宿舍门口，'砰'的一脚或一掌，门不开，于是想起找钥匙。摸了书包摸裤袋，摸了裤袋又摸衣袋，好不容易摸到了钥匙串，把钥匙片往锁孔里一塞，打不开。原来钥匙片又摸错了。"主讲教师的描述引起了会场上一片会心的笑声，教师趁势总结道："把男女生回宿舍摸钥匙开门的动作描述出来，

◇ 设置悬念的位置 ◇

悬念的设置要注意新奇，产生出人意料的效果；形象，处在听众情理之中；到位，表达圆满自然。设置悬念的位置，有的在开头，有的在转折处，有的干脆多层设置，一悬到底。

演讲开始前我先给大家出个小问题。

1.在即兴说话的开头

在即兴说话的开头设置悬念，引起听众最初的倾听兴趣。

请大家猜一下这位女孩结婚了吗?

2.在即兴说话的转折

在即兴说话的转折处设置悬念，吸引听众产生新的倾听兴趣。

现在公布第三道抢答题答案。

3.在即兴说话中

在即兴说话中多层次设置悬念，吸引听众一猜到底，保持对整篇说话的兴趣。

就是细节描写，而细节描写的生动又来源于对生活的细致的观察。"这位写作教师先制造悬念，让听众探索悬念的答案，然后利用解答悬念抛出讲学要点，取得了很好的教学效果。

设置悬念的方法很多。可以运用与内容相联系的实物；可以运用突然发出、与主题反差较大的情感；可以运用听众一时难以回答上来的问题；可以运用带有夸张色彩的动作；可以运用录音、幻灯、录像设备等。

悬念的产生，得益于一些事实存在的不合理性。突然将一些令人莫名其妙、迷惑不解的事情推到人的眼前，悬念随即产生了。

找听众有共鸣的内容讲

当众演讲时，听众的反应是衡量讲话是否成功的标准。因此，选择话题首先要考虑听众是否能产生共鸣。如果听众对此不感兴趣，即使你讲得津津有味、口干舌燥，也无济于事，没人爱听，白白浪费唇舌。所以，当众讲话要尽量选那些与听众关系密切、听众熟悉、能引起听众共鸣、能给人以启发的内容作为话题。

演讲家康维尔博士的《遍地黄金》不是一篇固定的机械式的文章。题目与主题始终不变，而其内容是随着他演讲的地点不同而变更的，用他自己的话说是："我每去一个地方演讲，总是希望能早几天到达该处，使我有充分的时间去访问当地的邮政局长、理发师、报社经理和学校校长，然后去工厂、商店中和人们谈谈，借以彻底地了解当地的情况，了解人们的渴求与兴趣。"康维尔如此准备演讲，怎能不使人充满兴趣而受到欢迎呢！

美国黑人民权运动领袖马丁·路德·金的著名演讲《我有一个梦想》赢得了广泛反响和支持，就是因为他用真情的演绎，说出了群众的心声，使人民心中产生了强烈共鸣。他讲道：

"当我们行动时，我们必须保证向前进。我们不能倒退。现在有些热心民权运动的人，你们什么时候才能满足？

"只要黑人仍然遭受警察难以形容的野蛮迫害，我们就绝不会满足。

"只要我们在外奔波而疲乏的身躯不能在公路旁的汽车旅馆和城里的旅馆找到住宿之所，我们就绝不会满足。

"只要黑人的基本活动范围只是从少数民族聚居的小贫民区转移到大贫民区，我们就绝不会满足。

"只要密西西比仍然有一个黑人不能参加选举，只要纽约有个黑人认为他的投票无济于事，我们就绝不会满足。

"不！我们现在并不满足，我们将来也不满足，除非正义和公正犹如江海之波涛，汹涌澎湃，滚滚而来。

"朋友们，今天我对你们说，在此时此刻，我们虽然遭受种种困难和挫折，我仍然有一个梦想。这个梦想是深深扎根于美国的梦想中的。"

"我梦想有一天，这个国家会站立起来，真正实现其信条的真谛：'我们认为这些真理是不言而喻的：人人生而平等。'

"我梦想有一天，在佐治亚的红土山上，昔日奴隶的儿子将能够和昔日奴隶主的儿子坐在一起，共叙兄弟情谊。

"我梦想有一天，甚至连密西西比州这个正义匿迹，压迫成风，如同沙漠般的地方，也将变成自由和正义的绿洲。

"我梦想有一天，我的四个孩子将在一个不是以他们的肤色，而是以他们的品格优劣来评价他们的国度里生活。

"我今天有一个梦想。

"我梦想有一天，亚拉巴马州能够有所转变，尽管该州州长现在仍然满口异议，反对联邦法令，但有朝一日，那里的黑人男孩和女孩将能与白人男孩和女孩情同骨肉，携手并进。

"我今天有一个梦想。

"我梦想有一天，幽谷上升，高山下降，坎坷曲折之路成坦途，圣光披露，照满人间。"

通过以上几个例子，我们可以看出，演讲时，讲听众有共鸣的东西，才能引起听众的兴趣，激扬演讲的高潮，让演讲圆满成功。

制造演讲的高潮

众所周知，演讲高潮既是演讲者思想最深刻、感情最激昂的时刻，又是听者情绪最激动、精神最振奋的瞬间。有了高潮，演讲方可最充分地表现其审美价值，进而产生最大的感染力和说服力。那么，如何构筑演讲的高潮呢？下面介绍3种常见的方法：

1.运用排比

连用两个或两个以上结构形式相同的句子，多角度地表达演讲者的思想感情，这就是排比修辞。使用排比句的地方，未必一定是演讲高潮的地方，但演讲高潮的地方却往往离不开排比句。

2.运用反问

与设问不同，反问是问而不答，是用疑问句的形式表达确定的内容。这种句式感情色彩浓重，有很强的感染力和说服力，因而同样有助于构筑演讲高潮，特别是在说理性、论辩性和鼓动性很强的演讲中，其作用显得尤为突出。请看：

"我们的同胞已身在疆场了，我们为什么还要站在这里袖手旁观呢？先生们希望的是什么？想要达到什么目的？生命就那么可贵？和平就那么甜美？甚至不惜以戴锁链、受奴役的代价来换取吗？"

　　这是亨利在美国弗吉尼亚州议会上演讲结尾中的一组反问句。全篇演讲就像跌宕起伏的海浪；一个高潮接着一个高潮，而且处理高潮的语言修辞手段各不相同。这一连串反问句，使演讲显得更加轩昂激越，文气也随之大振，充分显示了反问所特有的鼓动力量。紧接着，亨利利用呼吁式的口吻结束了演讲："全能的上帝啊，阻止这一切吧！在这场斗争中，我不知道别人会如何行事，至于我，不自由，毋宁死！"

　　演讲至此，演讲者的思想、意志、信念和感情都达到了最高潮，犹如空谷回音，三日不绝，给听众留下了深刻的印象。

3.运用设问

　　设问就是自问自答。它之所以被广泛用于演讲，是因为它能够调节演讲时的气氛，唤起听众听讲的兴趣和热情，达到提醒和强调的目的，激发听众共同思考问题，从而使演讲者牢牢掌握住演讲的主动权。

　　我们不妨具体分析一段演讲：

　　"你们问：我们的政策是什么？我说，我们的政策就是用我们的全部能力，用上帝所给予我们的全部力量，在海上、陆地和空中进行战争，同一个在人类黑暗悲惨的罪恶史上所从未有过的穷凶极恶的暴政进行战斗，这就是我们的政策。你们问：我们的目标是什么？我们可以用两个字来回答：胜利——不惜一切代价，去赢得胜利；无论多么可怕，也要赢得胜利；无论道路多么遥远和艰难，也要赢得胜利……"

　　这是丘吉尔著名的《出任首相后的首次演讲》中的最后一段。该演讲的前部分主要报告新政府组阁的情况，后部分则是阐明新政府的态度和政策。通读全篇演讲不难看出，通过步步上升和层层推进，演讲者的思想表达越来越鲜明、深刻和完整，其感情也随之越来越强烈。到了结尾部分，演讲者巧妙地运用两个设问句，全盘托出了自己的观点主张，酣畅淋漓地抒发了自己的情感情绪，使演讲达到了最高潮。

即席演说的语言技巧

　　所谓即席演说，其实不过是在自己客厅里对朋友即席谈话的扩大而已。建立与听众之间的和谐是即席演说的关键。

　　在情急之下，能够收拢自己的思想并发表谈话，就某些方面而言，比经长时间努力准备之后才能演说，更为重要。

1.练习即席演说

　　任何智力正常、拥有相当程度自制力的人，皆能发表一场令人接受，甚至于常常还是很精彩的即席演说——简言之，就是不经准备的谈话。有几个方法，可以帮助你在突然被人邀请说几句话时流畅地表达自己。方法之一，是采用某些著名演员曾使用的方法——站着思考。另外你要掌握一些即席发言的联结技巧。

2.要有即席演说的心理准备

当人们在你毫无准备的情况下请你发言时，多是期望你对某一个你能发表权威言论的题目表示一些意见。这里的问题是，要能面对讲话的情况，并决定在自己能支配的短短时间里确实要谈论些什么。有个极好的方法可以使你能登堂窥奥，那

◇ 即席演说的内容来源 ◇

如果你事先毫无准备，主持人突然请你说几句，这时最需保持平静。听众只对自己和自己正在做的事感兴趣，有三个来源可供你撷取意念，作为即席讲演之用。

在座各位都是学术界知名人士，其中又以孙老为代表。

1.听众本身

谈论自己的听众，他们是谁，正在做什么，对社会和人类做了什么贡献。使用明确的实例来证明。

今天是公司成立三十周年纪念大会。

2.场合

也可讲讲这次聚会的情况缘由，是周年纪念日，是表扬大会，是年度聚会，还是政治或爱国集会？

刚才齐总讲到了大自然，我们的确需要反思很多。

3.之前的演说内容

如果你曾注意地听讲，不妨对之前另一位演说人谈及的特殊事物感兴趣，然后将它扩大详述一番。

就是心理上对这些情况先有准备。在开会当中，不断地问自己，如若现在站起来讲话，到底要讲些什么？这一次最适合讲述自己题材里的哪个方面？对于眼前的那些建议，如何措辞以表示赞同或反对？

因此，我提的第一个忠告是：在心理上随时准备着在各种场合做即席演说。

3.立刻进行举例

为何要这样？有3个理由：

（1）你可以从苦苦思索下一句的需要中解脱出来。因为经验极容易复述，即使在即席演说的情况下亦然。

（2）你会渐渐进入讲演的情况，开始的紧张，自然消逝无踪，使你有机会把自己的题材逐渐温热起来。

（3）你可以立即获得听众的注意。因为，实例是立刻攫取注意力万无一失的方法。

听众凝神谛听你所举出的饶富人情趣味的实例，可使你在最迫切需要时——讲演开始后的极短时刻里，对自己的能力重新肯定。沟通是一种双方面的过程，能捉住注意的人马上就会感知这一点。当他注意到那种接纳的力量，并感觉到那种期盼的光芒如电流般在听众间交射时，你就感受到有种挑战要你继续，要你尽最大能力去作回应。演说者与听众间建立的和谐关系，是一切成功演说的关键所在——没有它，真正的沟通即不可能发生。这便是你以实例展开演说的原因，尤其是在人家请你说几句话时，举例是最管用的。

4.采取适时适地的原则

最成功的即席演说，都是真正的当场演说。它们表达的，是讲者对听众和场合的感想，它们适时适地，如同手和手套密切相合。它们不但是为了这个场合，而且是专为了这个场合而量身定做的。它们的成功也就在于此：它们在特殊的时刻里绽放，如罕开的玫瑰，不多时便又萎谢不见；可是听众所享受到的愉快却绵延不绝，在你尚未想到之前，他们已将你当成即席演说专家了。

5.要做即席演说，切莫即席乱说

前面这两句话含义颇为不同。光是不着边际地胡扯瞎说，用没有逻辑的细线将不相关而又无关的事串在一块，是不成的。你必须围着一个中心思想，来把自己的意念合理归类。而这个中心思想，很可能就是你要说明的。你所举的事例应与这个中心思想一致。同时再提醒一次，若能抱着至诚来讲演，你必然会发现自己当场演说，精力充沛且又效力无穷，是有准备的演说家不能企及的。

让结尾回味无穷

常常见到这种情况，当演讲者在津津有味画蛇添足时，听众乒乒乓乓起身离座了，至少是如释重负地叽叽喳喳聊天，混乱不堪，带着这种"乱"的心情离开会场，这就冲淡了演说的效果。

据说有一个民族，有个古老的风俗，在全体集会的时刻，发言者只准用一只脚站着讲，不管讲不讲完，站不下去就算结尾，不失为一种高明的办法。

那么，怎么才能把演说的结束搞好呢？

1.把要点作一个总结

演说是口传之事，不消几分钟，我们的话题便可以上天下地，无所不至。听众很容易忘记原来的题目。演说者往往忽略这一点，他们自以为不管什么材料，自己谈问题的焦点都一直是集中的，殊不知这些已经是本人深思熟虑、反复酝酿出来的问题，对于广大听众，只是第一次接触。所以，就难以与演说者有同样的思维逻辑。因而，在结束时，要把自己宣传的要点概括、总结：一是提醒，二是强调。既要撒得开，又要收得拢。有人这样概括说：你开始对听众说，现在将要告诉他们一些什么，然后开始讲述，到了最后，要再次申明，原来要告诉的东西已告诉过了。这种结尾可以让听众更加明晰你的要点。

2.层层增加句句有力

现在要告诉你另一种普遍的方法，演说术上称为"阶升法"，好像阶梯一般步步升高。不过，这种方法常是不易运用的，也不是一切的演说者对一切的题材都可应用；但若能用得其当，那会取得极好的效果。这种方法是一层高一层，一句比一句有力量！

林肯在以"尼亚加拉瀑布"为题材，预备一篇演说时，就是用的"阶升法"。试看他的比较是如何一个比一个有力量，他怎样以哥伦布、耶稣、摩西、亚当等人的年代，与尼亚加拉瀑布相比，获得累增的效果的：

——这要推测无限的久远，当哥伦布最终发现这块大陆——当耶稣基督被钉在十字架上——当摩西率领以色列人渡过红海——甚至亚当从创世主的手里出来，从那时到现在，尼亚加拉就在这里怒吼！

——古代巨人的眼睛，像现今我们人的眼睛一样，曾看见过尼亚加拉。与第一代人种同时代，比人类的第一个始祖还老，一万年前的尼亚加拉，和现在的是同样的新鲜有力！我们还能想象到那庞大骨骼的前世巨象爬虫，也曾见过尼亚加拉——从那样久远的年代起，尼亚加拉从无一刻静止，从未干涸，从未冻凝，从未睡去，从未休息。

3.避免结束太唐突

初次登台演说的人，每每犯着停止得太唐突的毛病。他们结束的方法，未免太欠圆满了。其实他们并没有结束，只是突然中止，就好像一位朋友正在谈话，突然鲁莽地站起来走了，连一句告别话也不说一样。

4.在微笑中说再见

乔治·柯赫是美国一个以幽默见称的演说家，他告诉我们说：

"你必须将'再见'表现在听众的微笑中。"

你能做到这一步，可说结束的技巧已经十分熟练。但是怎么做呢，完全由自己去斟酌。

◇ 演讲结尾的几种形式 ◇

为了达到演讲的目的，演讲者通常会采用耳目一新的结尾方式，从而获得听众的欢心，以下介绍三种结束语的常见形式：

1.充满激情的话语做结尾

激情的结尾有很大的鼓动力，一段热情洋溢的话，可使人振奋，使人激昂。

2.幽默的话语做结尾

常见的相声艺术表现形式就是让观众在笑声中结尾。

莫愁前路无知己，天下谁人不识君，未来就在脚下，加油各位！

3.引用诗文名句做结尾

引用适当的诗文名句结尾是最理想的，可获得所希望的氛围，彰显演讲者本人的才学与品位。

第五章

电话交谈时的说话艺术

接听电话的第一句话

一般公司的新进人员，多少都会接受一些电话交谈礼仪的训练。但是，时间一久，或与客户熟悉了就忘记了。电话的交谈在某些方面来说，的确要比面对面来得困难。

如果你试着蒙住两个人的眼睛交谈，你会发现可能维持不到一分钟便无话可说了。不是一起开口说话，就是彼此沉默不语，总是无法顺利地进行。

电话是一种见不到对方的交谈，虽然有人只想听到对方的声音就好。但是对于电话的交谈，应该时时注意。因为你的一句话，给予对方正面或负面的影响，有时会比你想象的要大得多。

由电话的另一端传来的声音及谈话，任何一瞬间都有可能影响到对方的情绪。虽然这一部分与面对面的交谈相同，但是两者最大的不同，在于电话的谈话，无法直接观察到对方情绪变化和他的脸部表情。为什么这一点如此重要？因为对方情绪已经起了变化，而在电话另一端的人却不一定能完全察觉出来。

当对方情绪已经起了变化，如果没有察觉而又说了一大堆，对方愿意继续听下去吗？所以，当接听电话时，第一句话就给对方留下良好的印象，有利于接下来的交谈能够顺利进行。

尽管我们都不太愿意承认，但是我们总是很快就会通过和对方的简短接触就给对方的形象下定义，也许是在两三分钟之内。在电话当中，也许就是接听电话的前几句话，我们就会决定是否喜欢他们，或是否愿意和他们交往下去，而此形象一旦定格，就很难改变。为了避免给来电者留下不好的形象，我们必须注意电话接听的前几句话。为了做到这一点，很多商务公司都规范其公司的接听语，如：早上好！××公司。甚至有的国内企业为了提升其企业的档次，要求员工必须用汉语和英语接听电话，虽然只是几句英语，却无形中使来电者觉得：听起来，这公司似乎很正规，说不定和国外有业务来往，等等。因此电话接听的前几句话显得尤其重要。

为了达到这种效果，给对方留下积极的印象，接听电话之前必须注意控制好语气、音量和说话的速度，最好是中等速度、清晰的语句及中等的音量；按照你的职业习惯表达的第一句话，应该是以积极、热情、乐于助人的态度一气呵成。

电话接听，切忌出现一些恶劣语句，例如：工作正忙的时候，电话又响个不停，情绪很可能因此而变得不耐烦，但是打电话的人并没有察觉这一点。所以，当你拿起电话，还来不及将情绪整理就大喊："喂！找谁！"对方一定会认为："这是什么公司？"一间拥有100位员工的公司里，只要一位员工情绪不稳而造成客户不满的话，有可能一竿子打翻了一船人。

所以，无论工作怎么忙，接电话之前必须先松一口气，之后再以明亮的声音向对方说："喂，某某公司，您好！"如果对方是自己的亲友："原来是你，真难得！最近好像很不错哦！"之后，再依彼此的交情程度，进行不同的谈话。切忌自己什么都不说，只是一味地询问对方："你叫什么名字？""你是哪个单位的？""你找他是公事还是私事？"这样会给人盛气凌人的感觉，极不礼貌。别人会觉得，你问我是谁，那你是谁？而"喂"字如果大声一点，则有审讯的嫌疑，让人有被审问的感觉。

控制通话时间

随着竞争的激烈，人们的节奏加快，时间也就显得越来越宝贵，所以在和对方进行电话交谈时，更要学会控制时间。如何控制电话时间需要一定的技巧，特别是在电话当中进行自我介绍时，力争不要超过1分钟，简单将自己的情况介绍清楚，这就需要做好打电话前的准备工作。

注意电话接听当中的一些措辞，主动及时地表达出来，可以避免不必要地反复提问。如商务公司在接听电话时说："早上好，这里是康盛商务公司，我是陈小刚。"这样就可避免对方问"你是谁"，或者交谈到一半时，突然觉得不对劲，才想起问对方："请问，怎样称呼？"

打短电话最好在3分钟以内完成。根据事先列出的要点，拨通电话后做简单的问候就进入正题，说的时候要简明扼要。这样做不仅让自己节约了时间，还让对方觉得我们是在尊重他，因为对方可能有其他事情要处理或因为和我们通电话而占线，其他重要的电话无法拨打进来。如果你知道通话会需要一段较长的时间，一个好的办法是，在你开始谈话时，对你的朋友说："陈先生，现在说话方便吗？"或"你有时间说话吗？"如果更多的人采用这种方式，对电话打扰的抱怨就会减少许多。

其实在电话当中交谈和面对面交谈的差别并不太大，不过由于电话交谈双方彼此无法看到对方的表情，而只是纯粹的语言沟通，因此只要稍一不留神，就很容易将重要的事情给传递错了或出现偏差，这往往是由于听者听错或片面理解，以及表达者表达有误或有偏差造成的，这不仅影响了电话交谈的质量，同时也影响到电话接听的时间。因此，为了节省时间又能明确传递信息，有效拨打电话，应做好如下

◇ 提前准备，减少通话时间 ◇

电话通话时间有限，如果想要在有限的时间内达到有效地传达信息的效果，应提前做好通话准备。

1.事先传递资料

如果内容很重要，可以在打电话前将资料邮寄给对方，节省时间。

2.准备充足资料

提前将谈话内容资料准备好，以免对方等待，影响通话气氛。

3.列举发言要点

将资料准备齐全之后，列出发言要点，将其逻辑联系起来，以免遗漏。

几方面的准备工作。

1.设想对方要提出的问题

当我们拿起电话和对方交谈时，对方肯定会提一些问题，因此控制电话时间就需要事先设想对方可能会提出的问题，并且拟定合理的回答。如下面这个例子：销售部打电话给生产部，要求生产部派人协助向在场的客户解释产品的生产流程，以增加客户对产品的信任度。销售部经理给生产部打了电话："帮我叫王师傅到销售部办公室来一下。"生产部的同事说："为什么要吴师傅到销售部，有什么事吗？"销售部经理说："来了就知道！"由于生产部正在召开一个会议，见对方如此说，觉得不像是急事，于是就让吴师傅先开完会了再说。如此一来失去了向客户解释的机会。这主要是销售经理只知叫吴师傅来，却没有回答对方提出的问题，误了事。

2.不要占用对方过多的时间

当你主动打电话时，应尽量控制通话时间，不要占用对方时间过长。特别是你打电话需要对方用一段时间去考虑或查找相关资料，或对方需要时间去向上一级报告时，应考虑给对方一个时间，不要拿着电话等候过长的时间，以免影响对方的工作进度及工作情绪。

3.适时结束通话

有的人只顾自己高兴，不管对方是否愿意继续接听此电话，殊不知对方已经不耐烦了，你还谈得津津有味，其乐无穷。因此，应该培养一种习惯，在将所有的问题要点解释及讨论完毕后，应提醒自己适时结束电话。并且说几句客气话，"非常高兴能和你交谈""真的很高兴你告诉了我这么多的事情"等，以显热情。不可粗鲁地挂上电话，以免对方误认为你在摔电话，应以顺其自然及友好的方式结束电话。

给对方考虑的机会

在与人打电话时，要想取得对方的信任，争取到合作的机会，不妨给对方一个考虑的机会。

"周经理，我是老武，我今天想在你们酒店订两间客房，你帮我预订，什么样的价位？"

"你现在通过途径能拿到什么样的价位？"

"大约每间每晚700元。"

"那也差不多，这几天本地酒店也开始进入了旺季，各酒店的房价都在上涨。如果我帮你预订，在我的权限范围内，恐怕也低不了多少。据说春秋旅行社可以拿到最低的价位，你看这样好不好，你到春秋旅行社试试，如果不行，我再帮你预订，你看怎么样？"

"……好吧，我先到春秋试试看。"

"好的，记着，如果春秋旅行社那里不行，一定给我电话。"

"好的。"

老武的沉默是在思考，他也许在考虑自己是否有春秋旅行社的朋友，若找旅行社会不会很麻烦；也许通过周经理，虽然价位贵一些，但可避免一些麻烦，价位也应略低一些，等等诸如此类的事情。

这时这位周经理表现得很好，也保持沉默，给对方思考的空间，而不是直接说："就这样吧，你先找春秋旅行社吧。"然后挂了电话。这样做无疑是没有给老武一个选择的余地，暗示自己不太愿意帮忙，你去找别人吧。

即使在最后，这位周经理，还再次提醒对方，如果其他途径不行，一定要回来找他，表示了十分乐意帮助对方，给别人留下良好的印象。

给对方考虑的机会，也是给自己铺平道路，省去不必要的麻烦，不信看下面这个例子。

1998年，一群波黑人为了将走私的武器尽快运到前线，他们采取了一个无法无天的行动，劫持了美国某航空公司从纽约机场到芝加哥的一架班机。并要求机长违规降落在他们指定的地点，为他们运输武器。

僵持期间，飞机兜了一个大圈，飞过蒙特利尔、纽芬兰及伦敦，最后降落到法国的戴高乐机场。在这里，恐怖分子击穿了飞机的轮胎。最后法国警察向恐怖分子下了最后通牒。他们说：

"听着，你们可以继续按你们的原则做事。但是，美国警察已经到了。如果你们现在放下武器跟他们一块回美国去，你们将会被判处2～4年的监禁。这就意味着你们也许在10个月左右被释放出来。"法国人说完，沉默了一下，然后继续说："但是，如果我们不得不逮捕你们的话，按照法国的法律，你们将被判处死刑，你们愿意选择哪条路呢？"

最后，劫机者决定投降，去撞美国法律的大运了。

警察在这里用了一个疏导而不是逼迫的策略，他们给劫持者出示了两条路，也就是为对方提供了选择范围。而且这种选择是由劫机者自行决定的，而不是警察命令的。如果警察用另外强硬的态度逼迫劫机者就范，也许会把对方逼上拼死一搏的绝路。

电话交谈的基本技巧

作为一个现代人，如果不懂得电话交谈的技巧，会直接影响人际关系的建立。而作为一个员工、领导，就更应该掌握电话交谈的技巧，从而有效地与人沟通，也给自己树立良好的个人形象。

◇ 电话交谈值得注意的事项 ◇

电话沟通，是用声音传递信息，因此，电话沟通时应特别注意应答声音的语气、语速与情感。

对啊……嗯……

1.避免长时间沉默

沉没时间太久，对方会认为你没有专心听讲，可适当插话说"嗯""好的"等语气词。

2.交谈声音要恭敬

声音反映表情，倘若感到不耐烦，对方是能从声音中感应出来的。

对不起，刘先生，我目前很忙，稍后给您回电好吗？

3.特殊情况要说明

工作正忙时接到闲聊电话，应主动说明事实，以委婉的语气结束交谈。

一般而言，电话交谈的技巧主要有以下几点：

1.说出对方公司的全名

电话处于传送信息状态，我们称为通话；而当通话途中，传入了第三者的声音时，则称之为私语。

例如："林小姐吗？请稍等，我帮你转给夏先生。""夏先生，林小姐的电话。"此时，夏先生如果大意，不管对方是否听得到自己的嗓门，就说："伤脑筋，你跟她说我不在。"这种话若被对方听到了，一定会很生气。

平常我们称呼别人时，都会在名字后面加上先生或小姐作为尊称。但对方如果是公司行号时，就常常省略而造成对方的不愉快。因此，无论对方是人或是公司，我们都应秉持尊敬的态度称呼他。不嫌麻烦地把对方公司的全名都说出来，才不至于让对方认为我们没有礼貌。

2.音量适中

有活力的声音最美，与人电话交谈时更要保持活力和热情，否则你的声音会显得十分疲倦、颓丧和消极。

如果你打电话时声音变得愈来愈高，可以采用"铅笔法"：手握一支铅笔，举到距离你约25.4厘米的地方，然后对着它说话。如果感到你的声音在这个距离内显得过高，就把铅笔放在低于电话听筒，或与茶几同高的位置，并提醒自己降低音调，运用共鸣。

保持生动和关注，某些鸟类在它们对异性发生兴趣时，会改变身体颜色来传达爱意，萤火虫则是用闪动的荧光来表示它求偶时刻的到来。你是否想过你在电话中说的"喂"传递了什么样的信息？它很可能包容了你电话交谈中的全部基调，它能表现出你的情绪：可能是随意而松弛的，说明你正闲着；也可能是友好而活泼的，表面似乎是说："我很忙，不得不立刻挂掉电话。"其实可能非常粗鲁无礼，预示着接下来是一场暴风骤雨。

要让这声"喂"真正传递出你所希望传递的意思。有些人说这个字时，显得十分傲慢、冷淡，甚至带有敌意，其实他们自己并不知道会这样。因此，我们在电话中要特别注意"喂"的声调和感情。

当然，这需经长久的训练才能养成。我们常见有人一手握着电话听筒，一手按着计算机，或一面喝茶、抽烟，一面接电话，这些行为均需避免。虽然电话交谈彼此都看不见，仍需保持基本的礼貌。

第六章

尴尬时刻的说话艺术

站在对方的角度说话

每个人都希望在社交中从容不迫，洒脱大度，但是在现实生活中我们经常会遇到一些尴尬场面，自己感到不舒服，别人也不自在，结果气氛凝滞。

造成尴尬局面的原因有很多：时间、场合不适合、交往对象不熟悉。当发现尴尬情况出现时，就该想法将其化解掉，但很多人都会说"说得容易做着难"。

遇到尴尬的境况之所以难以解决，是因为每个人都固执己见，各有各的想法。越坚持自己的想法，就越不容易解决问题。试试站在对方的角度说话，没准会很轻松地解决问题。

有一天，美国哲学家、诗人爱默生同他的儿子一起想把一匹小牛赶进牛栏。但他们犯了一个错误，他们只想到自己的愿望，爱默生在后面推小牛，他的儿子在前面拽小牛。但小牛也有自己的愿望，它把两只前蹄撑在地上，执拗着不照他们父子的愿望行动。他们家的爱尔兰籍女佣见到这种情景，不由得笑着来帮助他们。她刚才在厨房干活，手指头上有盐的味道，于是她像母牛喂奶似的，把有咸味的手指伸进小牛的嘴里，让它吮着走进了牛栏。

动物尚且有自己的愿望，更何况人呢？不了解对方的意愿，光想自己认为怎么样就该怎么样，难免会导致谈话的失败。

你如果要劝说一个人做某件事，在开口之前，最好先问问自己："我怎么样才能使他愿意去做这件事呢？"

在这方面，人际关系大师卡耐基堪称高手。

卡耐基每季都要在纽约的某家大旅馆租用大礼堂20个晚上，用以讲授社交训练课程。

有一个季度，卡耐基刚开始授课时，忽然接到通知，房主要他付比原来多3倍的租金。而得到这个消息之前，入场券已经印好，而且早已发出去了，其他准备开课的事宜也都办妥。

很自然，卡耐基要去交涉。怎样才能交涉成功呢？两天以后，卡耐基去找经理。

"我接到你们的通知时，有点震惊。"卡耐基说，"不过这不怪你。假如我处在你的位置，或许也会写出同样的通知。你是这家旅馆的经理，你的责任是让旅馆尽可能地多盈利。你不这么做的话，你的经理职位难以保住，也不应该保得住。假如你坚持要增加租金，那么让我们来分析一下，这样对你有利还是不利。"

"先讲有利的一面。"卡耐基说，"大礼堂不出租给讲课的而是出租给举办舞会、晚会的，那你可以获大利了。因为举行这一类活动的时间不长，他们能一次付出很高的租金，比我这租金当然要多得多。租给我，显然你吃大亏了。

"现在，来考虑一下不利的一面。首先，你增加我的租金，却是降低了收入。因为实际上等于你把我撵跑了。由于我付不起你所要的租金，我势必再找别的地方举办训练班。

"还有一件对你不利的事实。这个训练班将吸引成千上万的有文化、受过教育的中上层管理人员到你的旅馆来听课，对你来说，这难道不是起了不花钱的活广告作用了吗？事实上，假如你花5000元钱在报纸上登广告，你也不可能邀请到这么多人亲自到你的旅馆来参观。可我的训练班给你邀请来了，这难道不合算吗？"

讲完后，卡耐基告辞了："请仔细考虑后再答复我。"当然，最后经理让步了。

在卡耐基获得成功的过程中，没有谈到一句关于他要什么的话，他是站在对方的角度想问题的。

不妨想想另一种情形，如果卡耐基气势汹汹地跑进经理办公室，提高嗓门叫道："你这是什么意思？你知道我把入场券印好了，而且都已发出，开课的准备也已全部就绪了，你却要增加300％的租金，你不是存心整人吗？！300％，好大的口气！我才不付哩！"

想想，那该又是怎样的局面呢？你会想象得到争吵的必然结果：即使卡耐基能够辩得过旅馆经理，对方的自尊心也很难使他认错而收回原意。

掉转话头而言其他

在语言交际中，我们经常会遇到一些令人尴尬的问话，比如涉及国家、组织的秘密，涉及个人收入、个人生活、人际关系等问题。对待这样一些提问，如果我们用"不能告诉你"来回答，那会使你显得粗俗无礼，如果套用外交用语"无可奉告"来作答，那又会给提问者造成心理上的失望与不快。

总之，对待这样一些古怪的问题，我们答得不好，就有可能自己给自己套上难解的绳索，使自己陷入十分难堪的泥淖，不能自拔以致大失脸面。

如处于这样的尴尬场合时，就需要具备"顾左右而言他"的语言艺术，从而能使你面对尴尬而峰回路转，取得柳暗花明的效果。

◇ 如何巧妙地转移话题 ◇

总有一些话题我们不愿意谈及，此时最安全的方式就是转移话题，但太过生硬地转移话题又不会有好的效果，因此应该学会如何巧妙地转移话题：

我儿子数学又考了满分。

是吗？那他的语文也应该不错吧。

1 "就事论事"

抓住对方话题中的某一点，进而成为新的话题。

这是昨天博览会新买的披肩。

我也去了，沙发也不少，这沙发也是吗？

2 "改头换面"

表面为对方的谈话作补充说明，其实是转化话题。

你知道不犯错需要哪些条件吗？需要个人的努力。

上司最近总是挑我的毛病。

3 "一问一答"

针对对方的提问进行不停地追问，达到转化话题的目的。

最简单最直接的做法就是转换话题，比如：

两个青年去拜访老师，在谈话中提到："老师，听说您的夫人是教英语的，我们想请她指教，行吗？"

老师为难地沉默了片刻，说："那是我以前的爱人，前不久分手了。"

"哦？对不起，老师……"

"没什么，喝点水吧。"

"老师，您的书什么时候出版？快了吧？……"

这样转换话题，特别是提出对方很愿意谈的话题，就会使谈话很快恢复正常，气氛活跃起来。

在说话过程中，当对方有意无意地触到我们心中的隐痛、忌讳或者自己不愿回答的问题时，如果一时没有好办法应答，那么，就干脆使在场者的注意力从自己身上挪开。问话者见我方对其问题不予理睬，在尴尬的同时会很快意识到自己的鲁莽和无礼，从而不再追问。

某单位一女工结婚，在单位散发喜糖，刚巧该单位有一位尚未谈对象的33岁的大龄女青年。大家吃着糖，突然一位中年科员笑着对那位女青年说："喂，什么时候吃你的喜糖？"大家都望着那位女青年。那位女青年脸微微一红，把脸转向邻近的一位女同事，然后指着那位女同事身上的一件款式新颖的上衣问："咦？这件上衣什么时候买的？在哪个商店买的？"两个人便兴致勃勃地谈起了那件衣服。

在大庭广众之下问大龄女子何时结婚确实是件很不礼貌的事情。女青年碰到这个尖锐的问题时处境十分尴尬，回答不好可能会引起大家的闲话，再说这事也没必要让大家来参与。于是她立刻把话题转移到同事的衣服上，借以回避对方的无聊问题。问者受到毫不掩饰的冷落，自然也认识到自己的失礼，没有理由责怪女青年对自己的置之不理。

这种转移话题的方法固然可以达到摆脱窘境的目的，但是它又未免太过生硬，效果并不是非常好，有的人使用更为婉转的方式来"言其他"，会显得更漂亮、干脆。这种方法就是岔换法。

岔换法是针对对方的话题而岔换新的话题，字面上看是回答了对方的问题，而实质意义却是不相干的两个问题。它给人的感觉通常是干脆利落，能显示出一种较为强硬的表达气息。

话题调头言其他，经常会被用于解窘，但是我们应该尽量圆融地去利用这一方法，使它更加不着痕迹地化解尴尬。

调侃一下自己

由于我们的过失，造成了谈话中间出现了难堪，这时我们不要责备他人，还是找找自己的责任，采用自我调侃的方式低调退出吧。

有一次，10多年没见的老同学聚会，因为大家都是好朋友，所以说起话来更是直来直去。有一位男同学打趣地问一位女同学说："听说你的先生是大老板，什么时候请我们到大酒店吃一顿。"他的话刚说完，这位女同学有点不安起来。原来这位女同学的丈夫前不久因发生意外去世了，但这位开玩笑的男同学并不知道，因而玩笑开得过了一点。旁边的一位同学暗示他不要说了，谁知这位男同学偏要说，旁边的那位同学只得告诉他真实的情况，这位男同学可谓无地自容，非常尴尬。不过他迅速回过神，先是在自己脸上打了一下，之后调侃地说："你看我这嘴，几十年过去了，还和当学生时一样没有把门的，不知高低深浅，只知道胡说八道。该打嘴！该打嘴！"女同学见状，虽有说不出的苦涩，但仍大度地原谅了老同学的唐突，苦笑着说："不知者不为怪，事情过去很久了，现在可以不提它了。"男同学便忙转换话题，从尴尬中解脱出来。

当我们处于类似的由于我们自己的原因，造成不好下台的局面时，最好的办法就是：不要死要面子活受罪，可以采用自我调侃的办法，来得真诚一点，像上面的那位男同学，表达自己真诚的歉意，而对方也不会喋喋不休地责备我们，相反还会因为我们的真诚，一笑而置之。

1915年，丘吉尔还是英国的海军大臣。不知他是心血来潮，还是什么原因，突然要学开飞机。于是，他命令海军航空兵的那些特级飞行员教他开飞机，军官们只好遵命。

丘吉尔还真有股韧劲，刻苦用功，拼命学习，把全部的业余时间都搭上了，负责训练他的军官都快累坏了。丘吉尔虽称得上是杰出的政治家，但操纵战斗机跟政治是没什么必然联系的。也可能是隔行如隔山吧，总之，丘吉尔虽然刻苦用功，但就是对那么多的仪表搞不明白。

有一次，在飞行途中，天气突然变坏，一段16英里（约26千米）的航程竟然花了3个小时才抵达目的地。

着陆后，丘吉尔刚从机舱里跳出来，那架飞机竟然再次腾空，一头撞到海里去了。旁边的军官们都吓得怔在那里，一动不动。

原来，匆忙之中的丘吉尔忘了操作规程，在慌乱之中又把引擎发动起来了，望着眼前这一切，丘吉尔也不知所措，好在，他并没有惊慌，装作茫然不知似的，自我解嘲道：

"怎么搞的，这架飞机这么不够意思。刚刚离开我，就又急着去和大海约会了。"

一句话，缓解了紧张的气氛，也让丘吉尔摆脱了尴尬。

在有些尴尬的场合，运用自嘲能使自尊心受到保护，而且还能体现出说话者宽广大度的胸怀。

丘吉尔有个习惯，一天之中无论什么时候只要一停止工作，他就爬进热气腾腾的浴缸中去泡一泡，然后就光着身子在浴室里来回地踱步，一边思考问题，一边让身体放松放松，有时甚至会入迷。

有一次，丘吉尔率领英国代表团到美国去进行国事访问，他们受到热情款待。为了方便两国领导人的交流、沟通，组织者专门让丘吉尔下榻在白宫，与美国总统罗斯福做近距离接触。

一天，丘吉尔又像往常一样泡在浴缸里，尔后光着身子在浴室里踱步。当时，世界反法西斯战争进行得如火如荼。丘吉尔在思考着战场上的形势，以及如何同美国联手对付德国法西斯。想着，想着，他已经忘了自己在什么地方，而且还是光着身子。

碰巧，这时罗斯福有事来找丘吉尔，发现屋里没人。罗斯福刚欲离去，听见浴室里有水响，便过来敲浴室的门。

丘吉尔正在聚精会神地考虑问题，听见有人敲门，本能地说了一句：

"进来吧，进来吧。"

门打开了，美国总统罗斯福出现在门口。罗斯福看到丘吉尔一丝不挂，十分地尴尬，进也不是，退也不是，索性一言不发地站在门口。

此时，丘吉尔也清醒了。他看了看自己，又看了看罗斯福，急中生智地说道：

"进来吧！总统先生。大不列颠的首相是没有什么东西可对美国的总统隐瞒的！"说罢，这两位世界知名人物都不约而同地哈哈大笑起来。

尴尬场合，运用自嘲可以平添许多风采。当然，自嘲要避免采取玩世不恭的态度。具有积极因素的自嘲包含着自嘲者强烈的自尊、自爱。自嘲实质上是当事人采取的一种貌似消极，实为积极的促使交谈向好的方向转化的手段而已。

自嘲，给自己搭个台阶

1.先发制人

1862年的一天，美国著名黑人律师约翰·马克将上台演讲。会前他被告知，听众绝大多数都是白人，而且不少人对黑人怀有成见。于是他临时决定放弃原来的开场白，而从一开始就从争取听众入手。他这样开始了他的演讲：

"女士们，先生们，我到这里来与其说是发表演讲，不如说是给这一场合增添点'色彩'。"

听众大笑，气氛活跃起来，对立的情绪无形中被笑声驱散。尽管他后面的演说言辞激烈，但会场秩序始终很好，取得了巨大的成功。这就是演讲史上的著名篇章——《要解放黑人奴隶》。

生活和工作中，任何人都不可能被别人完全了解。对某类问题甚至某类人怀有或多或少的非善意的偏见，是人性中难以避免的事情。偏见像堵墙，能隔离友好和理解，带来的却是误会和矛盾。如果妙用自嘲法，消除对方的偏见，就能为双方的正常交流打开通道。尤其是在别人对你攻击之前，你若能先发制人，自揭伤疤，主动用不乏幽默的自嘲的话把可能被人嘲笑的地方说出来，这既解除了自己的心理压力，又让对方觉得了你的坦诚与可爱，从而缩小双方的交际距离。这招用在与对方初次打交道时，往往会有奇效。

2.借题发挥

1992年，中央电视台节目主持人杨澜在广州主持演出。在她走下舞台时，不慎摔倒在地。这时，观众都呆了，场面迅速冷下来，所有的人都等着看杨澜如何收场。只见杨澜镇定地爬起来，然后面向观众，说：

"真是马有失蹄，人有失足啊。看来这次演出的台阶不是那么好下呢。不过台上的节目非常精彩，不信，你们瞧——"

杨澜这一番即兴的精彩演讲折服了观众，她的话音刚落，热烈的掌声就响起来了。她偶然的失误让自己身陷困境，可她的智慧却为她挽回了面子。她的高明之处就在于用自嘲的话对自己的失误进行了巧妙渲染，又借着"演出"这个题进行了发挥，然后迅速将观众的注意力转移到下一个节目中去，这样短短两句话，天衣无缝地为自己搭好了台阶。试想在这样一个轻松的演出场合，杨澜如果一本正经地为自己的失误向观众道歉，该有多煞风景！

当因为你自己的原因出现尴尬时，最不好的选择是无动于衷或者竭力回避，最好的选择是随机应变，联系当时所处的具体场景，借题发挥，用自嘲的方式加以化解。

3.曲径通幽

一位诗人去某大学做演讲，在随后的听众提问中，有个学生问他：

"你是如何看待从事纯文学创作的人在当今社会中的处境的？"

这个学生的言下之意是，在当今这个一切向钱看的社会中，从事纯文学创作的人如何面对贫穷。诗人回答：

"就我个人而言，我之所以能写作并坚持下去得感谢我的妻子，她开了一家小饭馆，于是我一家人的吃饭问题就解决了。"他的回答中包含着辛酸和无奈的感情，但这样回答一个大学生的提问，比直接把自己的贫穷展示出来再来一番直抒胸臆的感慨，给人留下的印象深刻得多。

有些场合，一些自报短处的话或者诉苦和表达不满的话不适宜直接说出来，最好能够通过自嘲的方式曲径通幽，这样既让对方听明白了你的苦衷，又不会觉得你是一个怨天尤人的人。

4.解除尴尬

20世纪50年代初，有一次美国总统杜鲁门会见麦克阿瑟。这人是一位十分傲慢的将军。会见中，麦克阿瑟拿出他的烟斗，装上烟丝，把烟斗叼在嘴里，取出火柴，当他准备划燃火柴时，才停下来，转过头看看杜鲁门总统，问道：

"我抽烟，你不会介意吧？"

显然，这不是真心征求意见，在他已经做好抽烟准备的情况下，如果对方说

◇ 如何巧妙地"搭台阶" ◇

在社交活动中，适时地为陷入尴尬境地的对方提供一个"台阶"，使对方免丢面子，是处世原则，也是为人美德，不仅能获得对方好感，而且也有助于树立自己良好的社交形象。

抱歉我不能用你夸赞我的话来回答你。

没关系，你可以跟我一样说假话。

那你正好做我上吊用的绳子。

如果我像你那么胖，我就会去上吊。

1.因势利导搭台阶

遭受冷遇时不驳斥，顺着原话或设下的场景继续，往有利方向发展。

2.幽默还击搭台阶

有人喜欢以巧言戏弄他人，以博取笑料。可以使用幽默作为武器，予以还击。

这双鞋子是进口货，您试试。

我这袜子是出口货，哈哈。

3.将错就错搭台阶

顺着对方的话继续往下说，将错就错，把尴尬化解掉。

他介意，那就会显得粗鲁和霸道。这种缺乏礼貌的傲慢言行使杜鲁门有些难堪。然而，他只是狠狠地盯了麦克阿瑟一眼，自我嘲讽道：

"抽吧，将军。别人喷到我脸上的烟雾，要比喷在任何一个美国人脸上的烟雾都多。"

由此可以看出，在交际中，当对方有意无意地触犯了你，把你置于尴尬境地的时候，借助自嘲摆脱窘迫，是一种适当的选择。这样既能使你的自尊心通过自我排解的方式受到保护，不至失去平衡，而且还能体现出说话者的大度胸怀，有助于在交际中"得分"。

在生活中，我们会碰到许多人的触犯，其中不少是好意的挑衅。其目的就是让你难堪，让你没有台阶下。在这种情况下，很多人束手无策。有的通过有损自己尊严的话，以求走出困境；有的则直白地反击，这只能招来外人的嘲笑。事实上，只要我们恰当地应用"自嘲"，完全可以使自己处于更有利的地位。

装作不知道，说得更奇妙

我们在不同的场合下都会遭遇尴尬。尴尬的表现形式不一样，应对方式当然也有差别。用语言应对的一种很好的方式，就是佯装不知，故说"痴"话，好像这种尴尬从来没发生过一样。

这里有一则流传很广的笑话：

一家星级宾馆招聘男性客房服务人员，经理给应聘者出了一道题目：

"假如你无意间把房间推开，看见一位女客一丝不挂地在沐浴，而她也看见你了，这时候你该怎么办？"

第一位答："说声'对不起'，就关门退出。"

第二位答："说声'对不起，小姐'，就关门退出。"

第三位答："说声'对不起，先生'，就关门退出。"

结果第三位应聘者被录取了。为什么呢？前两位的回答都让客人有了解不开的尴尬心结，唯有第三位的回答很巧妙。他妙就妙在假装没看清，故作痴呆，既保全了客人的面子，又使双方摆脱了尴尬。

一位新到学校正在实习的老师在黑板上刚写几个字，学生中突然有人叫起来："新老师的字比我们童老师的字好看！"

真是语惊四座，幼稚的学生哪能想到：此时在教室后排坐着的班主任童老师该多么难堪！对这位实习生来说，初上岗位，就碰到这般让人难堪的场面，的确让人头疼：如果处理不当，以后怎样同这位班主任在一起相处呢？怎么办？转过身来谦虚几句，行吗？不行！把学生教训几句？更不行！这位实习生灵机一动，装作没有听到，继续写了几个字，头也不回地说："不安安静静地看课文，是谁在下边大声喧哗！"此语一出，后座童老师紧张尴尬的神情，顿时轻松了许多。

这里这位实习老师就是巧妙运用了"佯装不知"、故说"痴"话的技巧，避实就虚，避开"称赞"这一实体，装作没有听清楚，而攻击"喧哗"这一虚像。既巧妙地告诉那位班主任"我根本没有听到"，又打击了那位学生无心的称赞兴致，避免了学生误以为老师没有听见而重复的可能，以致再次造成尴尬局面。

尚美在一次聚会上第一次穿高跟鞋和超短裙，还化了比较浓的妆。朋友们见到她这样的打扮，一片惊呼，她自然而然地成了聚会的焦点。但是年轻人聚会的一项必不可少的活动就是蹦迪。高跟鞋和超短裙肯定是不利于蹦迪的，何况尚美还是第一回穿呢。开始她不愿意下舞池，后来在朋友们的劝说之下勉强蹦了一会儿，谁知却出了问题，一个鞋跟折断了，短裙也不小心撑裂了。她只好装作没事一样，一瘸一拐地回到了座位上。

一个女孩看见了，忙跑过来问她怎么回事，她回答说脚扭了。女孩关心地弯下腰去看。

"啊，你的鞋跟断了呀。真是的，怎么这么倒霉啊。哇，你的裙子怎么。好了别介意，大家都是朋友，谁都不会笑话你的，我也会给你保密的。你就在这儿坐着好了，待会儿结束了我陪你回家。"说着又下了舞池，留尚美沮丧地坐在那里。

一曲终了，大家都下场来，一个男孩过来坐到了尚美对面，尚美脸上红一阵白一阵，生怕被他发现了，赶忙说脚有点不舒服，说着就把没有断跟的右脚伸到了前面。男孩并不看她的"伤势"，只是叫了两杯饮料，说："蹦迪很累吧，你平时看起来挺文弱的，一定小心啊。这种激烈运动连我都浑身湿透了，你肯定更累了。以后多锻炼锻炼，再穿上今天这么漂亮的衣服，那效果肯定超棒！"

两个人聊了半天，男孩始终没有再提起她的"伤"。其实他早就看到是怎么回事了，为了不让尚美太尴尬，他装作不知道，这让尚美长长地舒了一口气。

面子问题是个大问题，遭遇尴尬以后，即使装是让当事人怀、化解尴尬的最好方法。正如卡耐基曾经说过的："往往有这样的人，他们知道别人出了洋相，就主动地去安慰人家，还自以为别人会非常喜欢这种方式，会用感激的目光看着他。其实别人最希望的，还是你不知道他出了洋相，没有嘲讽，也没有安慰。

第七章

危急时刻的说话艺术

陷人不利境地时如何说话

在人与人之间的交往过程中，经常会碰到一些麻烦，常常会发生由于言语或行动等方面的因素而使自己处于不利境地的状况。在这种情况下，如果能采用某种方式而扭转状况，那自己就可以得以解脱。在这时就得动用自己的智慧。下面几种方法和技巧将会对你大有裨益。

1.巧妙区分

对于有些涉及权威者的情况，为了给对方留一个面子，同时恰当地维护自己的尊严，就要巧妙区分，从不同的角度来解决。

南朝齐代有位书法家叫王僧虔，写得一手绝好的隶书，但是当朝皇上齐高帝萧道成也是一个翰墨高手，他要和王僧虔比个高低，两人都写了一幅字。

高帝问王僧虔："谁为第一？"

若一般臣子，当然会立即奉承皇上说："臣不如也。"但王僧虔却是一副傲骨，明明自己的书法高于皇帝，为什么要做违心的回答呢？这位才思敏捷的书法家竟说出一句千古流传的绝妙答词：

"臣书，臣中第一；陛下书，帝中第一。"

他巧妙地把臣与帝的书法比赛分为"臣组"与"帝组"加以评比，这样既满足了高帝的"冠军欲"，又维护了自己的荣誉和品格。皇上听了，也只能哈哈一笑而已。

王僧虔在这里就巧妙地运用了"巧妙区分"这种手法，使得其回答委婉圆转，皇上也无话可说。

2.巧设圈套

巧设圈套就是针对对方的心理，提出某种合理的愿望或要求，求得对方的承诺。当对方进入圈套后亮明真相，对方也无法反悔，这一招通常是非常见效的。

在波斯和阿拉伯发生战争期间，波斯帝国的太子被阿拉伯帝国的倭马亚王俘虏，倭马亚王下令要将他斩首。

昔日英姿飒爽、威武不凡的太子成了阶下囚，早已没有了什么威风。他请求倭马亚王说："主宰一切的陛下，我现在口渴难当，您当以仁慈之心，让您的俘虏喝足了水再处斩也不迟啊！"

倭马亚王答应了他的要求，让侍卫端给他一碗水。

太子接过这碗水，却不敢喝下去，颤颤巍巍地说："陛下，我担心我正在喝这碗水时，会有人举刀杀死我。"

国王说："放心吧，不会这样的。"于是太子请求国王保证。

国王庄重地说："我以真主的名义发誓，在你喝下这碗水之前，没有人敢伤害你。"

太子一听，立即将那碗水泼到地上。倭马亚王大怒，但身为国王，他已发下誓言，不会在太子喝下这碗水之前伤害他。现在，水已被太子泼到地上，太子再也喝不到这碗水了，倭马亚王也就永远不能伤害太子了。

倭马亚王知道上了太子的当，但也没法，只得放了太子。

太子在这里利用倭马亚王的同情心救了自己的性命。他巧设圈套，引得倭马亚王一步步上当，最后终于获得了成功。

3.巧用典故

中国历史上有许多流传至今的典故，其内容涉及方方面面。如果能根据一定的场景，适当地选用典故，就会有更大的说服力，往往能帮助你摆脱不利境况。

受到诋毁时如何说话

人生在世，免不了遇到说三道四、传播闲言碎语的人。他们喜欢议论谁是谁非。这类人中有的是有目的地中伤他人，有的是为了操纵他人，捞取好处。

首先，尽力找出这些闲话后面隐藏的动机，然后鼓励那些散布闲话者更加直率和公正地表达自己的意见和想法，让他们面对面地向你道出自己的不满。这样做，你有时可以打碎遮挡于你们之间的屏风，判断出问题的真正所在，然后澄清事实，及时将矛盾予以解决。

正面消除闲言碎语，这对你十分重要，如果越任其滋生蔓延，越会对你不利。其他人也会觉得你无法处理这一问题，谣言传播得太久，也会被他人误以为是事实。因此，你可以与散布谣言者正面交锋面谈，与其单独谈谈这一问题。你可以问问他们：

"我所听到的话都是你真心想说的吗？"

"我猜测你不同意我的观点，对吗？"

"我们能谈谈你的想法吗？"等等。

如果你表现得十分真诚而直率，并且那些谣言传播者根本上并无恶意，而只是一种误解或者迷惑，他们很有可能会当场败下阵来，向你表示歉意，并制止和收回自己的谣言。

◇ 怎样尽快除去谣言 ◇

当他人闲话或谣言针对你时，你必须尽快除去这一麻烦，否则就会使自己陷入危难境地，那么如何才能处理好呢？

> 我知道那些谣言，所以我希望坐下来好好谈一下。

1.跟传播者私下交谈

你可以把贬低诋毁你的人带出去吃一顿便饭，进行私下交谈。

> 陈总，最近小钟散播谣言，影响了我的工作。

2.找到对方的上级

向散播者的上级反映，利用别人帮你解决问题。

> 我……我……什么也没做。

> 是你散播的那些谣言。

3.当众理论

当众对质可以使对方心虚，从而迅速打退谣言。

当众人向你散布谣言时，制止谣言的另一战略是让其中的一些人站在你的一边，然后再去影响和改变另外一些人，让谣言不攻自破、逐渐消失。

感情遇到危机时如何说话

爱情是事业的基础，美满幸福的家庭让人羡慕，但现在随着异性之间的交往越来越密切，婚外恋作为一个严重的问题摆在了夫妻双方的面前。作为处于弱势地位的一方，该如何面对这些呢？

1.家丑不可外扬

学会信任，这也是对自己有信心的表现。夫妻之间相互信任是不可缺少的一种美德，同时也是维持双方良好情感的前提条件之一。相反地，猜疑只会增加彼此的隔阂。如果不分青红皂白，一味地猜疑、指责对方，反而容易把对方推向别人的怀抱。

但是，也不能对对方和异性的交往过于粗心大意，要学会帮助对方把握好交往的尺度。有时夫妻两地分居或经常分离，也容易给人以可乘之机。

小刘是一家大报社的记者，事业心比较强，经常要出去采访，回到家里又忙着家务和工作，和丈夫的交流有所减少。

有一天，小刘没出差，难得一家人都在一起度周末。儿子忽然问："妈妈，怎么你在家里，王阿姨就不来玩了？"

小刘问丈夫：

"王阿姨是谁？"

"是我们单位刚分来的大学生。"

丈夫不好意思，脸有点红。

小刘没有再追问了，只是哄着儿子说：

"下次我们请王阿姨来玩，好吗？"

小刘想想自己对丈夫如此信赖，竟……思前想后，心里很难受。真想和丈夫大吵一顿，或者离婚算了。

过了一会，小刘情绪冷静多了，认识到自己经常在外，对儿子和丈夫照顾很不够，何况自己并不能肯定丈夫和王的关系。如果不分青红皂白地和丈夫闹，倒显得自己没理由了。

晚饭，她今天特别地没让保姆做，自己麻利地弄了几个丈夫最爱吃的菜。

晚上，她把孩子哄睡了之后，依着丈夫靠在床上，轻轻地说：

"我经常外出采访，让你一个人在家带孩子，实在太难为你了。我不在时你肯定好寂寞，就像我孤零零一个人睡在旅馆里一样。现在我靠在你身上才觉得好踏实，没有你的支持，我的工作一天也做不好。"

丈夫一声不吭，怜爱地抚摸着小刘的头。

小刘轻轻问：

"我们周末一起请她来吃晚饭好吗？"

丈夫面有难色。

"你还不放心我吗，我不会让你为难的，更不会为难她。"

周末，小刘又一次亲自下厨。小王来了，小刘热情地进行了款待。临走时，小刘特地让丈夫看孩子，自己独自一人把小王送下楼，拉着她的手说："怪我自己太工作狂了，对小周（小刘的丈夫）缺乏照顾，谢谢你常来带我们宝宝玩，也帮着照顾小周。看你这样温柔可爱，不知道哪个小伙会有福气娶到你。好了，不远送你啦，有空欢迎常来玩。"一席话让王又是感激又是惭愧。

后来，小王找了个帅气的男友，他们与小刘夫妇都成了好朋友。

小刘面对丈夫和小王的暧昧关系，没有失去理智，大吵大闹，"家丑外扬"，而是给双方都留了面子。

面对丈夫，小刘以情动人，首先向丈夫道歉：自己工作太忙，没有尽到妻子和母亲的责任。同时也表白：自己出差在外也很辛苦、寂寞，很思念家。

面对小王的一番话，则是绵里藏针，既热情有礼貌，同时也暗示对方，自己的丈夫是有妇之人，让对方把握好交往的尺度。

2.冷处理

抗日战争胜利不久，国民党政府当时还在重庆。有一天，蒋介石带着戴笠去看望陈立夫，一位漂亮大方的少女殷勤地为他们献茶。经陈立夫介绍，才知道这是他的侄女陈颖，刚从美国留学回来。蒋对陈颖很感兴趣，询问学业，表示关怀。戴笠最善投机逢迎，过后不久，他就向蒋推荐陈颖来蒋的官邸做英文秘书。陈颖上任不久，就和蒋介石打得火热，她名义上是英文秘书，实际上是蒋的情人。

过了一段时间，这事被宋美龄发现了，宋一度曾想亲自捉奸，大闹一场，但考虑到身份、地位和家族利害等，认为家丑不可外扬，还需要找到一个解决问题的两全之策。

一天深夜，宋美龄突然来到陈颖房中。陈惊慌失措，以为大祸将至。但宋美龄却显得若无其事，坐下来温和地对她说："孩子，你还小啊！才20多岁，风华正茂。我常常叹惜我们女人命苦，所以我们更应珍惜自己。孩子，不要只顾眼前，要想想漫长的一生啊！"陈颖深为感动，一边抽泣，一边说："我错了，夫人，给我指一条路吧！"

宋美龄从包中抽出一张支票，递给陈颖。

陈颖突然离去，蒋介石一肚子不愉快，虽不能明说，但难免流露。宋美龄乘机讽喻："你以为能瞒天过海，能瞒得了我吗？我这样做，你难道不明白？一定要我捅到大庭广众中去，丢你这个元首和领袖的丑吗？"蒋介石只得假装糊涂，不了了之。

在上述事件中，宋美龄采取的就是"冷处理"的方法。

矛盾冲突一般是双方处于情绪激动时的行为，由于激动，说话、做事往往失去控制，此时用理智来战胜情感，在瞬息间有所感悟，绝大部分人是做不到的。但是进行了冷处理之后，一般人就又变得可能会有所感悟。

在交往中产生矛盾冲突的时候冷静下来，不马上处理，等到一定火候（双方火气消了，心平气和），再进行处理的方法，可以妥善地解决交际中的许多冲突，有效地化解矛盾，实现人际交往的最终目的——和谐。

工作无法执行时如何说话

很多人以为做个领导很容易，可以随时指使员工。但其实不然，身为领导，在实际工作中，可能碰到这样的情况：当你急切地要求员工去做某件事情时，却听到的是一句不冷不热之言："对不起，老板，你给我安排的一大堆子事还没有做完呢！你还是另找他人吧。"或者当你告诉员工应该如何去做某件事时，他们却说"那毫无用处。"面对类似的情况，你该怎么办呢？通常情况下，如果员工如此表现，大都是心存不满。所以你首要的任务不是如何去对付员工有的异议，而应尽力找到他们不满的原因。

丽娜是一家大型社会服务组织的经理助理。当现任经理突然离职时，她被选为这个职位的接替人。对于她的同事来说，这无疑是个打击。他们中的许多人认为他们和丽娜的能力相差无几，而自己却没有升迁之机，这是不公平的。在嫉妒心的驱使下，他们聚到一起，企图对丽娜布置的任务"忘记执行"，以影响丽娜的工作。

面对这种情况，你也许感到很棘手。它要求你必须动用真正的"外交手段"去摆脱困境。于是丽娜立即冒险召开了一个会议，她明白这意味着她将一个人单枪匹马地去面对众多反对者。当她把大家召集到她的新办公室时，非常从容和蔼地说："对于你们所关切的事以及你们对待这件事的态度，我也十分在意。我想让你们知道，我们丝毫没有理由不像以前那样共同努力地工作，我们以前是朋友，我们现在仍然是朋友。"

然后，丽娜立即变换了一种严厉一点的口吻且坦诚地说："在现在这种情况下，我被指定负责这个工作。我只好执行上级的命令而把工作分派给你们。请记住，这是我们必须完成的。我的大门对你们永远都是敞开的，我保证，尽管我们有矛盾，但我会尽最大努力关照你们。"

当一个上司对下属保证要竭尽全力时，他同时也使下属感到了自己的责任。这样将帮助你很好地对付他人的异议。上司应该向下属证明，至少应该比较明显地暗示：他们同样也有责任把私人利益放在一边，做好自己应该做的工作。

◇ 如何面对下属的异议 ◇

每当公司颁布一些新的政策或者下达新的任务时，就会有下属对你的要求持反对意见，下列3个方法可以帮你解决这种问题。

嗯嗯。

我觉得这项提议有些苛刻，应需要调整。

1.不要过于理会

不必立即答复每一项异议，也不必把反对意见当成是你职位的一个威胁。

胡总，今年的业务指标对我们市场部来说不现实。

我会做些调整，不用着急。

2.作出某些调整

对于有些异议，可以先听后记，让员工继续工作，然后做些适当调整。

感谢大家对我的支持和对公司的付出。

3.善于感谢员工

用"请"或"谢谢"来感谢员工对公司的关心。

避免言语危机有要领

一个人如果口才好，说话流利，善于表情达意，就能很快达到社交成功的目的，但也有人虽能言善辩，却没有一个知心朋友，大家见了他都敬而远之。"茕茕孑立，形影相吊"，终日孤零零地独往独来，其原因就在于他虽然伶牙俐齿，巧舌如簧，却抓不住谈话的要领。

一般说来，避免言语危机要注意掌握以下几个要领：

1.积极寻找恰当的话题

合适的谈话内容有利于彼此间思想感情的交流与沟通，可使双方增长知识，精神生活更加丰富。寻找话题可注意以下几个方面：

（1）社会的热门话题。人们普遍关心的新闻、趣事是最有吸引力的，所以要尽量从这类事情中寻找话题。

（2）双方的爱好。共同的志趣可使谈话趣味横生、津津有味。找出双方共同的爱好，并以此为谈话题目。

（3）双方的工作内容。相同的职业容易引起共鸣，不同的职业更具有新奇感与吸引力，可从双方职业特点中寻找彼此都感兴趣的话题。

（4）彼此的经历。经历是学问，亲身经历过的人和事往往给你留下极深的印象。这种交流最易敞开心扉，畅所欲言。

（5）双方的发展方向。人都关心自己的未来，前途与命运是永恒的话题。这类话题最易触动对方那根最敏感的神经。

（6）注意家庭状况。谈家庭生活并不一定就是俗气。家庭是社会的细胞，家庭生活的完美和谐是每个人的理想。这类话题不必做准备，随时都可谈论，思维敏捷的人可以从中发现许多人生的哲理。

（7）彼此对人生的理解。每个人对人生的理解决定其世界观，因此多谈些这类话题容易引起共鸣。

（8）关注子女教育。孩子是父母生活的希望，孩子的教育牵动亿万家长的心。怜子、爱子、望子成龙是家长的共同心理。谈及孩子，即使是性格内向的人，也会眉飞色舞，滔滔不绝。

2.多用肯定语气

对他人的想法和希望表示肯定，赞同对方的所作所为，是谈话中的基本礼貌，也是得到人心的重要前提。否定他人是一种冒险，也许你会因此失掉许多朋友。

3.要注意语言环境

要使谈话有魅力，首先要注意语言的环境。在特定的场合下，必须要讲适合环境的语言。如意大利前总统佩尔蒂尼访华时，在北京大学受到热烈的欢迎。在回答青年们的敬意时，他很风趣地说："我在青年面前算不得什么，如果你们能给我青春，我宁愿把总统的职务交给你们。"一句"愿以总统换青春"的话语，因同大学的校园环境相适应，赢得青年们的热烈掌声。

4.要学会听别人讲话

交谈中，要多听少说，并要有听别人说话的技巧：

（1）首先要调整自己的情绪，使自己静下心来，仔细地听别人讲话。不可心不在焉，一心二用，这会使别人想到你不尊重他。

（2）要借助一些眼神和动作，如赞许地点头、鼓励的手势等。这些可使说话人感到轻松自然，没有顾虑地把话说完。

（3）谈话人在说到兴头上时，会留下许多空当，你若能及时地谈出对方想要谈出的内容，对方将把你看作知己。

（4）在说话人停顿时，提出一些与谈话内容有关的问题来请教，证明你不仅在听，而且在思考。这种情况会使说话人大为感动。

（5）耐心地听别人把话说完，并加以分析，听出弦外之音。

（6）即使对方的话不准确或有错误，也不必当面妄加评论，或直接更正。这是一种修养。

5.要善于控制情绪

朋友间交谈时，无论你对他讲的内容是否满意，是否高兴，是否感兴趣，都要冷静耐心。一定要控制自己，尤其是力戒发怒。当你发怒时，别人往往会封闭自己，造成相互间的对立，使问题变得很糟糕。

6.拒绝他人要坦诚

朋友相托的事情若的确不能办，就要拒绝他的要求，不要碍于情面，羞于启齿，而应直截了当，毫不含糊地表达自己的意思。朋友们会理解你的。直接表达，可减少误会，避免别人疑心，也不会误事。过于犹豫、徘徊、举棋不定，常会把自己拖进泥潭，难以自拔。

7.欢迎朋友责备自己

朋友间有了意见分歧，最好及时交流。只有自己宽厚、谦逊，对方才会放开胆量直言不讳；若自己气量狭小，被朋友批评两句便一脸的不高兴，那就堵塞了言路。

人与人之间的准确评价时常是谈话的主要目的，评价他人是一个方面，从他人那里了解到对自己的评价则更为重要。所以要有意创造一种宽松的谈话气氛，让朋友、同事畅所欲言，言无不尽，这样才有助于提高自己。

8.以开放的心态对待各种信息

对你听到的每一件事，都要以开放的心态加以对待。不存偏见，不急于否定，也不急于肯定，而要作充分的分析，不可偏听偏信，要不停地从可靠的权威那里寻找证据，以保证沟通的可信度。

9.满足对方的优越感

在社交中，人们都喜欢表现自己的思想和见解，若能充分地展示自己的优越之处，心理上便可获得一种满足感。我们表示自己"不知"，便给对方创造了一个跻身于能者之列的机会，这是使你亲近他的最好手段。

◇ 愉快交谈的要领 ◇

谈话要有起伏，才能引起对方的注意，唤起他的兴趣。

1 谈话内容有节奏

谈话内容的深入要在高低起伏、跌宕变幻的节奏中进行。

2 灵活运用各种技巧

灵活运用夸张、比喻、卖关子、抖包袱等技巧，可使话题的展开更加摇曳多姿，引人入胜。

3 表情神态要丰富

谈话者的表情、神态要丰富多样，惊讶、赞同、疑问、喜悦等要有明显的表示。

第八章

宴会应酬时的说话艺术

聚会，搞好气氛很重要

无论是在饭店里还是在家里，搞聚会总需要一个牵头组织的人，这就是我们说的"主人"。毫无疑问，为了使聚会顺利、热烈地进行下去，真正达到增进关系、交流感情的目的，聚会的主人负有最大的责任。要想在聚会上营造活跃、热烈的气氛，主人一方面必须找到合适的话题，使大家在杯盏之余能够兴致盎然地畅谈起来，另一方面也必须要恰当地应付好两种人：一种是过分滔滔不绝的人，另一种是沉默或木讷的人。如果主人能在这两个方面下足功夫，那么聚会的气氛就很容易调动起来了。

1.找寻大家熟知的话题

主人要想调动聚会的气氛，防止出现冷场的尴尬局面，寻找到合适的话题是最重要的。所谓合适的话题，也就是能够促使聚会者津津乐道、相谈甚欢的话题，归纳起来不外有两种：一种是大家熟知的话题，一种是大家关心的话题。显而易见，在聚会中找寻大家熟知的话题有两大好处，首先是熟知的话题对每一个人来说都不陌生，每一个人都能够发表几句自己的看法，并且正因为熟悉，所以能够谈得深，谈得透，谈得妙趣横生，很容易把每一个人的兴致都调动起来；其次，大家熟知的话题往往牵涉到一些共同的体验和经历，因而在谈论过程中很容易激发共鸣，拉近彼此的心理距离。

2.找寻大家关心的话题

除大家熟知的话题之外，大家关心的话题也能够迅速调动聚会的气氛。对这类话题大家可能并不十分熟悉，但出于关心还是忍不住说一说，问一问，一个人可能讲不出个所以然来，但大家七嘴八舌就马上热闹起来了，聚会的气氛也随之活跃起来。

那么，什么样的问题才是大家所关心的呢？粗略归纳，不外乎有两种：一种是牵涉到大家个人利益的问题，例如对同在一单位的同事来说，工资的涨落、领导的更换、本月是不是要多加班、国庆节是否组织公费旅游，等等，这些都牵涉到每个人的切身利益，因而大家都很乐意发表一番自己的见解。另外一种易为大家所关心的话题是那些能够让大家感兴趣的话题，这主要和聚会者的职业、个人爱好有关。

219

例如，几位同事去餐馆聚会，感到没什么可聊的，聚会发起者小王无计可施之际，忽然想起几个同事中有三位是钓鱼迷，于是就赶快引出了有关钓鱼的话题，说："我前两天买了一杆海竿，刚用了一次就出了问题，正好向你们几位请教一下。"这一下几位钓鱼迷就来了兴致，先帮助小王解决钓竿的问题，进而又畅谈到了钓鱼的方方面面，最后竟聊起了谁的妻子最会烧鱼。聊到这里，那几个不太喜欢钓鱼的同事也兴致勃勃地加入进来，聚会的气氛十分热烈。可见，寻找大家关心的话题对于调动聚会气氛确实是非常有效的。

3.如何对付滔滔不绝的人

在他尚未打开话匣子之前一定要找对话题，以便大家都能参与讨论，而不致让他一个人口若悬河地宣讲大家都不感兴趣的话题。

适当插话或提问，把对方的话题朝大家所希望的地方引导。

几位同事聚会，其中一人上了饭桌就大谈足球，而偏偏其他几人都对此不感兴趣。聚会的发起者张涛看到了这种情况，就问这位滔滔不绝的同事："你知道吗？咱们单位郑主任年轻的时候是市足球队的队长呢，后来检查出来患有先天性心脏病，只好退出了球队。提起郑主任的年轻时代，那可真是颇有传奇色彩，其间还有一段惊心动魄的恋情呢，不知你们想不想听？"这样，有关足球的话题就岔开了，大家又都来了兴致。

另起炉灶，孤立对方。在对方滔滔不绝时，你也没有必要非要惊扰，不妨先就大家感兴趣的话题跟身边的一两个人谈起来，然后慢慢扩大范围，直到多数人都开始津津乐道此话题为止。滔滔不绝者再善谈，没有听众也就没了意思，自然就安静了。

委婉善意地提醒对方。例如，正当对方滔滔不绝之时，你可以端起一杯茶水敬过去，说："讲了这么久，一定口干舌燥了吧，先喝口茶润润喉咙。"在座者忍耐了好久，此时一定免不了开怀大笑，对方也就不得不在窘迫中有所收敛了。

4.如何对付沉默寡言的人

要让沉默寡言的人开口说话，就要注意以下几点：

（1）探明其兴趣所在，然后将其感兴趣的话题作为大家谈论的话题。这就需要主人耐心地与沉默寡言者进行交流，了解其兴趣所在。一般来说，对方再不喜言谈，遇到自己感兴趣的话题也喜欢说几句的，特别是当他对某一问题的看法埋藏很深而终于得以发表出来时，他会获得很大的满足感，而这种满足感会促使他继续说下去。

（2）刺激刺激他，然后热忱赞美。例如在大家谈论某一问题时，你可以突然向一言不发的他发问："这位先生，能请教一下您的高见吗？"对方肯定会很尴尬，但是碍于面子，他不能不说几句。此时你再抓住"几句"中的闪光之处大加赞赏："您半天不说话，原来肚子里藏着这么精辟的见解。您能再详细讲一讲吗？"这样

◇ 如何找寻大家熟知的话题 ◇

　　找寻大家熟知的话题其实并不难，关键是要抓住聚会群体的基本特征。这样有助于迅速找寻到大家熟知的话题。

> 还记得我们宿舍一起逃课的事情吗？

1.同学聚会

　　大家所熟知的话题自然是昔日学生时代的学校、老师、种种趣事等。

> 是啊，好像住院了。

> 听说二姨生病了。

2.家庭聚会

　　家庭内部新近发生或往事的回忆，后者会勾起第一、二代家庭成员的兴趣。

> 是啊，就是有个臭脾气。

> 王总不在，听说他很会打羽毛球。

3.同事聚会

　　谈谈业务问题，或趁领导不在时，引导大家评论领导优缺点，权当谈资。

一来，对方的信心受到了鼓舞，也许会就此打开话匣子。

（3）给对方找一个"同道中人"。这是针对那些因教育程度、文化背景迥异而不想发言的人来说的。这些人不一定不健谈，关键是他感到自己无法与身边的人交流，有一种"道不同，不相为谋"的感觉。例如一位农民坐在一群知识分子中间，他就会感觉彼此有隔膜，甚至还有些自卑，因此他就不想发言。遇到这种情况，最好从在座者中介绍一位与他在某些方面有相似性的人，让他们从共同熟知或关心的话题出发聊起来。知识分子似乎与农民没什么相似地方，但没准儿有哪一位与该农民是同乡，你给两人介绍一下，也许他们谈谈家乡旧事或家乡新貌之类就相谈甚欢了。这样，虽然并不是所有人都找到了共同语言，但至少每个人都有话题可聊，聚会也就不至于冷场。

5.如何对付言谈木讷的人

首先要有耐心和尊重的态度。千万不要显出急躁、不耐烦的情绪或对人家不屑一顾的表情，你越是这样对方就越着急，越着急他就越说不出话。无论对方说得如何结结巴巴，你都要目视人家的眼睛，耐心、恭敬地听人家说完。

随时准备把话送到对方的嘴边。言谈木讷的人不知是反应太慢还是词汇量太少，总之其特别突出的一个表现就是总是找不到合适的用词，因而常常一句话停在半路，再也说不下去。这个时候，你最好主动及时地把人家需要的那个词送到他的嘴边，同时做出很受启发的样子。例如，一位言谈木讷者在谈论"角球"问题时卡住了壳："这是、这是……"此时如果你明白他要表达的意思，最好帮他一把。这样，彼此间的交谈也就得以继续下去了。

最好选择一些对方熟悉且表达难度不算大的话题与之交谈，缓和他的心理压力。例如，如果对方是位搞个体养殖的农民，你最好多问问他所养殖的那些东西的情况，别问他一些你认为有趣但却令他很难回答的问题，这样你们之间的谈话就顺畅多了。

结婚喜宴，祝词要热烈温馨

结婚是人生大事，所以很多人都会邀请一些亲朋好友。作为当事人的亲朋好友，如受邀去参加婚礼一定要以合适的身份准备好祝福，即使新郎新娘没有委托你代表众人讲话，你也可以把准备好的短短的祝福词献给他们，这样无形中你会多了两个朋友，那又何乐而不为呢？

那么，该怎么说出祝福的话呢？这就要根据情况，不同身份的人，祝词也不尽相同，但不外乎以下几种：

1.作为长辈时的祝词

在婚礼当中，作为一个长辈，不能在婚礼上说几句客套的祝词就算了事，他们既是您的晚辈，也是您的亲人，所以您的谆谆教导是最合适的祝词。我们不妨看看以下祝词：

"我是新娘的大伯，在这里我代表她所有的长辈首先祝他们小夫妻'生活甜美，白头到老'！

"在这盛大、隆重的喜庆场合，我本应多为你们祝福，多讲几句使你们高兴、愉快的话，可你们还小，不完全知道婚姻生活究竟是怎么一回事，因此作为过来人，我想借着这个说话的机会给你们一点忠告。

"婚姻生活就如在大海中航行，而你们俩没有一点航海的经验。这一片汪洋，风浪、风波总会有的，如果你们还在做梦，认为婚姻生活总会一帆风顺，那就快些醒来吧。婚姻是叫两个个性不同、性别不同、兴趣不同，本来过两种生活的人去共过一种生活，同吃、同住、同玩。世上又哪有口味、习惯、情欲、嗜好都完全相同的人，所以假定你们不吵架，就一点人情味也没有了。

"我的侄女，我诚实地告诉你，婚姻生活不是完全沐浴在蜜汁里，你得趁早打破少女时的桃色的痴梦，竖起你的脊梁，决心做一个温柔贤惠的妻子，同时还要担负起家庭事务的重担。我的侄郎，或许你不久就会发现别人的太太更加漂亮。要清楚，你的新娘并不是仙女，她只是一个可爱的女子，能帮你度过人生的种种磨难。唯有她，才是你一生可遇不可求的稀世珍宝。而世上这样的珍宝不多，所以你要加倍地爱惜和保护。

"我已经浪费了你们许多宝贵的快乐的时光，但我还要说一句长辈的愿望之话：希望你们互相信任，互相扶持，共同走完完美的人生之路。"

2.作为领导时的祝词

当你的下属邀请你参加他们的婚礼时，作为领导，又是在这种喜庆的场合，你应该多说些鼓励、赞扬的话语。如果你确实又有诸如对新郎或新娘提拔、晋升、分房以及别的什么奖励的心愿，不妨在此说出来。这可增加他们的愉快心情，又能烘托出欢快气氛，真可谓锦上添花。下面一起看看这篇祝词：

"我是小韩单位的办公室主任——韩栋自从进公司工作后就一直是在我这里工作。我是看着他从年轻走向成熟并日渐老练的，所以我相信他今后会大有前途。他性情憨厚、朴实，乐于助人，很得人缘。公司上上下下都很喜欢他。如今他娶妻成家，这是他的大喜事，也是我们公司的一大喜事，因此我代表全公司同仁祝他生活甜甜蜜蜜，新婚快快乐乐！"

3.作为同事及同窗好友时的祝词

作为同事、朋友，和结婚人彼此相知相识，所以祝福的语言自然不会是虚伪的客套。

"今天是秦耀东大喜的日子，说起来耀东和我有很深的缘分，我们不但是同学、同事还是同宿舍的挚友，因为我们毕业后分到一个单位又在同一宿舍住。

"前些天在街上偶然遇见他们，耀东把他的未婚妻介绍给我，当时就觉得他们是天生的一对。后来我们一起去看电影，他们两人低头私语、甜蜜非常，早把电影和我这个'第三者'忘得一干二净了。

"王小姐——不，秦太太，我要坦诚对你公开耀东的一个坏习惯，那就是晚上爱熬夜，我们同宿舍的人常深受其害。不可否认的，他是位很好的人。假如秦耀东的这一坏习惯能得到改进，你的功劳就非常之大了。

"最后祝福两位健康、幸福，并且再说一声恭喜恭喜！"

4.作为一般人员时的祝词

也许你和当事人或许并不相识，但通过亲朋好友的牵线，你帮过他们的忙，出于对你的感激或因你的知名度，礼貌上他们请你说几句，盛情难却，那样欢乐的场面你又不好推辞，所以不得不整理一番思绪，开始你的祝福。

由于你和当事人的关系很一般，对于他们细枝末节的小事情不大了解，又不便以长者、亲朋好友的身份说些鼓励、亲切的话语，只能说些纯粹祝福的话语，但要

◇ 婚礼祝词贵在巧妙 ◇

一席好的祝酒词，能使婚礼的气氛更为欢快轻松，使新婚夫妻的感情更为融洽密切，想要达到良好效果，必须要做到以下两点：

金秋送爽的好天气里，迎来你们的好日子，男才女貌天作之合的佳境也为这美好的天气增添一抹亮色。

秋天是收获的季节，预祝你们的生活、事业、子女像秋天一样硕果累累。

1.尽可能表现出文采
适当地引用诗词、典故、幽默，能使讲话更有感染力。

2.适时进行联想
联想可以产生出乎意料的好效果，使人产生美好想象，从而达到目的。

力求脱离俗套、与众不同就比较困难一些，因为"祝生活甜蜜，爱情幸福"之类的话语前人已说了很多。你再重复似乎意义不大，因此你完全可以换一个角度，从当事人选择的结婚日子上着手引申展开你的话题，这样既能显出你的博学多才，又能表达你的美意。

总之，好的祝词不仅能烘托气氛，而且能温暖人心，使人深受鼓舞和启发。

也许你现在还默默无名，但对各种祝词你要了然于胸，这样到机会来了的时候，你就可以一展风采。

第九章

主持会议时的说话艺术

开场白精彩夺人

开场白给人的印象是深刻的，能起到先入为主、吸引听众的作用。因此在主持会议时开场白要做到精彩夺人。会议的开场白要陈述的内容，包括会议的主题、目的、意义、议程和开法，其语言要简明扼要、条理清晰，语调与表情都要与会议气氛一致。所以，一般的主持人都非常注意开场白。

如何才能做好主持工作，让开场白精彩夺人呢？

1.彻底准备好自己要说的话

作为主持人，可供你说的时间非常短，几乎不超过1分钟，如果你不知道搜集事实：包括讲话人的题目，他讲这个题目的资格，以及他的名字这三方面的内容，那又如何会引起听众的特别兴趣呢！

当我们看电影时，就希望影片中有自己熟知且喜爱的演员，诸如巩俐、刘晓庆、周润发。

当我们看小品时，就希望表演者是赵本山、黄宏、陈佩斯。

当我们听相声时，就喜欢听冯巩、牛群的。

总之我们要确知下面的内容是否吸引人，而主持人就是要把这方面的信息反馈给听众。

"我们大家都以兴奋无比的心情等候××先生的光临，我们从他人著作里似乎已经像个老朋友般地认识他了。事实上我想我并没有夸张，他的大名在本城已经家喻户晓，非常荣幸地邀请到他，到这个会上来跟大家见面……"

做主持人最大的毛病就是说得太长，搞得听众烦躁不安，有些人则纵情于雄辩的幻想中，想使听众深深记住自己。还有些人的错误，则是喜欢扯些笑话，有时品味并不怎么高，有心想使自己的口才发挥效力，却适得其反。所以一定要记住，你不是中心，你只是配角或绿叶，你的任务是突出别人、衬托别人。

2.热诚且真心真意

介绍程序及讲演人时，态度和讲辞同等重要，你应该尽量友善，不必说自己多高兴，只要在介绍时表现出真心的愉快。另外，当你宣布演讲者的名字时，请切勿

◇ 做好会议的开场白 ◇

一个好的开场白，有利于吸引与会者的注意力，增强他们对会议的兴趣。好的开场白一般具备以下三个特征：

大家好，今天开会的主题是"呼吸离我们很近"

1.直入主题

这种开场白需要提纲挈领、要言不烦地先把会议的内容主题讲明白。

难道在座各位想这样过一辈子吗？目前的状况是你的梦想吗？

2.借题发挥

调动全场情绪，使与会者亢奋起来，造成适宜会议开展的气氛。

横眉冷对千夫指，俯首甘为孺子牛。这是我们这个岗位的真实写照。

3.出口成章

这种开场白富于启示性和诱导性，引导全场迅速进入境界。

转身向他，而应展目望向听众，至最后一个音节说出为止，然后才转向演说人；这样顺势把听众的视线带到表演者的身上，然后悄然退下。

人类心灵最深挚的渴望是要求认可。我们都想一生与人和睦相处，我们都想受人称赞、推崇。所以别人的推荐，哪怕是很短的一句话，内心都会很敏感，很关注，如果主持人能真心真意地推介一个人，这一定会给予他莫大的鼓舞和力量，同时也给予他一定的信心。

3.言之有度，把握分寸

主持会议要讲究分寸，说话的分量要适度，不能不到位，也不能太过，不然会使人产生歧义和误解，影响会议效果。语言的分寸主要由词意和态度来决定。词意是指语言的本意，态度是指表达时所持的表情和情绪。分寸是衡量语言分量的尺度。我们通常说讲话要注意分寸，主要从两个方面理解。

第一是注意词意上的差别，尤其是同义词、近义词之间的细微差别。这就要求遣词造句要字斟句酌，确切地表情达意，恰如其分地反映客观事物。说一个人工作能力时，用很强、较强、强、一般、可以等词来表述，其程度和分寸是不同的，使用时要斟酌。再如说一个人工作中取得成绩时，用成绩、成果、成就来表述，其分量和程度也不一样，要根据不同情况来使用，不能乱用。领导在会议上批评下级时更要讲究分寸，不能信口开河。如果是个别的、一般性的差错，而批评分量过重，就会有小题大做之嫌，本人不高兴，大家不满意，甚至影响工作；如果是较大的失误，而批评的分量过轻，轻描淡写，既达不到教育本人的目的，也给大家一种文过饰非之感；当然，不分青红皂白不做具体分析，不是以理服人，而是无限上纲，乱批一通，也不会有好的效果。

第二是注意态度和语调的区别，这种分寸也会影响到分量、态度和语调的变化，有时会更直接、更明确地反映语言的分量。和风细雨与声色俱厉其分量和效果有很大差别。我们批评人，是为了弄清问题，分清责任，分析原因，达到教育人的目的。批评人要指出问题的严重性，进行严肃的批评教育，但不一定非要大嗓门，大声呵斥。常言道：有理不在声高，语言尖刻，态度粗暴，甚至出口伤人，挖苦、讽刺、嘲笑别人，必然会引起对方反感和抵触，不利于问题解决。因此，领导者在讲话中不论是提要求、分任务，还是批评人，都要注意自己的态度和语调，以免引起大家的误会和反感。

牵线搭桥，连接巧妙

会议主持者的一项重要职责就是负责搭桥连接，过渡照应，承上启下，把整个会议编缀成一个有机的整体。这个连接过程也是主持人发挥其机智和口才的过程，它将显示主持人的组织能力和概括能力。

例如，有人主持"我是一名共产主义战士"的报告会，其中第一位讲了《人与共产党人》，第二位讲《要有艰苦奋斗的创业精神》。主持人在这两篇演讲之间说："共产党人是人，但又不等于一般的人，共产党人要无私无畏，要经得起风吹浪打，这就离不开艰苦奋斗。下面请听××同志演讲。"短短几句话，使两篇演讲连接无痕，毫无造作之感。

主持者所用的连接语言，不外乎承上启下。首先对前面的发言或讲话中最精华的东西给予概括和肯定，画龙点睛，做好铺垫；然后根据后面议题的特点，渲染蓄势，呼之欲出，让听众感到贴切自然，顺理成章。当然，由于会议类型不同，语境不一，用不用这样的连接，连接话语长还是短，要根据具体情况而定，不能生搬硬套。若需用连接语，既可顺带，也可反推；可以借言，也可直说；可以设疑，也可问答。总之要使其别开生面，恰到好处。

幽默生动的语言，对于活跃会议气氛、打破沉默的局面、调动与会者的情绪具有重要的作用。幽默型的主持人主持会议，会议气氛一般比较活跃，与会者参与的积极性较高；缺乏幽默感的主持人主持会议，会议气氛一般比较严肃、沉闷，与会者参与的积极性较差。在主持会议时，适当插入幽默语言，能增强讲话的生动性、趣味性，使与会人员在紧张的会议中获得放松，促使大家在轻松愉快的氛围中完成会议任务。

引导会议进程得体

会议在研究讨论过程中，出现偏离主题、意见分歧、无谓争辩等现象，都是很正常的。要使会议顺利地进行，达到预期目的，离不开主持者的正确引导。这个过程能够充分显示主持者的知识水平、应变能力、领导艺术。主持者要善于提问，积极引导，从不同角度、不同层面上发现和提出问题，让与会者深入思考。正确引导会议，需坚持做到以下几点：

1.耐心倾听

真正耐心听取别人发言，是充分发扬民主、集思广益、尊重别人的具体体现。兼听则明。主持者要创造条件让大家讲话，即使是刺耳的话也要让人讲完，不满的牢骚话也要让人发泄，不要随意打断别人发言，除非他的发言又偏又长。在实际工作中，许多主持者都非常注意倾听别人发言，在听别人的发言时，总是集中精力倾听每一个细节，倾听其中的每个观点和意见。甚至在对问题已经有了一定的看法以后，仍然善于听取别人的意见。

2.学会劝说

在研究工作，讨论问题时，当与会者不同意你的意见时，主持者应以理服人，切实拿出令人信服的论据来证明自己的观点，说服对方改变态度。要摆事实，讲道

◇ 主持人插话有讲究 ◇

插话不仅要选好时机，更要插到点子上。插话插不到点子上，就会引起听众的反感，认为多此一举。因此，好的插话需要满足以下三点：

孙老的发言很精彩，想必实际生活中有很多这样的例子，再请孙老给我们讲一下。

1.选择好话题

要插的话必须是会议精神的组成，是主讲人没讲够、讲深、讲透的内容。

2.插话要准确、精炼

插话水平高低不在说话长短。话虽不多，但切中要害，就会收到好的效果。

话没错，可真正实施的时候会遇到很多问题。

我想替在座各位观众问张教授一个问题……

3.顺其自然

插话要切合时境，不要刻意雕琢，应达到呼之欲出的境界。

理，运用大量可靠的事例、数据来说服人。要学会克制，避免同与会人员发生争执，不要强迫他人接受自己的看法，更不要炫耀自己，应心平气和地讲道理，不能冲动、发怒。在意见不统一的情况下，应搁置再议，不可盲目决策。

其次，主持者应善于对各种意见进行比较、鉴别和综合分析，正确集中大家的意见，并从诸多的意见中归纳、提炼出合理的正确的部分，从更高层次上形成和完善自己的观点。这样即使原来持不同意见的人，也会在心理上产生认同感，从而能够接受你的意见。

3.学会插话

主持者要善于插话。精彩恰当的插话，不仅能活跃会议气氛，引起与会者的注意力，还能起到画龙点睛、升华主题的作用。而突兀生硬、无关痛痒、不合时宜的插话，则会形成画蛇添足之笔。插话是利用当时的语境，针对发言者表达的内容，在其表达过程中，插入适当的语句，表示赞同、符合或反对，起补充、调节作用，达到调节会议氛围，推进会议进程的目的。插话一定要选好"插缝"，把握时机。有的主持者在插话时不太注意选择时机，只是觉得自己有话想说憋不住，不管该不该说，就往外倒。这样不但起不到补充作用，反而会冲击正常的发言，使主讲的人不知所云，听众也会产生逆反心理，让人觉得："主持者老是打断别人的话，我们到底听谁的呢？"所以，插话一定要选准机会，只有到了应该补充几句才足以说明问题的时候再去插话。

随机应变，灵活驾驭会议

主持会议并能控制会议的进程是一门重要的管理艺术。主持者主持会议时，遵照会议规则是最基本的要求，但由于在会议进行过程中常会因情况的不同发生一些不同的变化，所以根据不断变化着的情况，主持者可灵活地采用各种措施和方法，有针对性地调整各种关系，解决各种随机性问题。为此，会议主持者需要掌握会议中经常出现的现象，以便有的放矢地控制会场情况。会议中常见的情况有：

现象一：沉默。主持者在主持会议的过程中，经常会遇到无人发言或某一部分人毫无反应的现象。

现象二：离题。会议活动过程中，常会有一些发言者出现离题、跑题的现象。

现象三：无谓争辩。在对某个问题进行讨论时，与会者往往会各持己见，据理力争。

会议上出现沉默、冷场、无谓争辩等情况时，主持人应该怎么办？

在讨论中，遇到无人发言或无任何反应，陷入沉默状态或出现冷场时，主持人应分清沉默的原因，分别采取相应的对策措施。

如果是与会人员因为胆小害羞、缺乏经验而保持沉默，主持人应该主动鼓励他们发言，也可以进行启发或提问，并告诉他们说错了没有关系。当他们发言时，应从表情上显示对他们发言很感兴趣，同时对他们发言中合理的方面及时给予肯定，打消其害羞沉默状态，增强其发言的信心和勇气。

如果是与会人员有顾虑、怕言多必失而保持沉默，主持人就应努力创造一种民主、宽松的会议气氛，打消他们的思想顾虑，鼓励他们畅所欲言，敢于发表自己与众不同的观点，敢于讲真话、讲实话。

如果是与会人员清高闭守、不肯多言而保持沉默，这一类人往往阅历较深，处事比较严谨，有自己的见解。他们一方面想表现自己，另一方面又摆出一副清高不凡的架子。对这类人，主持者应该多给他们一些鼓励和尊重，让他感觉到自己的意见很重要。比如："老张，你对这个问题很有研究，是这方面的专家，大家都想听听你的看法。"这样，老张受到鼓励和尊重，就很难再次推托。

个别与会人员会持不同政见，抱敌对情绪而保持沉默。这类人要么是对议题有不同意见不想说，要么是对主持人有意见不愿说。主持人应从团结的愿望出发，不计个人恩怨，以亲切的感情和语气使他们改变态度，可以向他们主动发问，并对他们的发言持重视态度，使他们讲出自己的真实看法。

如果是大家都不愿意第一个发言而保持沉默，主持人可以用幽默风趣的话语打开与会者的话题，也可以点名让性格外向、胆子较大或资历较深的人先带头发言，以此带动大家的发言积极性，从而打破沉默的局面。比如说："老王，你大概早就考虑好了发言内容，大家都等着听你的高见，你带个头吧！"万事开头难，有人带了头，下面就有人跟上。

在讨论中，遇到一些发言者不着边际、没完没了、脱离主题时，主持者出于对发言者的尊重，不好当面直接打断他的话，就应寻找机会做出巧妙的暗示，引其转入正题。可以就其发言中一句贴着议题边缘的话，顺势向着议题讨论的方向引导，使发言回到主题上来；可以通过插话去直接引导；也可以对一些与议题关系较密切的问题，表示放到以后再作讨论，婉转地告诉发言人要转到中心议题上来；还可以对一些小事即行表决，快刀斩乱麻，摆脱此类琐事的干扰，使讨论转入正题。

由于学识、专业、看问题的角度不同，与会者各持己见，据理力争，是深入讨论的表现，应该说是一种好现象。但在观点已经趋向集中、明确时，仍然在无原则地辩论，就会产生负面影响，主持者应该及时中止辩论。遇到较为激烈的辩论，甚至会出现争吵、纠纷甚至影响同志间团结造成不良的后果时，主持者应立即去制止和平息，不能视而不见，任其发展。但在制止时，要讲究方式方法，以冷静的态度处置，千万不可恼火，大发脾气，也不要在纠纷的细枝末节上妄加裁判，以免失去主持人的权威。

◇ 作好会议总结 ◇

精要的会议总结，既要符合会议的气氛，又要符合参加者的心理，而且可以鼓动与会者的情绪，提高会议讨论的质量。主要方法有以下3种：

针对今天的会议内容总结如下……

1.归纳法

会议结束时，把会议的结果提纲挈领地概括出来，加深与会者的印象。

针对今天提出的问题，会后请大家广泛收集材料，下次再谈。

2.启下法

对在本次会议中提出并未得到解决的问题，作为下次会议的铺垫。

这次的会议很成功，请大家再接再厉，明年拿下这个大工程。

3.鼓动法

用鼓舞人心的话语作总结，并不作全面地总结，只是号召大家为某个目标努力。

驾驭听众的技巧

你知道吗，当你参加会议、坐在桌前，每次几乎都是同一拨人发言，而表示反对、提出批评或者沉默不语的人每次也都大致相同。你有没有停下来思考过，他们其实已经形成了一定的模式，他们的行为是可以定义、可以预测的？

学会将这些模式进行分类、并理解它们是更好地控制他们、解决许多临场问题的关键。有一组词汇专门指代4种基本模式，这些模式存在于任何一个群体或家庭中——无论人们是在哪儿工作或活动——你应该学会如何掌控每一种模式的人，并让他们融入到群体中，和大家一起奋斗，而不是在一旁引起大家的不和，也不应以自我为中心、不积极、在会议中起不到任何作用，成为一个摆设。

可以在你参加过的所有会议中发现的4种主要个性模式有：

行动者：积极主动地提出建议和想法。

反对者：对行动者和他们的新观点有自己的看法，常常持反对意见。

追随者：追随他人的观点，鼎力支持或赞成。

旁观者：密切关注，静静地待在一边，不公开表态。

1.行动者

行动者是天生的领袖：他们强大、踏实、极具创造力，但是他们往往很难接受其他人的观点，他们自认为自己的观点无人能敌，是前进的唯一道路。而且，在这一点上，他们是无论如何都不允许失败在自己身上发生的。他们热爱权力和掌控一切的感觉，此外，他们还需要并期望得到他人的认同。

（1）在会议中体现出的价值。

他们非常有创造力。新观点、新解决方案层出不穷，只要有他们在，就不会冷场，而且他们会尽量让大家都能理解他们的想法。

（2）给领导的建议。

要把行动者控制在正确的方向上。你很有可能会以优先听取他们的意见或者过于草率地认可他们的观点这样的方式将行动者孤立起来，你要严密监控你的这种倾向。在行动者开始行动之前给他铺设一条道路，告诉他你想知道什么。

你还要表示，每个人的意见都很重要，你希望听到更多不同的想法。在你肯定行动者的表现的同时也要鼓励其他人。要明白，会议的领导者（也就是你）一般来说都属于行动者，所以要注意对立情绪，或者让其他人首先发表见解。

2.反对者

他们会通过封堵行动者以及你的行进路线不断地发起挑战。他们和行动者互相竞争，以反对这种方法来吸引注意、提高身价。他们感兴趣的只有"事实"和"真相"。他们如此反对还有一个目的，就是为了成为万众瞩目的行动者。他们不惜伤害别人的感情，到处树敌，不仅仅和个人为敌，连整个群体都成了他们的敌人，也难怪人们把他们视作前进的障碍。

（1）在会议中体现出的价值。

反对者能够以行动者同样的热情提出重要的问题，他们愿意检验观点的效果、详细分析数据、找出缺陷和弱点。而且，他们有能力完善行动者提出的新颖但有瑕疵的想法，并会刺激人们去思考。

（2）给领导的建议。

虽然看起来他们似乎起的是负面作用，而你也想忽略掉他们、倒打一耙，甚至将他们赶出会议室。但是，好好利用他们的批评，重新思考，甚至能启发出更多的想法，或者进一步完善已有的成果。给他们布置一道家庭作业："找出更多的不足，并举出一些正面和反面的例子来支持你的观点，然后写一份报告交给我，好吗？"领导者不要经常故意唱反调，这会让你成为一个反对者，要警惕这种情况，防患于未然。并且经常唱反调可能会抑制群体的创造力。

3.追随者

追随者并不是缺乏创造力！他们只是想谨慎行事，在公开表态之前先弄清楚其他人的态度。他们会以不同的理由来支持行动者和反对者。

（1）在会议中体现出的价值。

他们通过给予支持和壮大拥护者的队伍这种方式授权给其他人，在试验一个新想法的时候这种授权是不可或缺的——你需要来自团体中的支持者。要是一个团体中只剩下了行动者和反对者，你也许连话都插不上了！

（2）给领导的建议。

让追随者能够找到他们自己的位置。当追随者正式介入时，你要给他们分配具体的任务，让他们协力推动整个进程的发展。他们是非常优秀的支持者，特别擅长补充、完善任务。

4.旁观者

旁观者，很有意思的一类人，值得你去特别注意他们。他们和追随者有很大的不同，他们完全置身事外，不直接参与行动，不与其他3种类型的人结成任何同盟，只是冷眼旁观，把自己的看法藏在心中，从不公开自己的观点。旁观者喜欢站在一旁，对事情进行不偏不倚的评论，比如说"很有趣"或者"这个问题我会好好考虑的"。他的评论看似客观、明智，实际上却是无法让其他人感到满意的。

（1）在会议中体现出的价值。

旁观者能够通过说话让那些被他们注视的人感受到受重视和支持，从而让这些人感到宽慰。行动者和反对者都很欢迎旁观者，因为他们并不知道旁观者的想法，所以他们会花费很多精力试图从旁观者口中得到一些他们的看法。

（2）给领导的建议。

旁观者这么做并非出于自愿，而是由于他们长期生活在别人的阴影下，或者从未得到别人的鼓励或受过训练去尝试其他角色。为了帮助他们参与进来，可以给他们指定一个特定的角色，不然，他们是不会自发地积极参与其中的。你可以让他们准备一个非公开的报告，这是因为旁观者害怕接受公开的评判。

会议领导的交流技巧

如果会面是由你召集的，那么作为领导，你的具体任务包括：

东道主：让人们聚集在一起。

主持人：让交流顺畅地进行。

教练：集中大家的力量，共同努力去争取同一个目标。

解说：帮助每一个人了解并理解出现的问题。

核对事实：说明什么行得通，什么是当务之急，截止日期是什么时候。

管理员：小心照料与会者的自尊、注意广度以及人们的生理状况。

裁判：避免冲突的发生。

发展出产品和解决方案：会议要产生确切的成果。

1.吸引群体成员的注意

首先要从对群体成员的影响方面来介绍每一个新的讨论事项。主题还是之前那些与自己利益有关的主题，不过这次是从团体的角度来看。

在讨论的开始阶段，在会场里转一转，询问每个人关于这个主题的认识（称之为"德尔菲技术"）：他们已经了解的，从未听说过的，他们已经尝试过的，让他们谈一谈这是如何发挥作用的。这不仅是一种很好的缓和气氛的方法，而且还是全员参与的催化剂。

将接下来的讨论集中在你的发现上是你的主要目标或基本要求。

注意哪个主题只能影响其中一部分或几个人，这样的主题很有可能会导致走神。如果你发现了，就告诉大家，这个主题和他们都有些什么关系，它最后将如何影响到整个群体利益，以及你为什么要求他们所有的人都参与思考。

2.保持专注

你要做一个监视者。有问题产生时，没有人有权力干预。

你要让群体把最终的解决方案或产品作为他们的目标，这也是你开会的目的。

警惕吹毛求疵或踢皮球的行为，一旦发现，立刻阻止："等一下，各位。我们的讨论已经跑题了，让我们回到正题上吧。"

能够意识到离题的情况，但不要只是将它拨回正轨，有时这种情况的出现也有它的价值。只需停下来说："我们也要说说这一点。我会把它安排在下周的会议上讨论（或者，如果时间充裕，在会议结束时讨论）。"

3.动员不响应者参与

毫无疑问，你希望每个人都能参与到会议中。对于那些不积极响应的人来说，最

◇ 如何面对会议中的争执 ◇

　　集体会议中经常会发生很多意外事件，比如控制不住自己的不良情绪或是两人对峙，究竟该怎样面对这种状况的发生呢？

> 事关他的利益，他的确应该提出质疑，我不能生气。

客户就是上帝！

1.找到原因控制自身情绪

　　应对不良情绪的关键是自我控制，但自我控制又建立在了解原因的基础上。

> 我发现你们两个彼此的反应好像很强烈，有争辩这是好事。但是，为了让讨论得以顺利进行，让我们把激情转化为问题的解决方案吧。

2.指出别人的愤怒

　　如果会议中两个人在对峙，指出他们的愤怒，使他们意识到已经发生了愤怒。

> 感谢你们对这个问题的关注，希望你们还能保持这种热情。

3.为争执双方打圆场

　　这样不仅为两人挽回了面子，让他们全身而退，还会使会议回到正常轨道。

困难的事莫过于要求他们在毫无准备的情况下发表自己的看法，或者提出一些新想法。

"让我们听听比尔有什么要说"或者"你怎么认为，黄莎"并不是正确的问法。比尔和莉莎可能无法在短时间内形成自己的观点，也可能对这个主题并不熟悉，或者已经被吓蒙了，不知所措。再说，在这么多人面前，就更……

对于那些不愿主动发言的人：

你可以给他们一点儿时间去准备："先请刘卫和陈安说说自己的想法，然后再听听王梅（表现不积极的人）对这个问题有什么看法。"

问一些和他们已有的知识以及正在进行的工作有关的问题："赵娜，经费预算是你们部门的事，来给大家解释解释。"

对于那些即兴发言有困难的人，你可以提前给他布置具体的报告任务。这就给了他们准备的时间。

现场布置一项任务，要求他们在某个时间向你单独汇报。

4.如何打断别人的发言

不要把如何打断别人的发言想得太简单，这其中潜藏着许多危险，如果你没能把握好，就会有人在群体成员面前难堪，这对于身为领导的你并不是件好事。

无论何时打断别人说话，你都要为对方保全面子——这是关键。而且这时，作为一个领导，你的肚量和行为方式——你打断别人的方式——也经受着考验。

在会议伊始，就应该告知大家你对会议的时间非常敏感，一切都要按照大家一致同意的议程表进行。

把你的议程表展示在大家面前，上面写清楚时间的分配。这是一条安全的、不涉及个人情感的退路。

跟他们说，你准备了一块表，你要给每个环节计时。指定一个人来计时。

在每个事项的讨论过程中播报剩余时间，这样你在打断别人发言时就有了完美的理由。

打断时应该这么说："真是有趣的内容，拉里，很想再多了解一点。不如下次会议的时候我把它列在议程里面，由你来讲。"

在你打断发言前可以先提醒："抱歉，你只剩下1分钟时间了。"

以轻松的语气打断对方："哦，苏珊，你的发言可真是激情澎湃。不过……"解释了她谈论时间过长的原因，为她保全了面子。

说到小相关的话题时，你可以立刻阻止其继续发言："我们还没讨论到这点。你为什么不发电子邮件告诉我你对此的想法，让我们想想该如何解决它。"

5.应对有争议或敏感的话题

人们不太愿意在公众面前谈论某些有争议或敏感的话题。而参与讨论的人又担心自己的观点和判断并不被人们看好或会受到批评，从而给他们带来压力，特别是来自你的压力。

为了保护个人不被暴露在众人的视线之下，你可以把所有人分成若干个小组，比如3个人一组，在组合好之后，要求他们迅速将小组的想法整理成报告。

匿名的书面答复是另一种安全的应对方式，可以在会议上完成，也可以在会议结束后投到指定的箱子中或者发送电子邮件。

用秘密的不记名投票方式来考察人们的立场，之后再开始某个有争议的主题的讨论也会对这种情况有所帮助。如果你能够了解大多数人的思考方式，那么持有何种观点也就没什么大关系了。

6.取得一致意见

知道什么时候结束讨论，什么时候进行投票表决。

应该由你或选定一个人来简要地叙述会议的进展，据此在写字板上写出已经涉及的要点。

对结果进行评述，解释赞成票、反对票对今后工作的影响。

询问所有出席会议的人，现在得出的结果是否是在场所有人都同意的结果。

如果你曾无数次讨论过这个主题，它的结果早就不言自明，那么正式的投票程序就没有必要了。

如果某个主题容易让人们产生敌意，激怒人们，而且如果采取公开的表决方式可能会贻害无穷（比如说有人否定了其他人的报告或观点），那么请在这类有争议的问题上采用秘密的不记名投票方式。

7.如果场面失控

会议可能会变得难以驾驭，特别是当人们的热情高涨，几个人争着发言的时候，这就需要你拿出一点儿领导的威严，提高嗓门要求大家冷静下来，要让所有人都能听见你的声音。这样的你才是你！

会议开始时就约法三章，告诉大家会议要是失去了控制，对谁都没有好处，只会浪费大家的时间。

你可以说："喂，诸位。""暂停！""差不多了，不要再说话了。"怎么顺口就怎么说，不过说话的语气要坚定，让对方明白你是很认真地在说。随意、轻松，但要斩钉截铁。

摆架子或发火是软弱的标志，说明了你作为领导，以你现有的技能并不能掌控这个群体——你还需要有人给你撑腰。

相信你有能力而且一定会控制这个群体。这种意图会在你说话的声音和你要求大家集中注意力的方式中表现出来。

8.应对自我情绪和争执

当心，不要在集体会议上对某个人大发雷霆，这会严重影响你的领导技能的使用。尽快找出那些负面、消极的事情发生的原因。通过深入了解人们的内心世界来理解他们的外在表现。

第十章

拒绝他人时的说话艺术

现在说"不"，稍后说"是"

"不，我目前不能帮助你。我对活动感兴趣并且想稍后参加。"这是一种真诚而有效的现在说"不"稍后将说"是"的方式。本章的重点是如何说"是"，使内在主观愿望与外在客观行为协调一致，以便你更容易贯彻实行"是"，这样你就不会再成为犹豫不决者。

说"不"者不但知道什么时候说"是"，而且知道什么时候说"不"。犹豫不决者没有主见，唯唯诺诺者则受困于对任何人、任何事说"是"的习惯。你知道你常常说"是"，下列的事情什么时候开始发生在你身上？

（1）因担心必须做的一切事情，你在夜里无法入睡。

（2）你似乎一直感到疲倦。

（3）你不能完成你所有的许诺去做的事情。

（4）你经常说"我没有足够的时间"。

（5）别人不再要求你做事，因为你不能坚持到底。

（6）别人对你的幸福表示关心，因为你好像总是如此忙碌和疲倦。

说出内心的"不"

在成为外部客观行为之前，说"不"是一种内在主观经验。首先你思考如何说"不"，你说服自己为什么以及是否应该说"不"。当有大声说出"不"的机会时，你希望自己说"不"。想说"不"的意图和欲望不断增强，直到你想一吐为快。

有些人告诉我他们体内的声音用以下方式说"不"："不，我将不让你伤害我。不，我不能再忍受了。不，事情不一定如此。"问题在于，即使你的内心决定说"不"，你也不总是能大声说出"不"并且让别人听到。

为什么是这样呢？由于种种原因，你内部的"不"（说"不"的主观愿望）与外部的"不"（大声说出"不"的客观行为）总是不能协调一致。例如，当你

◇ 说出内心的"不" ◇

有些情境下，我们经常无法说"不"，尽管内心中充斥着说"不"的声音。因为现实生活中总是有或多或少的顾虑，究竟该怎样说出内心的"不"呢？

是不是应该拒绝呢？

1.事前思考

停下来思考一下说"不"是不是最合适的回答，如果是，请说"不"。

对不起胡总，我还是相信自己的判断，不能接受这份提案。

2.相信自己

对于不好的事情，人都有自己的直觉，相信自己的判断，敢于说"不"。

是的，顺从我的内心。

决定了？

3.找到不愿说"不"的原因

找到自己不愿说"不"的原因，分析它是否来自内心，然后从心而论。

不想给别人留下差的印象时，你会说"是"——尽管你想说"不"。当你想要某人喜欢你时，你也会说"是"——尽管你想说"不"。小孩在想要说"不"时说"是"，这样他们就能交到朋友。当你疲倦并且没有足够的精力说"不"时，你会说"是"。如此种种，不胜枚举。

请思考下列关于说"不"的标志、事例和话语。

"谢绝推销。"这是一位邻居贴在门上的标志。贴这些标志的人想告诉人们，他们对什么人说"不"。你对于你将听到的和你将拒之门外的东西有多清楚？

在读大学时，王春霞在一家杂货店兼做熟食柜台的服务员。一个繁忙的午餐时间，柜台的另一边有位顾客一边踱步一边自言自语，声音大到足以让其他顾客听到他的咒骂声。他好像在和全世界的人生气似的，并且告诉每个人他不开心。王春霞的同事必须去厨房的冰箱拿他要买的东西。当他离开柜台时，他的愤怒行为开始针对王春霞另外的同事。这时其他顾客开始感到惊恐不安，并且从他身旁走开。看到了这一切，王春霞心里想："这样不行，我要说说。"尽管王春霞也知道"顾客总是对的"。因此，王春霞直接瞪着那位顾客，清楚、坚定、相当高声地说："先生，她已经去拿你要的东西了。她正尽力满足你的需要并且马上拿来你需要的东西。"王春霞没有大声说出"不，先生，你的行为不可忍受"，但王春霞大声说出的那些话足以对他表明他的行为不可忍受。他顿时安静下来，从拿走他买的东西到离开熟食区，一句话也没有说。

一位一直排队等待的顾客目睹了刚才的一幕。当轮到王春霞为她服务时，她说："谢谢你对他说了那些话。我不知道他会怎么做，并且我不知道说什么。王春霞认为：第一，顾客不一定总是对的，但也不应该必须对顾客说"不"，或者彼此对抗。第二，作为服务人员，必须为自己所服务的人设定一个标准。第三，一般来说，看到卑鄙气人的行径人们就胆小怕事，不敢说一句话；因此，如果有人大声制止时，人们就高兴地欢呼或者说谢谢。

这件事说明，我们能通过有效、清楚、客气的方式说"不"来保护我们自己（在熟食店柜台后面的我和同事）、他人（其他的顾客）、老板（避免顾客的投诉或更糟糕的事情），以及我们老板的品牌（这是一家以独特的装潢、精美的食品和优质的服务而闻名的高消费阶层的食品店）。

表达你的"不"

到真正要说"不"的时候，说"不"就是一件严肃的事情了。说话的语气和面部表情对传达信息的效果影响很大。"你不懂哪一部分'不'的意思"来自一个人的气愤，因此是一个强硬而愤怒的说"不"的方式，而不是幽默的句子。

任何开玩笑说"不"的尝试都可能被当作尖刻、粗鲁、自私，甚至讽刺。说

"不"并非是疏远他人或让他人混淆。说"不"本来就是体现一个人的表达能力、文明礼貌、交际技巧、个人修养以及洞察力的行为。如果你说"不",就要真诚地去执行,坚持到底。

说"不"的策略

如果你一旦认识到你自己的说"不"的个性话语,就应该常练习说"不"的策略的话语。这里描述了你不想发生的事情。你还不想要什么?你还想对什么说"不"?这些不但是你认为重要的事情而且是你价值观的一部分。你的价值观是你说"不"的策略的一部分。

再次思考你的说"不"的策略是什么。例如,"不,当苏珊娜父母不在家时,你不可以在她家过夜。你知道我们家的规矩。"或者,"我每月把10%的时间分给慈善机构,并且我的时间已经安排好了。"拥有一套指导你选择的个人策略不但能帮助你磨掉对请求说"不"所带的个人锋芒,也给你带来用言语或身体语言说"不"的信心,以至于听到你回答的人能够认真对待你的"不"。明确你的说"不"的策略允许你更有效使用直接坦率、彬彬有礼、讲究细节、激励鼓舞的说"不"的个性话语。铭记你的说"不"的策略有利于你避免使用闪烁其词和贪婪自私的说"不"的个性话语。

你怎样说"不"

说"不"是一种自我保护,一种反对不公平的立场,一种自由之举。"不"的主人说的"不"就是"不"。他们了解说"不"的结果,并且已经肯定说"不"是最好的、符合道德的事情。

想象你如何说"不"。如果你不能想象自己如何说"不",那么你几乎没有说"不"的能力。思考你想对谁说"不",想象一下这个人的模样以及你与他交往的情形。

下列问题决定你将怎样说"不",而且说到做到。

(1)什么激励你说"不"?

(2)你期望什么?你为什么想说"不"?

(3)你准备应对什么结果?

(4)你的站姿如何,坐姿如何?

(5)你的脸色如何?

(6)你将使用什么语气?

(7)你将怎样应对别人对你说"不"的回答?

◇ 说"不"的艺术 ◇

说"不"是一门艺术，学好它至关重要，有利于提高我们的工作效率和生活质量，究竟该怎样艺术地说出你的"不"呢？

> 真是对不起，今晚已有约。

1.委婉地拒绝

委婉说明拒绝的原因，以婉转的态度拒绝，别人会理解你的苦衷。

2.微笑着拒绝

拒绝时面带笑容，态度庄重，让别人感受你的礼貌，使别人欣然接受你的拒绝。

> 虽然我帮不上你，老张说不定可以帮助你。

3.有帮助地拒绝

拒绝的同时提供另外一个方法，这样他还是会感激你。

（8）你想在什么场合说"不"？

（9）听一听你将怎样说"不"。

现在，请大声说出"不"！如果你发现自己说出"不"时的声音不大而且毫无意义，就请回答下面的问题。这些问题可以帮助你练习如何大声地、有意义地说"不"。

（1）你想每周工作100个小时吗？

（2）你想得到少于你应该得到的报酬吗？

（3）你想吃到撑破肚皮吗？

（4）你想卷入一次致命的车祸吗？

构造真正说"不"的话语

你想要说"不"并不意味着他人能听到你说"不"。你回答的第一个字就要用"不"，然后再说一个支持你的"不"的句子。如果你想造一个意思是"不"的句子，你就要对下列"说'不'的能力模型"问题回答"是"。

目的："不"这个字是否出现在句首？

选择：你是否知道你没有别的选择和办法？

时间：这个句子能够持续多长时间来清楚表明你的"不"的意思？

情绪：你承认你所要说的有效吗？

权利：你考虑过说"不"的权利、责任、可能的对策以及结果吗？

如果你不能对全部5个问题说"是"，你就可能使自己处于一个犹豫不决者的立场，而且他人会认为你没有做出决定或者在说"是"。

你还要思考并想象下面的几个问题，以便当你想要说"不"时，你的大脑、心灵和身体都能做好准备。其实"不"的主人已经知道如何做了。

描述一下当你说"不"时你希望发生的事情。

再描述一下在你说"不"之后发生的事情。

你将怎样放松并有趣地说"不"（而不会引起他人的痛苦）？

确信你说"不"的能力。专注于你所能做的事情，对其余的事情说"不"。

如果你决定"不"是最合适、最好、最安全、最道德的答案，那么就请说"不"。并根据当时的情况，大声地说出你的回答。

第十一章

探望病人时的说话艺术

用暗示性语言让他精神振作

有些病人往往因自己的疾病好转缓慢而灰心。这时，探视者如果能抓住病人在治疗过程中出现的某些症状缓解的依据，适时予以积极的暗示，将会消除病人的悲观心理，使其鼓起希望的风帆，积极配合治疗。有一个患黄疸型肝炎的病人通过一段时间的住院治疗，总以为自己的病没有好转，产生了悲观情绪，丧失了治疗信心。这时，一个亲戚前来探视，遂暗示说："你的脸色比以前好多了，听医生说，你的黄疸指数已有所下降，这说明你的病情在好转！"这句暗示性语言，客观实在，使病人的精神倏然振作，于是，他乐观地接受治疗，加快了康复进程，不久便病愈出院了。

探望住院治疗的亲友时，应该多说些有利病人振奋精神、增强信心、促进疾病治疗和恢复健康的语言。倘若面对病情较重而丧失治疗信心的亲友，你说："哎呀，你病得不轻啊，看你瘦成这般模样了。"这无疑会使病人的情绪"雪上添霜"，结果不言而喻。只要你言语得当，定会使病人在愉悦中走上健康之路。

在探望病人时，我们使用的更多的是安慰、鼓励、劝说性的话，那么在说这些话时，也可以运用让他精神振作的暗示性语言。

1.运用安慰性语言时，可以代表他人暗示病人

探视者对患病的亲友病痛的安慰，是沁人心脾的。安慰性语言的力量比任何时候都显得重要，但如果运用暗示性的安慰，效果会更明显。例如，有个初患胆囊疾病的患者，因为疾病发作时疼痛难忍，加之一时未得到确诊而心里恐慌，大喊大叫。这时，患者的一个同事闻讯前来探望，并安慰说："请你冷静一下，医生正准备给你做B超检查。你放心，这个部位不会有大病，我的一个亲戚和你有过相似病症，一查才知道不过是胆囊炎，容易治疗。"一席安慰话，似乎是一剂灵丹妙药，患者的情绪很快稳定了下来。

2.运用鼓励性语言时，可用病人本身的优势进行暗示

当某些患者对自己疾病的治疗丧失信心时，若适时地给予真诚和符合客观事实的鼓励，就能在患者身上产生"起死回生"的作用。有一个年轻的建筑工人在高空作业时不慎摔伤，处于昏迷状态。患者在医院里苏醒后，觉得下肢不听使唤，遂

怀疑自己将终身残疾，萌生了轻生念头。患者的一个友人发现这一苗头后及时鼓励说："你年轻力壮，生理机能强，新陈代谢旺盛，只要积极配合治疗，日后加强锻炼，肯定不会残废，这是医生说的，请你相信我！"短短几句鼓励话，使患者抛却了轻生念头，增强了治疗信心。以后的日子，患者不但积极配合治疗，而且坚强地投入到生理机能的恢复锻炼中，数月后即伤愈出院。后来他跟友人说："要不是你适时给予我鼓励，我是无论如何也不会对恢复健康抱有信心的。"

3.运用劝说性语言时，借助实际情况进行暗示

一些患者在治疗过程中，往往会因为手术的疼痛或怀疑有危险而产生恐慌心理，进而拒绝治疗。面对患者的这一心理障碍，人们去医院探望时，应该积极做些说服工作。尤其是一些颇具现身说法的劝说性语言，说服力更强，效果最好。有一个年老的胃癌早期患者，因为害怕剖开腹腔而拒绝手术。其家属虽一再劝说，都不奏效。一个做过胃切除手术的老朋友前来探视，他通过自己的亲身经历劝慰道："你看我做了手术后恢复得多好。你还是早期，手术后更容易复原。所以，你不用害怕。"通过朋友的劝说，这个患者终于接受了手术。

不要触及病人的痛苦

"月有阴晴圆缺，人有旦夕祸福"，谁都会有生病住院的时候，当亲友患病住院治疗，人们免不了要上医院去探视。然而，人们探视病人时的言语是否得当，将对患者的心理和情绪产生颇大影响。尤其是一些患者因为病魔缠身而产生抑郁、焦虑、怀疑、恐惧、被动、依赖及自怜等一系列消极情绪和心理波动时，倘若探视者的语言运用得好，将会使病人精神振作，进而积极配合治疗，有利于恢复健康。因此，它是抚慰患者心灵的一剂"良药"。若是探视者言语失当，将会对患者构成颇大的心理压力，影响治疗效果。

所以，在探望病人时，尤其是身患重病的人，就不要过多谈论病情，不要触到病人最难受的症状，以免病人心烦。例如，有位领导去探望久病的退休老职工时，关切地询问她："您饭量可好？"谁知一句问候话，却引来病人满面愁容。她忧心忡忡地说："唉！不要谈它了！"弄得这位领导十分尴尬，只讷讷地说几句安慰话后，不欢而别。原来，这位老职工病势沉重，而最苦恼的症状就是吃不下饭。他问到的正是病人日夜忧虑的问题，顿时勾起病人的烦恼，以致谈话气氛极不愉快。

如果对方本来就背着患病的精神包袱，你再过多地谈病情，势必会使包袱加重。当你看到病人脸色憔悴时，不能大吃一惊地问："您的脸色怎么这样难看？"而要说："这儿医疗条件好，您的病一定会很快好转的。"

打过招呼后，要多谈一谈社会上生动有趣的新闻，以转移对方的注意力，减轻精神负担。久居病室，这种新消息正是他渴望知道的。如能尽量多谈点与对方有关

◇ 探病时较好的谈话方式 ◇

探望病人之时的谈话不仅要兼顾人情，更要避免干扰病人情绪，更多给与关怀祝福，不要增加病人的精神负担。那么怎样才是合适的探病谈话方式呢？

头上的伤怎么样了？

1 简要问病情

见到病人时，要先简单询问病情，以免病人疑心。

你的职称已经审批下来了。

2 多谈好消息

尽量多谈些与对方有关的喜事和好消息，使其精神愉快。

快点好，哥儿几个三缺一呢。

3 告别要轻松

告别时的结束语要轻松自然，可以以玩笑的方式结尾。

的喜事、好消息，使他精神愉快，心宽体胖，更有利于早日康复。

前往医院探望病人时，有些话是千万不能说的。我们一定要注意这方面的语言忌讳，以免踏进雷区。

例如，对一个有癌症之嫌的病人，你当不会傻到一见面，就对他说：

"据说你患了癌症，是不是真的？"

虽然不至于如此，然而，却有很多人采取相近的说法。那就是：当获知了对方的病名以及病态之时，如此说：

"听说你心脏不好，真是难搞的疾病呢！"

或者：

"哟！你的热度好高，听说这是危险的信号哩！千万要小心啊！"等等的说辞。

只要你探望过病人，你就不难明白一个事实，那就是：病人四周的人，并不一定向他诉及实情。因为病人的感情是脆弱的，心志已不够坚强了。这时，如果你是处处为病人着想的话，那就不该把实情全部告诉他，你应该把病名及病情稍微改变一下"面目"，然后轻轻松松地告诉他，切勿把听自医生或别人的消息，原原本本地告诉他。

有时，病人是会勉强撑起来招呼你的。这时，你切勿"表错情"地说：

"哎！你看起来比我想象的更有精神么！"

这实在是最没有心肝的说法。

这么一想之后，前往探病时，只要对方不讲话，你还是不要多说话较好。

一反惯例出奇效

人生病了，从哪个角度去讲都没有积极意义。但是，为了让病人宽心，我们完全可以换个相反的角度，从人生的过程着眼，赋予疾病一些价值与意义，使病人觉得自己尽管耗损了身体，耽误了工作，却一样能够收获一些特殊的体验或能力，从而在精神上有一种补偿感。当然，在此之前最好先强调一下病人病情好转，使其具备一个深入思考的心理基础。

某人去看望朋友，他一反惯例，既不问病情也不讲调治方法，而这样安慰道："看来，你的危险期已经过去，这就好了。今后，你就多了一种免疫功能，比起我们，也就增加了一重屏障，这种病，也许就再也不会打扰你了！"探病者对生病意义的另一面的看法颇为独到。他先指出病人的危险期已经过去，让病人稍感安慰，然后再强调生病虽然不是好事，但却使病人具备了别人没有的优势：对此病产生了免疫能力，今后不会再得此病了。病人听他这样一说，心理自然得到了某种补偿，心情也就好了。

探望病人时，一反惯例出奇效。下面这个例子也许会带给你启迪。

晋文公一次用餐时，厨官让人献上烤肉，肉上却缠着头发。文公叫来厨官，大声责骂他说："你存心想让我噎死吗？为什么用头发缠着烤肉？"

厨官叩着响头，拜了两拜，装着认罪，说："小臣有死罪三条：我找来细磨刀石磨刀，刀磨得像宝刀那样锋利，切肉肉就断了，可是粘在肉上的头发却没切断，这是小臣的一条罪状；拿木棍穿上肉块却没有发现头发，这是小臣的第二条罪状；捧着炽热的炉子，炭火都烧得通红，烤肉烘熟了，可是头发竟没烧焦，这是小臣的第三条罪状。君王的厅堂里莫非有怀恨小臣的侍臣么？"

文公说："你讲的有道理。"就叫来厅堂外的侍臣责问，果然有人想诬陷厨官。

这明显是个冤案，如果厨官按照正常的思路，一上来就开始辩解，有可能使晋文公火上浇油，怒气更盛而获死罪，但是厨官一反惯例，从反面为自己辩解，同时提醒晋文公，有人要搞陷害，可谓"一石二鸟"。

其实探望病人也一样，采用反其道而行之的办法更能让病人充满信心。

适时说点谎

战国时期，魏文侯任命西门豹为邺城的地方长官。他一到任，便打听民间疾苦，得知当地的"三老"、"廷掾"和女巫勾结在一起，假借给河神娶媳妇的名义搜刮民财，坑害良家女子，扰民最甚。女巫等还在民间散布"如果不给河神娶媳妇，河神就会发大水"的谎话。

西门豹虽然知道这是些骗人的把戏，但是为了更有力地抨击当地的迷信势力，他并没有立刻揭穿它。

有一次西门豹参加了为河神娶媳妇的仪式，他来到河边，说："让我看看给河神预备的新媳妇长得怎么样？"人们便把那女子从帐内领出，带来西门豹面前。西门豹看了几眼，说："这个女子容貌不好，麻烦女巫告诉河神，改日再送一个长得好的女子来。"当即命令手下人将女巫抱起来投入河中。

过了一会儿，西门豹又说："女巫怎么去了这么久还不回来？让她的女弟子去催催吧。"又把女巫的一个女弟子投入河中。过了一会儿，仍没有回音。

西门豹说："女巫、女弟子都是妇人，办事不行。麻烦'三老'跑一趟。"又把"三老"投入河中。西门豹恭恭敬敬站在河边，耐心等待了好久，他身边的"廷掾"等人惊慌起来。

西门豹回头看了看他们，说："'女巫''三老'都不回来，怎么办？麻烦'廷掾'等人下水催促一下吧！"这一下，那伙历来装神弄鬼的坏家伙吓坏了，一齐叩头如捣蒜地求饶。

西门豹说："好吧，咱们再等会儿。"又等了一会儿，西门豹说："'廷掾'起来吧。看样子河神把客人都留住了，你们就不用去催了，各自回家吧。"从此以后，邺城再没有人敢提为河神娶媳妇的事了。

◇ 探病需要善意的谎言 ◇

对于心理承受能力差的病人，在探病时应在征求家人意见的基础上，适时隐瞒病情，说一些善意的谎言。

> 我刚才进来时听几个小护士在议论你呢，说你长得像某某演员呢。

1.帮助减轻病人压力

善意的谎言可以帮助病人拥有健康阳光的心态，减轻心理压力。

> 好想亲亲她。

> 女儿会叫爸爸了，经常问我爸爸呢？

2.唤醒对生活的热爱

善意的谎言可以帮助病人感受到温暖和安慰，重新唤起对生活的热爱。

> 医生说你的治疗很有效，过不了多久就可以回家抱她了。

> 我会好的，放心吧。

3.增强抗争的意志

善意的谎言还可以增强患者抗争病魔的意志，从而延续生命，战胜死神。

善意的谎言有力地打击了当地迷信势力，起到了最终保护民众的作用。同样的道理，在探望病人时，善意的谎言，有时也可让别人充满信心，战胜疾病。

对于身患绝症的病人，只能把病情如实告诉其家属，而对其本人，则应重病轻说。如果假话唤起了他对生活的热爱，增强了他与病魔斗争的意志，就有可能使其生命延续得更长久，甚至战胜死神。

善良的假话，其用心当然也是善良的，即为了减轻不幸者的精神负担，帮助其重振生活的勇气。即使此人以后明白了真相，也只会感激，不会埋怨。即使当时半信半疑，甚至明知是谎话，通情达理者仍会感到温暖、安慰。明知会加重对方的精神痛苦，但仍要实言相告，即使不算坏话，也该算是蠢话。去探望病人时，如说话不当，不但不能起到安慰病人的作用，反而会使对方更加烦恼，带来不好的影响。

"一次只流一粒沙"式的劝告

病人生病后，正常的学习、工作、生活等都被迫中断，自己不得不暂时与外界隔离，过上与病痛为伴的索然无味的生活，换了任何一个人，恐怕都会为此而感到烦躁、焦虑，特别是一些性子急的人，巴不得马上康复，把失去的时间补回来。对于这样的病人，讲个故事或打个比方，让其意识到"一心不得二用"的道理是非常必要的。只有明白了这个道理，病人才能够认识到自己的焦虑是非但无益、反而有害的，从而安心养病。下面就是这样一个例子：

某校的高中生蒙军，因班内学习竞争比较激烈，又面临期末考试，结果一下子把身体累垮了，住进了医院，体重锐减了十几斤。住院期间，他一方面病痛缠身，一方面又总惦着自己的学习，生怕因为耽误了功课而落到后面去，结果反而加重了病情。他的朋友许兵来探望他，知道了蒙军的这种情况，对他说：

"我希望你把你的生活想象成一个沙漏。你知道吗？在沙漏的上一半，有成千上万粒沙子。然而，永远也没有办法让两粒以上的沙子同时从一个窄细的漏管中流下去。我们每个人都像这个沙漏。每一天都有许多事情要做，如果我们一件一件地做，就像沙子一粒一粒地通过沙漏一样，那么我们就既能把事情做好，又能保证身体不受损害。相反，如果像你这样一面养病，一面还想着去背课文、做习题，那你就既没法搞好成绩，又养不好病，只有坏处没有好处，是不是？"

蒙军听了许兵的话，终于慢慢地把心放平静了。他记住了许兵说的"一次只流过一粒沙子，一次只做一件事情"的忠告，很快恢复了健康。

许兵以沙漏作比方，向蒙军讲述了"一心不得二用"的道理，形象生动，颇给人启发。蒙军明白了这个道理，意识到只有现在安心养病，才能把失去的功课补回来，真正搞好学习，也就不再焦躁了。

与病人谈话的要点

亲朋好友住院时，如果你想前去探望，就应该首先掌握以下技巧：

1.交谈中尽量多谈一些使患者感到愉快、宽心的话题和事情

安慰病人的目的在于让病人精神宽松，早日恢复健康。因此，在安慰对方时，绝不能与其谈论有可能增加忧虑和不安的消息与话题。在病人谈论病情和感觉时，应当认真聆听，以便从中发现一些对病人有利的因素。随时接过话题，对病人进行安慰。

2.在交谈过程中，还要特别注意语气语调的运用

病痛在身的人，十分需要他人的安慰，因而对探望者的语气语调特别敏感。所以，探望者要努力使自己在交谈时音量适当，语气委婉，感情真挚。要尽量使患者感到心情愉快和轻松。这样，有利于减少疾病给患者带来的心理压力，有助于恢复健康。

中央电视台著名主持人赵忠祥，有一次去某精神病医院采访一位女患者。编辑的采访提纲中原先拟好的问题是："你什么时候得的精神病？"赵忠祥感到这话过于刺激患者，就改用委婉亲切的问法："您在医院住多久了？""住院前觉得怎么不好呢？"几句和蔼可亲、婉转温和的问话，一下子缩短了交谈双方的距离，那位原是小学教师的患者感到来访者亲切可信，回答问题时也显得自然恳切。她说："最近，我快出院了，我非常想念我的学生们。我真想快一点治好病，能为教育事业贡献我的一分力量。"语言诚恳感人，谈得十分投机。赵忠祥马上接口讲："您很快就要出院了，真为您高兴。今天咱们这段谈话已经录了像，过几天在电视里播放，我想您的学生看到您的身体恢复了健康，也一定会很高兴的。"

3.不要在交谈中以自我为中心

当你看望生病的朋友时，请牢牢记住，你是去提供帮助、表示关心的。因此要多多注意别人的感情，而不要以自我为中心。

不要借朋友的不幸，引述出你自己的类似经历。你可以说"我也碰到过这种事"，或者说"我能理解你现在的心情"。对待磨难各人有各人的处理方式，所以，不要把你自己的处世态度强加给或许并非与你一样感情外露的朋友。

4.不要使用怜悯的话语

人都是有自尊的，尤其是生病以后。自尊心的敏感度更是胜过以往。你若是怜悯他，他很可能认为你是在嘲笑他，越觉得自己的病非同一般。所以我们要使用相反的方法。当我们看望患者时，可以说："多幸运呀，我也想生点小病，好好地休息几天。"让患者不由自主地觉得偶尔生一点小病，也是一种幸福了。

总之，探病是为了安慰病人，鼓励病人战胜困难，激发他们与病魔做斗争的勇气。因此，在与病人谈话时千万要做全盘细致周密的考虑，懂得什么样的话可说，什么样的话不可说。

◇ 探病说话要有针对性 ◇

去医院探望病人，想要得到最好的谈话结果，就是说到病人心坎里，就要事先了解病人的基本情况，有针对性地同病人进行交谈。

既来之则安之，医生还没放弃呢，你倒先闹情绪了。

不想治了，太慢了。

1.病人长时间病休想放弃

应劝慰其在医院安心治疗，不应有头无尾，功亏一篑。

2.病人家庭负担重

应劝慰其着眼健康，注重调养，建议争取单位补助。

好好治病，别有压力，我帮你申请单位救助。

你别乱想，隔壁的那位比你的严重多了，现在人家已经痊愈出院了。

3.病人缺乏信心

介绍别人得了同类病而经过治疗后得到痊愈的事例。

第十二章

应酬亲友时的说话艺术

亲友是领导关系的"软件"

人非天生，谁能无亲？人生在世，谁会无友？马克思曾经指出，人的本质，就其现实性来说，乃是各种社会关系的总和。这种社会关系，即包括了亲友关系。恰当地应酬亲戚朋友，处理好亲友关系是现代人成功的基础。而对于一个领导者来说，这一点就显得格外重要。因为随着领导者的不断升迁，他所面临求助的亲友也就越多、越复杂。领导者如果不能巧妙处理好的话，必然会影响到他的工作。所以，应酬亲友是领导者的必修课。

亲友关系实际上是亲戚、朋友的总称，它包括人们的亲戚关系和朋友关系。亲戚关系，是以血缘为纽带，连接而成的人际关系，血缘愈接近，亲戚关系愈密切；血缘愈远，亲戚关系就疏远。中国传统的"出五服""不出五服"，指的就是血缘关系的远近亲疏。亲戚关系，由于是以血缘为联系的，所以，以此为联结的各方就有一种自然的亲近感，久而久之，当然也就有了感情和友谊。但是，有时仅仅有血缘关系并不意味着就有了感情和友谊，在许多情况下，有些朋友甚至比某些亲戚还亲近和知心。

朋友关系是以友谊、友情为联结的。人们在社会上生活、学习、工作、劳动，在共同的活动中相互了解、相互帮助、相互学习，逐渐产生共同的理想、共同的志趣、共同的目标，于是也就产生了友谊和友情，成为朋友。朋友当然有远近之别，有的关系一般，有的则关系密切。像人们常说的"老友""密友""挚友"等，指的就是关系密切的朋友，俗称"好朋友"。

朋友关系主要是由于思想、情趣、性格相近才组合起来的。而且这其中情况也很复杂，有的用高尚理想和高雅情趣相联结，有的在困难时刻相救助，有的则是建立在一时的利害关系之上，所以朋友关系也有高尚与庸俗、纯洁与卑微之分。

亲友关系对于人们来说是非常重要的，对生活、工作都有很大的影响，领导也概莫能外。一般来说，领导的关系网络中主要不外有4种形式：一是与上级的关系，二是与下级的关系，三是与同事的关系，四是与群体的关系。其实，这只是领导关系的"显结构"或"硬结构"；除此而外还存在着并不引人注目但却对领导有重要

◇ 领导在应酬亲友时的语言忌讳 ◇

领导在任何时候都必须坚持原则，任何在思想上和语言上的无原则性和自由主义，都是领导方法上的一大错误，身为领导，在应酬亲友时，要注意以下禁忌：

跟自家人打官腔，累不累。

1.虚伪客套

语言沟通中，适量的冗余话是必要的。但冗余话太多，以至废话连篇、虚伪客套，使人感到缺少诚意、华而不实，这样必然会影响双方的感情。

2.偏向亲友

作为一个领导，一定要公平正派，在语言上不可流露出偏亲向友。尤其是涉及亲友问题时要遵守组织纪律。

3.居官自傲

领导者在亲友之中，应该不摆"官架子"，切忌在言谈举止中流露出职高位尊的感觉，这是无自知之明的表现，发展下去会众叛亲离。

影响的"潜结构"或"软结构"——亲友关系。这种关系内存于领导者的关系网络中，有时会对领导的言行发生重大影响。

首先，亲友关系是领导工作关系的一个重要侧面。领导不仅应妥善处理上下级关系、同事关系，而且还要妥善处理与亲友之间的关系。

由于亲友关系更多的是血缘和感情联系，而在市场经济日益发展的今天，企图依靠亲戚或朋友的声望和地位而捞取好处者也不乏其人。领导者往往碍于情面，而不能不有所考虑，甚至违反规定。对造成不良后果者可以采取各种惩罚措施，但这毕竟是"亡羊补牢"。如能在事先或萌芽状态就将其消除，则是人所共望之事，所谓"防重于治"的道理，也即在于此，而这是需要通过言语沟通来实现的。

其次，亲友关系是领导生活关系的重要部分。尽管领导在单位是负责人，但在本职工作外，仍然少不了常人的喜怒哀乐和七情六欲。他们在工作之余和社会交往活动中，会经常同亲友打交道；甚至有些时候，在工作中也会遇到亲友关系这个难题。有趣的是人的一切活动都是通过语言实现的。领导由于社会角色的变迁，必然影响到语言艺术的水平。能否适应这种变化并恰当地组织语言以赢得包括亲友在内的各种公众的支持，是衡量领导水平的一项重要标准。同时，从旁观者的角度看来，组织内外的各种人员也常常以领导对待亲友的语言测度其心理，评价其品质，并借以决定对领导的态度和关系走向。

公事拒绝，私事补偿

即便你不是企业里的掌权人物，在生活中也多多少少有一些可供自己支配的资源。这样就难免会有人向你求这求那。对于自己力所能及的事，我们自然不应该将对方拒之千里，但是对于一些勉为其难，同时又无益自己、有损他人利益的要求，我们就理当不予满足。尤其当你的身份是作为企业中的掌权人物时，更不能拿公司的利益去作为开发自己人际资源的砝码。

但是往往要求你利用企业实权人物身份为其提供方便的人，都跟你关系较密切，而且日后你们还有合作的时候，这时如果简单回绝对方所求，很显然，对自己长远"利益"不利。

此时，就需要你找出一种既不破坏原则又能保持两人照常交往的拒绝方法，而"公事拒绝，私事补偿"就是这类方法中的一个。

二战后的日本啤酒市场，一直由麒麟啤酒公司独占50％市场份额。三得利公司最初生产威士忌，市场份额占第一。但是，他们在继续生产威士忌的同时，也进入啤酒生产领域，然而由于对整个日本啤酒市场来说，三得利公司毕竟是个新手，所以啤酒上市以来，并没有受到消费者的好评。

有一天，三得利公司的佐治敬三社长找到阪急集团的总裁小林米三先生，请求对方销售自己公司的三得利啤酒。当时阪急集团销售的威士忌酒是三得利提供的。所以，佐治敬三跟小林米三关系很近，平日里常有交往。而且小林米三的妹妹正是佐治敬三的嫂子。这么一种亲上加亲的关系，使佐治敬三提出的请求也有些自然而然。

可是，阪急集团的经营方针是跟一家企业只能发展一种业务。既然公司在威士忌酒的销售上已经选择了三得利，那么再销售对方生产的啤酒，显然有悖于公司的经营方针。因此，佐治敬三的要求受到小林米三的拒绝：

"我不能答应你的要求。虽然我们彼此交情不浅，可也不能违反公司经营方针。以后有机会再补偿你吧。"佐治敬三只好知难而退。

虽然小林米三强调自己拒绝的原因是出于不违背公司经营方针，但是，即便换成我们是佐治敬三，也很难对对方的这种解释感到舒服。然而，在这以后，佐治敬三不仅继续跟小林米三保持友好关系，而且他对小林米三的私人感情又近了一步。

这是为什么呢？

原因就是小林米三实践了自己的诺言——公事拒绝，私事补偿。

原来小林米三平素就酷爱饮啤酒，自从那次在公事上拒绝佐治之后，每天晚上，无论在哪家酒店喝酒，他是非三得利啤酒不喝。经过他的这种"补偿"，许多酒吧、俱乐部都开始逐渐销售起三得利啤酒。

佐治能不被小林这种既坚持原则又能为朋友着想的举措感动吗？

轻易承诺失威信

作为领导，不免有亲朋好友托自己办事，有时为了保全自己的面子，或为给对方一个台阶，往往对对方提出的一些要求，不加分析地加以接受。但不少事情并不是你想办就能办到的，有时受各种条件、能力的限制，一些事是很可能办不成的。因此，当朋友提出托你办事的要求时，你首先得考虑，这事你是否有能力办成，如果办不成，你就得老老实实地说："我不行！"随便夸下海口或碍于情面都是于事无补的。

当然，拒绝别人的要求也的确是件不容易的事。在承诺与拒绝两者之间，承诺容易而拒绝困难，这是谁都有过的经验。

有人来托你办一件事，这人必是有计划而来，最低限度，他已准备好怎样说。你这方面，却一点儿准备都没有，所以，他可是稳占上风的。

他请托的事，可为或不可为，或者是介乎两者之间，你的答复是怎样呢？许多人都会采取拖的手法。"让我想想看，好吗？"这话常常会被运用。

但有些时候，许多人会作一种不自觉的承诺，所谓"不自觉的承诺"，就是"自己本来并未答允，但在别人看来，你已有了承诺"。这种现象，是由于每一个人都有怕"难为情"的心理，拒绝属于难为情之类，能够避免就更好。

◇ 承诺要掌握分寸 ◇

有时出于难为情，对别人提出的请求没法一口回绝。在这种情况下，许愿就要掌握分寸，应根据不同情况采取不同的许愿方式和方法。这里有3种方法可资借鉴：

> 关于你提出的要求，我只能说尽量满足。

1.留有余地

如果你对情况把握不很大，就应把话说得灵活一点，使之有伸缩的余地。

2.从时间上推托

把实现许愿结果的时间说长一点，给自己留下为实现许愿创造条件的时间。

> 我要加薪。

> 等企业盈利了我会给你加薪。

> 如果我被调到人事部，你的忙我一定帮。

3.提出必要的条件

如果不能单独完成，还要谋求别人帮助，那你在许愿中可带一定的限制词语。

但要记住，现在大多数人都喜欢"言出必行"的人，却很少有人会用宽宏的尺度去谅解你不能履行某一件事的原因。因此，拿破仑说："我从不轻易承诺，因为承诺会变成不能自拔的错误。"

那么，当我们在朋友面前，被迫得"非答应不可"，而实际上明知这事不该答应时又怎么办？

人际关系学家告诉我们：我们需要在聆听别人陈述和请求完毕之后，轻轻摇摇头，而态度并不强烈。

轻轻摇摇头，代表了否定，别人一看见你摇头，知道你已拒绝，跟着你可以从容说出拒绝的理由，使别人易于接受你不能"遵办"的苦衷，就不会对你记恨在心。

有许多事情常是这样的，看来应该做，但一做起来很麻烦，比如你有一位好友做了人寿保险经纪人，他来向你说了一大堆买人寿保险的好处，然后，他请你向他买保险。你也明知此举真有益处，但是，后来当你细心一想，如果照他的要求，你每月要付出的保险费，等于你收入的1/3，而目前你的收入，也不过是仅可敷衍日常生活所需而已。而你一定明白这事很难办到，你就不妨"轻轻地摇头"，然后说出自己的理由。

有些人喜欢拖，或要人家跑几次来听他的最后答复，这都不是好的应酬之道，我们不时听见这样的怨言："他不答应，该早对我说呀！"

这样一来，你在别人眼里就成了一个言而无信的伪君子。

为人办事，应当讲究言而有信，行而有果。因此，许愿不可随意为之，信口开河。明智者事先会充分地估计客观条件，尽可能不做那些没有把握的许愿。

须知，许了的愿，就应努力做到。千万不可因一时事急，乱开"空头支票"，愚弄对方。一旦自食其言，对方一定会特别恼火。

万一因情况有变而没实现自己的许愿，也应向对方如实说明原因，并诚恳地道歉，以求得对方的原谅和理解。

对于自己根本没有能力办到或不想办的事情，最好及时地回绝。拒绝并不是简单地说一句："那不行"，而是要讲究艺术：既拒绝了对方的不适当要求，又不致伤害对方的自尊，也不损害彼此的关系。

第四篇

最讨人喜欢的说话方式

第一章

说到对方心窝里

温语相求化冷面

语言和行动是相辅相成的。话说得好听，说得到位，对方才乐意接受你提出的条件和要求。温言相求，更有利于事情的解决。

西汉初年有一个叫季布的人，他为人正直，乐于助人。不管谁有困难，他都会热心地帮忙，所以在当时名声很好。季布曾经是项羽的部将，他很会打仗，几次把刘邦打败，弄得刘邦很狼狈。后来项羽乌江自杀，刘邦夺取天下，当上了皇帝。刘邦每想起败在季布手下的事，就十分生气。愤怒之下，刘邦下令缉拿季布。

他的邻居周季得到了这个消息，秘密地将季布送到鲁地一户姓朱的人家。朱家是关东一霸，素以"任侠"闻名。此人很欣赏季布的侠义行为，尽力将季布保护起来。不仅如此，还专程到洛阳去找汝阴侯夏侯婴，请他解救季布。

夏侯婴从小与刘邦很亲近，后来跟刘邦起兵，转战各地，为刘邦建立汉王朝立下了汗马功劳。他很同情季布的不幸处境，在刘邦面前为季布说情，终于使刘邦赦免了季布，还封他为郎中。不久又任命他为河东太守。

当时，楚地有个名叫曹丘生的人，能言善辩，专爱结交权贵。季布原来和这个人是邻居，很瞧不起他，偏偏曹丘生听说季布又做了大官，一心想巴结他，特地请求皇亲国戚窦长君写一封信给季布，介绍自己给季布认识。窦长君早就知道季布对他印象不好，劝他不要去见季布，免得惹出是非来，但曹丘生坚持要窦长君介绍。窦长君无奈，只好勉强写了一封推荐信，派人送到季布那里。

季布读了信后，很不高兴，准备等曹丘生来时，当面教训教训他。过了几天，曹丘生果然登门拜访。季布一见曹丘生，就面露厌恶之情。曹丘生对此毫不在乎，先恭恭敬敬地向季布施礼，然后慢条斯理地说："我们楚地有句俗语，叫作'得黄金百两，不如得季布一诺'。您是怎样得到这么高的声誉的呢？您和我是邻居，如今我在各处宣扬您的好名声，这难道不好吗？您又何必不愿见我呢？"

季布觉得曹丘生说得很有道理，顿时不再讨厌他，并热情地款待他，留他在府里住了几个月。曹丘生临走时，还送他许多礼物。曹丘生确实也照自己说过的那样去做，每到一地，就宣扬季布如何礼贤下士，如何仗义疏财。这样，季布的名声越来越大。

在这个故事中，季布本来是很讨厌曹丘生的，但是曹丘生却依靠自己的温言相求，使季布冰释前嫌，这不能不说是语言的功劳，有谁会忍心拒绝别人的温语相求呢？正所谓"情之所至，金石为开"就是这个道理。

现代社会，求人办事的地方有很多，很多人因为怕麻烦都会冷言冷语地拒绝帮忙。此时，你大可不必懊恼，你完全可以另寻理由，温言相求。人都是有感情的，在你的温和"攻势"下他就冷不起面来拒绝你了。

先为对方着想

与对方沟通交流时，最重要的就是能够以真情感动对方。说话的时候先为对方着想，无疑是很好的办法。

因为一般情况下，自己对某一件事所认为的"对"或"好"并不能代表别人的看法。在沟通时最好先得知对方的看法。看别人怎么理解情势，你就能以对方了解的方式讲话和行事。若你径自表现出"好"或"对"，而不去弄清楚对方是否有相同的看法，你可能会惊讶于对方的反应。

所以在谈话之前你所要做的就是尽你所能了解别人的背景、观点和热诚程度，你因而可以知道：

什么使他们兴奋，什么使他们厌烦，什么使他们害怕。

他们上班时是什么人，他们下班时是什么人。

他们生活中真正需要什么，他们怎么能获得。

你可以从别人的判断知道很多他们的事。

研究他们从前的决定。

知道这些问题的答案，不仅可以避免你犯难堪的错误，还可以让你设计你的表达方式，因而你的意见可以跟他的需要和要求结合，这样就会使你们的沟通更加融洽。

但平时我们最常听见人们对工作环境的3项抱怨却是：

（1）他们认为别人不听他们的话。

（2）他们觉得不受尊重。

（3）他们认为别人想办法要控制或操纵他们。

在与别人谈话的过程中，如果你先提自己的需要，这3种情况是最可能发生的。你先提别人的需要，它们就最不可能发生。

大部分人对自己的兴趣大过对别人的兴趣，对自己的需要，热衷程度远强于对别人的需要。但是如果你先提对方最有兴趣的、他们需要的事情，就能掌握他们的注意力，建立联结，且赢得他们的信任和尊敬。

◇ 谈话时为对方着想好处多 ◇

当你提对方所需，为对方着想时，你会发现对方有许多可喜的变化，而这些变化对你也是有利的。相比较而言，这对于先提对方需要的小投资，是相当好的回收。

没想到你这么为我着想，好好干，公司不会亏待你！

1.能快速引起对方注意

把别人的利益放在嘴边的人自然能够得到对方青睐，引起他人注意。

难得你这么识大体，我会把你的事放心上的。

2.使对方重视你的需求

你敬一尺我敬一丈，谈话时多为对方着想自然也会得到他人眷顾。

你是我见过最无私的男人。

3.可获取他人尊重

为他人着想是一种人格魅力，为他人考虑的时候，自然也会获取他人尊重。

另一方面，若你先提自己的需要，人们常不愿聆听、保护自己或使冲突升级。他们可能以愤怒的眼神和僵硬的表情回敬你，怀疑你不考虑他们的需要，你的话一句也不听。这种恐惧和不信任，很容易就爆发公开的敌对。

此外，人通常在冲突开始时会焦虑。任何能缓和他们恐惧的方法，都会使情形变得较轻松和对每个人有利。在这种时候，如果你先为对方着想，提出他人的需要就是一种很好的解决途径。在一些重大事情中，先提对方的需要，也会使你们成为合作伙伴。你们合作，联合对抗问题，而不是互相对抗。

所以，在与对方交往沟通时，如果想取得较为满意的结果，你就必须先为对方着想，满足对方所需。

乡音难改，游子情深

人都是有感情的，尤其是对故乡有着一种天然的割舍不断的情愫。如果游子在他乡遇到了自己的老乡，那么思乡之情就会油然而生，随之而来的就是对老乡的一种认同感。

老乡与其他关系的不同之处就在于，老乡之间的关系是以地域为纽带的，有一份"圈子"内的情存在心上，既然是老乡，就必须有共同点存在于双方之间，而"乡音"又是一种最好的表达形式。

清末民初，有一位福建的小伙子下南洋谋生，身处异地，而他又身无分文，怎样才能干出一番事业呢？一个偶然的机会，小伙子听说当地有位小有名气的商人，老家也是中国福建的，细打听之下，小伙子惊奇地发现那位商人是自己的老乡。于是小伙子就大胆地找这位老乡求助。

小伙子当时根本就没有钱买礼物，但是他知道这位老乡很重乡情，于是在拜访他的时候特意用家乡话与他聊天。

后来，在这位老乡的帮助下，小伙子从小生意做起，逐渐做成了一番事业。

用家乡话做见面礼，可以说是独树一帜，它不需要物质上的东西。在这里有一点相当重要，那就是运用这种方法的场合，最好是在异乡，因为在异乡才会有恋乡情结，才会"爱乡及人"，这时再来个"他乡遇老乡"，哪有不欣喜之理。对方离乡愈久，离乡愈远，心中的那份情就愈沉、愈深。因此，越是这种情况，越要运用"乡音"这种技巧，你就会得到老乡所给你的种种好处。

如此看来，要与一个久离家乡的老乡处好关系，有一种特有效的技巧就是：运用你的语言技巧，与老乡谈起家乡的话题，以此来触动他的思乡情结，达到共鸣，从而使老乡之间的关系更进一层。

说话的魅力在于真诚

真诚的语言是最能打动人的，巧妙地运用充满真情诚意的话语，可以促使说者与听者产生情感共鸣，可以使双方的关系变得融洽，从而营造出一种良好的沟通氛围，赢得广泛的人际关系，为成功创造有利的条件。

1915年，小洛克菲勒还是科罗拉多州一个不起眼的人物。当时，发生了美国工业史上最激烈的罢工，并且持续达两年之久。愤怒的矿工要求科罗拉多燃料钢铁公司提高薪水，小洛克菲勒正负责管理这家公司。由于群情激奋，公司的财产遭受破坏，军队前来镇压，因而造成流血，不少罢工工人被射杀。

那种情况，可以说是民怨沸腾。小洛克菲勒后来却赢得了罢工者的信服，他是怎么做到的呢？

原来，小洛克菲勒花了好几个星期结交朋友，并向罢工者代表发表了一次充满真情的演说。那次的演说可谓不朽，它不但平息了众怒，还为他自己赢得了不少赞誉。演说的内容是这样的：

"这是我一生当中最值得纪念的日子，因为这是我第一次有幸能和这家大公司的员工代表见面，还有公司行政人员和管理人员。我可以告诉你们，我很高兴站在这里，有生之年都不会忘记这次聚会。假如这次聚会提早两个星期举行，那么对你们来说，我只是个陌生人，我也只认得少数几张面孔。由于上个星期以来，我有机会拜访整个附近南区矿场的营地，私下和大部分代表交谈过，我拜访过你们的家庭，与你们的家人见过面，因而现在我不算是陌生人，可以说是朋友了。基于这份相互的友谊，我很高兴有这个机会和大家讨论我们的共同利益。由于这个会议是由资方和劳工代表所组成，承蒙你们的好意，我得以坐在这里。虽然我并非股东或劳工，但我深觉与你们关系密切。从某种意义上说，也代表了资方和劳工。"

这样一番充满真诚的话语，可能是化敌为友的最佳途径。假如小洛克菲勒采用的是另一种方法，与矿工们争得面红耳赤，用不堪入耳的话骂他们，或用话暗示错在他们，用各种理由证明矿工的不是，那结果只能是招惹更多怨恨和暴行。

此外，在人际交往中，我们经常会遇到"祝贺"这种交往形式，一般是指对社会生活中有喜庆意义的人或事表示良好的祝愿和热烈的庆贺。通过祝贺表示你对对方的理解、支持、关心、鼓励和祝愿，以抒发情怀，增进感情。

祝贺的语言要真诚、富有感情色彩，语气、表情、姿态等都要有情感性。这样才会有较强的鼓动性与感染力，才能达到抒发感情、增进友谊的目的。

道歉也是人际交往中常见的交流活动。为人处世，犯错误总是难免的，毕竟"人非圣贤，孰能无过"。但是犯错误后的态度人们却非常重视。所以犯错误时，我们首先要坦率承认、真诚道歉。

你道歉的时候态度真诚，别人就会很轻易地原谅你。相反，有的人在犯错时态

◇ 这样说话显真诚 ◇

在人际交往中，如果对方从谈话中感受到我们的真诚，那自然就会收获良多。究竟该如何说话才能显得真诚呢？

1.以愉快的心情去说话

在愉快的谈话中，对方能够深切感受到你的心情状态，相反，如果心不在焉，对方也会感觉到。

2.用真诚的表情来互动

说话时注视对方眼睛，面带微笑，让对方感受到你的愉快，从而感受你的真诚。

不管发生什么，你还有我。

3.站在对方立场

站在对方立场考虑哪句话该说哪句话不该说，你为对方着想的心情，他能通过你的语言感受得到。

度极差，道歉时让人看不到一丝真诚，有的甚至根本就不道歉，只是一味地为自己辩解不休。结果使彼此之间的裂痕越来越大。

古人云："有朋自远方来，不亦乐乎！""最难风雨故人来。"都道出了朋友间所凝聚的真情厚谊，反映了他们肝胆相照、充满真诚的交往过程。可以说，充满真诚、以诚暖人是交友说话、打动人心的重要因素，是赢得知心朋友的重要所在。

说话不要踩上"雷区"

"雷区"也就是一个忌讳，说话时千万不可以踩上"雷区"。因为你一旦踩上"雷区"，极易造成交际的失败，往往也会浪费你的一片苦心，从而引起别人强烈的反感。因此，了解他人的"雷区"是在人际交往中不可忽视的环节。

"雷区"主要有生理和心理两种。

1.生理"雷区"

一些有生理缺陷的人都会对他们的生理缺陷非常敏感。因此在与这类人交往时，要特别谨慎。不要对秃顶的领导说："你真是聪明绝顶。"也不要对双臂残疾的领导说他"两袖清风"。也尽量不要当着腿残废的人赞美别人说"我佩服得五体投地"之类的话。这样会使他们的心里留下阴影，甚至会使有生理缺陷的人误以为你有意嘲笑他。但一般说来，生理缺陷比较容易发现，只要稍加留意便可避免。

2.心理"雷区"

心理"雷区"往往是由于某些人因为一些特殊的经历所形成的，那些不愉快的记忆隐藏在人们的心中，无形中会形成一种忌讳。

有一位下属给他的领导去祝寿，当着众人的面，他向领导作祝词时说："希望我们的王厂长将来能大富大贵、儿孙满堂。"一席话说得王厂长脸色发青。原来王厂长的独子刚刚在车祸中过世，其妻子因为已经实行计划生育，没有再生的能力，而这位下属初来乍到，因此并不知情。而这位厂长却以为他故意嘲笑他断子绝孙，因此不顾贵宾云集，竟摔杯而去，弄得这位下属很尴尬。这位下属虽然并不是有意，却冲撞了王厂长的忌讳，结果弄得不欢而散。

在与朋友相处时，有时会因为二人关系密切，习惯成自然，对对方的忌讳满不在乎，结果往往使朋友陷入尴尬的境地，有时甚至会致使二人的感情破裂。

钱英和张敏是一对形影不离的好朋友，二人私底下无话不谈。在一次同学聚餐上，钱英一时兴起，笑着对大家讲了张敏暗恋班上某男生的事，而那位男生已经有了女朋友，而且当时也都在场，一时间，弄得张敏下不了台，气着跑开了。这就警示我们，千万不要在众人面前暴露好朋友的隐私，既然是隐私也就是不愿意让他人知道，如果让他人知道就冒犯了他或她的忌讳，是很不够朋友的表现。

心理上的雷区并不仅仅体现在个人的经历与隐私上，还表现在意识形态以及生活习惯上。比如对方若是信奉佛教，你就不可大谈对各种肉类的口感及味道，或是狩猎等与杀生有关的话题。信奉佛教的人往往清心寡欲，慈悲为怀。谈这些话题往往会引起对方的反感。每个宗教都有本身的禁忌的事物，最好能有所了解，以避免在谈话中导致冲突，以致尴尬无法收场。

当然，我们不可能尽善尽美地做到与任何人融洽地交谈，有些冲突也在所难免。但在说话之前，应尽可能了解对方的情况，对对方的好恶应有所了解。并且在谈话中，应保留一些敏感话题，以免出现意外情况，犯着对方忌讳，让自己吃不了兜着走。

感激之情要溢于言表

中国是有着五千年文化传统的礼仪之邦，中国人向来是重感情的，但含蓄内敛的天性又使得我们不善于表达自己内在的感情。在人们的日常生活和社会交往中，"谢谢"这两个字具有非凡的社交魅力。

很多人并非不想表达他们的感激之情，只是不知道该如何开口，所以选择了沉默。还有些人，他们充满感情的表达却让对方感到不自在。善于表达，懂得说谢谢的社交高手总是在表达的时候让人感到内心的愉悦。

当然，在人际交往中，怎样说"谢谢"应注意以下几点。

1.言为心声

"谢谢"应该是心中一腔感激之情在语言上的自然流露。要做到声情并茂，语调欢快，吐字清晰，而不能含混不清、嘟嘟哝哝。而且说"谢谢"时，眼睛要看着被感谢人，脸上应有诚恳、生动的表情，并配以恰当的手势动作。不过，动作不要夸张死板。可以设想一下，您在感谢时，倘若手舞足蹈、举止轻浮，一下子拍拍对方的肩，一下子拉拉对方的手；或者表情木然，低着头或看着别人，那么，对方肯定会心生不快之感。

2.注意场合

如果与对方单独在一起时，对他（她）表示感谢，一般会有好效果，也不会使被感谢人难堪。同时，还要注意双方的关系。例如，双方是一般熟人或同事关系，可以用直接"感谢您""非常感谢"之类的话。可用称赞语或陈述语来表达谢意。儿子对妈妈就可以说："妈妈，您真好，是天底下最好的妈妈。"

3.形式多样

感谢从不同的角度分，有不同的种类。有对对方个人的感谢，也有对对方单位的感谢；有对对方行为的感谢，也有对对方人品的感谢；有个人之间的感谢，有群体之间的感谢，还有国家之间的感谢；有语言的感谢，有礼物的感谢；有口头的感谢，有电话感谢，有信函感谢。应选用恰当的类型与渠道，例如做客时受到盛情款

◇ 说"谢谢"要有角色意识 ◇

不同的人心理是不同的。对什么人说"谢谢"和怎样说"谢谢"都很有讲究。因此，你在说"谢谢"时要讲究点"角色意识"，即对不同的感谢对象，要有不同的表达方式。

多谢老爷子指点，我这就照办。

1.对老年人

老年人对自己提出的意见很有自信，青年人表达感谢时，应采取敬重的态度。

2.对未婚女性

当男士对未婚女性表示感谢时更应谨慎表达，避免产生误会。

谢谢你之前帮我美言。

还是刘姐大方，下次请你吃饭哈。

3.对年龄稍大的女性

此时可以说些更朴实的话比简单地说"谢谢"要好得多。

待，可以在第二天打电话表示感谢。如果是公事访问，可以在访问之后用电报信函方式表示感谢。

要记住：与别人交往时，"感激之情要溢于言表"，一声源自内心的感激，一定会赢得别人的心。此外，表达感激时最重要的是要端正自己的态度，表达你的感激时最好要专注地看着对方，这样你的话才显得是出于真心的，你的感情才显得真挚。

关怀的理念

对人关心和体贴，自然会让人感到温暖。多说这一类的话，会赢得真心的感动和感激。体贴，代表了对别人的爱护、关切和照顾。歌曰："只要人人都献出一点爱，世界将变成美好的人间。"对别人体贴就是对别人献出了爱，别人受爱的感化，也会以爱相回报。体贴的话会换来友爱，换来真诚，而"友爱"和"真诚"是每个人都需要的。有些人不是慨叹这世上"友爱"和"真诚"太少了吗？其实，只要问问他："你又给过别人多少体贴呢？"恐怕回答起来就很尴尬了。

此外，你平时对别人表现出的关怀，还会成为你求别人办事的一种途径。想想你平时对别人那么好，谁还能拒绝为你办些事情呢？

试想有一天，你去找你的朋友，请他出面帮助你办某件事。

平常你的朋友身体健康、精力充沛，在工作上也颇得心应手，单位内的人都认为他很有前途。可是有一天，他显露出悲伤的脸色，很可能是家中发生了问题。

他虽不说出来，一直在努力地抑制，可总会自然而然地在脸上流露出苦恼的表情。对这位朋友来说，这实在是件很尴尬的事，平时为了不让下属知道，他不得不极力装得若无其事。你们共进午餐后，他用呆滞的眼神望着窗外。此时，他那迷惑惘然的脸色，已失去了朝气。你对这种微妙的脸色和表情之变化，不能不予以注意。你尽你最大的设想，找出他真正苦恼的原因，并对他说："小王，家里都好吗？"以假装随意问安的话，来开启他的心灵。

"不！我正头痛呢，我太太突然病倒了！"

"什么？你太太生病了！我怎么一点都不知道？现在怎么样？"

"其实也不需要住院，医生让她在家中疗养。太太生病后，我才感到诸多不便。"

"难怪呢！我觉得你的脸色不好，我还以为你有什么心事，原来是你太太生病了。"

"想不到你的观察力这么敏锐，我真佩服你。"

他一面说着，脸上一面露着从未有过的笑容，此刻可以知道你成功了。在人生最脆弱的时候去安慰他，这才是你应有的体谅和善意。朋友由于悲伤，故心灵呈现出较脆弱的一面。此时，更不应再去刺激他，而应当设法让他悲伤的心情逐渐淡化。朋友的苦恼，在尚不为人知晓前，自己应主动设法了解，相信你的这份善意，他会受感动的。自然，这以后，朋友会心甘情愿地帮助你。

◇ 怎样表达自己的关怀之情 ◇

怎样在与别人交往时表达出自己的关怀之情呢，在说话的时候，你可以参考下面的几种方法。

坚强点，我们都支持你。

1 示之以鼓励

给遇到磨难或陷于某种困境的人指出希望，让他振作精神，乐观地从困境中走出来，对方会对你的善意表示感激。

还习惯吗？有什么需要跟我说。

2 示之以关心

不拘位卑位尊，人人都珍视感情。向别人表示关爱，别人也会把善意抛给你。

3 示之以同情

真诚地给以同情的表示，就可以让他感受到我们对他的体贴和关心。

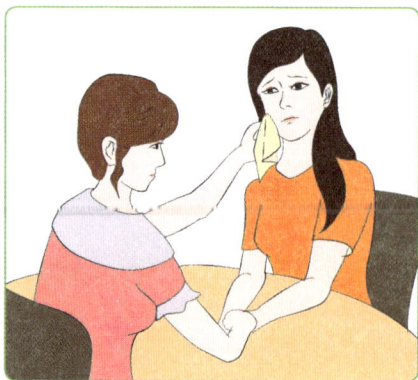

第二章

活化人际关系的幽默沟通术

用幽默平息他人的怒气

幽默的语言往往给人以诙谐的情趣，使人在笑意中有所领悟。幽默是缓解紧张、祛除畏惧、平息愤怒的最好方法。

一个可怜的、严肃的美国省议员觉得受到了别人的侮辱，他怒气冲天，迫不及待地想报复，但一时又找不到什么方法，结果，他的行为举止好像一个小学生一样幼稚：小学生往往会去找老师告状，要求老师去惩罚他的敌人，这个议员则是去主席那里申诉。

这个议员找的是麻省省议会的主席柯立芝。这个议员所受的委屈使他相信柯立芝一定会替他当场主持公道的，但是，柯立芝却以一种非常幽默的方式把这件事解决了。

纠纷是这样引起的：当另一个议员在做一个很漫长的演讲时，这个议员觉得对方占用的时间太长，就走到对方跟前低声说："先生，你能不能快点。"话未说完，那个正在演讲的议员便回过头来，用严厉的口气低声呵斥他道："你最好出去。"然后仍旧继续演讲。

于是，这个受了委屈的议员走到柯立芝面前说："柯立芝先生，你听见某某刚刚对我说的话了吗？"

"听见了，"柯立芝不动声色地答道，"但是，我已经看过了有关的法律条文，你不必出去。"

这种回答实在是太聪明了。柯立芝把那位议员的愤怒当成了玩笑，他没有让自己卷入这种儿童式争吵的漩涡中去，就是因为他能看出这种无聊争吵的幽默之处。

机智的人不仅善于以局外人的身份化解他人的争吵，而且更善于打破在与人交往时因发生矛盾而出现的僵局。

有一天，在拥挤喧闹的百货大楼里，一位女士愤怒地对售货员说："幸好我没有打算在你们这儿找'礼貌'，在这儿根本找不到！"

售货员沉默了一会儿说："你可不可以让我看看你的样品？"

那位女士愣了一下，笑了。售货员的幽默打破了他们之间的尴尬局面。

人们为了解决求学、工作、住房、购物等方面的问题，往往要与人交涉。学会在交往中适时地表现幽默，你的成功几率一定会大大增加。

在把事情弄得很紧张、很严重的时候，能从这种白热化的僵局中看出其中所包含的幽默成分，便可巧妙地避免麻烦和纠纷。如果柯立芝或是那位售货员对于争吵也采取一种较真的态度，那对于大家又有什么好处呢？无非是更加激化双方的矛盾。而由于采取了一种幽默的态度，柯立芝便缓解了那种大伤感情的纠纷，那位售货员也巧妙地批评了那位女士的无礼，从而制止了进一步的争论。

把拒绝的话说得幽默些

拒绝的话一向不好说，说不好就很容易得罪人。因此拒绝他人时，要讲究策略，最重要的一点就是含蓄委婉。而幽默地拒绝正能巧妙地体现这一点。用幽默的方式拒绝别人，有时可以故作神秘、深沉，然后突然点破，让对方在毫无准备的大笑中失望。

有一位"妻管严"，被老婆命令周末进行大扫除。正好几个同事约他去钓鱼，他只好回答："其实我是个钓鱼迷，很想去的。可成家以后，周末就经常被没收了啊！"同事们哈哈大笑，也就不再勉强他了。

有时候拒绝的话像是胡搅蛮缠，但因为它是用幽默的方式表达出来的，所以也就在起到拒绝目的的同时，让别人很愉快地接受了。

意大利音乐家罗西尼生于1792年2月29日，因为每4年才有一个闰年，所以等他过第18个生日时，他已72岁了。他说这样可以省去许多麻烦。在过生日的前一天，一些朋友来告诉他，他们集了两万法郎，要为他立一座纪念碑。他听了以后说："浪费钱财！给我这笔钱，我自己站在那里好了！"

罗西尼本不同意朋友们的做法，但他没有正面回绝，而是提出一个不切实际的想法："给我这笔钱，我自己站在那里好了！"含蓄地指出朋友的做法太奢侈，点明其不合理性。

此外，还可以用假设的方法，虚拟出一个可能的结果，从而产生一个幽默的效果，而这个结果正好是你拒绝的理由。这样，不仅不会引起不快，反而可能给对方一定的启发。

著名剧作家萧伯纳的辞爱方式，可以说是辞爱的经典。

有一日，萧伯纳收到著名舞蹈家邓肯的求爱信，她在情信中写道："如果我们结合，有一个孩子，有着和你一样的脑袋，和我一样的身姿，那该多美妙啊！"

萧伯纳看了信后，很委婉而又很幽默地回了她一封信，他在回信中说："依我看那个孩子的命运不一定会那么好，假如他有我这样的身体，你那样的脑袋岂不糟糕了吗？"

◇ 绕着圈拒绝别人 ◇

绕着圈子去拒绝别人，是讨人喜欢的一种幽默说话方式，但是这需要建立在巧妙、三言两语就能表达拒绝意见的基础上，其中委婉的幽默拒绝口才修炼包括：

大姐，我不吃鱼。

听说你喜欢小刘，是真的吗？

1.装聋作哑

对于不想回答的问题，可以装作没听见，糊涂带过。

如果你是我的妻子，我会喝掉它。

如果我是你妻子的话，我会在咖啡里放毒药。

2.转移话题

故意曲解问题的方向，说一些无关的话，转移话题。

这么巧，我送同事回家，你干什么去？

3.提前作答

在别人提问之前作答，给出答案，避免尴尬局面。

这位美女演员收到信以后，明白了萧伯纳的拒绝之意。她失望地离开了，但她一点也不恨萧伯纳，反而成了他最忠实的读者和好朋友。

不管对于中国人还是外国人，拒绝别人的话总是不好说出口，但拒绝的话又经常不得不说出口。这时不妨用幽默的方式说出拒绝的话，抹去对方遭到拒绝时的不愉快感。

用诙谐的话加深恋人间的感情

有一句在校园流传的"课桌文学"诗写道："忍看朋辈成双对，怒向花丛觅小姐。"不论单身的朋友还是热恋中的男女，都应重视幽默在恋爱中的作用。

那些在女人面前很受欢迎的男人，不管长相如何，都有一套逗人发笑的本领。只要一与这种人接近，就可以立即感受到一股快乐的气息，使人喜欢与他为友。一个整天板着面孔，不苟言笑的"老古板"，是绝对不会受到女孩子们欢迎的。不少情感心理学研究者认为，男人由于平时比女人话少，所以，男人的语言的分量就更被女人所注意。不少男人也正是利用幽默的手段来填补自己语言的匮乏，所以，他的魅力便永驻于人们对他的幽默的回味之中。

家庭之中夫妻争吵是一种普遍现象，不论是伟人还是普通人莫不如此，怨怒之中如果即兴来一两句幽默，往往会使形势急转而下。人们常说"夫妻没有隔夜的仇"，更多的时候都是这种豁达的幽默消除了隔阂。

男女朝夕相处，天天锅碗瓢盆，始终举案齐眉、相敬如宾反而是一种不正常的现象，有人戏称之为"冷暴力"。小吵小闹有时反会拉近夫妻间的距离，同时也使内心的不满得以宣泄，如果再加上幽默、机智的调侃，无疑使夫妻双方得到一次心灵的净化，保证了家庭生活的正常运行，请看下面这几对夫妻的幽默故事。

驾车外出途中，一对夫妻吵了一架，谁都不愿意先开口说话。最后丈夫指着远处农庄中的一头驴说："你和它有亲属关系吗？"妻子答道："是的，夫妻关系。"

妻子："每次我唱歌的时候，你为什么总要到阳台上去？"
丈夫："我是想让大家都知道，不是我在打你。"

新婚之夜，新郎问道："亲爱的，告诉我，在我之前，你有几个男朋友？"
沉默。
"生气了？"新郎想，过了片刻又问，"你还在生气？"
"没有，我还在数呢！"

结婚多年，丈夫却时时需要提醒才能记起某些特殊的日子。在结婚35周年纪念

◇ 二人世界离不开幽默 ◇

两个人相处时间长了，新鲜感会逐渐减弱，这需要一些"催化剂"来让感情再次发酵。而幽默这种人人喜欢的方式，正好可以充当这个光荣的角色。

> 如果你多注意饮食，就不会有热胀冷缩的体重了。

> 是啊，哈哈！

1.能温和地表达意见

幽默地表达对对方的意见和看法，不仅能达到目的，还不会伤害感情。

> 你再喝酒，我们就分居！你睡外面，我睡卧室！

> 在一个房间也可以的，你睡床的左边，我睡右边，如何？

2.能成功地化解矛盾

夫妻之间因小事而产生矛盾时，可以利用幽默来化解冲突、调节氛围。

> 哈哈，这书看完了可就得换新的。我看你还是做本新华大字典吧。

> 我看以后我还是变作一本书。这样你就可以整天把我捧在手上。

3.能巧妙表达歉意

用幽默表达歉意不仅能让对方感受到诚意，还不显得尴尬。

日早上，坐在桌前吃早餐的妻子暗示："亲爱的，你意识到我们每天坐的这两把椅子已经用了35年了吗？"丈夫放下报纸盯着妻子说："哦，你想换一把椅子吗？"

亨利的妻子临睡前絮絮叨叨的谈话令他十分不快。一天夜里，妻子又絮叨了一阵后，吻别亨利说："家里的窗门都关上了吗？"亨利回答："亲爱的，除了你的话匣子外，该关的都关了。"

以上五则故事中的夫妻幽默均恰到好处地表达了自己怨而不怒的情绪。有丈夫对妻子缺点的抗议，也有妻子对丈夫多疑的抗议，但其幽默的答辩均不至于使对方恼羞成怒，妻子用夫妻关系回敬丈夫也是一头驴，用数不完的情人来指责新郎的无端猜忌，丈夫用巧言指责妻子的絮叨，这幽默的话语听上去自然天成，又诙谐动听。这些矛盾同样有可能发生在我们每一个家庭之中，有时却往往因为两三句出言不逊的气话而使矛盾激化。

许多夫妻都有过类似的经历，无谓的争吵随时都会发生，一旦发生又会因愤怒很快失去理智，直至闹得不可开交，甚至拳脚相加。在日常生活中，我们常看到这种情景，在公共场合彬彬有礼的谦谦男子或女士，在家人面前同样也会为一些小事而大动肝火，有时即使是恩爱夫妻也不可避免地争吵，双方似乎都失去了理智，哪壶不开偏提哪壶，专揭对方的痛处、短处解气，唇枪舌剑，互不相让；及至冷静下来，才发觉争吵的内容原来是那样愚蠢、无聊。殊不知忍一时风平浪静，退一步海阔天空，多用幽默少动气不是一样也可占尽心理上的优势吗？一家之主的男人应该以幽默博大的胸怀包容妻子的一切不满，这是上帝在亚当夏娃时代便定下的规矩。

总的来说，在两个人的世界里，幽默可以发挥令人意想不到的效果，它可以增进恋人之间的感情，调节气氛，制造亲切感，它还可以消除疲劳和紧张感，使两个人都能够轻松、快乐地面对生活。

让幽默增添自身的魅力

所有的人都会年华已逝，红颜不再。但岁月只能风干肌肤，而睿智和幽默的魅力却不会减去分毫。

乔羽不但歌词写得好，而且话也说得妙，乔羽的幽默诙谐、能"侃"会说在文艺圈内久负盛名。

据报载，某年6月中旬，中国民族声乐比赛初评在武汉举行，乔羽是评委之一。在有火炉之称的武汉一天三班的连续听录音，对65岁的乔羽可不轻松。为了解闷，乔羽不断地抽烟，一边抽还一边念念有词："革命小烟天天抽。"也是评委的歌唱家邓玉华为乔羽补充了三句，成了一首打油诗："革命小烟天天抽，遇到困难不犯愁；袅袅青烟佛祖嗅，体魄康健心长寿。"乔羽听罢，微微一笑，他联想到邓玉华每餐节食的情景，也回敬了一首："革命小姐天天愁，腹围过了三尺九；干脆天天吃肥肉，明天又到四尺九。"众人听后都捧腹大笑，连日来的劳累烟消云散。

乔羽不是美男子，由于头发稀少，不熟悉他的人，往往容易将65岁的乔羽判断为七八十的老人。但乔羽从未感到自己老了，他说："我从18岁就开始脱发了，看来是不会再长了，索性毛全掉光，成了老猴子，倒用不着理发了。我心里从没有感到老。年龄是你的一种心理上的感受，你觉得自己老了，即使年轻也真的老了；你觉得自己还年轻，即使老了你也还年轻。"

上面的故事充分展示了乔羽乐观向上的精神面貌，他善于幽默，他用自嘲的手法跟自己开起了玩笑，不言头发而称"毛"；并自喻"老猴子"，让人闻之不禁莞尔，而"倒用不着理发了"一句则在幽默之中透露出了乔羽的豁达心境。

幽默的魅力，仿若空谷幽兰，你看不到它盛开的样子，却能闻到它清新淡雅的香味；幽默的魅力，又如美人垂帘，人不能目睹美人之芳华，却能听到美人的声音，间或环佩叮咚，更引人无限遐思……

启功先生的前半生可以说是充满坎坷和艰辛，1岁丧父，母子二人便由祖父供养。10岁祖父过世，家道中落，一贫如洗，再无钱读书，由于得到祖父门生极力相助，才勉强读到中学，但尚未毕业，由于个性坚强，不愿再拖累别人，便决心自谋生路。经祖父的门生傅增湘先生介绍，认识辅仁大学校长陈垣，经陈垣介绍到中学任教，但两份工作皆因没有文凭而被炒。但他却没有绝望，一边靠卖字画为生，一边自学，最后终于在辅仁大学谋到一个教职。此后，在陈垣校长的耳提面命之下，取得长足进步。

经过无数人生历练的启功先生，不但在艺术上取得了非凡的成就，而且也在心灵上步入了大彻大悟之境，生命中充满着一种"身心无挂碍，随处任方圆"的大气和洒脱。

启功先生成名之后，便经常有人模仿他的笔墨在市面上出售。有一次他和几个朋友走在大街上，路过一个专营名人字画的铺子，有人对启功说："不妨到里面看看有没有你的作品。"启功好奇，大家就一起走进了铺子，果然发现好几幅"启功"的字，字模仿得也真够到家，连他的朋友都难以辨认，就问道："启老，这是你写的吗？"启功微微一笑赞道："比我写得好，比我写得好！"众人一听，全都大笑起来。谁知说话之间，又有一人来铺里问："我有启功的真迹，有要的吗？"启功说："拿来我看看。"那人把字幅递给他。这时，随启功一起来的人问卖字幅的人："你认识启功吗？"那人很自信地说："认识，是我的老师。"问者转问启功："启老，你有这个学生吗？"作伪者一听，知道撞到枪口上了，刹那间陷于尴尬、恐慌、无地自容之境，哀求道："实在是因为生活困难才出此下策，还望老先生高抬贵手。"启功宽厚地笑道："既然是为生计所害，仿就仿吧，可不能模仿我的笔迹写反动标语啊！"那人低着头说："不敢！不敢！"说罢，一溜烟地跑了。

同来的人说："启老，你怎么让他走了？"启功幽默地说："不让他走，还准备送人家上公安局啊？人家用我的名字，是看得起我，再者，他一定是生活困难缺钱，他要是找我借，我不是也得借给他吗？当年的文征明、唐寅等人，听说有人仿造他们的书画，不但不加辩驳，甚至还在赝品上题字，使穷朋友多卖几个钱。人家古人都那么大度，我何必那么小家子气呢？"启功的襟怀比之古人，可以说是有过之而无不及。

幽默是一种心境、一种状态、一种与万物和谐的"道"。

幽默的语言来自纯洁、真诚和宽容如大海般的心灵，是生命之中的波光艳影，是人生智慧之源上绽放的最美丽的花朵，是人们能够从你那里享受到的心灵阳光。幽默之魅力，如英国谚语所云："送人玫瑰之手，历久犹有余香。"

生活中不妨多点幽默来做"调节剂"

为了应付人生大大小小的挑战，你需要力量——不论你是为人父母或是为人子女，是教师或是学生，是售货员或是消费者，是老板或是职员，是上司或是下属，幽默都能赋予你战胜困难的力量。

幽默的力量体现在沟通上，就像我们打开电灯开关，电流便沿着电线输送到机器上一样，只要按下幽默的按钮，也能促使一股特别的力量源源而来。我们可以把这股幽默的力量导向他人，并与他人直接沟通。

有一位年逾80的老先生在接受身体检查时说："医生，你可记得上回你说我有一大堆毛病，说我得学会和这些毛病生活在一起？包括我的关节炎、视力减退、重听、高血压。"

医生回答说："信任我吧，你很快就能学会和这些毛病生活在一起的。"

"我知道。"老人也同意，"现在，我在想，您是不是可以再加一项，加上一个20岁的妻子！"

把"因幽默的力量而享受趣味"加在你的日程表上，学会去生活得更快乐，以轻松的心情面对自己，而以严肃的态度面对人生，掌握你自己的幽默力量。

1.幽默是烦恼生活的开心剂

生活绝非全是幸福，与幸福相对的就是烦恼，这是一对孪生的兄弟，谁也离不开谁。一般的家庭，遇上烦恼的事情，往往是一方发火，甚至双方发火，发展到大吵一场，从而带来更大的烦恼和不快。幸福的家庭同样也有烦恼，只不过解决的方法不同，他们在理性解决烦恼的同时，往往还运用幽默的手段，化烦恼为欢笑。

2.幽默又是趣味生活的添加剂

生活需要趣味，而且是各种各样的趣味，于是世界便有了层出不穷的志趣、理趣、情趣、谐趣、童趣、野趣、真趣、闲趣、文人雅士之趣、市井小民之趣、渔夫

◇ 幽默是生活的力量 ◇

幽默不仅可以让我们少些烦恼、多些快乐，还可以给我们带来更多的裨益。

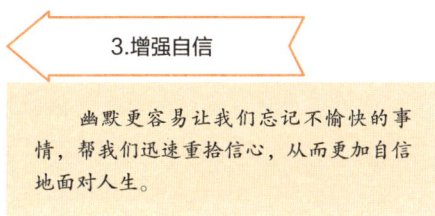

> 哈哈，这说明您看起来像是一位非常棒的妈妈。这可是女人最宝贵的气质哦。

> 那不是我的孩子，我还没有结婚。

> 您的孩子真可爱！

1.润滑人际关系

生活中的一个小幽默可以消除人际误会，润滑人际关系。

> 你这孩子真幽默，让我度过了愉快的一天，以后常来玩啊。

2.获得良师益友

幽默在生活中散发出独特的魅力，像一个有魔力的磁场，能帮你吸引志趣相同的良师益友。

3.增强自信

幽默更容易让我们忘记不愉快的事情，帮我们迅速重拾信心，从而更加自信地面对人生。

橇子之趣、灯红酒绿之趣、田园牧歌之趣，还有猫之趣、狗之趣、花鸟鱼虫之趣如果再加上幽默，我们不妨称它为"幽默趣"。

幽默是趣味生活的添加剂，因为生活中存在着幽默，关键是你能不能发现它，并且用幽默的语言来解释它，那样你的生活就会更加充满乐趣。

幽默是艰苦生活的调味剂。生活有时是相当艰苦的，有幽默感的人善于苦中作乐，用幽默作为艰苦生活的调味剂，鼓励自己克服困难，渡过难关。

3.幽默还是天伦生活的合成剂

为了延续后代的需要，人类有繁衍后代的本能，所谓"不孝有三，无后为大"是也。儿孙绕膝、其乐融融——天伦之乐也！所以，没有子女要烦恼，有了子女也要烦恼，不过在后一种烦恼中，蕴含着天伦之乐罢了。

德斯坦从小很顽皮，经常问一些使他父亲难以回答的问题。一次，他考试成绩不佳，得了个倒数第10名，父亲很不满意。德斯坦问父亲道："1和20，哪一个数值大？"

"自然是20的数值大。"爸爸不假思索地回答。

德斯坦接着问道："那么我考试列第20名，不是比第1名好吗？你为什么不满意？"

德斯坦的幽默告诉我们这样一个道理：不要强求子女的成绩，因为不可能所有的学生成绩都是100分，有时要"顺其自然"，这样"天伦"之间才有"乐"可言。

不然就要徒增烦恼了。

生活有时会像一个喜剧小品，充满了幽默感；聊天，有时也会像一段相声，使人觉得妙趣横生……处在那样一种心境，你会感到：生活，是多么美好！

谈判中用幽默化干戈为玉帛

一般人认为，谈判是很正式与严肃的。其实谈判中运用幽默技巧，可以缓和紧张形势，造成友好和谐的气氛，也就缩短了双方的心理距离，钝化了对立感。因为，谈判时具有幽默感能使你情绪良好，充满自信，思路清晰，判断准确。

谈判中要使自己进退自如，没有幽默力量是很难达到这种境界的。

1959年，美国副总统尼克松访问苏联。在此之前，美国国会通过了一项关于被奴役国家的决议。赫鲁晓夫在与尼克松的会谈中激烈地抨击了这个决议，并且怒容满面地嚷道："这项决议很臭，臭得像马刚拉的屎，没什么东西比这玩意儿更臭了！"作为国家元首，这样的场合，这样的讲话有失体面。

尼克松曾认真地看过赫鲁晓夫的背景材料，得知他年幼时曾当过猪倌，于是盯着赫鲁晓夫，说："恐怕主席说错了。还有一样东西比马屎更臭，那就是猪粪。"

谈判桌上，赫鲁晓夫无所顾忌，出言不逊，好在尼克松幽默诙谐、暗藏讥讽。否则，两人大吵大嚷，那么谈判就成了市井中的吵架、撒野了。

◇ 幽默可营造良好的谈判氛围 ◇

我们每个人在社会生活中都不可避免与别人接触。这样你就自觉或不自觉成为谈判的参与者。幽默能使你在谈判中左右逢源，常常在"山重水复疑无路"时变得"柳暗花明又一村"。

会议还没开始呢，你们就先热身了。

1.幽默能缓和对立态势

双方发生争执时，一句幽默的话语就能瞬间化解对立双方的情绪，从而有利于下一步问题的解决。

开个玩笑，缓解下气氛。

2.幽默能缩短双方距离

通过幽默的方式可以调节会场气氛，增进人际关系的和睦，从而有利了解决问题。

刘先生很幽默，跟您这样的人谈合作很舒服。

3.幽默能让你轻松应对谈判

幽默的环境能让人心情愉悦，思维敏捷，在谈判时更能激发思维的碰撞，达到最佳的谈判效果。

美国沃思堡市亿万富翁巴斯四兄弟被喻为谈判桌上的奇才。巴斯兄弟在1981年想买下即将破产的皮尔公司，但他们却对皮尔公司的董事会说："你们在其他地方或许能找到更好的买主！"并且还将他们可能感兴趣的投标者的名字一一告诉他们。最后巴斯兄弟说："如果你们没其他选择的话，就来找我们。"结果巴斯兄弟如愿以偿，这笔生意按他们的设想成交了。

巴斯兄弟的谈判技巧和水平是高超的。他们认为，做生意好比追求女性，如果你狂热地追求她，她会扬长而去；而当你后退时，她却会跟着你走。多么风趣而幽默的构思啊！

1943年，英国首相丘吉尔与法国总统戴高乐由于对叙利亚问题的意见分歧，两人心存芥蒂。直接原因是戴高乐宣布逮捕布瓦松总督；而此人正是丘吉尔颇为看重的人物。要解决这一件令双方都颇为棘手的事，只有依靠卓有实效的会晤了。

丘吉尔的法语讲得不是很好，但是，戴高乐的英语却讲得很漂亮。这一点，是当时戴高乐的随员们以及丘吉尔的大使达夫·库柏早就知道的。

这一天，丘吉尔是这样开场的，他先用法语说道："女士们先去逛市场，戴高乐和其他的先生跟我去花园聊天。"

然后他用足以让人听清的声音对达夫·库柏说了几句英语："我用法语对付得不错吧，是不是？既然戴高乐将军英语说得那么好，他完全可以理解我的法语的。"语音未落，戴高乐及众人哄堂大笑。

丘吉尔的这番幽默消除了紧张，建立了良好的会谈气氛，使谈判在和谐信任中进行。

第三章

第一次就给人留下良好印象的谈话方式

怎样快速让陌生人对你产生好感

在我们的一生中，经常可以遇到这种情况：必须和一群不认识的人打交道。打破与他们之间的界限，消除无形的隔膜，顺利地把自己的意见和思想传达、灌输给他们，使他们能欣然接受，并赞成拥护，甚至把他们变成自己的朋友，要做到这些绝对需要不凡的智慧。

当今世界人际交往极其频繁，参观访问、调查考察、观光旅游、应酬赴宴、交涉洽商……善于跟素昧平生者打交道，掌握"一见如故"的诀窍，不仅是一件快乐的事，而且对工作和学习大有裨益。那么，如何才能做到"一见如故"呢？请看下面的例子。

威尔逊刚当选新泽西州州长后不久，有一次赴宴，主人介绍说他是"美国未来的大总统"，这本来是对他的一种恭维，而威尔逊又是怎样回应的呢？首先威尔逊讲了几句开场白，之后接着说："我转述一则别人讲给我听的故事，我就像这故事中的人物。在加拿大有一群钓鱼的人，其中有位名叫约翰逊，他大胆地试饮某种烈酒，并且喝了很多。结果他们乘火车时，这位醉汉没乘往北的火车，而错搭往南的火车了。其他人发现后，急忙打电报给往南开的列车长：'请把那位叫作约翰逊的矮人送到往北开的火车上，他喝醉了。'约翰逊既不知道自己的姓名也不知道目的地是哪儿。我现在只确定知道自己的姓名，可是不能如你们所说的一样，确实知道自己的目的地是哪儿。"听众哈哈大笑。

富兰克林·罗斯福刚从非洲回到美国，准备参加1912年的参议员竞选。因为他是西奥多·罗斯福的侄子，又是一位有名的律师，自然知名度很高。在一次宴会上，大家都认识他，但罗斯福却不认识所有的来宾。同时，他看得出虽然这些人都认识他，然而表情却显得很冷漠，似乎看不出对他有好感的样子。

罗斯福想出了一个接近这些自己不认识的人并能同他们搭话的主意。于是他对坐在自己旁边的陆思瓦特博士悄声说道："博士，请你把坐在我对面的那些客人的大致情况告诉我，好吗？"陆思瓦特博士便把每个人的大致情况告诉了罗斯福。

了解大致情况后，罗斯福借口向那些不认识的客人提出了一些简单的问题，经过交谈，罗斯福从中了解到他们的性格特点和爱好，知道了他们曾从事过什么事业，最得意的是什么。掌握这些后，罗斯福就有了同他们交谈的话题，并引起了他们的兴趣。在不知不觉中，罗斯福便成了他们的新朋友。

◇ 如何迅速与陌生人交朋友 ◇

消除陌生感，取得陌生人的好感是一件不容易的事情。所以我们在与陌生人见面前应先了解对方，找到谈话的切入点，利用好开始的几分钟，迅速与陌生人交朋友。

1.将对方最得意的事情作为话题

引导别人谈论自己擅长的事情会迅速拉近两人关系。

2.不吝啬你的赞美

人人都渴望被别人赞美，当对方听到你的赞美，心情也会变得好起来，从而愿意与你交谈下去。

3.迎合对方兴趣点

善于交谈的人，即便是完全陌生的人，他也能打破沉默，在闲谈中主动迎合对方的兴趣点。

4.了解对方最关心的事情

了解对方近期内最关心的问题，迅速让对方打开"话匣子"。

1933年，罗斯福当上了美国总统，他依然采取和不认识者"一见如故"的说服术。美国著名的新闻记者麦克逊曾经对罗斯福总统的这种说服术评价道："在每一个人进来谒见罗斯福之前，关于这个人的一切情况，他早已了如指掌。大多数人都喜欢顺耳之言，对他们做适当的颂扬，就无异于让他们觉得你对他们的一切事情都是知道的，并且都记在心里。"

当你有机会预先知道你将遇见一位陌生人，那么你就要预先向你们双方都认识的朋友们，探听一下对方的情形。关于他的职业、兴趣、性格、过去的历史等，你能够知道得越详细越好。不过，在其中的某些方面，你要提防，你的朋友或许对这位你将认识的人有偏见。当你走进那位陌生者的住所时，你要能够善于观察，看看能不能找到一些线索使你对于他了解得更多一点。

在主人公的墙上，常常会找到了解对方的线索。要知道那墙上的东西，不同那些笨重的桌椅家具。一般家庭的家具往往不是完全根据主人公的口味购置的，也不是随时可以更换的东西。可是墙上、桌子上、窗台上那些装饰、摆设，却常常展示着主人公喜爱的情调、兴趣的中心。如果你能把这些当作一个线索，不仅可以由此深入主人公心灵的某一方面，同时也可能使你对人生、对世界增加一些见识。

只要你能加以留心，在你所到过的别人的房间里面，无论是新交的，还是旧识的，你都可以发现主人公的精神世界里许多宝贵的东西。

你只要能够欣赏这些宝贵的东西，你不但可以交到无数的亲切知心的好友，在你本来认为平庸无奇的人身上发现许多值得你敬佩的品德，而且也会使你自己的心胸日益开阔，使你自己的人生日益丰富起来。

墙上挂着什么画呢？

是什么画家的画呢？

如果墙上挂的是些摄影，你能不能因此揣测对方是一个摄影的爱好者呢？

如果他挂的是自己的杰作，你能不能因此晓得他个人对摄影的技术修养和爱好情趣？

如果他所摄的景物不是本地的风光，是不是可以从这里了解一下他过去的行踪呢？

他会告诉你这是他在何地拍摄的，往往因此会引起一段主人公最有兴趣、最想让别人知道的故事，也因此会引起一段极愉快、极投机的谈话。

让面试官快速接受你的说话方式

从一定意义上说，面试的过程是一个让面试官接受你、欣赏你的过程。如果能在最短的时间内发挥出自己的聪明才智，让面试官眼前一亮，你就会有很大胜算。

1.表明你的工作态度

国外某家企业欲招聘一个职员，有3位求职者报名前来。招聘人员让这3个人想象正在打扫，然后问道："你们在做什么？"

第一个应聘者说："打扫屋子。"

第二个应聘者说："我正在做钟点工，每小时3.3美元。"

第三个应聘者说："你问我吗？我在整理一座世界上最庞大的宾馆。"

结果，第三个应聘者被录取了。

如果你作为公司的主管人员，不难想象这3个人未来发展的情况会怎样。最可能的情况是：前两人依然是清洁工。他们没有远见，不重视自己的工作，缺乏追求更大成功的推动力。这种人很难为企业的发展做出创造性的贡献。但是，那位把自己看成在整理大宾馆的清洁工绝不会永远是个工人。也许他已成为管理者，甚至成为有名的宾馆经理。第三个清洁工已经掌握了新的思维方法，这为他在工作中的自我发展开辟了道路。

一个人的工作态度能说明他是否能担负大任。事实上，对于招聘者如何判断求职者能否适合某项工作，就是看他对目前的工作有何看法。如果求职者认为自己的工作很重要，就会给招聘者留下深刻的印象，即使他对那项工作还有不满。道理很简单，如果他认为他目前的工作很重要，那很可能为他的下一个工作自豪。这是许多单位选人的重要原则。一个人的工作态度同他的工作表现有着密切的关系。他的工作态度，正如他的仪表一样，会对上级、同事和下级，乃至他接触的大部分人说明他内在的品质。

2.亮出你的新意

青青去深圳某电子公司应聘时，穿的是一袭雅致的连衣裙。老板问她，为什么愿意离开家，从遥远的西安来深圳打工。

青青微笑着说："在深圳一年四季都可以穿裙子！"这出乎意料的回答，令老板十分欢喜。他马上笑着站起来，走过去握着她的手说："好，我们欢迎你，你有一颗纯真质朴的心。"青青用一句轻松的调侃，就将一个很难的问题轻松化解，表现了较高的应变能力。

陈锋南下广州，第一次参加应聘面试，迟到了，到达该公司时，已有30个求职者排在他前面，他是第31位。

怎么能引起主试者的特别注意而赢得职位呢？陈锋很快拿出一张纸，在上面写了一些东西，然后折得整整齐齐，走向秘书小姐，恭敬地对她说："小姐，请你马上把这张纸交给老板，这非常重要！"

那小姐很称职，点点头把那张纸条取走，并很快送到老板的桌上，老板看后笑了起来，因为纸条上写着："先生，我排在队伍的31位，在你看到我之前，请不要做出决定。"

最终陈锋得到了工作，这是他善于用脑的结果。确实，一个会动脑筋的人，一定是个富有创意的人，而这家广告公司所要的人才，就是要想象力丰富、有创意。

招聘者有时会出些尴尬情境中的难题，看应试者怎样应答。应试者这时如果能随机应变，表现出色，就会一下子赢得招聘者的好感。

3.个性鲜明

"山不在高，有仙则名；水不在深，有龙则灵。""个性鲜明"的回答往往容易给人留下深刻的印象。

那么怎样回答才会突出个性呢？

要想突出个性，首先要实事求是，怎么想（做）就怎么说（当然，除一些敏感性问题须有适度的分寸之外）。例如，当你被问道："你喜欢出差吗？"你可以直率地回答："坦率地说，我不喜欢。因为从一地到另一地去推销商品并不是一件惬意的事。但我知道，出差是商业活动中的一个重要部分，也是推销员的主要工作之一。所以说，我不会在意出差的艰辛，反而会以此为荣。因为我非常喜欢推销工作。我想这一点更重要。"又如，主持面谈的经理问你："如果我们接受你，你会干多久呢？"如果你这样回答："没人愿意把一生中最为宝贵而有限的时光花在不停地寻找工作当中；也不会有人甘愿把他（她）所喜爱的东西轻易放弃。就拿这份工作来说，如果它能使我学以致用，更多地发挥我的潜力，而我也能从中获取更多的新知识与技能，并且也能得到相应的回报，那么我没有理由不专心致志地对待我所热爱的工作。"那么你所表现出的机敏、坦诚与个性，一定是招聘者最为欣赏的。

所以说，真实的思想与坦率的语言就是"个性突出"的最佳体现。

相亲择偶时如何交谈

现在虽说许多青年男女都采取自由恋爱的方式结合，但传统的相亲择偶还在一定范围内影响着我们的生活。第一次见面相亲时的交谈是采用这些方式谈恋爱能否成功的关键。

前来相亲的男性是为了选择终生的伴侣，所以想结婚的女性在相亲的时候，一定要给对方留下美好的印象。

"讨老婆，麻雀胜凤凰"，有人这想，何况相亲双方早就看过照片，要是不中意也就不来了。

由于双方已经互相交换过履历表，对于学历、年龄和家庭状况略知一点点。因此前来相亲者，多数对于预知的概况感到满意。

下面我们看一下一对男女相亲时的对话：

"我喜欢吃，也喜欢烹饪，从中学时代就常常帮妈妈的忙，所以我对烹饪十分有信心。"

◇ 初次见面交谈有禁忌 ◇

在婚恋交友过程中，要学会通过言谈展现自己的魅力，但是有些话题不宜在初次见面时提起：

你介绍下你的情况吧。

1.对方隐私

交谈中切忌过细打听对方情况，涉及隐私的问题最好让对方自己开口。

她长得很像我前任。

原来你还没忘。

2.之前的见面对象

不要谈论之前见面的对象，因为不论评价好坏，都会引起误会。

全是你怎样怎样，真是没有意思。

3.跟自己有关

跟自己有关的话题虽然能够成为自己的谈资，但是却无法引起对方兴趣。

"那很好！这么一来，我经常可以品尝美味了。当你的先生一定很幸福。"

"我学过葡萄牙菜和中国菜，现在正在学习日本料理和下酒小菜。"

"很好啊！下回再来拜访你，就让你请客。我的嗜好也是吃。"

"欢迎！我特别下点功夫，弄几道菜，就像蚝油鸡片、八宝鸭、鞭蓉鱼片汤，不错吧？"

"哇！这是正式的宴会名菜，不是一流的餐馆还做不出来呢！"

相亲时的交谈如果能够如此进行，最后缔结良缘的机会就相当高了。

另外，女性的娇羞也是最叫男性着迷的武器，"羞答答"的表情最能体现女性的风韵。

"哟，多不好意思！我不要。"

"请不要让我难堪！我最怕遇见陌生人。"

女性这样娇羞地说，男性会想"这样才有女人味"。

女性要使相亲成功，就要努力展示自己的魅力，让男性感觉你是一位有知识、有教养的女性，例如，钢琴弹得好、舞技高超、英语流利，等等。这些素养你不说，他是发现不了的。但魅力必须配合对方的兴趣来表达才正确，并且在宣传自己的魅力时要干净利落地表现出来。

初次见面，如何说话让男方父母喜欢

一般男方的家长对女方的人品比较关心。他们大都希望自己未来的儿媳妇温柔、善良、勤快和能干，具有东方传统女性的美德。

现代母亲对儿媳妇的选择标准无疑已经宽松多了，所以假如你对于家常细务不太了解也不必慌张，不懂的话，你不妨向他的母亲请教。上了年纪的女人，大多高兴有指导别人的机会，与其使她发觉你太聪明，倒不如使她觉得你文静得有点"傻"。

有些男方家长本身不善言谈，他们已经习惯了家里面的安静气氛，对什么事情都不会喜怒形于色，就算是未来的儿媳妇上门拜访，他们表面上也不过是多了个客人而已，但在心里面，却在细细地对你评头论足，所以你要做好充分的思想准备来抵挡他们那看似淡漠实则探寻究竟的目光。在言谈举止方面要表现得既传统又现代。所谓传统是指：他们在做饭、端菜时要主动抬手帮忙。尽量避免纵声大笑、高声喊叫或当着他们的面跟男友亲热，更不可当众训斥男友或者耍性子、任性、撒娇、生气等。所谓现代是指：你要有你这个年龄应有的活泼和开朗，能让他们感受到你的青春气息，既端庄大方又活泼快乐，表现在说话上要口齿清晰、表情温柔、略显羞涩，并对他们尊重有加。

有的男方家长爱子心切，急于尽快给儿子找媳妇，好传宗接代，因此他们不大挑剔媳妇什么，只要儿子喜欢，肯带回家来，那他们简直把你跟神仙似的捧着，似乎生怕一得罪你，他们儿子就找不着媳妇似的。对于这样的家庭，你要以好换好，以诚换诚，能进入这样的家庭，只要你稍稍顾全大局一些，便绝对是进了福门，跟你在娘家没有丝毫的区别，甚至比在家更得宠。虽然是初次探访，但他们对你的热情足以使你消受不起，所以你说话时不妨也活泼、有趣一些。

"伯父、伯母，我初次来访，你们就把我当闺女一样对待，真让我好感动！"

"自从我和富康谈恋爱以后，他就多次说到你们如何好，真是耳听不如眼见。也怪不得富康说你们好，你们太宠他了，小心把他惯坏了。"

"他曾说过我不如伯母对他好，看样子我还真比不上您的细心，瞧您，吃完饭碗都不舍得让他洗，来，我来帮您吧！"

从上面的例子可以看出，你可以很自然地使自己成为非常欢迎你的男方家中的一员，不要辜负人家待你的一片诚心，更不能故作清高，冷淡或伤害人家的真心诚意，否则的话，你一定会后悔的。

如果你找了一位年龄跟你相差较大的男子做你的恋人，那么当你去拜见他的老父老母时，或许会因为他们不大信任你而冷淡你。那你一定不要沮丧、气馁和委屈，因为这是人们正常的心理状态，你完全可以用你的言行让他们感受到你的诚恳和可信，而千万不要恃小撒娇，惹得他们反感。

"伯父、伯母，你们好！二老身体都还很健康吧，看上去挺硬朗的，也挺精神的，比我想象的要年轻许多。我过完年要到深圳去一趟，你们需要什么尽管说，不要客气！等我什么时候有空闲给您二老一人织件毛衣，我织毛衣的水平还可以，克正身上的毛衣就是我织的，伯母您觉得怎么样？我什么家务活都会干的，所以你们有什么需要我干的，就让克正叫我好了。"

不管他们待你的态度如何，你都能客观、冷静地对待，这多少包含了你对他们儿子的爱，所以他们很快会接受并容纳你的。

一个女性最优秀的品德就是宽容大度、和颜悦色、端庄开朗，如果你具备这些优点，那么任凭什么样的家门你都能叩开；任凭什么个性的父母的心你都能打动。但要注意的一点是，他们在对你进行考察、探测的同时，你不妨对他们也做个猜测，所谓将心比心。如果他们在你做到了上述几点，还依旧不欢迎你的话，或许其中隐含着什么苦衷或不为人知的缘由，那你说什么都多余，反而增加彼此的心理负担，所以最好的方式就是沉默或找借口一走了之。至于他们的儿子，你不妨再多考察一段时间，再确定你们是否进一步发展关系。

常言道，女人是水做的，那么就请你拿出水一样温柔的感情来，去感化你周围所有的人，包括你未来的公公、婆婆、小姑和小叔，让他们为拥有你这样一个家庭一员而感到骄傲和快乐。

◇ 首见男方父母不要谈这些 ◇

第一次见男方父母，他们自然会带着审视的眼光来看你，你稍有不慎可能就会掉进谈话的陷阱，进而影响关系，因此，下面这些话题在首次见面时不宜谈及：

> 阿姨，您看，这是今年的最新款，可质量却比不上去年。

1 过多谈论衣着打扮

过度谈论衣着打扮的女性在男方父母眼中势必会留下势利的印象。

> 哇，他又拍新电影了，我要去看。阿姨，您也一起去吧。

2 谈及小资生活

虽然老年人知道现代女孩喜欢电影和舞会，可过多谈及会加深距离，形成代沟。

> 你还是说一些我们这些老头老太太听得懂的话吧。

3 炫耀学问

他们重视的是日常琐事，如果话中夹带太多专业名词，会引起他们的反感。

第一次与客户见面如何零距离沟通

第一次与客户见面，并不是一开始就完全切入正题。如果打一个招呼就开始介绍自己的商品，迫不及待地反复强调自己的商品是如何如何好以及购买该商品有什么好处，然后就请购买，这种方式的推销很难有好的结果。

选择适当的话题，缩短与客户之间的距离，使自己逐渐被客户接受，然后把话题引向自己的商品，从而开始商谈，这样才是成功推销的正确途径。

那么，如何选择与客户接近的话题呢？这里有一条不应该忘记的原则：在每个人看来，这世界上最重要最亲近的人就是他自己，他所喜欢听的，当然是别人提起他自己的事。因此，最好的话题是谈起对方最关心的事。

如果想让客户喜欢你、接受你，使商谈获得成功，就有必要多花些心思研究客户，对他的喜好、品位有所了解，这样，推销时才能有的放矢。曾有这样一位成绩优秀的推销员，为了在商谈中能够配合对方的嗜好，他努力培养了总共23种不同的兴趣爱好。当然，他不可能对23种爱好都做到样样精通，要知道，他是在了解到其客户对钓鱼、围棋、高尔夫球、赛马等颇有研究之后，为配合与他们商谈而一一学习起来的。这位仁兄果然是位有心人，他的努力使他得到丰厚的回报：销售额的提高是不在话下的，而且，这些爱好一经建立，都会使他终身受益，并且越来越深入。

找客户谈他感兴趣的话题可以试着从以下方面选择：

（1）自然现象，比如：大气、地表、泥石流。

（2）电视剧，在受人欢迎的电视剧中很容易找到共同点。

（3）旅行，某某景点如何也容易引起客户兴趣。

（4）住房，是当今社会的一个焦点话题。

（5）环境和健康。

（6）足球，如果与客户同是球迷，一下子会拉近彼此之间的距离。

（7）棋类，特别是围棋、象棋。

（8）股票，如果客户在炒股票，可以对不同投资方式进行比较。

（9）职业和经历。从墙上挂的照片、桌上摆的书籍、玻璃柜里摆放的物件，你都可以推测出客户的爱好和情趣，也可以从中找到话题。对一个爱好广泛、知识面广的人来说，引人入胜的话题无处不在，推销人员在扩大自己的适应内存方面应做出不懈的努力。

一天，小B约好与一个企业的业务经理见面。一见面，小B看到对方是个三十四五岁的中年人，相貌英俊潇洒，身体状况良好（随着以后的交往，事实证明这个人的整体素质都非常出色）。小B注意到在办公室的一个角落里放着握力棒和哑铃，小B心里暗想，这个人肯定比较喜欢运动健身。寒暄一番后他们进入正题，小B首先满怀自信地将公司情况介绍了一下，经理非常有礼貌地低头倾听，中间偶尔问几个问题。在介绍了公司情况和对客户网站建设的思路之后，小B借倒水的机会装作惊讶地发现其健身器具，就说："经理，怪不得您精神状态这么好，原来您经常锻炼啊！"这句话起到很好的效果，于是他们的话题离开了业务，用了近两个小时的时间谈身体、谈事业、谈家庭（中间得知其有个女儿，上初中二年级）、谈他们的历史。期间，小B以一个后辈的身份时不时地奉承几句，也时不时故意请教一些问题，更是激发了客户交流的兴趣。

有一位名叫克纳弗的推销人员向美国一家兴旺发达的连锁公司推销煤，但这家公司的经理仿佛天生讨厌克纳弗，一见面，就毫不客气地呵斥道："走开，别打扰我，我永远不会买你的煤！"

连开口的机会都不给，这位经理实在做得太过分了，克纳弗先生满面羞愧。但是，他不能错过这个机会，于是他就赶紧抢着说："经理先生，请别生气，我不是来推销煤的，我是来向您请教一个问题。"

他诚恳地说："我参加了个培训班的辩论赛，经理先生，我想不出有谁比您更了解连锁公司对国家、对人民所做出的巨大贡献。因此我特地前来向您请教，请您帮我一个忙，说说这方面的事情，帮我赢得这场辩论。"

克纳弗的话一下子引起这位连锁公司经理的注意，他对展开这样一场辩论，既感到惊讶，又极感兴趣。对经理来说，这是在公众面前树立连锁公司形象的大是大非问题，事关重大，他必须为克纳弗先生提供有力的证据。他看到克纳弗先生如此热情、诚恳，并将自己作为公司的代言人，非常感动。他连忙请克纳弗先生坐下来，一口气谈了1小时47分钟。

这位经理坚信连锁公司"是一种真正为人类服务的商业机构，是一种进步的社会组织"，他为自己能够为成千上万的人民大众提供服务而感到骄傲。当他叙述这些时，竟兴奋得"面颊绯红"，"双眼闪着亮光"。

当克纳弗先生大有收获，连声道谢，起身告辞的时候，经理起身送他。他和克纳弗并肩走着，并伸过臂膀扶搭着克纳弗的肩膀，仿佛是一对亲密无间的老朋友。他一直把克纳弗送到大门口，预祝克纳弗在辩论中取得胜利，欢迎克纳弗下次再来，并希望把辩论的结果告诉他。

这位经理最后的一句话是："克纳弗先生，请在春末的时候再来找我，那时候我们需要买煤，我想下一张订单买你的煤。"

克纳弗先生做了些什么？他根本没提推销煤的事，他只不过是向经理请教了一个问题，为什么会得到这么美满的结果呢？

克纳弗先生抓住了客户最感兴趣的话题，这就是他毕生为之奋斗、弥足珍贵的事业。克纳弗先生对此感兴趣，参与其事，就成了那位经理志同道合的朋友。当一个人被另一个人当成朋友看待时，理所当然地会受到关照。朋友，请你牢牢记住：有时候，商业上的成功之道不是刻意推销，而是打动人心。要打动人心就要关心对方，找到对方最感兴趣、利益所在的话题。

另外，要与第一次见面的客户零距离沟通，应设法取得他的信任。

现代营销充满竞争，产品的价格、品质和服务的差异已经变得越来越小。推销人员也逐步意识到竞争核心正聚焦于自身，懂得"推销产品，首先要推销自我"的道理。要"推销自我"，首先必须赢得客户的信任，没有客户信任，就无法做到与客户的零距离交流，更无从谈起赢得销售成功的结果。

如何恰当地为他人介绍

在社交场合中，介绍与被介绍是很重要的一环。通过介绍，新的友谊得以形成，新的朋友得以相识，彼此间的志趣得以沟通，业务上的接触也从此开始了。

当你开始介绍的时候，请记着下面这些基本的礼节。

假如有3个人在一起，而其中两个人已经互相认识，第三者却跟其中一个人不认识，那么另一个人就有义务担当介绍人，把第三者介绍给这个人认识（或把这个人介绍给第三者认识）。当你招待不止一个客人的时候，如客人中有互不认识的，做主人的也要负起介绍的责任，使这些彼此不认识的人成为朋友。

通常，是把男士介绍给女士，即在介绍过程中，小姐的名字应先提，然后再提男士的名字。如，"李小姐，我来为你介绍一位朋友，这是陈先生。"

有时亦有例外。如果你要介绍一男一女认识，而男的年纪比女方大很多时，则应该将她介绍给这位男士，以示尊敬长者之意。如，"张先生，让我介绍我的外甥女给你认识。"

在同性别的两人中，年轻的应被介绍给年纪大的，亦是表示尊敬长者之意。

未结婚的通常被介绍给已结婚的，除非未结婚的男士（或女子）年龄比已结婚的大很多。

在年纪相差不大的男士中，并不计较谁被介绍给谁，但当某人在社会上是德高望重，或是有名望有地位时，别的人自当被介绍给他。总而言之，在介绍过程中，先提某人的名字乃是对此人的一种敬意。

归纳上面的原则，是年轻的或后辈的被介绍给年长的或前辈，男的被介绍给女的，但是丈夫介绍妻子给别人则属例外。

介绍时，最好把对方的服务机关或就读学校顺便说出。至于旧式中国人介绍双方籍贯的办法，对长一辈的还是可以采用的。介绍人如果能找出双方的某些共同点更好，比如某甲是位作家，某乙是位出版商，则应该把这点有关联的关系说出来，这样会使双方谈话更顺利。

介绍自己的家人给客人认识，不应在家人的姓名后面加上"先生""太太"或"小姐"等称呼。但是女儿如果已经结了婚，也可以加"太太"两字，例如，"我

◇ 如何介绍妻子（丈夫）◇

在社交场合或有人来家做客时，把自己的妻子或丈夫介绍给初次会面的朋友，是有一定讲究的。

> 亚茹，这是我大学时最好的朋友秦超。秦超，这是我太太亚茹。

1.先介绍朋友后介绍妻子

作为丈夫把妻子介绍给朋友时，先将朋友介绍给妻子，再把妻子介绍给朋友。

> 刘红，这是我老公陈星。老公，这是我朋友刘红。

2.先介绍丈夫后介绍朋友

作为妻子把丈夫介绍给朋友时，先将丈夫介绍给朋友，再把朋友介绍给丈夫。

> 王先生，我介绍我丈夫与你认识好吗？

3.介绍丈夫前征求对方同意

妻子作为介绍人，无论对方是男士还是女士，都要先介绍自己的丈夫。而且介绍前，都要先征求朋友同意。

的女儿张太太"，以免对方误会她还未婚。

　　介绍的时候，丈夫应称外子，但是直接称"丈夫"或含蓄点称"先生"也可以，儿子或女儿应称小儿或小女，兄弟与姐妹应称家兄或家姐、舍弟或舍妹，然后，再加上他们的名字。如果是介绍自己的丈夫则姓和名都要加上。例如向客人介绍自己的女儿时，应说："这是小女秀芳！"如果介绍给青年男女，则说："王先生，你见过我的小女秀芳没有？"如女儿已经结了婚，就如前面所说的："我的女儿张太太！"（这时可不必称"小女"了）介绍自己的丈夫，应该说："李太太，让我介绍我的丈夫张英才吧！"或"这是外子英才！"向父母亲介绍自己的朋友，可说："爸爸（或妈妈），这是我的朋友何治平先生（或何先生）！"

　　至于在集会上的介绍方法，又有些不同。

　　在宴会、舞会或普通聚会，来宾较多，这时不必逐一介绍，主人只需介绍坐在自己旁边的客人互相认识就可以，其余的可自动和邻座聊天，不应等主人过来介绍。

　　在家庭式的聚会上，可适当向一些人介绍后到的客人，例如向与自己同桌的人介绍后到的客人："这位是李先生、王小姐、张太太……"

　　此外，有一些情况要注意。

　　不愿相识的人不可贸然介绍认识。女子偕男友外出而碰到女友或另一对男女，可点头招呼，但无须介绍，除非其中某一方提出这个要求。

第四章

最自然的赞美方式

对男人和女人采取不同的赞美

人人都渴望被别人赞美，但男人和女人的需要是不同的。

男人要面子好虚荣，多表现在追逐功名、显示能力、展示个性以显潇洒和能人之形象方面，而女人则表现在对容貌、衣着的刻意追求或身边伴个白马王子以示魅力方面。男人要面子好虚荣，他们对此毫不遮掩，有时甚至坦率得令人吃惊，而女子则总是遮遮掩掩、羞羞答答；女性对于面子、虚荣还有几分保留，而男子则是全力以赴去追求面子，好似他的人生目的就是追求面子一般；男人为了面子可以大动干戈，有权力的甚至可以轻则杀一儆百，重则发动战争，女人为了面子则会大喊大叫或者在家里大吵大闹。男人的面子千万不要去伤害、破坏，否则便万事皆休、一切都了——友谊中断、恋爱告吹、生意不成、升官无望、职称泡汤。因此对男人和女人要采取不同的赞美方式。

作为男人更要会赞美女人。能够做到张口也赞闭口也赞。这样，你才能在女人面前受欢迎，使你魅力无穷。

男人赞美女人是对女人的肯定，更是对女人魅力的一种欣赏。在男人眼里，女人身上总有美丽动人之处，或者是皮肤细腻，或者是身材苗条，或者是眉目含情，或者是穿着得体。所以你一定要善于去发现、去捕捉她的美。许多女人都会对自己的缺憾有所了解，但她们也十分了解自己的动人之处，只要你能慧眼独具，赞美得体，你一定会博得她的赏识与青睐。

当今社会注重个性，夸赞一个女人有个性已成为一种时尚。固执的性格可当此人有个性来称赞，孤傲的性格也可以用有个性来称赞，像男人一样不拘小节，有些泼辣的女性也能用有个性来称赞。只要是稍稍区别于大众的性格，你用个性二字来赞她，无论是哪种女性，她都会觉得你这个人很有品位。

最后，谈一谈女人的能力。现代社会，在各种事业中女人都表现出了她非凡的能力。她们不仅能把自己分内的事完成得十分得体，还会凭她们细心的洞察力去发掘工作中出现的问题，把各部门的事情都安排得十分妥当，在某些方面工作能力大大地超越了男性。而女人在取得很大的成就时，她是需要被这个社会所肯定的。她

◇ 如何赞美一位男士 ◇

男人喜欢听到别人的肯定和赞美，这会让他们有价值感，并由此充满自信，恰到好处的赞美就像打在男人身上的强心剂，你可以从以下几个方面对他赞美：

王总年少得志，真是一位不可多得的青年才俊。

1.赞美他是成功的男人

不管一个男人有多成功多得意，他内心深处最渴望的还是别人的理解和关怀。

你是我见过最有绅士风度的男人。

2.赞美他是一位绅士

不要以为男人散漫随意、潇洒不羁，其实他是很在乎别人对自己举止的评价的。

像您这么英俊的男人应该不乏追求者吧。

茶水

3.赞美他仪表堂堂

许多男性承认，他们在关注女人闭月羞花之貌的同时，也希望自己貌比潘安。

们希望这个社会能认同自己，肯定自己的能力，也希望在男人眼中她们不再是处处依附于男人的人，而是能够独当一面，把事情处理得完美无瑕有能力的人。于是，她们就需要男人的赞美，希望自己所做到的能够得到男人的认同与赏识。如果，你是她的老板、上司，或是同事，你可千万别忽视她的业绩，常常激励她、赞美她，换取她更大的工作积极性吧！

除此之外，生活中女人们的能力也值得你一赞。日常家务，如烧饭做菜、收拾房间、照顾孩子，这些虽是一些细小的事情，但却能表现出女人的动手能力、审美能力、教育能力。只要你在日常生活中也不忘记赞美一下女性，你定会得到女性们一致的好评。

如何赞美才能不被误会

如果今天一大早就有人夸你"衣着得体，非常漂亮，有精神"，那么你一天的学习、工作状态一定很好吧。小小的一句赞美有时起很大的作用，可以迅速拉近人与人之间的距离，得到别人的喜爱，也可以给他人信心、快乐。

然而生活中一些人偏偏学不会或不屑恰当地去赞美他人。下级赞美领导，被认为是"拍马屁"；男士赞美女士被认为"心怀不轨"，这些都是原本不必要的思想。谁都想要得到别人的肯定与赞同，为什么不试着去赞美一下别人呢？

要赞美他人，先要选好赞美的话题，不可过分夸张，更不能无中生有。对于青年客户，赞美他年轻有为、敢于开拓；对于中年客户，赞美他经验丰富、见多识广；对于知识分子，赞美他知识渊博，刻苦钻研；对于商人，赞美他头脑灵活，发财有道。这些都是恰如其分的，如果赞美·中午妇女活泼可爱、单纯善良可能就会不伦不类，弄不好还会招致臭骂。赞美你的领导发家有方、日进斗金，恐怕你升迁的希望就渺茫了。

清朝的中堂大人李鸿章，位高权重，文武百官都想讨他欢心，以便使他多多提携自己，能升个一官半职，也好光宗耀祖。这一年，中堂大人的夫人要过50大寿，这自然是个送礼的大好时机，寿辰未到满朝文武早已开始行动了，生怕自己落在别人后面。

消息传到了合肥知县那里，知县也想送礼，因为李鸿章祖籍合肥，这可是结攀中堂大人的绝好时机。无奈小小的一个知县囊中羞涩，礼送少了等于没送；送多了吧，又送不起，这下可把知县愁坏了。思来想去拿不定主意，于是请师爷前来商量。

师爷看透了知县的心思，满不在乎地说："这还不好办，交给我了。保准你一两银子也不花，而且送的礼品让李大人刮目相看。"

"是吗？快说送什么礼物？"知县大喜过望，笑成了一朵花。

"一副寿联即可。"

"寿联？这，能行吗？"

师爷看到知县还有疑虑，便安慰他："你尽管放心，此事包在我身上。包你从此飞黄腾达。这寿联由我来写，你亲自送去，请中堂大人过目，不能疏忽。"

知县满口答应。

于是第二天，知县带着师爷写好的对联上路了。他昼夜兼程赶到北京，等到祝寿这一日，知县报了姓名来到李鸿章面前，朝下一跪："卑职合肥知县，前来给夫人祝寿！"

李鸿章看都没看他一眼，随口命人给他沏茶看座，因为来他这里的都是朝廷重臣，区区一七品知县，李鸿章哪能看在眼里。

知县连忙取出寿联，双手奉上。

李鸿章顺手接过，打开上联：

"三月庚辰之前五十大寿。"

李鸿章心想：这叫什么句子？天下谁人不知我夫人是二月的生日，这"三月庚辰之前"岂不是废话。于是，李鸿章又打开了下联：

"两宫太后以下一品夫人。"

"两宫"指当时的慈安、慈禧，李鸿章见"两宫"字样，不敢怠慢，连忙跪了下来，命家人摆好香案，将此联挂在《麻姑上寿图》的两边。

这副对联深得李鸿章的赏识，自然对合肥知县另眼相待，称赞有加。而这位知县也因此官运亨通了。

一副对联既抬高了李鸿章夫人的地位，同时又做到了不偏不倚，没有盲目哄抬。

要赞美他人，就要善于体察人心，了解对方的迫切需要，有的放矢。比如营业员与顾客在商品质量、价格等方面争执不下时，聪明的营业员这时改换话题，称赞这位顾客真有眼光，这衣服款式是最新的，面料也好，特别畅销。再夸她能说会道，真会砍价，我们这儿从没卖过这么低的价钱。顾客听了一定喜欢，不好意思再争下去，说不定很快就买下来了。看吧，人的心理就是这么奇怪。

要夸别人，应有一种"战无不胜"的信心。人都是有弱点的，再谦虚，再不近人情，再标榜不喜欢听甜言蜜语的人，其实都喜欢别人的赞美，只要恰如其分。

有个笑话，某君是拍马屁的专家，连阎王都知道他的大名。死后阎王见到他，拍案大怒："我最恨你这种马屁精。"马屁精忙叩头回道："虽然世人都爱被拍马，阎大王您公正廉明，谁敢拍您的马屁。"阎王听了，连说："对啊对啊，谅你也不敢拍我的马屁。"

原来每个人都是愿意听好听的，只要你赞美得有分寸，不流于谄媚，不伤人格，定会博人欢心。

赞美人的话不能过多，多了对方会不自在，觉得你是虚情假意、逢场作戏，因

◇ 巧妙赞美有技巧 ◇

赞美别人千万不要用力过度，不然会带来不好的效果，因此，这里简要介绍几种赞美的小技巧：

> 小杨真是厉害，这么复杂的问题轻易地就解决了。

1 恭维他后天的成绩

先天条件无法改变，但品位与能力是后天形成的，代表了自身的成功。

> 这件衣服上的腰带真是点睛之笔，散发知性女性的魅力。

2 赞美要有新意

夸对方应带有自己的看法和见地，不应空洞无物地夸赞。

> 齐沐风，齐总您的名字应源自如沐春风吧，好名字。

3 可以先赞美对方名字

先赞美对方名字可以拉近距离，使对方感受到你的友好。

此而不信任你。赞美过多也不利于交谈，在谈话中频频夸对方"好聪明"、"好有能力"，对方频频表示客气，往往使谈话无法顺利进行。

褒扬有度，点到为止

一个气球再漂亮、再鲜艳，吹得太小，不会好看；吹得太大很容易爆炸。赞美就如吹气球，应点到为止，适度为佳。

因此，在赞美他人时一定要坚持适度的原则。夸奖或赞美一个人时，有时候稍微夸张一点更能充分地表达自己的赞美之情，别人也会乐意接受。但如果过分夸张，你的赞美就脱离了实际情况，让人感觉到缺乏真诚。因为真诚的赞美往往是比较朴实的、发自内心的。只有恭维、讨好才是过分夸张和矫揉造作的。

据说有一个年轻人曾经给恩格斯写了一封热情洋溢的信，信中称赞恩格斯是一位无与伦比的革命导师、一位伟大的思想家，甚至称其为马克思的再现等，恩格斯并没有因为这封信而有丝毫的感动，反而生气地回信说："我不是什么导师、思想家，我的名字叫恩格斯。"恩格斯作为一位杰出的思想家，他不喜欢别人在赞美他时用近乎夸张的词汇，又因为他和马克思近几十年的友谊，他是非常尊敬马克思的，当然会忌讳别人称他为"马克思的再现"。

历史上有一位臭名昭著的马屁精冯希乐，他是一个热衷于夸张拍马的人，有一次，他去拜访长林县令，赞叹道："仁风所感，猛兽出境。昨日入县界，见虎狼相尾而去。"刚夸过不久，就有村民来报告："昨夜大虫连食三人！"长林县令很不高兴地责问冯希乐究竟是怎么回事，冯希乐面红耳赤地回答说："是必便道掠食。"冯希乐夸张得脱离了实际情况，无视野兽吃人的本性，信口雌黄，说野兽已被县太爷的仁义教化所感动，所以离县而去，结果是抢起巴掌，自己打自己的脸，这就是所说的轻言取辱。

要做到点到为止、褒扬有度是有技巧的。

两个人或两件事相比较，在夸奖对方的同时，让他意识到自己的优点和存在的差距，使对方对你的赞美深信不疑。有一次，汉高祖刘邦与韩信谈论诸将才能高下。刘邦问道："你看我能指挥多少兵马？"韩信回答："陛下至多能指挥10万兵马。"刘邦又问："那你能指挥多少兵马呢？"韩信自豪地回答："臣多多益善耳。"刘邦笑道："既然你带兵的本领比我大，却为什么被我控制呢？"韩信很诚实地说："陛下不善于指挥兵，但善于驾驭将，这就是我被陛下控制的原因。"刘邦自己也曾说过，统一指挥百万军队，战无不胜，攻无不克，他不如韩信。这是他做了皇帝以后对自己的评价。韩信的赞美，首先肯定了刘邦控制大臣为自己效命的能力，但又指明了他在带兵作战方面与自己相比有不足之处，正与刘邦的自我评价相吻合。话说得很实在、很坦诚，刘邦不但不怒，反而很满意。此时，韩信与刘邦关系已很紧张，如果他违心地恭维刘邦，调兵遣将无所不能，恐怕刘邦不愿意听，甚至会怀疑他在吹捧、麻痹自己。

金无足赤，人无完人。有所保留的赞美应既要看对方的优点和长处，同时还要看到他的弱点和不足，讲究辩证法。常言道："瑕不掩瑜。"指出对方的缺点和不足，并提出一定的希望，不仅不会损害你赞美的力度，相反，却使你的赞美显得真诚、实在，易于为人接受。尤其是领导称赞下属时，要有一是一，有二是二，把握分寸，要有所保留。可以多用"比较级"，千万慎用"最高级"。领导可以在表扬时，把批评和希望提出来。

◇ 起反作用的赞美 ◇

赞美虽好，也有注意事项，否则就会适得其反，造成不良影响。

您这工作精神绝对是全公司独一无二的。

太假了吧。

1.绝对化的赞美

毫无遮拦的赞美不仅得不到他人欢心，还会留下难以接受的印象。

2.过分的赞美

这对于被赞美者有百害而无一利，还会阻挡赞美者前进的脚步。

我儿江郎是神童。

赞别人没有赞过的美

"喜新厌旧"是人们普遍具有的心理。陈词滥调的赞美，也是很没劲的；新颖独特的赞美，则使人回味无穷。

1.给人耳目一新的语言

赞美是所有声音中最甜蜜的一种，赞美应该给人一种美的感受。新颖的语言，是有魅力的，有吸引力的。简单的赞扬也可能是振奋人心的，但是一种本来是不错的赞扬如果多次单调重复，也会显得平淡无味，甚至令人厌烦。一个女人就曾说过，她对别人反复说她长得很漂亮，已经感到很厌烦，但是当有人告诉她，像她这样气质不凡的女人应该去演电影，给世界留下一部电影拷贝的时候，她笑了。

有一个国外的电视连续剧，父亲走入厨房看女儿做饭，他对女儿说："如果没有你做的美妙饭菜，就像天上没有星星那么遗憾。"女儿露出了特别快乐的笑容。

新颖的赞语，给人清爽、舒心之感。毛阿敏在哈尔滨演出时，《当代大舞台》的节目主持人是如此将她介绍给观众的：

主持人：请问毛阿敏小姐，您是从哪里来的？

毛阿敏：哦，我从北京来。

主持人：您像一只美丽的蝴蝶给冰城哈尔滨带来了欢乐，请问这次能做几日停留呢？

毛阿敏：呵呵，5日。

主持人：我们冰城的朋友热烈欢迎您的到来，愿您与《当代大舞台》永不分手！

主持人巧借毛阿敏的成名歌曲《思念》来向她发问，亲切而诙谐，同时也激起了演唱者与观众的热情，创造了良好的舞台气氛。

如果主持人只有公式化的套词俗语，那么，不但观众会觉得乏味，毛阿敏也可能会腻味。妙语连珠的赞美，既能显示赞美者的才能，也能使被赞美者更快乐地接受。

2.不一样的角度

一些人在公共场合谈话时，不知怎样赞美别人，只能跟着别人说话，附和别人的赞美。常言道："别人嚼过的肉不香。"唐朝末期的大军阀朱温手下有一批鹦鹉学舌乐于拍马的人，一次，朱温与众宾客在大柳树下小憩，独自说了句："好大柳树！"宾客为了讨好他，纷纷起来互相赞叹："好大柳树。"朱温看了觉得好笑，又道："好大柳树，可作车头。"实际上柳木是不能做车头的，但还是有五六个人互相赞叹："好作车头。"朱温对这些鹦鹉学舌的人烦透了，厉声说："柳树岂可作车头！我见人说秦时指鹿为马，有甚难事！"于是把说"可作车头"的人抓起来。

每个人都有优点和可爱之处。赞扬要有新意，当然要独具慧眼，善于发现一般人很少发现的"闪光点"和"兴趣点"，即使你一时还没有发现更新的东西，也可

◇ 寻找不一样的赞美点 ◇

赞扬要有新意，善于发现寻找不一样的赞美点很重要，这样会使被赞美者更加受用，达到赞美的目的，下面介绍几种特别的赞美点：

> 换了这个新发型，说你是大学生都有人信。

1.外在的、具体的

如：头发、眉毛、眼睛、衣服打扮（搭配、材料、手表等）。

> 哈哈，过奖了，秦总。

> 您处理问题时的果断仍让人记忆犹新，我佩服你。

2.内在的、抽象的

如：作风、心胸、特长、处理问题的能力等等都可以成为新颖的赞美点。

> 一看这孩子就是富贵之相，将来必成大器。

3.间接的、关联的

如：孩子、籍贯、朋友、单位、宠物等都是可以拿来赞美的对象。

以在表达的角度上有所变化和创新。

对一位公司经理，你最好不要称赞他如何经营有方，因为这种话他听得多了，已经成了毫无新意的客套了；倘若你称赞他目光炯炯有神，风度潇洒大方，他反而会更加受用。

法国某将军屡战屡胜，有人称赞他："你真是个了不起的军事家。"他无动于衷，因为他认为打胜仗是理所当然的事。而当那人指着他的鬓须说："将军，你的鬓须真可与美髯公相媲美。"这次，将军欣然地笑了。

赞美的角度很重要，新颖的角度将起到事半功倍的效果。

著名节目主持人白岩松，他去采访一位知名学者，老学者正卧于病榻，对采访并不热心。白岩松提出的第一个问题却是，请他谈谈毛主席接见红卫兵时他鞋子被挤掉的事。这个出乎意料的问题使老学者十分激动，竟一口气谈了好几个小时，从而顺利地完成了采访计划。

白岩松找到了一个很好的角度，打开了老学者的话闸。正如每把锁都会有相应的钥匙，每个人都有其独特之处，先要把握好"点"，把握好角度，才能沟通得轻松、顺畅。

3.新鲜的表达方式

赞美他人，在表达方式上是可以推陈出新、另辟蹊径的。

富兰克林年轻时，在费城开一家小小的印刷所。那时，他参加了宾夕法尼亚州议会的选举。在选举前夕，困难出现了。有个新议员发表了一篇很长的反对他的演说，在演说中，竟把富兰克林贬得一文不值。遇到这么一个出其不意的敌人，是多么令人恼火呀！该怎么办呢？富兰克林自己讲述道：

"对于这位新议员的反对，我当然很不高兴，可是，他是一位有学问又很幸运的绅士。他的声誉和才能在议会里颇有影响。但我绝不对他表现一种卑躬屈膝的阿谀奉承，以换取他的同情与好感。我只是在隔数日之后，采用了一个别的适当的方法。

"我听说他的藏书室有几部很名贵，又很少见的书。我就写了一封短信给他，说明我想看看这些书，希望他慨然答应借我数天。他立刻答应了。"

富兰克林用一种不露痕迹的赞美方式，赞美新议员，恰如润物细无声。

表达赞美的方式有很多，要针对不同人、不同场合、不同时间选择最为恰当的方式。选择赞美方式时，既要考虑表达方式的新意，又要考虑对方的感受及最后的效果，综合各方面去思考，将会找到最适宜的表达方式。

多在背后说他好

世上背后道人闲话的人不少，大家都很清楚，被说之人一旦知道便会火冒三丈，轻则与其绝交，重则找其当面算账。因此，人们都引此为戒，唯恐犯背后说他人闲话的忌讳。但是，背后说人优点，却有佳效。

《红楼梦》中有这么一段描写：史湘云、薛宝钗劝贾宝玉做官为宦，贾宝玉大为反感，对着史湘云和袭人赞美林黛玉说："林姑娘从来没有说过这些混账话！要是她说这些混账话，我早和她生分了。"

凑巧这时黛玉正来到窗外，无意中听见贾宝玉说自己的好话，"不觉又惊又喜，又悲又叹"。结果宝黛两人互诉肺腑，感情大增。

在林黛玉看来，宝玉在湘云、宝钗、自己3人中只赞美自己，而且不知道自己会听到，这种好话就不但是难得的，还是无意的。倘若宝玉当着黛玉的面说这番话，好猜疑、使小性子的林黛玉可能就认为宝玉是在打趣她或想讨好她。

赞美一个人，当面说和背后说所起到的效果是很不一样的。如果我们当面说人家的好话，对方会以为我们是在奉承他、讨好他。假如我们当着上司和同事的面说上司的好话，我们的同事们会说我们是在讨好上司，拍上司的马屁，从而容易招致周围同事的轻蔑。同时，上司脸上可能也挂不住，会说我们不真诚。与其如此，还不如在上司不在场时，大力地"吹捧一番"。而我们说的这些好话，最终有一天会传到上司耳中的。

有一位员工与同事们闲谈时，随意说了上司几句好话："梁经理这人真不错，处事比较公正，对我的帮助很大，能够为这样的人做事，真是一种幸运。"这几句话很快就传到了梁经理的耳朵里，梁经理心里不由得有些欣慰和感激。而那位员工的形象，也在梁经理心里上升了。就连那些"传播者"在传达时，也忍不住对那位员工夸赞一番："这个人心胸开阔、人格高尚，难得！"

众所周知的廉颇与蔺相如的故事就体现了这种赞美方式所产生的重大作用。蔺相如和廉颇是赵国的重臣，渑池会之后，蔺相如被封为上卿，位居廉颇之上，廉颇心中很不服气，愤曰："我身为大将，有攻城野战的大功，蔺相如只不过靠耍嘴皮子的功劳，而位居我上，我怎甘心位居其下。"并扬言要借机羞辱他。而蔺相如却经常在门下面前赞美廉颇，廉颇得知此事后，非常感动，亲自上门请罪。可见，间接赞美对于化解矛盾、协调人际关系都大有好处。

在日常生活中，如果我们想赞扬一个人，不便对他当面说出或没有机会向他说出时，可以在他的朋友或同事面前，适时地赞扬一番。

当你面对媒体时，适当地赞美你的同行，是一种风度，也是一种艺术。

足球教练陈亦明为人爽朗、心直口快，极善处理与球员、官员、球迷以及媒体的关系。记者问陈亦明："张宏根和左树声都有执教甲A的资历，如何能成为你的助手？"陈亦明先以简明之言道出了"团结就是力量"这个道理，再道出："国内名气比我们大的人不少。一个人斗不过，3个人组合就强大多了。张导是我的老师，左导是我的师兄弟，我们的组合可谓是强强联手、'梦幻组合'。"令人不由想到了当年那集NBA所有高手的美国国家篮球队——梦之队的威风八面。其语既自我褒

◇ 背后夸人，更入人心 ◇

背后说别人的好话，比当面恭维别人或说别人的好话，效果要好得多。不用担心，我们在背后说他人的好话，很容易就会传到对方耳朵里去的。

其实老陈经常在背后夸你有领导能力，值得信任。

1.更可信

在日常生活中，背着他人赞美往往比当面赞美更让人觉得可信。

感谢林总这一年来对我的赞扬和照顾，我敬您，有事您就说句话。

2.更真诚

当好话在背后说时，别人会认为我们是真诚真心的，人家才会领情并感激我们。

相比小张那个马屁精来说，还是小李更值得人信赖。

3.更安全

正面的歌功颂德所产生的效果是很小的，甚至还有可能起到反作用。

扬，又夸张、左二人，敷己"粉"而不显白，赞他人又不显媚，显示出一种极高档的"自我标榜"及"恭维他人"的语言艺术。

张艺谋做人很随和，做导演却极富个性。对另一位名导演陈凯歌，他的评价如下："凯歌是个很出色的导演，我跟凯歌的特点在于：我们都保持自己的个性。这个个性你可以不喜欢、不欣赏，但凯歌从不妥协，他保持他的个性。而中国这样的导演很少。不能因为凯歌的作品没有得奖，就说这说那的，我觉得这是一种短视。"

多在第三者面前去赞美一个人，是你与那个人关系融洽的最有效的方法。假如有一位陌生人对你说："某某朋友经常对我说，你是位很了不起的人！"相信你感动的心情会油然而生。那么，我们要想让对方感到愉悦，就更应该采取这种在背后说人好话、赞扬别人的策略。因为这种赞美比一个魁梧的男人当面对你说"先生，我是你的崇拜者"更让人舒坦，更容易让人相信它的真实性。

推测性赞美，妙上加妙

借用推测法来赞美他人，虽然这种方式有一定的主观意愿性，未必是事实，但是能从善意的想象中推测出他人的美好东西，就能给人以美好的感受。

有个善良的小女孩，总觉得自己长得丑，总是含羞草似的低着头，就连圣诞节也不例外。就在圣诞节这天，因为低着头走路而撞倒了一个老人，一个白发苍苍的盲人。

小女孩吓了一跳，赶紧说了声"对不起"，她的声音挺小，一听就充满了深深的自责。于是，盲人说了一句："没关系。"

女孩儿挺感动，赶紧扶起老人："老爷爷，是我把您碰倒的，我搀着您，送您回家，好吗？"女孩儿的声音挺甜，细细的，像一阵柔柔的风。

但盲人却摇了摇头："不，孩子。听声音你就特别善良。你一定长得很美。"那个"美"字说得挺明亮，使女孩听了怦然心动。

"可我……"小女孩一时不知说什么好。

"去吧，孩子。"老人觉察到小女孩还站在自己面前，真诚地对她又叮嘱了一句。

小女孩很感动，深深地点了点头。她已坚信对方能看到写在自己脸上的深深的歉意。

老人转过身，用拐杖敲着地面，走了。

小女孩的眼里流出了一行热泪。她感激那位老人，居然那么真切地夸她"美"！

她看着老人——就这么站着，站着，泪汪汪地看着老人离去的方向。过了好长时间，小女孩才从梦幻般的感觉回到现实中。

也就是打这天起，她走路时也抬起了头，因为她已坚信，美像阳光，也同样簇拥着她！瞧！这就是推测性赞美创造的奇迹！它使一个失望的小女孩找到了太阳，找到了自信！

推测性赞美有两种，一种是祝愿式的推测，一种是预言式的推测。

祝愿式推测，主要强调一种美好的意愿，用一种友好的心情去推测对方，带有祝愿的特点。这种推测也未必很可行，但推测者是诚挚而善意的。

1988年10月，一位客人来到南京金陵饭店公关部售票台前。

"早上好！"公关经理很有礼貌地站起来招呼。

"我要3张后天去上海的91次软座票。"这人不耐烦地说。

见客人情绪不好，公关经理立即将订票单取出，帮客人登记。当写到车次时，公关经理习惯性地发问："先生，万一这趟车订不到，311、305可以吗？它们的始发时间是……"

没等公关经理说完，客人连说："不行！不行！我就要91次。"

公关经理又强调了"万一……"这番好心反而把客人惹火了："什么万一，万一，你们是为客人服务的，就不能这么说。"

这时，公关经理立即意识到自己的说话方法不妥，差一点把客人赶跑了。她根据对方反馈的信息，立即调整话语，转换语气说："我们一定尽最大努力设法给您买到。"这时客人脸上才露出了笑容。

第二天客人来取票。根据头天打交道的情况，公关经理一改过去公事公办的办事态度，笑眯眯地说："先生，您的运气真好。车站售票处明天91次车票好紧张，只剩3张票，全给我拿来了，看来先生您要发财了。"

客人闻听此言，立即转身跑到宾馆小卖部，买了一大包糖回来请公关经理吃。

自那以后，客人每次见到公关经理都打招呼，点头微笑。临走时，他高兴地说："下次来南京，一定还住金陵。"

这个故事中公关经理就用了祝愿式推测。它有浓厚的情感色彩。需要真实的情感，并给予最为贴切的赞美。公关经理从买票的幸运"推测"出"发财"一说，这里面没有必然性可言，并不具备多少合理性，但它是一句吉言，能使人听着顺心顺意。

预言式推测，带有一些必然性、预见性，可以针对工作、生活中可能会取得的成绩进行预测。

小白的同事小金自幼爱好音乐，受过专门的音乐训练，颇擅长流行音乐，曾获过市级音乐大赛的三等奖。小金刚参加完地区音乐大赛回来，小白热情地夸她："这次'金榜题名'定是命中注定的。"小金很高兴地说她发挥得不错，不过，对手也较……

小白的推测是有根据的，建立在小金平时的能力及以前的成绩上。当然，推测并不等于明确的结果，而是具有多种可能性，但前提是被赞美者本身有实力，有可能获得好结果。

预言式推测较适用于同事与同事之间，或父母对孩子的推测，总之，是对身边较熟悉的人所采用的方式。它起到一定的激励作用。

夸人有讲究

赞美的话，人人都会说，但要说好，不仅要掌握许多小窍门，而且还要有所讲究。

首先，赞美要有根据，比如根据对方的为人或处事来赞美。有根有据、有板有眼才能避开阿谀奉承之嫌。

每个人在为人方面都有其优势，笼统的词语难以说明什么；有事实作根据将变得真实可信、生动形象。

一次《东方之子》采访学界泰斗季羡林。主持人一开始面对电视机前的观众说道："也许，了解季羡林可以从这样一个真实的故事开始：几年前，有一个北京大学的新生入校带了大量的行李，他看见路边有一个淳朴得像农民一样的老者，便以为是学校的工友，于是，他让这位老者替自己看行李长达半小时之久。这位老者欣然同意，并尽职尽责地完成了任务。过了几天，北京大学召开新生入学典礼，这位同学惊讶地发现，坐在主席台正中的正是那一天替自己看行李的老者。"

对于这位对印度古代语言、中外文化交流史、东西方文化比较有着高研究水平的学者的访谈，从"这样一个真实的故事开始"，目的很清楚，正如编导所说，从"他们的渊博的学识背后"，了解其"散发着独特魅力"的人格。

其次，不要假充内行。

俗话说："不是船工乱弄篙——假充内行。"肯定和赞美他人必须建立在理解的基础之上，特别是一些专业水平要求比较强的方面，尤其如此，如果你不懂装懂，就难免会出洋相。赞美是一门学问，其中一个重要的法则就是要懂行。只有"懂行"才能抓住赞美之事的特点与实质，才能不说外行话。如果不懂装懂，则经常会发生讲外行话，语言不到位等情况。

在现实生活中常常发生这种情况：在一个书法展上，常常听到有人感叹，"这字写得真是漂亮"。但究竟好在哪里，他却什么也不知道，这就是知其然，而不知其所以然。在一个画展上，一位参观者站在一幅抽象画前说："这幅画不错，可惜看不出它是画的啥东西。"这让内行的人听见了，岂不是笑掉大牙。

一些人明明自己是外行，还不自量力，没有自知之明，甚至厚着脸皮装内行，结果让别人看笑话。既达不到赞美他人的目的，而且还暴露了自己的无知。一位男士陪他的女朋友去听音乐会，而实际上他只会听一些流行音乐，对于高雅音乐一窍不通，当音乐会结束时，主持人希望在座的人能发表一些看法，这位男士站起来说："演得实在太好了，让人听起来欢欣鼓舞。"这时，四下响起一片哄笑之声，事后他看到女朋友脸上挂满了泪痕，原来演奏的是一支非常伤感的曲子，女朋友一气之下与之分手了。

因此，在赞美他人时，要懂得适可而止，不必画蛇添足。在措辞上，选择一些大而空的赞词，这样才不至于出错。

再次，赞美必须从性别、性格、知识等全方位来考虑。

◇ 夸人有忌讳 ◇

赞美不要冲撞他人的忌讳，弄巧反成拙。冲撞别人忌讳，极易造成交际失败，引起别人强烈反感。下面介绍两种常见的忌讳：

1.文化传统和生活习俗

比如，祝贺他人成功，如果是西方外国友人，切记不要送跟13有关的礼物。

2.内心伤痛

对于个人来讲，忌讳是人内心的伤痕，每个人都有忌讳且不允许别人侵犯。

待会儿见了他，一定不要问起他的太太，这是他的忌讳。

　　"一母生九子，九子各不同"，即使是亲兄弟彼此的性情脾气也有所不同，更何况是来自五湖四海不同的人士。

　　每个人由于其个性的差异，其所喜欢的赞扬方式也就有所不同，有的人喜欢含蓄委婉，有的人喜欢直露，有的人喜欢日常工作中一个眼神及一个手势的赞扬，有的人喜欢在正式场合的称赞。如果，你对喜欢含蓄的人，用直来直去的赞语，就难以达到赞美的预期效果；若你对喜欢直露的人用较为含蓄的赞语，也许他根本不能领会。

　　老周是某部门内的一个司长。这不，今天刚好有两个年轻人到他所管辖的司内工作，一个是研究生，男性；另一位是本科生，女性。由于了解到这位男同志是山东人，且直爽，老周感到与他相处较为轻松，根本不需要考虑什么忌讳，在日常工作中，他只要注意作为领导者的身份，可以说，嬉笑怒骂皆可赞美。工作做得好了，走到这位男下属面前，拍拍他的肩膀，然后，可以在下班后，拉他在小馆子里撮一顿，借着酒劲，毫不客气地对他赞扬一番，第二天，小伙子工作起来特别有精神，他们之间相处得也很和睦。对于那位年轻的小姐，可没有这么随便，她是上海人，生性腼腆，说话做事比较含蓄，不喜欢直白的言辞。老周根据这一情况，对这位小姐在工作中的突出成就，就采取了与那位小伙子所不同的赞扬方式。有时受到领导的嘉奖，老周都要说是这位小姐和男士的功劳，当然女士排在前面，满足女性微妙的心理，而对于生性直爽的小伙子，对于这种排名先后，则无所谓。在注意到平常言语外，老周还经常运用赞许的眼神，及一些适当的物质奖励，来鼓励她上进，如此一来，老周与她也处得和谐。于是，他们尽心尽力地工作，老周感到很是开心。

　　老周正是由于掌握了小伙子与上海姑娘的不同个性，采取了不同的赞扬方法，充分调动了其工作的积极性。

第五章

说到人心服口服

以利益为说服导向

相信你一定经历过在说服别人或想拜托别人做事情时，不管怎样进攻或恳求对方，对方总是敷衍应付，漠不关心。这时你首先要消除与对方心理上的隔阂，然后再说服诱导。在推销方面，推销员为了唤起顾客的注意，并达到80％的购买率，往往是先诱导，后说服。

在英国工业革命方兴未艾时，以发明发电机而闻名的法拉第，为了能够得到政府的研究资助，去拜访首相史多芬。

法拉第带着一个发电机的雏形，非常热心并滔滔不绝地讲述着这个划时代的发明，但史多芬的反应始终很冷淡，一副漠不关心的样子。

事实上，这也是无可奈何的事情，因为他只是一个政客，要他看着这种周围缠着线圈的磁石模型，心里想着这将会带给后世产业结构的大转变，实在是太困难了。但是法拉第在说了下面这段话后，却使原本漠不关心的首相，突然变得非常关心起来，他说道："首相，这个机械将来如果能普及的话，必定能增加税收。"

显而易见，首相听了法拉第所说的话后，态度突然有了巨大的转变。其原因就是因为这个发动机，将来一定会获得相当大的利润，而利润增加必能使政府得到一笔很大的税收，而首相关心的就在于此。

是的，通常我们行动的目的都是"为自己"，而非"为别人"。如果能够充分理解这一点，那么想要说服他人就有如探囊取物般容易了。只要了解对方真正追求的利益，进而满足他的欲望，便可达到目的。但是，将这条最基本要件抛于脑后的却也大有人在。他们没有满足对方最大的利益，一心一意只是想要满足自己的私欲。

某酒厂的负责人成功研发了新水果酒，为求尽快让产品打进市场，于是他决定说服社长批准进而大量生产。

"社长，又有新的产品研发出来了。这次的产品是前所未有的新发明，绝对能畅销。连我都喜欢的东西，绝对有市场性。我敢拍胸脯保证。"

"什么新产品？"

"就是这个，用梨汁酿制的白兰地。"

"什么？梨汁酿的白兰地？！那种东西谁会喝？况且喝白兰地的人本来就少，更甭说用梨汁酿的白兰地……就是我也不会去喝。不行！"

"请你再评估评估，我认为很可行。用梨汁酿酒本来就不多见，再加上梨子有独特的果香，一定很适合现代人的口味。"

"嗯，我觉得还是不行。"

"我认为绝对会畅销……请您再重新考虑一下。"

"你怎么这样唠叨？不行就是不行。"

这样的劝说不仅充分显露不顾他人立场的私心，还打算强迫他人赞同自己的意见。

"好歹也要试试看才知道好坏，这是好不容易才研发出来的呀！"

"够了，滚吧！"

最后，社长终于忍不住发火。这位负责人不仅没能说服社长，反而砸掉了自己的名声。

碰到这种自私自利、妄自尊大不知天高地厚的家伙，别人只会感觉："瞧他口气，根本是个主观主义者，只会考虑自己的家伙，还想把个人意见强加于别人！"如此一来，怎么可能赢得说服的机会呢？因此，无论如何，你都应该考虑以对方利益为出发点的劝说方式。

说服从"心"出发

在公司内部，领导和员工因为所处地位的不同，个别上司在发派指令时不善说服，而是颐指气使，即使员工执行了，也是敷衍了事、应付差事。说服的最佳效果是双方达成共识，而启发对方进行心理位置互换，让对方设身处地体验别人的心理，主动调整自己的态度和行为方式，则是达到这一目的的行之有效的方法之一，这种方法就是将心比心术。

下面举两个例子来阐述这个观点。

青年小红在农村工作时和农民小刘结婚并有了个女儿。后来回到城里，重逢昔日的恋人，欲重修旧好，却又遭到爸爸的反对。正当她举棋不定之际，农村的丈夫小刘又被人诬告入狱。小红进退维谷，不知何去何从。她向奶奶寻求帮助。

奶奶对她说："你的事，奶奶全知道，如今你打算怎么办？"

"不知道，我……我说不出来……"

奶奶说："奶奶知道你委屈。人，谁没有委屈呀。我24岁那年，你爷爷就牺牲了，本家本村的都劝我再找个主儿。你曾爷爷跟我说：'女儿，地头还长着呢，往前去一步吧。'我不愿给孩子找个后爹，硬是咬着牙过来了。儿子一个个长大了，参了军，又一个个地牺牲了。可我没在人前掉过一滴眼泪。人活着，就是为了别人，去受苦，去受难，天底下哪有那么多幸福？要说委屈，就先委屈一下自己吧！"

小红说："可我以后的路该怎么走啊？"

奶奶说："做人哪，前半夜想想自己，后半夜想想别人。你和那个小伙子倒是挺般配的，可就算你俩成了，日子过得挺舒心的，你就保准一早一晚地不想小刘他们父女？那时，你虽吃着蜜糖，但却忘不了人家在喝苦水。你甜在嘴上，苦在心里。甜的苦的一掺和，一辈子都是块心病。我今年80岁了，什么苦都尝遍了，可就是没留下一件亏心事。俗话说，'人'字好写，一撇一捺，真正做起来就难了！"奶奶说的话句句动人心。

"奶奶，我懂了。"小红擦了擦眼泪，说，"我今天就回家去带孩子，侍候公婆，等着小刘。"

奶奶的劝说语重心长，而且，她用通俗的语言，站在对方的立场上，设身处地为孙女分析情况，从而使孙女做出了正确的选择。

某商店有位营业员很会做生意，他的营业额比一般营业员都高，有人问他："是不是因为能说会道，所以生意兴隆？"他回答说："不是，我的秘密武器是当顾客是自己人。"

有一天，某位顾客站在柜台前东瞧瞧，西看看，还不时用手摸摸摆在柜台上的布料，却不肯买货。凭经验，营业员判断这位顾客是想买块面料，于是赶忙迎上前去说："您是想买这块面料吗？这块面料很不错，但是您要看仔细，这块布料染色深浅不一，我要是您，就不买这一块，而买那一块。"

说着，营业员又从柜台里抽出一匹带隐条的布料，在灯光下展开，接着说："您年龄和我差不多，穿这种面料的衣服会更好些，美观大方。要论价钱，这种面料比您刚才看到的那种每米多3元多钱，做一套衣服才多7元多，您仔细看看，认真盘算盘算，哪个合算？"

顾客见这位营业员如此热情，居然帮自己选布料，挑毛病，于是不再犹豫，买下了营业员推荐的布料。

这位营业员之所以能成功地做成这笔生意，就是因为运用了将心比心术。站在买者的立场上替顾客精打细算，现身说法，使对方的戒备心理、防范心理大大降低，而且产生了一致的认同感，故而说服了对手，做成了生意。

将心比心术是站在对方的角度谋划和考虑，理解对方的心理、对方的需求、对方的困难，因此这种说服方法容易使对方接受，并能达成统一认识。

永远站在别人的立场去想，并从对方的观点去看事物的趋向，如果你从书本学到的是这样的一件事，那就不难成为你一生事业的一个关键。

美国纽约市立大学的心理学家哈斯也说过："一个酿酒专家也许能给你许多理由来解释为什么某一种牌子的啤酒比另一种牌子的要好。但如果你的朋友，不管他

◇ 说话怎样做到将心比心 ◇

将心比心是说服者站在被说服者的立场上去说服的办法，它可以使你具有了解对方的情绪与心意的能力，具有支配别人的力量，从而说服别人。

> 选择工作无法照看家庭，选择家庭不会有事业，可孩子才是最重要的啊。

1.站在对方立场说话

要想说服对方，就必须和对方站在一起，并且两者的关系越融洽，说服越容易成功，因为人类有相信自己人的天性。

> 假设你家人同意你驻外，时间久了万一父母生病，到时你怎么办？

2.用假设性语言说话

利用假设性语言，将被说服者带入设定语境，达到将心比心的目的。

> 您自己看，肤色白的人配这个颜色是不是很合适？

3.用行动配合说话

用实际行动让对方体验你的话语，进而配合言语的评价，达到将心比心的目的。

对啤酒是否在行，教你选购某种啤酒，你很可能听取他的意见。"

另一位心理学家莫恩在加利福尼亚州一个海滩上搞了一个传播训练公司，在培训过程中他发现，最佳商品推销员都能模仿顾客的声调、音量和言辞，表现顾客的姿态和情调，甚至还能下意识地在呼吸动作上与顾客相协调，好像是顾客的一面镜子把顾客发出的每一个信号反射回去。

毋庸讳言，这种在具体行动上，甚至是些很微不足道的方面表现出来的在感情上与听众的亲近感与认同感，往往会使你得到巨大的感情回报和共鸣。而一旦建立了这种感情共鸣，就不需要任何苦口婆心地劝诫与说服。

让历史帮忙做说客

以史为鉴，于人可以知得失，于国可以知兴替，小到立身，大到治国，历史都是一面镜子。因此，在辩说中引用历史的经验和教训作为论据，极富说服力。

1937年10月11日，罗斯福总统的私人顾问亚历山大·萨克斯受爱因斯坦等科学家的委托，在白宫同罗斯福进行了一次会谈。会谈的主要目的是，要求总统重视原子能的研究，抢在德国之前造出原子弹。

萨克斯先向罗斯福面呈了爱因斯坦的长信，接着读了科学家们关于发现核裂变的备忘录，然而，总统对这些枯燥、深奥的科学论述不感兴趣。虽然萨克斯竭尽全力地劝说总统，但罗斯福在最后还是说了一句：

"这些都很有趣，不过政府若在现阶段干预此事，似乎还为时过早。"这一次的交谈，萨克斯失败了。

第二天，罗斯福邀请萨克斯共进早餐。萨克斯十分珍惜这个机会，决定再尝试一次。

一见面，萨克斯尚未开口，罗斯福便以守为攻地说："今天我们吃饭，不许再谈爱因斯坦的信，一句也不许谈，明白吗？"

萨克斯望着总统含笑的面容说："行，不过我想谈一点历史。"因为他知道，总统虽不懂得物理，对历史却十分精通。

"英法战争期间，"萨克斯接着说，"在欧洲大陆一往无前的拿破仑，在海战中却不顺利。这时，一位年轻的美国发明家罗伯特·富尔顿来到这位伟人面前，建议把法国战舰上的桅杆砍断，装上蒸汽机，把木板换成钢板，并保证这样便可所向无敌，很快拿下英伦三岛。但是，拿破仑却想，船没有帆就不能航行，木板船换成钢板船就会沉没。他认为富尔顿是个疯子，把他赶了出去。历史学家在评价这段历史时认为，如果拿破仑采取了富尔顿的建议，19世纪的历史将会重写。"

萨克斯讲完后，目光深沉地注视着总统。他发现总统已陷入了沉思。

过了一会儿，罗斯福平静地对萨克斯说："你胜利了！"萨克斯激动得热泪盈眶，他明白胜利一定会属于盟军。

萨克斯的借古谏君术大功告成。

杜坦是西晋名将杜预的后代。西晋末年，中原战火四起，民不聊生，杜家为避战乱来到河西，投靠了前凉张轨政权，后来前凉被苻坚攻灭，杜氏又辗转于关中一带。

公元417年，宋武帝刘裕灭后秦，杜坦兄弟便随即渡江，来到南方。当时，南方实行士族制度，渡江较早的，地位极高。晚来的士族，尽管其祖辈在北方是名门世家，朝廷也不给他们优厚的待遇。他们之中的杰出人才，也不可能进入上流社会。

一天，宋武帝与杜坦在一起闲谈，武帝说：

"可惜呀，现在再也找不到像金日那样的人才了！"杜坦答道："金日生于今世，也只不过能养马，怎会被委以重任呢？"

宋武帝闻听此言，马上变了脸色：

"卿为什么把朝廷看得如此之薄？是说我不重视人才吗？"

杜坦说："那就以我为例吧。臣本来是中原的名门，世代相承。只不过因为南渡较晚，便受到冷遇，更何况那金日是胡人，在汉朝时只不过是一个养马的人呢？"

宋武帝一时无言以对。

唐朝的尉迟敬德依仗自己是开国重臣，骄狂放纵、盛气凌人，招致同僚的极为不满，甚至有人告他谋反。

李世民知道后，问尉迟敬德是否当真，敬德回答：

"臣跟随陛下讨伐四方，身经百战。如今幸存者，只有那些刀箭底下逃出来的人。天下已经平定，反而怀疑起臣下会谋反吗？"

说着把衣服脱下扔在地上，露出身上的累累伤痕。李世民感动至极，只得以好言好语安慰一番。但是，敬德的骄纵狂妄却一点也未有所收敛。

一天，尉迟敬德在太宗举行的宴会上与人争论谁是长者，一时火起，居然打了任城王李道宗，弄瞎了李道宗的一只眼睛。皇上见敬德如此放肆，十分不悦。

事后，李世民单独召见了敬德，语气严厉地告诫他：

"朕的确想和你们同享富贵，然而你却居功自傲，多次冒犯别人。你难道不知道古时韩信为何被杀吗？在朕看来，那并不是高祖的罪过！"

敬德这才害怕了，以后做事便虚心、本分了许多。

引用史实可以充分发挥历史事实、典故无可辩驳的说服力，生动形象而且引人入胜，有助于人们从中得出结论。

值得注意的是，所用事例要避开那些已被广泛应用的材料，那样会让人觉得平淡无味，丧失兴趣，当然也达不到预期的效果。

先抬高对方再做说服

给人一个超乎事实的美名，就像用"灰姑娘"故事里的魔法棒，点在她身上，会使她从头至脚焕然一新。

从孩子的天性，我们可以发现一点：当我们称赞夸奖他们时，他们是何等高兴满足。其实，他们并不一定具有我们所称赞的优点，而只是我们期望他们做到这点而已。这就是一种典型的"戴高帽"做法。在我们与人交往时，何不效仿这一做法呢？因为不管是大人还是小孩子，他们都喜欢别人给自己一个美名，如果他们没有做到这一点，内心里也会朝此目标努力，因为他们知道这样就可以得到一个美名，获得他人的赞许。

假如一个好工人变得消极散漫、不负责任，你会怎么做？你可以解雇他，但这并不能解决任何问题。你可以责骂那个工人，但这只能引起怨恨。

亨利·汉克，是印第安纳州洛威市一家卡车经销商的服务经理，他公司有一个工人，工作每况愈下。但亨利·汉克没有对他吼叫或威胁他，而是把他叫到办公室里来，跟他进行了坦诚的交谈。

他说："希尔，你是个很棒的技工。你在这里工作也有好几年了，你修的车子也都很令顾客满意。有很多人都称赞你的技术好。可是最近，你完成一件工作所需的时间却加长了，而且你的质量也比不上你以前的水平。也许我们可以一起来想个办法解决这个问题。"

希尔回答说他并不知道他没有尽到职责，并且向他的上司保证，他以后一定改进。

他做了吗？他肯定做了。他曾经是一个优秀的技工，他怎么会做些不及过去的事呢？

包汀火车厂的董事长撒慕尔·华克莱说："假如你尊重一个人，这个人是容易被诱导的，尤其是当你显示你尊重他是因为他有某种能力时。"

总之，你若要在某方面去改变一个人，就把他看成他已经有了这种杰出的特质。莎士比亚曾说："假如他没有一种德行，就假装他有吧！"给他们一个好的名声来作为努力的方向，他们就会痛改前非，努力向上，而不愿看到你的希望破灭。

古代，有位宰相请理发师给他修面。那理发师修面修到一半时，忽然停下刮刀，两眼直愣愣地看着宰相的肚皮。

宰相见理发师傻乎乎发愣的样子，心里很纳闷：这平平板板的肚皮有什么好看呢？就问道：

"你不修面，却看我肚皮，这是为什么呢？"

"听人们说，宰相肚里能撑船，我看大人您的肚皮并不大，怎么可以撑船呢？"

宰相一听，哈哈大笑。

◇ 先赞美，后说服 ◇

对于那些地位显赫、有权有势的人，想要说服他们，更要学会先赞美后说服的策略，因为他们不想看到你的赞美破灭。下面两种形式的赞美有助于对方接受：

1.抬高对方地位
采用语言恭维的方式抬高对方地位，满足其自尊心。

2.夸赞对方优点
这样说可以使对方认同你的存在，相信你的判断。

"那是讲宰相的度量十分大，能容天容地容古今，对鸡毛蒜皮的小事从不斤斤计较。"

理发师一听这话，"扑通"一声跪倒在地，哭着说："小人该死，方才修面时不小心，将大人您的眉毛刮掉了，万望大人大德大量，恕小的一罪！"

宰相听说自己的眉毛被刮了，不禁怒从心起，正想发作，转念一想：刚才自己还讲宰相的度量很大，我又怎好为这小事给他治罪呢？于是，只好说："不妨，用眉笔把眉添上就行了。"

聪明的理发师以曲折迂回之法，层层诱导宰相进入自己早已设定的能进难退的"布袋"中，幸免了一场驾临头上的灾难。

步步逼近，软磨硬泡

在处理问题时，西方人喜欢用快去快回的交涉方法，他们对谈判缺乏耐心，希望将事情快点解决，然后就去忙别的。而东方人却喜欢马拉松似的车轮战，问题一个接一个，且非谈出个满意的结果来不可，有时又会像棒球投手利用迅速而又毫无意义的虚晃动作来干扰击球者一样，以期把对方弄得晕头转向，再慢慢解决问题。以20世纪70年代的巴黎和谈来说，一开始越南代表就在巴黎租了一个别墅，签下为期2年的租约，而美国的代表却只有里兹的旅馆，订下一个按日计算的房间。因为他们根本没有耐心，也不认为交涉会拖得很久，即使美国人过去有过韩国板门店谈判3年的教训，但仍然不习惯作长期交涉。

事实上，正如越是嘈杂的机器，所获得的润滑油就越多。如果能有坚韧的耐心，不厌其烦地把许多问题和资料搅和在一起，让对方不仅为目前的问题苦恼万分，还要忍受不断的轰炸。等他疲劳之余，正想撒手放弃，而你却缠着不放，做地毯式的攻击，伺机向对方提出"最后通牒"。对方在不胜厌烦的状况下，一般都会同意看来还算合理的条件，以彻底摆脱烦恼。说服最忌讳的就是遇到困难就退缩的态度，或没有耐心、速战速决的方法。有很多事情，不是一时半会儿就可以解决的，你要找出问题的症结，了解对方冒险的程度、考验对方的实力、找出对方的弱点、知道对方的要求，或者要改变对方的期望程度，等等，都需要时间来完成，甚至应该知道对方处在压力下会做出什么选择，这一切都是需要时间的。如果没有坚强的意志、毅力，是不会达到你理想的目标的。

欲速则不达，要说服成功一定要周密策划，沉着应付。对方施硬，你就来软；对方转软，你要变硬；应该讲法时，对他讲法；应该说理时，和他说理；应该论情时，与他论情；应该谈利害时，向他谈利害：用各种方法来轮番"轰炸"，始终坚持，绝不妥协。在说服过程中，耐心是最强而有力的武器，尤其是当对方已经感到厌烦或放弃与你争论的时候，只要你再做最后的坚持，不利的形势就会好转。越南就因擅长此策，以一个小小的国家，竟拖住美国8年，进而取得最终的胜利。

说服中的步步紧逼还表现在穷追不舍上。面对敏感的问题，有时说服对象表达出现了障碍，说服者无法获得满意的答复，然而，这一答复对于说服者又至关重要。在这种情况下，有经验的说服者会设计出一系列问题，或纵向追问，或横向追问，从而"挤"出一种明确的答案，搞清事实。

巴普自办了一个剧场，却总无戏剧评论家前来光顾，他深知没人宣传就没有观众，于是大胆闯入《纽约时报》搬尊神了。巴普点名要见著名评论家艾金森，凑巧艾金森在伦敦访问，巴普干脆待在报社不走："我就等到艾金森先生回来！"艾金森的助手吉尔布无奈，只好询问其原因。巴普便大施说服之术，说他的演员如何优秀，观众如何热烈，最后摊牌："我的观众大多是从未看过真正舞台剧的移民，如果贵报不写剧评介绍，那我就没经费继续演下去了！"吉尔布见其态度坚决，不由感动了，答应当晚就去看戏。谁知，露天剧场的演出到中场休息时，便遇上了滂沱大雨，巴普看到古尔布跑去避雨，就赶过去说："我知道剧评家平常不会评论半场演出的，不过我恳求你无论如何破个例。"巴普一次次地游说，真诚也有，"无赖"也有，斯人斯言到底感动了上苍，几天后一篇戏的简评见报，巴普剧场也日渐红火起来。

一个名不见经传的小小剧场主，其言何以搬动了《纽约时报》这尊大神？那不正是步步紧逼、巧舌游说的结果吗？言语的力量，正是在那步步紧逼、软缠硬磨中展示出来的。

从对方得意的事说起

生活中其实每个人都有自认为得意的事情，这种事情的本身，究竟有多大价值，是另一问题，而在他本人看来，却认为是一件值得终身纪念的事。你如果能预先打听清楚，在有意无意之间，很自然地讲到他得意的事情，只要他对你没有厌恶的情绪，只要他目前没有其他不如意的事情，在情绪正常的情况下，他一定会高兴地听你说的，当然此时说服他就容易得多了。

你在说服的时候当然要注意技巧，表示敬佩，但不要过分推崇，否则会引起他的不安。对于这件事情的关键，要慎重提出，加以正反两方面的阐述，使他认为你是他的知己。到了这种境地，他自然会格外高兴，会亲自讲述，你应该一面听，一面说几句表示赞赏的话，如此一来，即使他是个冷漠的人，也会变得和蔼可亲，你再利用这个机会，稍稍暗示你的意思，进行试探，作为第二次进攻的基点。这不是失败，而是你说服他的初步成功，对于涉世经验不丰富的人，得此成绩，已不算坏，若想一举成功，除非对方与你素有交情，又正逢高兴的时候，而且你的谈吐又是很容易令人接受的，否则千万不要存此奢望。

如果对方得意的事情，是否曾遭到某种打击而消灭，如有这种情形，千万别再提起，以免引起对方不快，反而对你不利。因为对方在高兴的时候，你的请求易于接受；在对方不高兴的时候，虽是极平常的请求，也会遭到拒绝。比如对方新近做成了一笔生意，你称赞他目光精准，手腕灵活，引得他眉飞色舞，乘机稍示来意，也是好机会。诸如此类的例子很多，全在于你随时留心，善于利用。

当你提出请求时，首先，要看时机是否成熟，其次，说服过程中要不卑不亢。过分的哀求，反而会引发对方藐视你的心理。尽管你的心里十分着急，但说话表情还是要表现大方自然，并且要说出为对方着想的理由来，而不是为你自己打算。

讲道理时最好打个比方

譬喻，可谓论辩艺术之精华。譬喻是用具体的、浅显的、熟知的事物去说明或描写抽象的、深奥的、生疏的事物的一种手法。说理中，取喻明显，把精辟的论述

◇ 如何探听别人最得意的事情 ◇

对方得意的事情要从哪里去探听？那当然要另谋途径：

你了解李总之前的辉煌吗？

1.寻找朋友帮助

试着在你的朋友之中找一下是否有与对方交往的人。

2.留心媒体刊物

留心报纸上的新闻或其他刊物，牢记对方得意的事情。

3.注意日常谈话

随时留意日常交际谈话，掌握有效信息。

与摹形状物的描绘糅合为一体，既能给人以哲理上的启迪，又能给人以艺术上的美感。

古希腊哲学家亚里士多德说过："比喻是天才的标志。"的确，善于譬喻，是驾驭语言能力强的表现。说理时运用贴切、巧妙的譬喻，可以生动地表情达意，增强说理的魅力。

公元前598年（周定王九年），南国霸主楚庄王兴兵讨伐杀死陈灵公的夏征舒。楚师风驰云卷，直逼陈都，不日即擒杀了夏征舒，随即将陈国纳入楚国版图，改为楚县。楚国的属国闻楚王灭陈而归，俱来朝贺，独有刚出使齐国归来的大夫申叔时对此不表态。楚王派人去批评他说："夏征舒杀其君，我讨其罪而戮之，难道伐陈错了吗？"申叔时要求见楚王当面陈述自己的意见。申叔时问楚王："您听说过'蹊田夺牛'的故事吗？有一个人牵着一头牛抄近路经过别人的田地，践踏了一些禾苗，这家田主十分气愤，就把这个人的牛给夺走了。这件事如果让大王来断，您怎么处理？"庄王说："牵牛践田，固然是不对，然而所伤禾稼并不多，因这点事夺人家的牛太过分了。若我来断，就批评那个牵牛的，然后把牛还给他。"申叔时接过楚王的话茬儿说："大王能明断此案，而对陈国的处理却欠推敲。夏征舒弑君固然有罪，但已立了新君，讨伐其罪就行了，今却取其国，这与夺牛的性质是一样的。"楚王顿时醒悟，于是恢复了陈国。

利用同步心理好说服

什么是同步心理呢？同步心理就是凡事跟他人同步调、同节奏，也就是"追随潮流主义"，是那种想过他人向往的生活、不愿落于潮流之后的心理。正是由于同步心理的存在，那种不顾自身财力和精力，也不管是否真心愿意而豁出去做的念头，就很容易趁势而入，支配人们的行为，促使人们盲目地做出与他人相同的举动，因而陷入生活拮据的窘境。在国内，这种同步心理相当严重。"大家都这样"等字眼的频繁使用，正是这种"从众"心理的体现。

妻子："听说小张买了房子，而且还是座小型花园别墅，总共有90平方米。真好啊！我们的一些朋友都已经陆续有了自己的家。唉，真是让人羡慕，什么时候我们也能和他们一样呢？"

丈夫："啊，小张？真是年轻有为啊！我们也得加快脚步才行，总不能在这里待上一辈子吧。可是贷款购房利息又沉重得惊人。"

妻子："小张还比你小5岁呢。为什么人家可以，你就不行呢？目前贷款购房的人比比皆是，况且我们家也还负担得起。试试看嘛！不如这个星期我们去看看吧。现在正是促销那种花园别墅的时机呢。买不买是另一回事，看看也不错！"

于是星期天一到，夫妇俩就带着孩子去参观正在出售的房子。

◇ 怎么利用从众心理说服别人 ◇

利用人们的从众心理来进行说服，通常能达到良好的效果。一般来说，可以从下面几点入手：

公司的女同事人手一面这样的小镜子，你也订一面吧。

1 告诉他别人也在用

无论什么样的场景，这句话一定要强调，因为这符合人的效益最大化心理。

大家都知道现在股市低迷，炒股根本就不行了，难道你还要沉迷其中吗？

2 告诉他只有你不知道

渲染一种众所周知只有被说服者不知道的氛围。

挑男朋友不要好高骛远，就像时装一样，最合适的不一定是最贵的，不是吗？

3 从他的兴趣入手

说服别人时，选择他的兴趣点，从那里入手说服。

妻子："这地方真好啊！环境好又安静，孩子上学也近，而且房价也是我们负担得起的。一切都那么令人满意，不如我们干脆登记一户吧！"

丈夫："嗯，是啊！的确不错。我们应该负担得起。就这么决定吧！"

这句话正中妻子的下怀。她早看准了丈夫的决心一直在动摇，而用旁敲侧击的方法让他做出决定，这是妻子的成功所在。

这位妻子为何能够如愿以偿呢？因为她懂得去激发同步心理。

上述例子中的妻子成功地掌握了丈夫的同步心理，进而采取相应的说服对策。她先举出邻居张先生的例子，继而运用"大家都买了房子""大家都不惜贷款购屋"等一连串话语来激发丈夫的同步心理。

通常人们在受到这类刺激后就很容易变得没主见，掉入盲目附和的陷阱。所以，推销员或店员经常会搬出"大家都在用"或"有名的人也都用"等推销话语，促使人们毫不犹豫地接受。

第六章

批评如何让人欣然接受

私底下指出他人的缺点

每一个人都难免有缺点，并且可能在公众场合表现出来，破坏气氛。面对这种情况怎么办呢？是当场指出别人的缺点，还是先忍下，等到私底下再指出来？私底下指出应该是面对别人缺点采取行动的第一步。但有的人却常常要么容忍别人的缺点，要么就直接对外宣扬，让别人下不来台。这种做法是不可取的。

做人要拥有一颗宽容的心。"金无足赤，人无完人"，记得有位专家就说过，不要苛求别人，宽容才会让你不断完美起来。在别人的某些缺点比较严重时，我们应该以私下谈心的方式委婉指出来。急风暴雨不如和风细雨，当场训斥不如私下谈心。只有我们拥有了一颗宽容的心，别人才能感受到我们的真诚，在我们指出他们缺点的时候才能心悦诚服地接受。

朋友之间，指出缺点总是要担负伤和气的风险的，但作为朋友应该承担这种风险。风险有大有小，关键是用的方法适当与否。从小处说，就是在私底下指出别人的缺点。人总是要讲点面子的，指出缺点应该顾及对方的面子，说话尽可能婉转一些，尤其不要当众给朋友生硬"挑刺"。即使在私下场合指出缺点和错误，也应充分考虑让对方愉快接受的方式，最好先聊聊其他事情，以便在沟通感情、融洽气氛的基础上再婉转地指出问题。

指出缺点更多时候是发生在角色地位并不平等的人之间，比如上司对下属，老师对学生。地位高的人可以公开指出地位低的人的缺点吗？当然也不应该，上司和老师照样应该维护下属和学生的面子。

当员工违背明确的规章制度时，当然应当众指出其过错，在让他认识到缺点错误的同时，也可对其他人起到警示作用。假若员工在工作上出现小小的失误，而且不是有意的行为，可在私下为其指出来，或以含蓄、暗示的方式使其意识到自己的缺点。这样既能维护他的面子，又能达到帮他改正缺点的目的。

作为老师，对学生的缺点也要有一些"春秋笔法"。

刘老师班上有个女生很优秀，有一段时间内看到别人比自己成绩好，心里就不平衡。刘老师就通过网上聊天工具和她聊天，引导她克服心理障碍。这个女生很感激，顺利地调整了自己的情绪。对其他有缺点的学生，刘老师也尽量采取类似方法。刘老师照顾学生们的面子，学生们也尽力改正自己的缺点。

有一次，刘老师经过教室，听到一位同学用粗话骂老师，他装着没听见，事后私下把那位同学请到办公室，告诉他老师已经听到他说的那句话了，但不想当着全班人来批评他，是为了尊重他。于是学生很诚恳地承认了自己的错误并向老师道歉，后来也变得很有礼貌了。试想，如果刘老师当时走进教室狠批他一顿，不但自己下不了台，还有可能换来学生更难听的粗话。

一位教育专家这样评价刘老师：刘老师这样做是讲策略的，育人工程最艰辛，关键要用心！

所以，尊重别人，在私底下指出其缺点，既是对别人的尊重，也会赢得别人对你的尊重。

人活一张脸，树活一张皮。一个人的自尊是最宝贵也是最脆弱的。很多谈话高手在批评别人时，都会选择一种委婉的方式，而不是不看场合、直言直语、大批一通。因为这样会令对方难堪至极，不但达不到批评教育的目的，日后对方也会对此心生忌讳。聪明人总是在发现对方的不足时，想办法找个机会私底下向他透露，而且批评也是较为含蓄的，甚至他会将批评隐藏在玩笑中，这样就能让对方很容易地接受建议了。

批评他人要就事论事

评价或批评，只能针对一个人的某些行为、行动和表现，而不能针对这个人，也就是平常所说的对事不对人。

大多数情况下，沟通的目的是为了达到一定的目标，譬如澄清一个误会，陈述一个事实，发布一个指令等。

任何人都有获得别人尊重的需要，批评、责怪一个人本身与批评、责怪一个人做出的行为与事件有很大的区别，给人留下的印象也极不同。例如，一个学生解一道化学方面的题目，由于不小心，将分子式写错了，如果老师批评他："你怎么这样笨，这么小的问题也会出错！"被批评者心里肯定极不舒服。如果老师只针对他写错了分子式这一行为来批评，末了提醒他以后多加小心，被批评者一般会心服口服。

联想集团杨元庆就是"对事不对人"，他批评最多、最狠的人都是公司中进步最快的人。他最生气的是"应该想到实际上没想到"，痛恨"以工作之便捞取好处"。但若工作尽心尽力了，仍没有做好，他却会原谅此人。

领导的批评应当针对下属的行为，而不应针对下属本身。对下属进行人身攻击容易产生上下对峙局面，导致下属心理上的敌对，产生副作用。例如，某位领导在

◇ 就事论事 "三注意" ◇

如果想要在批评别人的时候做到就事论事，切勿犯以下错误：

> 迟到不是小事，不仅影响公司形象，还会带来不良风气。

1.借题发挥瞎批评

批评应当建立在事实依据之上，切勿借题发挥夸大其词地发挥夸大其词地批评他人。

> 老张，又是同样的错误，你说你怎么不长记性呢？

2.举一反三翻旧账

批评他人的时候，只适用于当前的错误，切勿翻旧账。

> 做一份小文件都这么多错误，你究竟还能做成功什么，真失败！

3.节外生枝全否定

被批评者最不能接受别人的全盘否定，这会引起被批评者的激烈反抗。

大会上对几个老迟到的人进行批评，可以有两种说法。一种是针对人而言："我们单位有几个出了名的老迟到，这几个人脸皮特别厚，组织上已经三令五申开会不能迟到，可他们偏偏迟到，这种人头脑中毫无组织纪律观念，自由散漫，吊儿郎当，他们的行为危害整个集体。"另一种是对事而言："最近开会经常出现迟到现象，虽说人数不多，但迟到往往浪费大家时间，你等我，我等你，大好时光被等掉了。迟到也往往影响会场纪律，影响其他同志情绪，希望同志们能重视这个问题，杜绝迟到现象。"两种批评语相比，显然第二种优于第一种，前者用词尖刻，使当事者难以接受；后者语气比较委婉，既批评了不良现象，又团结了人。

批评要善意，要尊重、理解、信任被批评者，对事不对人，以理服人。对事，也仅仅是对其缺点、错误，而不能抓住一点，不计其余，以致否定一个人的全部工作、全部历史。而且还要进一步分析其动机与效果，如动机良好，效果不佳，就要先肯定其良好的愿望，再批评不当之处，然后教给正确的方法。切忌在情况尚未调查清楚之前就发脾气、乱指责，更不能挖苦、讽刺、嘲弄，不能揭老底、算总账、搞人身攻击。因为那只会造成或加剧对立情绪，使对方顶牛、抬杠，或口服心不服，讲形式走过场地来个假检讨，但思想并未触动，事后依然故我。这种批评看起来火药味挺浓，其实际效果则微乎其微。

在批评他人之前，先要明确是就哪件事或事情的哪个方面进行批评，越具体明确越好。抽象笼统，"一竿子打死一船人"，别人就难以弄懂你的意思。

批评时别忘了夸一夸

未批先夸，实际上就是一种欲抑先扬的方式，即在批评别人时，先找出对方的长处称赞一番，然后再提出批评，最后再使用一些鼓励性的词语。这种方法使人认为你的批评是公正客观的，自己既有过失，也有成绩。这样就减少了因批评所带来的抵触情绪，能收到良好的批评效果。

某领导发现秘书写的总结有不妥之处。他是这样批评秘书的："小张，这份总结总的来说写得不错，思路清楚，重点突出，有几处写得很有见地，看来你下了功夫。只是有几个地方提法不妥，有些言过其实，有的地方尚缺定量分析，麻烦你再修改一下。你的文笔不错，过去几次写总结也是越修改越好，相信你这次也一定能改出一个好总结来。"

这样说，秘书会感到领导对自己很公正、很器重，充满期望和信任，因而就会很卖力地把总结改好了。

当某人听到别人对他的某些长处表示赞赏之后，再听到对他的批评，心里往往会好受得多。比如，你刚在某人左脸上亲吻了一下，当他还在回味那甜蜜的感觉时，你再在他右脸上给一巴掌，这时他疼痛的感觉肯定没有只打不亲时强烈。

柯立芝任美国总统期间，一天对女秘书说："你今天穿的衣服很漂亮，你真是一位年轻迷人的小姐。"

女秘书受宠若惊，因为这可能是沉默寡言的柯立芝对她的最大夸奖了。但柯立芝话锋一转，又说："另外，我还想告诉你，以后抄写时标点符号要注意一下。"

像柯立芝这样在批评之前先表扬对方，以表扬来营造批评的氛围，它能让对方在愉悦的赞扬中同样愉悦地接受批评。因为人在听到别人对自己的某些长处的表扬之后，再听到他的批评，心里往往会好接受得多。

但是，我们往往在使用这一招的时候会错误地加上两个字。

有许多人在真诚的赞美之后，喜欢拐弯抹角地加上"但是"两个字，然后开始一连串的批评。举例来说，有人想改变孩子漫不经心的学习态度，很可能会这样说："小虎，你这次成绩进步了，我们很高兴。但是，你如果能多加强一下代数那就更好了。"

在这个例子里，原本受到鼓舞的小虎，在听到"但是"两个字后，很可能会怀疑原来的赞美之词。对他来说，赞美通常是引向批评的前奏。如此不但赞美的真实性大打折扣，对小虎的学习态度也不会有什么帮助。

如果我们改变一两个字，情况就会大为改观。我们可以这么说："小虎，你这次成绩进步了，我们很高兴。而且，如果你在数学方面继续努力下去的话，下次一定会跟其他科目一样好。"

这样，小虎一定会欣然接受这番赞美了，因为后面没有直接明显的批评。由于我们也间接提醒了应该改进的注意事项，他便懂得该如何改进以达到我们的期望。

另外不得不提的是，有的人认为先讲赞扬的话，再批评，带有操纵人的意味，用意过于明显，所以不喜欢用。这种说法也有一定道理，因为当你找到某人就表扬他，他根本听不进你的表扬，他只是想知道，另一棒会在什么时候打下来——表扬之后有什么坏消息降临。所以在更多的时候，许多人把表扬放在批评之后，当用表扬结束批评时，人们考虑的是自己的行为，而不是你的态度。

先批评自己

在批评他人之前先谈一谈自己从前做过的类似错事，一方面可以为对方提供活生生的例证，让他从这例证中认识到犯错的严重后果；另一方面也可以带给对方一定程度的认同感，拉近彼此的心理距离，营造出心胸开阔、坦诚相见的良好氛围，从而使对方更容易接受。

有个叫约瑟芬的食品店店员，在一次运货时因马虎而使食品店损失了两箱果酱。为此，老板对他进行了如下一番批评："约瑟芬，你犯了个错。但上帝知道，我犯的许多错误比你还糟。你不可能天生就万事精通，那只有在实际的经验中才能获得。而且，你在这方面比我强多了，我还曾做出那么多愚蠢的事，所以，我不愿批评任何人，但你难道不认为，如果你换一种做法的话，事情不会更好一点吗？"约瑟芬愉快地接受了老板的批评，从此做事认真多了。

作为长辈或上级，把自己曾经的过错暴露在晚辈或下属面前，目的不在于做自我检讨，而在于以自己的感悟来教育对方。这种借己说人的方法，让我们看到了融自我批评于批评中的魅力与力量。

1964年，日本轻型电器业界因受经济不景气的影响而动荡不安，于是松下电器企业公司决定召开全国销售会议。

由于会议中反映出不景气的状况，所以空气中充满了火药味。在170家公司中，只有二十几家经营良好，其他约有150多家的经营都出现极严重的亏损赤字。

"有什么意见都可以说出来。"松下先生一语未了，某销售公司的经理立即冲破水闸般地发泄他的不满："今天的赤字到这种地步，主要在于松下电器的指导方针太差，作为公司的负责人一点都不检讨自己是否有不足之处……"

"我方的指导当然有误，可是再怎么困难也还有二十几家同仁获利。各位不觉得你们太缺乏独立自主的精神，太依赖他人，才招致今天的后果吗？"松下先生反驳道。

"还谈什么精神，我们今天来的目的不是听你说教，是钱！"也有人这么露骨地反唇相问。

3天13个小时，松下先生就站在台上不断地反驳他们的意见，而他们也立即反击，大骂松下公司。就在会议即将结束，决裂的局面即将出现时，情况发生了转折性的变化。

第三天最后一次会见，松下先生走到台上，"过去两天多时间大家相互指责，该说的都说了，我想没有什么好再说的了。不过，我有些感想，给大家讲讲。过去的一切，走到今天这个地步，所有责任我们要共同负责。松下电器有错，身为最高负责人的我在此衷心向大家致歉。今后将会精心研究，让大家能稳定经营，同时考虑大家的意见，不断改进。最后，请原谅松下电器的不足之处。"说完，松下先生向大家鞠躬。

突然间，整个会场出现了不可思议的现象——整个会场顿时静了下来，每个人都低着头，半数以上的人还拿出手帕擦泪。

"请董事长严加指导。我们缺点太多了，应该反省，也应该多加油去干！"

随着松下先生的低头，人人胸中思潮翻涌。随后又相互勉励，发誓要奋起振作。

由此可见，自我批评比针锋相对的辩论、指责效果要好得多。

否定和批评下级，固然因为下级有了过失，但与此同时，处于指挥和监督岗位的上级，也有不能推卸的间接责任。

◇ 批评下级先自责 ◇

在指出下级的错误之前，不妨先进行下自我批评，这种首先自责的做法，能带来意想不到的效果。

> 这次项目失败有我的责任，我先向你说声抱歉。

1.领导能认清自己的错误

领导在自我批评的过程中容易找到问题根源，认识到领导自身的错误。

> 我先代表董事会向大家承认错误。

2.领导给下级作表率

领导先批评给下级做了表率，有助于下级紧跟反省自身错误。

> 郭总，我也有错，以后一定会多努力。

3.便于确定下级问题

领导自责之后，下级会出于内疚降低犯错后逃避责任的概率，从而认真改正问题。

假如领导仿佛自己没事儿一样，盛气凌人，只把下级批评一顿，却不肯承担领导责任，好像自己一贯正确，这样至少在他人看来很不谦虚。于是，下级便有自己在领导心目中一无是处的委屈之感，虽表面未必反驳什么，但心中已耿耿于怀，成了上级工作的对立面。因此，在批评下级时，领导最好首先自责，进而再点出下级的错误，使其有领导与他共同承担错误之感，由此产生负疚之情。这样，在以后的交谈中领导说多说少、说深说浅，下级不仅能承受得了，而且融洽了彼此之间的感情，不至于弄得不欢而散。

意味深长的暗示是最好的批评

在日常生活中，我们常常会用到批评这种手段，但我们有些人批评起人来简直让人无地自容，下不了台阶。其实，这种批评方式不但无法达到让他人改正错误的目的，而且有碍于你的人际关系，严重时甚至会毁掉一个人。既然如此，为何还要使用这种"残酷"的手段呢？在生活和工作中，我们不可能没有批评，但要学会巧妙地批评，让他人既意识到自己的错误，同时也理解你善意批评的意图，使他内心里对你心存感激。批评最好的方式就是进行暗示。

间接指出别人的错误，要比直接说出口来得温和，且不会引起别人的强烈反感。那些对直接的批评会非常愤怒的人，间接地让他们去面对自己的错误，会有非常神奇的效果。

宋朝知益州的张咏，听说寇准当上了宰相，对其部下说："寇公奇才，惜学术不足尔。"这句话一语中的。张咏与寇准是多年的至交，他很想找个机会劝老朋友多读些书。

恰巧时隔不久，寇准因事来到陕西，刚刚卸任的张咏也从成都来到这里。老友相会，格外高兴。临分手时，寇准问张咏："何以教准？"张咏对此早有所考虑，正想趁机劝寇公多读书。可是又一琢磨，寇准已是堂堂宰相，居一人之下，万人之上，怎么好直截了当地说他没学问呢？张咏略微沉吟了一下，慢条斯理地说了一句："《霍光传》不可不读。"回到相府，寇准赶紧找出《汉书·霍光传》，从头仔细阅读，当他读到"光不学无术，暗于大理"时，恍然大悟，自言自语地说："此张公谓我矣！"是啊，当年霍光任过大司马、大将军要职，地位相当于宋朝的宰相，他辅佐汉朝立有大功，但是居功自傲，不好学习，不明事理，这与寇准有某些相似之处。因而寇准读了《霍光传》，很快明白了张咏的用意。

张咏与寇准过去是至交，但如今寇准位居宰相，直接批评效果不一定好，而且传出去还会影响寇公的形象；批评太轻了，又不易引起其思想上的变动。在这种情况下，张咏的一句赠言"《霍光传》不可不读"，可以说是绝妙的。别看这仅仅是一句话，其实它能胜过千言万语。"不学无术"，这是常人难以接受的批评，更何况是当朝宰相，而张咏通过教读《霍光传》这个委婉的方式，就使寇准愉快地接受了自己的建议。正所谓："借它书上言，传我心中事。"

有一次，几个属鼠的男同学在期中考试中考了满分，挺得意，有点飘飘然。他们的班主任发现了，就对他们说："怎么，得意了？你们知道得意意味着什么吗？请注意今天下午的班会。"那几个男学生猜想：糟了！在下午的班会上，等待他们的准是狂风暴雨！可奇怪的是，在班会上，班主任的批评却妙趣横生，他说："树林子要是大了，就什么鸟儿都有，自然，天下大了，就什么老鼠都有。我就听说过这么一个故事。有只小老鼠外出旅游，恰好两个孩子在下兽棋，小老鼠就悄悄地看。它发现了一个秘密，那就是，尽管兽棋中的老鼠可以被猫吃掉，被狼吃掉，被虎吃掉，却可以战胜大象。于是立刻认定，我才是真正的百兽之王呢！这么一想，小老鼠就得意起来了，从此瞧不起猫，看不起狗，甚至拿狼开心。有一天，它还大摇大摆地爬到老虎的背上，恰好老虎正在打瞌睡，懒得动，就抖了抖身子。小老鼠于是更加得意，它还趁着黑夜钻进了大象的鼻子。大象觉得鼻子痒痒，就打了个喷嚏，小老鼠立刻像出膛炮弹似的飞了出去。就这么飞呀飞呀飞，好半天好半天，才'扑通'一声掉在臭水坑里！好，现在就请大家注意一下，'臭'字的写法，怎么写的呢？'自''大'再加一点就是'臭'。有趣的是，今年正好是鼠年，咱们班有不少属鼠的同学，那么，这些'小老鼠'们会不会也掉到臭水坑里呢？我想不会，但必须有一个条件，这就是永不骄傲！"说到这儿，这位班主任还特意看了看那几个男同学，那几个男同学当然明白，老师的批评全包含在那个有趣的故事中了！他们挺感激，很快改正了自己的缺点。

给个意外的"赞许"

D先生掌握卓越的管理艺术，早已闻名金融界，以下是他任职总经理时发生的事。

有两位部下到酒廊喝酒，直到打烊时间还赖着不走，酒廊老板只得请警察来处理。结果双方发生冲突，其中一位柔道两段的部下，把警察打得头破血流。第二天，其他同事到警察局来看他们，看到他们两人很自责，后悔做事太冲动。同事向D先生报告实情后，D先生立刻开口说："原来我们公司也会出英雄，值得称赞！"

而那两位部下听到D先生的话，更加自我反省，以后的工作态度也完全改变了。表面看来，这是十分荒谬的批评方法，但站在心理学的观点上，实在是十分巧妙。

任何人做事失败时，或多或少都会反省。这时领导如果大加批评，部下的工作士气不免会低落，也不会反省，心想："我在公司已经没有前途了……"反抗心将会更明显。

再看看D先生的部下，本以为会挨一顿臭骂，不料却获得意外的称许，而这称许

◇ 反语批评法 ◇

反语批评比直接批评让人乐于接受，若运用得好，就能收到事半功倍的效果。

> 你呀，怎么夸你好呢？人又不聪明，还想学秃顶。

1.降低反抗心

面临批评，被批评者或多或少有反抗的心理，反语批评则降低了这种反抗心理。

2.增强效果

正话反说的方法有助于犯错者反思本身错误，缓和气氛。

> 小姐，你以为这种酒能治疗脱发吗？

> 不好意思，把酒洒到您头上了。

> 我们部门终于得了第一名，不过是倒数的，我请大家吃饭庆祝下。

> 等我们努力得了第一名，王部长再请吧。

3.不费口舌

对一些有自知之明的人，这种方式是最好的。可以说是一点即通，丝毫不用浪费口舌。

仿佛一盏明灯，照亮了部下的心灵，让他们勉励自己不再犯错。

如此看来，能确实掌握对方的反省方向，才能加强对方的反省念头。某教练接受杂志采访时，发表了以下这番发人深省的谈话。据他表示："每位选手都希望在球场上努力表现，而要求自己不失误。如果那位选手虽已尽力却仍犯错，然而他能自我反省，我就不会再施加压力，对他加以批评。"在这个时候采取一种正话反说的形式对他"赞扬"一番，可以缓和紧张气氛，促其反思。

秦朝有个很有名的幽默人物优旃。有一次，秦始皇要大肆扩建御园，多养珍禽异兽，以供自己围猎享乐。这是一件劳民伤财的事，但大臣们谁也不敢冒死阻止秦始皇。这时优旃挺身而出，他对秦始皇说："好，这个主意很好，多养珍禽异兽，敌人就不敢来了，即使敌人从东方来了，下令麋鹿用角把他们顶回去就足够了。"秦始皇听了不禁破颜而笑，并破例收回了成命。

优旃利用"赞扬"达到了批评的目的，同时也保全了自身性命。表面上是赞同皇上的主意，言外之意则说如果长此以往，国力必将空虚，敌人就会趁机进攻。

反语是指所说的道理或所举的事例全是和真理明显相违背的。这种手法贵在故意送明显的悖谬给对方，使对方在明显的悖谬中省悟到自己也同样错了，因此而改变主意。

反语批评在特殊的场合或特殊的人物面前若运用得好，常常能收到意想不到的效果。这种手法无论对什么样性格的人都适用，就连残虐无比的秦始皇，也被优旃的反语批评说服了。

无独有偶，古代君王都好玩乐，而他们身边总是有那些懂得以"赞"促"改"的贤臣才子对其加以劝谏。

齐景公爱喝酒，连喝七天七夜不停止。

大臣弦章上谏说："君王已经连喝七天七夜了，请您以国事为重，赶快戒酒，否则就请先赐我死。"

晏子后来觐见齐景公，齐景公便向他诉苦说："弦章劝我戒酒，要不然就赐死他；我如果听他的话，以后恐怕就尝不到喝酒的乐趣了；不听的话，他又不想活了，这可怎么办才好？"

晏子听了便说："弦章遇到您这样宽厚的国君，真是幸运啊！如果遇到夏桀、殷纣王，不是早就没命了吗？"

于是齐景公果真戒酒了。

吃喝玩乐似乎乃君王的天性，倘若直言劝谏，告诉他那是大错特错的，有多少的坏处，恐怕他是很难听进去的，反而会大发雷霆。换一个角度说话，往往能起到更好的效果。

第七章

鼓励失意者振作起来的说话方式

站在同一起点上，现身说法

失意者的情绪往往很浮躁，不能平静下来，如果在这种状态下，有个人拿自己类似的经历来说给对方听，一定能给他很大启发。

小陈不耐烦地坐在办公桌前，望着堆在面前的一沓沓报表，一点也提不起工作的兴致来。最近，公司里连续调整了几次人事，与他一起进公司的几个同事都升职了，而小陈却始终窝在原岗位上动不了。想起来心里真是憋屈："论业绩论水平，我哪点比他们差？唯一不到家的功夫就是不如他们会在领导那里溜须拍马。唉，现在这个社会，奉承也是一种本事啊！"

快下班的时候，小陈被乔副总经理叫进了办公室。中年的副总坐坐在宽大的办公桌后面，一副和蔼而又严肃的表情对小陈说："你最近好像情绪不太稳定？"语气中虽然充满着温和与关切，但小陈却分明感到了一种难以抗拒的威严。他忐忑不安地坐在一把椅子上，乔总不仅没有批评他，反而轻轻地叹了一口气，说："小陈啊，你是聪明人。今天找你来，我只想跟你讲一段我过去的经历，希望你听了之后能及时调整自己的心态。

"10年前，我从汕头大学读完硕士后，通过应聘进了这家公司。当时我在公司里年纪最轻，而学历却是最高的，因此，当时的老板胡先生非常赏识我。为了报答胡总的知遇之恩，我工作得格外卖力，很快就成为了公司的业务骨干，每次有重要的谈判，胡总经理都要把我带上。于是在大家心目中，我是胡总跟前的红人，而我自己也觉得前途一片光明。我相信，只要自己加倍努力，两年内升任为公司的中层管理人员应该是不成问题的。

"两年后，公司的人事部经理到了退休的年龄。大家纷纷猜测新的人事经理人选，都认为我是最佳人选。就在我自以为看到了曙光的时候，董事会的决定很快下来了，办公室的另一位姓黄的业务员被任命为新的人事经理。得到消息的一刹那，我真有些不敢相信：为什么平时胡总口口声声表扬我，还常常鼓励我好好干，有机会一定提拔我，而现在明明有机会了，却偏偏给了别人？

"第二天，胡总找我谈话了。他首先充分肯定了我的工作和能力，然后又说，小黄的工作也是很不错的，相比较来说，你的文字功底和社交能力更强一些，如果调你去人事部，一下子找不到合适的顶替人选，咱们部门就少了一把好手。而调小黄去，影响就会比较小些。况且大家都知道我对你很赏识，容易给人产生偏袒亲信的感觉。所以你要正确对待这次人事变动。虽然我的心里还是有些不快，但胡总的话都已经说到这份上了，我也不能再说什么了。

"可是过不了多久，办公室主任又另谋高就离开了公司。我想这下不可能不再提拔我了吧，可是公司却在这时候戏剧性地出现一名新职员，随即又闪电般地将她任命为办公室主任。眼睁睁地看着又一次机会失去，我的心情低落到了极点。我想，看来胡总其实根本没把我放在心上，我再卖力工作也是无济于事的。从那时起，我在工作中产生了消极情绪，我要让大家特别是胡总看到，没有我的努力，公司的效益是会受到影响的。

"结果可想而知，情况越变越糟。不久，我就得知公司打算调我到一个不起眼的经营部去任经理的消息。那个经营部其实只是一个小杂货店，而且连年亏损，调我去那里，显然是在惩罚我。看来这次是真的惹恼胡总了，我开始焦急起来，想想自己这阵子的表现，也确实有些过分，我有些后悔，可又不知道该怎么办。那种矛盾不堪的心态折磨得我一连失眠了好几天。最后我想不如辞职不干了，虽然我很舍不得这份工作。

"就在我彷徨无助的时候，一天晚上，我的父亲突然问我，'你们总经理不是一直都很器重你的吗？干吗不找他谈谈，把你自己的想法都跟他说说？'我说，'我已经惹恼了他，哪还有脸面找他谈？'我父亲却说，'真正赏识你的领导就和父母一样，只要你真心认错，哪会不给你改过的机会？如果他真的不原谅你，那说明他其实并不在乎你，再辞职也不迟。'

"最后我听从了父亲的劝告，主动找到了胡总。果然就跟父亲预料的一样，胡总不仅原谅了我的任性，还真诚地对我说，小乔啊，你跟了我这么久，居然不知道我的想法？有些事情我是很难跟你说明白的。提拔下属是件很复杂的事，要综合考虑很多因素。有时给人的感觉的确是不公平的。年轻人嘛，碰到这种事有想法也是正常的，关键是要学会调整心态，正确对待。其实最近我们已经考虑要提拔你为业务部的经理了，可是偏偏你没能挺住考验，给不少董事留下了不够成熟的印象，所以才考虑让你到闸口经营部去锻炼锻炼。既然你今天把心里话都跟我袒露了，那我看你还是留在我身边吧。"

说到这里，乔总打住了话题，这以后的事情，小陈也知道了。乔总今天找他谈话的良苦用心，更是令小陈感动不已，因为在这之前，自己也几乎要冲动地递出辞呈了。小陈站起身来，真诚地向乔总鞠了一躬，说："谢谢您，乔总，请您放心，我知道今后该怎么做了。"

乔总的现身说法达到了劝说小陈的目的。

朋友失意，安慰的话一定要得体

当我们的朋友遭遇不幸时，我们的反应往往不够得体。我们总是说出他们不愿意听的话，令他们难过，他们需要我们时，我们却不在他们身边；或者，就是和他们见了面，我们也故意回避那个敏感的话题。既然我们并非存心对他们无礼或冷漠，那么，为什么我们会在其实愿意帮忙的时候有那样的表现呢？

我们大多数人都有过这样的经验，就是无意中说错了一句话，巴不得能把它收回。我们怎样才能在某个人处于困难时对他说出适当的话呢？虽然没有严格的准则，但有些办法可使我们衡量情况和做出得体而真诚的反应，这里是一些建议：

1.留意对方的感受，不要以自己为中心

当你去探访一个遭遇不幸的人时，你要记得你到那里去是为了支持他和帮助他。你要留意对方的感受，而不要只顾自己的感受。

不要以朋友的不幸际遇为借口，而把你自己的类似经历拉扯出来。要是你只是说："我是过来人，我明白你的心情。"那当然没有什么关系。但是你不能说："我母亲死后，我有一个星期吃不下东西。"每个人的悲伤方式并不相同，所以你不能硬要一个不像你那样公开表露情绪的人感到内疚。

2.尽量静心倾听，接受他的感受

丧失了亲人的人需要哀悼，需要经过悲伤的各个阶段和说出他们的感受和回忆。这样的人谈得越多，越能产生疗效。要顺着你朋友的意愿行事，不要设法去逗他开心。只要静心倾听，接受他的感受，并表示了解他的心情。有些在悲痛中的人不愿意多说话，你也得尊重他的这种态度。一个正在接受化学治疗的人说，她最感激一个朋友的关怀。那个朋友每天给她打一次电话，每次谈话都不超过一分钟，只是让她知道他惦记着她，但是并不坚持要她报告病情。

3.说话要切合实际，但是要尽可能表示乐观

泰莉·福林马奥尼是麻州综合医院的护理临床医生，曾给几百个艾滋病患者提供咨询服务。据她说，许多人对得了绝症的人都不知道说什么才好。

他们说些"别担心，过不了多久就会好的"之类的话，明知这些话并不真实，而病人自己也知道。

"你到医院去探病时，说话要切合实际，但是要尽可能表示乐观。"福林马奥尼说，"例如'你觉得怎样'和'有什么我可以帮忙的吗'，这些永远都是得体的话。要让病人知道你关心他，知道有需要时你愿意帮忙。不要害怕和他接触，拍拍他的手或是搂他一下，可能比说话更有安慰作用。"

4.主动提供具体的援助

一个伤恸的人，可能对日常生活的细节感到不胜负荷。你可以自告奋勇，向他表示愿意替他跑腿，帮他完成一项工作，或是替他送接学钢琴的孩子。"我摔断背

◇ 安慰朋友时这些话不要说 ◇

日常人际交往中，总会有这样一个时刻，朋友有难，需要你的安慰和帮助，这个貌似平常的问题却有一些不得不注意的忌讳。

你不停地追问是想看我的笑话吗？

你究竟怎么了，发生什么事了？

1 "究竟怎么了"

询问对方问题，获知真相，对事件下结论，容易引起误会，好心办坏事。

能不能让我自己选择。

你应该去大胆地表达你的想法。

2 "你应该这么办"

不把答案送给他，让他自己去寻找答案。

你们都说我懦弱，我真是一点用也没有。

能不能别哭了，你真是太懦弱了。

3 "别哭了"

每个人都有发泄情感的权利，允许朋友的哭泣是疗伤的重要过程。

骨时，觉得生活完全不在我掌握之中。"一位有个小女孩的离婚妇人琼恩说，"后来我的邻居们轮流替我开车，使我能够放松下来。"

5.要有足够的耐心

丧失亲人的悲痛在深度上和时间上各不相同，有的往往持续几年。"我丈夫死后，"一位老人说，"儿女们老是说：'虽然你和爸爸的感情一直很好，可是现在爸爸已经过去了，你得继续活下去才好。'我不愿意别人那样对待我，好像把我视作摔跤后擦伤了膝盖而不愿起身似的。我知道我得继续活下去，而最后我的确活下去了。但是，我得依照我自己的方法去做，悲伤是不能够匆匆而过的。"

在另一方面，要是一个朋友的悲伤似乎异常深切或者历时长久，你要让他知道你在关心他。你可以对他说："我能理解你的日子一定不好过。但我觉得你不应该独立应付这种困难，让我帮你好吗？"

意识唤醒法使其走出悲伤阴影

人的自我意识有很多种，比如年龄意识、性别意识、社会角色意识等。拿年龄意识来说，一般情况下，人到了某个年龄阶段就会出现某种心理特征，但有的人却迟迟不出现。这时，只要你点拨他一下，他就会醒悟，从而发生心理上的飞跃。

小姜的一个同学因患黄疸型肝炎被学校劝退休学，整天愁眉苦脸，总认为自己的病没有好转的可能，因而产生了悲观情绪，丧失了信心。小姜放假时，到这位同学住的医院探视他。一见面他就做出一副欣喜状，对这位同学说：

"哥们儿，你的脸色比以前好多了嘛！听医生说，你的黄疸指数已有所下降，这说明你的病情在好转啊！"

小姜的话客观实在，使朋友的精神为之振作。于是，他乐观地接受治疗，加速了康复进程，不久便病愈出院了。

上大四的小孙恋爱3年了，不久前女朋友不知何故跟他分手了。他很伤心，整天精神恍惚。他的班主任李老师知道此事后，特地赶来做他的工作。李老师一见面就说：

"我知道你失恋了，是来向你道贺的！"

小孙很生气，转身就走。

"难道你不问问为什么吗？"小孙停下来，等着听李老师的下文。

李老师说："大学生都希望自己快点成熟起来，失败能使人的心理、思想进一步成熟起来，这不值得道贺吗？大学生的恋爱大多属于非婚姻型，一是大学生在学习期间不大可能结婚，二是很难预料大家将来能否在一个地方工作。这种恋爱的时间又不长，随着知识的积累，人慢慢成熟了，就有可能重新考虑对方，恋爱变局也就悄悄发生了。应该说，这是大学生心理成熟的一种重要标志，你这么放任自己的感情，是心理成熟还是不成熟的表现呢？另外，越到高年级，大学生越倾向于用理智处理爱情。这时，感情是否相投，性格是否和谐，理想和追求是否一致，学习和工作是否互助互补，都会成为择偶的标准，甚至双方家庭有时也会成为重点考虑的条件，这就是择偶标准的多元化。这种标准多元化更是大学生心理逐渐成熟的表现，也符合普遍规律。你女朋友和你分手是不是出于择偶条件的全面考虑？你全面考虑过你的女朋友吗？如何处理你这目前的感情失落，你该心中有数了吧？"

李老师先设置悬念——"祝贺你失恋"，把小孙从感情的泥沼中"唤"了出来，然后通过合情合理的分析，唤醒他的理智，多次用"大学生失恋不是坏事，而是心理成熟的标志"的观点来加以点拨。李老师就是通过一步步唤醒小孙的自我意识，使他认为该用理智来处理感情问题，从而约束自己的感情，恢复心理平衡。

失意者心中往往憋着一股劲儿，想要摆脱这种心理状态。鼓励他们的自我意识，也就是唤醒他们的自我意识，会使他们走出低谷，走向成功。

◇ 唤醒他人的自我意识 ◇

世事无常，人有时难免陷入失意之中，这是因为自我意识没有被唤醒。正确的自我意识一旦被唤醒，人也就会从失意中振奋起来。

打起精神，你还是我们心目中的英雄。去年，在咱们部门最困难的时候，可是你力挽狂澜的啊。

这没什么，有了这次的教训，我们下次就知道怎么做了。

用以往的成功经历唤醒他。每个人都有或多或少引以为傲的事情，提起这些事情，就很容易重新激起他的自信心。

适时予以积极暗示，有助于唤起对方的自我意识，使他鼓起希望的风帆，积极生活。

别人郁闷的时候多说理解的话

最近几年流行一个词：郁闷。所谓郁闷，也就是碰到了不顺心的事情，心情不好。在这个竞争激烈的社会，人们经常会碰到让人郁闷的事情，也经常会碰到正处在郁闷中的人。现在就出现了一个问题：对郁闷的人怎样安慰？说什么话比较好？正确的方式是：多说理解的话。

要想对郁闷的人说些理解的话，首先要弄清他为什么郁闷。如果不知道原因，随便地安慰一气，就可能火上浇油。有这样一则笑话：

有一位妈妈带着她的小宝贝出去，在火车上哄着她的宝宝。

有一位乘客很好奇地把头凑过来看了一下就说："哇！好丑的宝宝！"

这位妈妈听了好难过，就一直哭，一直哭。

后来车子停到某一站，上来了一些新的乘客。

这位好心的乘客看她哭得那么伤心，就安慰她说："这位女同志你为什么哭得这么伤心呢？凡事都要看开点，没有解决不了的事情嘛！好了，好了，不要再哭了。我去帮你倒杯开水，心情放轻松点嘛！"

过了一会儿，那位乘客真的倒了一杯水给她说："好了，别再哭了，把这杯水喝了就会舒服一点，还有这根香蕉是给你的猴子吃的。"

这位妈妈听了，差点没晕过去。

笑话里面的那位好心的乘客还没有弄清女同志为什么在那儿哭，就随便安慰一通，当然会驴唇不对马嘴了。所以说，首先应该知道别人郁闷的原因，然后对症下药，才能说出真正理解人的话，达到安慰的目的。

用"同病相怜"的经历来缓解对方压力

会安慰和激励人的人在说话上都是掌握了一定技巧的。有的人很会"捏造"事实来缓解被劝说者的压力。

有一位中学教师，头脑灵活，在对学生的工作中很讲究策略，非常善于说服学生，做思想工作。

他的班上有一个男同学，人很聪明，升初中的考试成绩是全班第3名。可仅过半年，期末考试却落到班级第27名。这位老师左思右想，也找不出这位同学退步的原因。后来，他从侧面了解到，这孩子有尿床的毛病。被褥尿湿了，家长总是很恼火，这"丢脸"的事使他自惭形秽。因为精神上有负担，便影响了学习成绩。

面对这样一个棘手的问题，想要说服同学，解除他的精神负担，怎么办呢？

这位老师思考了两天，看了一些心理学方面的书籍，最后决定，在一天放学后，办公室人都走光时，找这位同学谈心。

扯了一些班里的杂事以后，老师问这位同学："听说你会尿床，是不是？"

学生一听，脸"噌"地一下红了，头也垂得低低的。老师把他朝身边拉了拉，握住他的手说："其实，尿床没什么大不了，我研究过，十几岁的少年儿童中，有相当一部分人都尿床，只不过是许多家长不声张罢了。"

学生一声不吭。老师继续说："老师我也尿过床。"

"真的？"他惊奇地问老师。

"怎么不是，而且一连延续到初中快毕业。有时一夜尿两三次，睡梦中，我急死了，到处找厕所，找到一个墙角，拉开裤子就尿，结果就尿了一床。"

"哎呀，我也是这样。"他仿佛找到了知音，羞怯之情一扫而光。

接着，师生俩你一句我一句地扯开了"尿经"，讲到好笑的地方，一起放声大笑。这时，他们已没师生之别，好像两个"尿友"在交流经验。

"后来你是怎么不尿床的？"学生突然问老师。

"我啊，到了15岁就自然地不尿床了。"老师装着回忆的神情说，"那时我初中还没毕业，不知不觉地就好了。"

同学掰着手指算着："我今年13岁，再过两年，我也会好了？"

"那当然！"老师肯定地说，"尿床不是病，到了发育的年龄，就会自然地好了，你用不着烦恼。"

当他们走出办公室的时候，学生已经轻松多了。

后来，由于家庭、老师的默契配合，那位学生终于放下了思想包袱，摆脱了困境，学习大有进步。

也许老师的"尿床"经历是编造出来的经历，然而却一下拉近了两人的距离，这样使劝慰和鼓励变得容易多了。

第八章

加深朋友感情的说话方式

说话时注意维护朋友的自尊

一般来说，人们对于自尊往往存有不容侵犯的保护意识，因此，一旦个人的自尊遭受侵犯或攻击时，即使对方过后表示歉意，恐怕也已无法弥补双方已损伤的关系。

相反的，如果你能顾及对方的自尊，处处为对方的自尊着想，那么，对方必然会因此对你表示友好与感谢。

举例来说，当大伙正在围桌谈笑时，有一个人讲了一个笑话，结果使得全场捧腹大笑，气氛十分欢乐。然而，在这些笑声还未平息之际，突然有另一个人说道："这的确是一则有趣的笑话，不过我在上个月的某本杂志中早就看过了。"或许这人的目的在于表现其优越感，但他所获得的真正评价是什么呢？而那个当初说笑话的人，此时的感受又如何呢？你可以体会得到。

俄国作家屠格涅夫有一次在街上散步，一个穷人走过来向他乞讨。他伸手到口袋里摸了好一会儿，抱歉地说："兄弟啊，对不起，实在对不起，我没带吃的东西出来，钱袋也丢在家里了。"那人突然紧紧地拉住了他的手，连声说："谢谢您，谢谢您！"屠格涅夫既惭愧又惊异地问："你谢我什么呢？"那人回答："我原来只是想找点东西吃了以后就去自杀，没想到你称我为兄弟，给了我活下去的勇气！"

一声"兄弟"竟然唤起了一个绝望的人求生的勇气，屠格涅夫的言行何以有这么大的力量呢？这是因为他的言行之中包含了任何一个正常人都需要的东西——自尊。

自尊之心，人皆有之。人们一旦投入社交，无论他的地位、职务多高，成就多大，无不关心外界对自己的评价。

由于来自外界评价的性质、强度和方式不同，人们会相应地做出不同反应，并对交际过程及其结果产生积极或消极的影响。

通常的规律是：尊之则悦，不尊则哀。换言之，当得到肯定的评价时，人们的自尊心理得到满足，便会产生一种成功的情绪体验，表现出欢愉乐观和兴奋激动的心情，进而"投桃报李"，对满足自己自尊欲望的人产生好感和亲近力，采取积极的合作态度，交际必然向成功的方向发展。反之，当人们不受尊重，受到不公正的评价时，便会产生失落感、不满和愤怒情绪，进而出现对抗姿态，使交际陷入危机。

自尊在中国人的字典里被解释为"面子"。

诸葛亮之所以一生追随刘备，鞠躬尽瘁，死而后已，就是因为刘备给了他太大的面子。

刘备第一次屈身去请，诸葛亮适逢外出。第二次去请，诸葛亮又恰巧不在。一直到第三次，诸葛亮才与他交谈。如此大的面子，诸葛亮怎能不尽心相报。这位历史上最出名的谋士，被请出山时还是满头青丝，等去世的时候，已是白发苍苍的老者了。诸葛亮不仅全心回报了刘备，也回报了其儿子刘禅的面子，最后，终以生命相报，不得不让人感慨面子的重要。

与其伤朋友的面子，不如给他面子，让他欠你的情，那么他日后回报的面子一定大于你给他的。

有时候你知道你朋友的做法是错误的，直接提建议可能会伤害到彼此的感情，不如就采取迂回的方式对他说："虽然你有你的生活方式，可是我觉得如果你这样做，会更好。"或者"这件事那样做是不对的，我相信你是不会那样做的，对不对？"

陈文进公司不到两年就坐上了部门经理的位置，但是有个别下属不服他，有的甚至公开和他作对，钱诚就是其中的一位，他们本来还是好朋友。自从陈文做了部门经理之后，钱诚就经常迟到，1周5天工作日，他甚至4天迟到。

按公司规定，迟到半小时就按旷工一天算，是要扣工资的。问题是，钱诚每次迟到都在半小时之内，所以无法按公司的规定进行处罚。陈文知道自己必须采取办法制止钱诚的这种行为，但又不能让矛盾加深。

陈文把钱诚叫到办公室："你最近总是来的比较迟，是不是有什么困难？"

"没有，堵车又不是我能控制的事情，再说我并没有违反公司的规定呀。"

"我没别的意思，你不要多心。"陈文明显感觉到了对方的敌意。

"如果经理没什么事，我就出去做事了。"

"等等，钱诚你家住在体育馆附近吧。"

"是啊。"钱诚疑惑地看着对方。

"那正好，我家也在那个方向，以后你早上在体育馆东门等我，我开车上班可以顺便带你一起来公司。"

没想到陈文说的是这事，钱诚反而有些不好意思，喃喃地说："不，不用了。你是经理，这样做不太合适。"

"没关系，我们是同事，帮这个忙是应该的。"

陈文的话让钱诚脸上突然觉得发烧，人家陈文虽然当了经理，还能平等地看待自己，而自己这种消极的行为，实在是不应该。事后，他们的朋友关系又"正常化"了。

学会维护他人的自尊心，你会得到越来越多的新朋友，老朋友对你的感情也会越来越深。这样你的友情网络会更加牢固。

如何从闲聊中加深感情

有人认为聊天是极为浪费时间的事，岂知一般朋友间的交情多半是从"闲谈"开始的。实际上，之所以有些人"能说会道"、关系广泛，就是因为他们"闲谈"的功夫很棒。

但有些人就是不喜欢"闲谈"，他们觉得"今天天气怎么样"和"吃过早饭了吗"这一类的话，都是无聊的废话，他们不喜欢谈，也不屑于谈，他们不知道像这一类看起来好像没有意义的话，却还是有一定作用的。什么作用呢？就是加深朋友间感情的准备作用，就像在踢足球之前，蹦蹦跳跳，伸手踢脚，做一些热身运动一样。

一般的交谈总是由"闲谈"开始的，说些看起来好像没有什么意义的话，其实就是先使大家轻松一下、熟悉一点，造成一种有利于交谈的气氛。

交谈都是由闲聊开始，比如说天气，而天气几乎是中外人士最常用的最普遍的话题。天气对于人生活的影响太大了，天气很好，不妨同声赞美；天气太热，也不妨交换一下彼此的苦恼；如果有什么台风、暴雨或是季节性流行病的消息，更值得拿出来谈谈，因为那是人人都关心的话题。

什么时候都有一个良好而又艰难的开端，就是交谈这样看似简单的事情也不例外。开始交谈，的确是需要相当的经验，当你面对着各式各样的场合，面对着各式各样的人物，要能做到通过言谈拉近彼此的距离，实在不是一件容易的事。倘若交谈开始得不好，就不能继续发展双方之间的交往，而且还会使得对方感到不快，给对方留下不好的印象。

与人闲谈是人际交流中必要的环节，但是需要注意的是，很多人在闲谈中往往把握不好分寸，甚至说一些不负责任的闲话，而这些闲话中难免会涉及别人的是非，如果说得多了，难免会伤害到一些人。

常听到这样一句评价人的话："这个人说话不经过大脑。"就是指有的人在闲谈中不注意分寸，有的话没经过思考就说出来了，完全没有顾及听者的反应。

小夏是个大学生，因为长相可爱，性格开朗，所以结交了不少的朋友。但是很快，小夏就发现了一个问题：那些朋友和她交流过几次之后，就不再与她来往了。小夏也弄不清楚到底是什么原因造成的。

后来有一次，一个和小夏关系还不错的朋友告诉了她问题的所在。

"小夏，你有的时候说话太伤人了。"这个朋友说，"你说的话可能不是有心的，也不是故意想伤害别人，可是你的话还是伤了别人。"

"是这样吗？我怎么不知道？"

"就说参加同学聚会那次吧，当时有个挺胖的女孩子，你还记得吧？"

"记得。"

"你在吃饭的时候不停地说什么胖的人容易得病，性格不好等，虽然我们都知道你不过是闲谈而已，但是你说的时候完全没有考虑到那个女孩的感受。那个女孩

◇ 常用的闲谈资料 ◇

谈话是对自身资源的一次挖掘，考验人的知识水平和文化层次，平时除了你最关心、最感兴趣的问题之外，你还要多储备一些和别人"闲谈"的资料。

上一次，我碰到了小偷……

你看起来瘦多了，怎么减肥成功的？

1.惊险故事

特别是自己或朋友亲身经历的惊险故事，最能引起别人的注意。

2.健康与医药

比如著名的医生，对流行病的医疗护理，减肥的经验，怎样延年益寿。

您真是一个幽默的绅士。

3.笑话

假如你构思了大量笑话，而又富有说笑经验，那你恐怕是最受人欢迎的人了。

当时几乎什么东西都没敢吃，回去的路上她还哭了呢，说她也不想那么胖。"

"但是，我并没有说她，只是因为说到时下减肥的话题时才说起来的。"小夏为自己辩解。

"是这样没错，可是你的话毕竟是伤到别人了，虽然你是无心的。"朋友严肃地对小夏说。

"不管和什么人在一起，都要注意自己的言行，否则你的一句无心的话，可能会伤害到别人，就会被人疏远。"

《智慧书》的作者、哲学家葛莱西安在书中就说过这样的话："没有一个人类的活动像说话一样需要小心翼翼，因为没有一种活动比说话更频繁、更普通的了，甚至我们的成败输赢都取决于说的话。"

在人际交往中，人们主要是从交谈中了解一个人思想和修养的，即使是非正式场合下的闲谈，你的言行也都在透露出你的品德。人们就是根据一人的言语对其表示喜欢或者排斥。因为不论你的学历有多高，你的财富有多少，你的言语都像画笔一样勾画着你的形象，尤其是在闲谈中的言语，更能很好地反映出一个人的修养。没有人愿意和一个缺乏修养的人建立什么感情的。

艾琳决定和她的朋友苏珊断绝来往了，因为她实在受不了苏珊的毛病。

"我和苏珊经常在一起闲谈，本来女人之间聊天闲谈也没什么，可是苏珊总喜欢在我面前说别人的是非，而且还都是一些鸡毛蒜皮的小事，令人难以忍受。

"有一次，她在我面前大谈婚姻问题，还提到现在的女孩喜欢和比自己大很多的男人恋爱，她觉得那样的婚姻没有互相理解的基础，有隔代的差距，是不会幸福的。虽然我知道苏珊的话并没有针对任何人，但是当时我妹妹就在和比她大很多的男人恋爱，这苏珊也知道，她的话让我非常不舒服。

"所以我不打算和她继续做朋友了，与其把时间浪费在听她闲谈别人的是非上，不如和别的朋友在一起聊一些有意义的话题呢。"

在闲谈中，一定要掌握一些技巧，不要随意地评价某人，即使这个人并不在现场也一样。谈一些大家共同感兴趣的话题，避免说一些容易让大家感到消极的、不愿意谈及的话题，更不要把自己或别人的隐私当作公共话题来议论。特别是要注意在说笑话或者调侃的时候，不要让别人感觉你是一个不够稳重和没有教养的人。

最好的办法就是在别人闲谈中留心大家感兴趣的话题，然后加入进去。或者干脆谈一些诸如经济、体育、娱乐、天气等比较不容易得罪人的话题。还要注意的是，在说话的时候留意对方的反应，以判断你的话题是否合适，方便做适时的调整。还有就是要避免在说话的时候与人发生争论，即使有也要想办法避开。

千万要记住，不要因为闲谈中的无心之举而失去了朋友。

错了就要赶快道歉

人非圣贤，孰能无过？但是有的人却认为承认错误是暴露了自己的缺点和错误，尤其在别人面前，是一件有失身份的事情，所以即使犯了错也不肯承认，遮遮掩掩，甚至在别人当面指出或提出的时候都不肯承认，更不要说道歉了。

然而，你要清楚：与其等别人提出批评、指责，还不如主动认错、道歉，这样更易于获得谅解、宽恕。凡是坚信自己一贯正确，发生争端总是武断地指责对方大错特错，从不认错、道歉的人，根本交不到朋友，或易交难处，永远缺乏知心朋友。

如果我们由于自身的孤傲和不安全感宁可让友情出现裂痕也不愿意说"我错了"这句话，那实在是愚蠢之至。诺曼·皮勒说过："真正的道歉绝不只是简单地认错，而是对你说过或做过的有损友好关系的言行表示真诚的歉意，并真心实意地希望友谊得以修复。"

1755年，在竞选弗吉尼亚州议员的辩论中，23岁的上校乔治·华盛顿说了一些侮辱小个子对手、脾气暴躁的潘恩的话，对方当即用桃木拐杖把他打倒在地。站在一旁的士兵立刻冲上去，想为年轻的上校报仇，华盛顿本人却从地上爬起来阻止了他们，说他会处理好此事。

第二天，他写信给潘恩，邀请他在一家酒馆同自己会面。潘恩到达后，本以为华盛顿会要求他先表示歉意，然后与他进行决斗，谁料，华盛顿却先对他表示了歉意，并主动伸出和解之手。

道歉并非示弱。一个人要承认自己的错误是需要勇气的。人际关系是生活中最难处理的事情，人都免不了有出错的时候。一旦错了，就得道歉，只有如此才能避免更大的损失。

有些人明知道是自己的不对，可是碍于所谓的身份或者面子一类的问题，不肯主动认错，觉得认错是没面子的事情，所以冲突也就无法解决。其实一个人能主动承认错误，就是一种勇气，这不仅有助于解决相关的矛盾，也能取得一定的满足感。

说"对不起"的时候，眼睛一定要直视对方，只有这样才能传递出你的心意。如果一边做事一边道歉，或者用回避的方式，都表现不出你的诚意，无法让对方感觉到你是真的认错。没有辩解的道歉才能让对方感觉你的心意，达到道歉的目的。

小雯借朋友的衣服穿，却不小心因为疏忽把衣服刮破了，小雯觉得很抱歉，就在还衣服的时候，很诚恳地对朋友说："对不起，我不小心弄破了你的衣服，这是一个裁缝的电话，我已经联络过他了，他说可以补得像没坏的一样。"

这种正面的直接道歉是最好，也是最佳的方式。假如小雯在还衣服的时候只是说："衣服破了，我赔钱给你吧。"对方肯定会婉言谢绝，但心里绝对会不舒服，觉得小雯的"道歉"只是形式上的，不够真诚，他们之间自然也就有了隔阂。

小伟在朋友的生日宴会上喝多了，将女主人最喜欢的一个花瓶失手打碎了，以小伟的经济实力赔不起这个花瓶。

为了表示自己的歉意，小伟挑选了一张精致的贺卡，写上自己的歉意：我知道我的行为给你们造成了困扰，也知道自己的行为是无法原谅的，请相信我绝对不是故意的，如果当时我没有喝醉，也就不会发生那种事情了，所以请接受我最真挚的歉意。

◇ 道歉的三种有效方式 ◇

道歉需要诚，一次没有诚意的道歉不会被人接受，下面介绍三种有效的道歉方式：

1.电话致歉

电话道歉通常不在现场，而且双方各自已经费了一番思量，因此，电话道歉比较容易成功。

2.当面致歉

这是道歉最有效的方式，毕竟当面道歉需要极大勇气，这份勇气代表了最大的诚意。

你帮我向他道个歉吧。

3.通过第三人

双方成见很深，通过第三者转致歉意，待对方火气平息之后，再当面道歉。

小伟将卡片亲手交到朋友手里，并带了一瓶朋友最喜欢的酒，不是为了表示赔偿那个花瓶，而是为了表示真诚的歉意。

小伟的这种道歉方式很艺术，你也可以不直接说出"对不起"，而是像小伟这样用一张卡片或一份小礼物等，都可以表示歉意。最重要的是不要回避，一开始就要先承认自己的错误，而且道歉一定要有诚意。

真心实意地认错、道歉就不必强调客观原因、做过多的辩解。就是确有非解释不可的客观原因，也必须在诚恳地道歉之后再略为解释，而不宜一开口就辩解不休。否则，你对自己的错误实际上是抱着抽象否定、具体肯定的态度，这种道歉，不但不利于弥合双方思想感情上的裂痕，反而会扩大裂痕、加深隔阂。有时当务之急不是先分清谁是谁非，而是要求双方求同存异去对付共同面临的困难或"敌手"。如双方僵持不下，势必两败俱伤。如一方先主动表示歉意，就有可能打破僵局，化紧张为和谐，乃至化"敌"为友。

要记住，真正的道歉不只是认错，同时也意味着承认自己的行为给对方造成的困扰，而你对彼此之间的关系很重视，希望道歉可以化解冲突，重归于好。诚恳的歉意不仅能弥补彼此之间的关系，还可以增进彼此的感情。所以，如果你犯了错，就大方地表示歉意，诚恳地说一句"对不起"。

说话时注意给朋友"同感"的理解

朋友之间应该互相帮助，一对好朋友彼此坦诚相待，真诚相帮，双方都有"不是亲人，胜似亲人"的感觉。

当自己有不懂的地方向对方请教后，终于解开了疑惑，自己也由此获得知识，你对对方的尊重更会加深。

若不然，你既向别人求教，又对别人持轻视态度，谁会买你的账呢？

当你将自己的欢悦与困惑向朋友倾诉时，如果你的朋友对你的倾诉不屑一顾，试问，这样的友情还有必要存在吗？

因此，我们应该学会多给朋友帮助和鼓励，同时，你也会在朋友的帮助和鼓励中达到双方感情上的沟通。

人与人之间情感的沟通，是交往得以维持并向更为密切方向发展的重要条件，是人对客观事物所持态度的内心体验。情感沟通是由两部分组成：一是"共鸣"，即对同一事物或同类事物具有相仿的态度及相仿的内心体验；二是"振荡"，即由于"共鸣"而双方情绪相互影响，以致达到一种比较强烈的程度。前者是找到共同语言，后者是掏出心来，心心相印。

所谓"同感"，就是对于对方所述，表示自己有同样的想法和经历。比如吴倩以十分认真的语调告诉她的好朋友李蓉，她想自杀。李蓉不是去问她为什么，也不板起脸孔说教一番，而是说："是啊，我曾经也有过同样的想法，记得是那天发生的一件事，使我看到了人为什么要勇敢地活下去……"结果吴倩就轻松地谈起了她的烦恼与苦闷。李蓉边听边点头，表示理解和关注。后来吴倩不但勇敢地活下去，并且做出了成绩。她和那位善解人意的李蓉的友谊愈来愈深了。

要想达到与人情感沟通，就要注意对方。当对方对某一事物表露出一种情感倾向时，你就要对他所说的这件事表达同样的感受，而且激烈些，于是你们就谈到一起了。

情感沟通的程度，以每当回忆起这段交往时，所导致的兴奋程度为标准。比如，当你读到友人来信中的下面这段话，你俩的感情就绝不会变得冷漠。"不知怎的，你在上次谈论中的一举一动、一言一语都给我留下深刻的记忆，竟是那么清晰动人。真的，我很高兴与你一起度过了那个下午。"当对方常常联想到这段交往时，就伴着愉悦的心境，则这种沟通也就达到了。

这就是心灵的沟通。

设身处地地为朋友说话

人生得一知己是幸运的，许多事不必说他就能心领神会，知己深知你心中的每一根琴弦和音调，在你刚刚弹出第一个音符的时候，他已经知道了整个乐曲的内容。这就是历史上高山流水的美谈，这就是白居易"同是天涯沦落人，相逢何必曾相识"的感叹。

生活本来就充满矛盾，这是人与人之间产生误解和隔阂的根源，是通向友谊王国的"拦路虎"。与真心朋友交往就要给对方多一些理解，多站在别人的立场和角度来为他着想，这也就是所谓的"穿朋友的鞋子"。

古人说："同师曰朋，同志曰友。"《世说新语》里记载，管宁和华歆同席读书，同师教导，其朋友之情有多深厚，不得而知，但割席绝交是一件极其让人痛心的事。古代圣贤讲究君子安贫乐道，耻言富贵，管宁割席的缘由正是华歆有崇尚富贵之嫌。人们历来赞赏管宁的品节高尚，但从社交之道来看，管宁就因为一点点"富贵之嫌"，就无丝毫规劝，轻而易举地"废"掉了人生占重要地位的友谊吗？

其实，管宁对朋友似乎太苛刻了，他们之间缺乏理解和体谅。实际上，人各有志，人各有异，朋友之间是一个个独立的个体；再者，世界也是绚丽多彩的，事物也是复杂多样的，因而人的思想和见解不可能统一在同一个水平线上。有人爱吃饭，有人爱吃菜；有人爱喝茶，有人爱喝咖啡；有人喜欢跳舞，有人喜欢武术。所以我们交友不一定得要求别人各个方面都完全符合自己，我们只要取其志同道合、情投意合这一两点，就可以与他结为朋友，最后发展为知己。

说什么话，做什么事，都多站在对方的立场上出发。这是成功学大师卡耐基曾总结出的一条重要的交际经验。

因为人们在交流中，分歧总占多数。卡耐基希望缩短与对方沟通的时间，消除差异，提高会谈的效率，为此，他苦恼了好久。直到有人给他讲了一个故事——犯人的权利，他才从中领悟到这条交际原理。

某犯人被单独监禁。有一天，他忽然嗅到了一股万宝路香烟的香味。于是，他走过去，通过门上一个很小的缝隙口，看到门廊里有个卫兵深深地吸了一口烟，然后美滋滋地吐出来。这个囚犯很想要一支香烟，所以，他用手客气地敲了敲门。

卫兵慢慢地走过来，傲慢地喊："想要什么？"

囚犯回答说："对不起，请给我一支烟……就是你抽的那种——万宝路。"

卫兵错误地认为囚犯是没有权利的，所以，他用嘲弄的神态哼了一声，就转身走开了。

这个囚犯却不甘心。他认为自己有选择权，他愿意冒险检验一下自己的判断，所以他又敲了敲门。这回，他的态度是威严的，和前一次明显不同。

那个卫兵吐出一口烟雾，恼怒地转过头，问道："你又想要什么？"

囚犯回答道："对不起，请你在30秒之内把你的烟给我一支。不然，我就用头撞这堵混凝土墙，直到弄得自己血肉模糊，失去知觉为止。如果监狱当局把我从地板上弄起来，让我醒过来，我就发誓说这是你干的。当然，他们绝不会相信我。但是，想一想你必须出席每一次听证会，你必须向每一个听证委员证明你自己是无辜的；想一想你必须填写一式三份的报告；想一想你将卷入的事件吧——所有这些都只是因为你拒绝给我一支万宝路！就一支烟，我保证不再给你添麻烦了。"

最后，卫兵从小窗里塞给他一支烟。为什么呢？因为这个卫兵马上明白了事情的得失利弊。

这个囚犯看穿了卫兵的弱点，因此达成了自己的要求——获得一支香烟。

卡耐基通过这个故事想到自己：如果自己能站在对方的立场上看问题，不就可以知道他们在想什么、想得到什么、不想失去什么了吗？仅仅是转变了一下观念，学会站在朋友的立场看问题，卡耐基就立刻获得了一种快乐——发现一种真理的快乐。

怎样做到善解人意呢？你必须保持对对方"同感"的理解，其实这也是一种说话技巧。

要想达到与人情感沟通，就要注意对方。当对方对某一事物表露出一种情感倾向时，你就要对他所说的这件事表达同样的感受，而且激烈些，于是你们就谈到一起了。

和朋友进行直率诚笃的交谈

维也纳著名心理学家阿尔弗列德·阿德勒在《生活对你意味着什么》一书中写

◇ 和朋友进行直率诚笃的交谈 ◇

直率诚笃的交谈是朋友间真诚相待、关系融洽的表现。不能做到这一点，友情便会淡化，该怎样跟朋友进行直率的交谈呢？

> 对不起，灵灵，专业性太强，我觉得我帮不了你的忙。

1.直接说明原因

当你不能满足要求时，应直截了当说明原因，寻求谅解。

> 小丽，还是得请你帮助我查这些文件。

2.大方求助

当你求助于友人时，开诚布公地表现出来，友人会鼎力相助。

> 老尤，你又迟到了，要不然以后我每天给你打电话提醒你？

3.直抒己见

当朋友言行出了毛病应该直抒己见，给予帮助。

道：“谁不对自己的友人真诚，谁就会在生活中遇到最大的困难，就最容易伤害别人。人类的一切败事皆出于此。”事实的确如此。

设想一下，假若你有甲乙两位朋友，甲朋友与你谈话经常拐弯抹角、闪烁其词；而乙朋友说话却不加粉饰雕琢，而是心诚意笃、直抒胸臆。其结果必然是你与乙朋友的友情与日俱增。

总之，直率诚笃是指朋友间交谈不隐瞒自己的想法，不讲客套话，不采用“外交辞令”。相互信任，肝胆相照，这样才能深化友谊。

虽然各奔东西，陈玉怎么也不会忘记大学中与自己同居一室的梅姐。梅姐很具长者风范，很会照顾陈玉及别的姐妹，但对于姐妹的缺点也绝不姑息。陈玉有乱放东西的习惯，梅姐就对其屡犯屡说，每次，陈玉都觉得十分尴尬，很生气，可终于改正了这个习惯。气归气，但终能理解梅姐的苦心，心里很是感激，那是一种真爱。

应该指出的是，直率诚笃的谈话并不等于“赤膊上阵”，它同样应讲究语言的技巧。

我们来看看宋代大文学家欧阳修直言帮助友人宋祁的一段有趣的故事。

宋祁写文章有个爱用别人看不懂的冷僻字的毛病，以此显示自己博学多才。欧阳修同他一起修《新唐书》时，很想找个机会指出他这一毛病。一次，欧阳修去探望宋祁，宋祁不在，他便在门上写上一句话：“宵寐匪贞，札闼洪休。”宋祁回家看后感到莫名其妙，只好去问欧阳修。欧阳修说：“你忘了，这八个字是‘夜梦不详，题门大吉’啊！”宋祁埋怨欧阳修不该用冷僻字眼，欧阳修大笑道：“这就是您修唐书的手法呀！‘迅雷不及掩耳’，多明白，您偏编写成‘震雷无暇掩聪’，这样写出的史书谁能读懂呢？”听了欧阳修的话，宋祁深感惭愧，表示以后要改掉这个毛病。欧阳修以诚笃之心、直率之言给了宋祁帮助，增进了友谊。

朋友之间肯定存在着许多共同点，若不然，就不会成为朋友。但在具体问题上，仍然免不了会产生分歧，甚至发生你争我论的事情。出现了这样的争论怎么办呢？

首先要注意的是在语言上把握分寸，不伤害对方，不损害友谊；在原则问题上，在对某个学术问题的探讨上发生争论是必要的，但是，为一些鸡毛蒜皮的小事争得面红耳赤，就有些太过分了。

朋友间的争论有可能成为斩断友谊的利剑，也有可能成为增进友谊的桥梁。关键在于争论不但要有意义，而且要有气量。

论战的双方可以各抒己见，各不相让，但绝不可以不尊重人格，绝不可以为了个人意气和私利而争论不休。

假如朋友间真有什么大事躲不过争论，那也应该注意分寸。

第五篇

说好难说的话

第一章
学会用戏谑冲淡尴尬

戏虐调笑除尴尬

尴尬是生活中遇到处境窘困、不易处理的场面而使人张口结舌、面红耳赤的一种心理紧张状态。在这种时候，如果能调整心态，急中生智，以戏谑来冲淡它，应该可以收到良好的效果，从而化解你和他人的紧张气氛。

一次，美国前总统里根在白宫钢琴演奏会上讲话时，夫人南希一不小心连人带椅跌落在台下地毯上，观众发出惊叫，但是南希却灵活地爬起来，在众多宾客的热烈掌声中回到自己的座位上。正在讲话的里根看到夫人并没有受伤，便插入一句俏皮话："亲爱的，我告诉过你，只有在我没有获得掌声的时候，你才应该这样表演。"

在外交上，戏谑的口才本领就显得更为重要。

政治家、外交官具有幽默细胞可以使外交工作更加顺利，而抽劣的口才可能会使外交工作平添许多障碍。有时由于国与国之间的语言、文化、风俗、习惯等差别很大，使得相互理解与沟通非常困难，再加上意识形态上的差异、政治与经济等方面的、错综复杂的矛盾交织在一起，就会使外交工作增加困难。

一旦应对不当，造成两国之间误解甚至不和，造成尴尬的局面，就会显示出应对者的无能与无知。

1972年，美国总统尼克松访问苏联。有一次在前苏联机场，飞机正准备起飞，一个引擎却突然失灵。当时送行的苏共中央总书记勃列日涅夫十分着急、恼火，在外国政界要人面前出现这种事是很丢面子的。他指着一旁站立的民航局长问尼克松总统："我应该怎么处分他？"

这等于说是给尼克松出了一道不大不小的难题，如果尼克松答得不巧妙，苏联人也可以借机让尼克松出点丑。

"提升他。"尼克松很轻松地说，"因为在地面上发生故障总比在空中发生故障好。"

尼克松的话一出，大家都笑了。

在异性之间，吵架在所难免，有一方发火，另一方也跟着吵，无异于火上浇油，情况越来越烈，关系越闹越僵，倒不如以谐平怒，大家更容易冷静下来，在笑声中很快消气。

约翰先生下班回家，发现妻子正在收拾行李。"你在干什么？"他问。"我再也待不下去了，"她喊道，"一年到头，老是争吵不休，我要离开这个家！"约翰困惑地站在那儿，望着他的妻子提着皮箱走出门去。忽然，他冲出房间，从架上抓起一只皮箱，也冲向门外，对着正在远去的妻子喊道："等一等，亲爱的，我也待不下去了，我和你一起走！"怒气冲天的妻子听到丈夫这句既可笑又充满对自己爱心和歉意的话，像气球被扎了一个洞，很快地消气了。

当约翰的妻子抓起皮箱，冲出门外之时，我们不难想象，约翰是多么的难堪、焦急！但他既没有苦劝妻子留下，也没有作任何解释、开导，更没有抱怨和责怪，而是说："等一等，亲爱的，我也待不下去了，我和你一起走！"这哪像夫妻吵架，倒像一对恩爱夫妻携手出游。约翰这番话，以谐息怒，不但让妻子感到好笑，而且体会和理解到丈夫是在含蓄地表达自己对妻子的爱心和歉意，以及两人不可分离的关系。听到这番话，妻子怎能不回心转意呢？

只要把握得当，戏谑调笑的化解法大多数人都拒绝不了它的"功效"，因为它能使人开怀大笑，舒展情绪，在笑声中淡化尴尬与窘迫。

打破冷场的技巧

在日常生活和社会交往中，尤其是在比较正式的场合，如聚会、议事等常会出现冷场现象，彼此都尴尬。冷场，在人际关系中，它无疑是一种"冰块"。打破冷场的技巧，就是及时融化妨碍交往的"冰块"。

谈话者之间存在以下几种情况时，最容易因"话不投机"而出现冷场：

（1）彼此不大相识。

（2）年龄、职业、身份、地位差异大。

（3）心境差异大。

（4）兴趣、爱好差异大。

（5）性格、素质差异大。

（6）平时意见不合，感情不和。

（7）互相之间有利害冲突。

（8）异性相处，尤其单独相处时。

（9）因长期不交往而比较疏远。

（10）均为性格内向者。

会话出现冷场，双方都会感到尴尬。但只要会话者掌握住了破"冰"之术，及时根据情境设置话题，冷场是很容易被打破的。

1.要学会拓展话题的领域

开始第一句话要注意的是使人人都能了解，人人都能发表看法，由此再探出对方的兴趣和爱好，拓展谈话的领域。如果指着一件雕刻说："真像某某的作品！"或是听见鸟唱就说："很有门德尔松音乐的风格。"除非知道对方是内行，否则不仅不能讨好，而且会在背后挨骂的。

如果不知道对方的职业，就不可胡乱问他。因为社会上免不了有人会失业，问他的职业无异于迫他自认失业，这对自尊心很重的人来说是不太好的。如果你想开拓谈话的领域而希望知道他的职业，只能用试探他的方法："先生常常去游泳吗？"如果他说："不。"你就可以问他是否很忙，"每天上哪儿消遣最多呢？"接下去探出他是否有固定工作。如果他回答"是"，你便可加上一句问他平时什么时候去游泳，从而判断他有无职业。如果他说是星期天或每天下午五时以后去，那无疑是有固定工作。

确定了别人有工作，才可问他的职业，这样就可以谈他的工作范围内的事情。如果不知对方有没有职业，或确知对方为失业者，那么还是谈别的话题为佳。

2.巧妙析姓辨名

在气氛不活跃时，可以针对一些人的姓名进行别致的解释，其效果往往会出人意料，从而活跃气氛。

3.风趣接话转话题

在谈话中善于抓住对方的话题，机智巧接答，可以使我们谈话变得风趣，从而使谈话活跃起来。有一个典型的例子：当我们夸奖对方取得的成绩时，总能听到这样的回答——"一般情况"。倘若我们不接着话茬说下去，就有点赞同对方的"一般情况"说法的意思，达不到接话说的目的。可以这样回答："'一班'情况尚且如此，那'二班'情况就可想而知了。"言外之意是说："你一班的情况才如此的话，我二班的情况就更不值得一提了。"这类答茬儿，一般是采用谐音、双关的手法，接住对方的话茬，作风趣的转答。

巧妙地接答对方的话茬，可以把原来的话题引向另一个话题，使谈话转变一个角度继续进行下去。

刘某是公司负责某一地区的销售业务员。公司为了加强和客户之间的联系，特举办了一年一度的"工商联谊会"。公司安排刘某在会议期间陪同他的客户顾某。他们路过一家商场，谈起了商场销售情况。末了，顾某深有感触地说："现在，市场竞争够激烈的。"刘某接过他的话茬儿说："就是。在你们单位工作的业务员也不少吧？"就这样刘某既把话题延伸下去，同时又把话题朝向有利于自己的方向发展。

4.适时地提一些引导性的话题

提出引导性话题，可以给他人留下谈话时间和空间，特别是对于那些不善于当众讲话的人。这些话题可以根据对方的性格特点、兴趣爱好、职业性质等方面来设

◇ 如何打破自己造成的冷场 ◇

很多时候，由于说话者本身的一些原因，无意间造成了冷场，这时候需要说话者本人打破冷场，相关技巧如下：

> 好久不见，敬你一杯。

1 别人对你敬而远之

由于自己太清高、架子大，通常会造成别人敬而远之。此时应主动随和一些。

2 别人对你反感

由于自负、盛气凌人造成对方反感，自己要谦虚，适当褒扬对方。

> 我如果有刘姐一半的气质就好了。

> 刚才真是班门弄斧，杨小姐在绘画上的造诣远高于我，你对这幅画有什么看法吗？

3 只有你在说

由于自己口若悬河造成的沉默，此时讲话应适可而止，给别人说话的机会。

置。比如："近来工作顺利吧"，"听说你最近有件高兴的事，是什么呢"，"前一阵我见到你的孩子，学习怎么样"。先用这些听起来使对方温暖的话寒暄一下，便于开展谈话。对于那些在公司上班的人，可以探问对其公司的日常规则的看法，如："你们公司，每周都要举行升旗仪式，之后还要做早操，召开例会，你怎么看待？"引导性话题应该注重可谈性和可公开性。对学文的不宜谈深奥的理科的问题，反之亦然。不宜在公开场合触及个人隐私，或者是背后议论他人等。如果引导性话题过于敏感，或者越出了对方的兴趣爱好，或者过于深奥，超出了对方的知识结构等原因，对方也许不愿说，也许真的无话可说。提出这类话题，目的是让对方开口讲话，不能让对方讲，还有什么意义呢？

在提一些引导性话题的时候，也要注意方法和策略，不要让对方感到难以回答和附和而已。比如："你是不是也觉得你们现在的厂长很能干？"人家要说赞同的话，他自己的确也有保留意见；要说不赞同，而你已经认可了，他总不至于在你的面前进行反对吧，何况是说别人的坏话呢？这样的话题，处理得不好，会让自己失去谈话的亲和力，适得其反。再者也不要问些大而空的问题，让人不知从何说起，最好具体点。

冷场的出现，往往与"话题"有关。"曲高和寡"会导致冷场；"淡而无味"同样会引起冷场。不希望出现冷场的交谈者，应当事先做些准备，使自己有一点"库存话题"，以备不时之需。

面对恶意冒犯者

在社交场合，有时我们会遇到别人有意无意地抢白、奚落、挖苦、讥讽，这时该怎么办？有随机应变能力的人，能调动自己的智慧，化被动为主动，使尴尬烟消云散。"兵来将挡，水来土掩"，你可视不同的对象选择不同的应付办法。

1.仿拟话语

仿照对方讽刺性的话语形式，制造出一种新的说法，将对方置于一种反而不利的位置上，从而使对方落入"聪明反被聪明误"的自造的陷阱中。

丹麦著名童话家安徒生一生俭朴，常常戴一顶破旧的帽子在街上溜达。一次，一个富翁嘲笑他说："你脑袋上边的那个玩意儿是个什么东西，能算是一顶帽子吗？"安徒生马上回敬了一句："你帽子底下的那玩意儿是个什么东西，能算是个脑袋吗？"

对方本想嘲笑安徒生服饰破旧寒酸，不想反被安徒生嘲弄了一番。安徒生仿拟对方的话语形式，改换了几个字词，便辛辣地讽刺了对方的愚蠢卑鄙，空长一个脑袋。

2.歧解语义

它是指故意将对方讽刺性的话做出另一种解释，而这种解释又恰巧扭转了矛头，指向对方，这等于让对方自己打了自己的嘴巴。

普希金年轻时并不出名。一次，他在彼得堡参加一个公爵举行的舞会。他邀请一位年轻漂亮的贵族小姐跳舞。这位小姐傲慢地看了普希金一眼，冷淡地说："我不能和小孩子一起跳舞！"普希金不但不生气，反而微笑着说："对不起！我亲爱的小姐，我不知道您正怀着孩子。"那位贵族小姐一听顿时羞得满脸赤红。

普希金在这里就是歧解了语义，把"小孩子"偷换成贵族小姐"已有身孕"，因而才不能和别人跳舞。

3.以毒攻毒

当对方用恶毒的话攻击你的时候，不妨顺水推舟，借他的话回敬对方。

有一个掌柜经常喜欢愚弄人，并常常以此自得。一天早上他正在门口吸着水旱烟，看见赶集的大爷骑着毛驴来到门口，于是他就喊道："喂，抽袋烟再走吧！"大爷忙从驴背上跳下来，说："多谢掌柜的，我刚抽过了。"这位掌柜一本正经地说："我没问你呢，我问的是毛驴。"说完，得意地一笑。

大爷猛地转过身子，照准毛驴脸上"啪啪"两巴掌，骂道："出门时我问你这里有没有朋友，你说没有。没有朋友为什么人家会请你抽烟呢？""叭叭"，对准驴屁股又是两鞭子，说："看你以后还敢不敢胡说！"说完，翻身上驴，扬长而去。

这位大爷的反击力相当强。既然你以你和驴说话的假设来侮辱我，我就姑且承认你的这个假设，借此教训毛驴，来嘲弄你自己与毛驴的"朋友"关系。

孔融10岁那年，有一次到李膺家做客，当时在场的都是些社会名流，孔融应答如流，得到宾客们的称赞。但有一位叫陈韪的大夫却不以为然，讥讽地说："小时候聪明，长大了未必也聪明。"孔融立刻回答道："我想先生在小时候一定很聪明吧？"

孔融采用以其人之"法"还治其人之身的语言形式、以问作答，把对方射过来的"炮弹"又原样给弹了回去。暗示对方长大后就变愚蠢了。

4.一箭双雕

抓住主要事实或揭露要害，在自己摆脱困境的同时，通过对比指出对方的弱点，置其窘境。

1988年，美国第41届总统竞选。民意测验表明：8月份前，民主党总统候选人杜卡基斯比共和党总统候选人布什多出10多个百分点。当布什与杜卡基斯进行最后一次电视辩论，布什的策略是，抓住对方的弱点，揭其要害，戳在痛处，从而让对方陷入窘境。杜卡基斯嘲笑布什不过是里根的影子。嘲弄式的发问："布什在哪里？"

布什轻松地回答了他的发问："噢，布什在家里，同夫人巴巴拉在一起，这有什么错吗？"平淡一句，却语义双关，既表现了布什的道德品质，又讥讽了杜卡基斯的风流癖好，置杜卡基斯于极尴尬的境地。可谓是一箭双雕。

5.巧借比喻

巧借对方比喻中的不雅事物，用与此相克相关的事物作比，针锋相对，给以迎头痛击。例如，达尔文提出进化论以后，赫胥黎竭力加以支持和宣传，并与宗教势力展开了激烈的论战。教会诅咒他为"达尔文的斗犬"。在伦敦的一次辩论会上，宗教首领见赫胥黎步入会场，便骂道："当心，这只狗又来了！"赫胥黎轻蔑地答道："是啊，盗贼最害怕嗅觉灵敏的猎犬！"

赫胥黎以比对比，引出被比的事物"盗贼"，巧妙地戳穿了宗教首领的丑恶本质和害怕真理的面目。

当你面对别人恶意的侵犯时，具备随机应变的语言表达功力非常重要。在防卫中运用优雅、得体的语言把你的智慧和大度发挥得淋漓尽致。

保持谨慎意识，避开语言中的陷阱

要想自己不陷入窘境，最好时刻保持谨慎，避免可能出现的语言危机，与其在危机出现了之后再挖空心思解围，不如平时多注意如何来防止窘境的发生。

平时说话最忌讳的就是口无遮拦，说话不经大脑思考，直接信口而出。

在交谈中，每说一句话之前，都要考虑一下你要说的话是否合适，不要想说什么就说什么，给其他人造成不快。

除非是亲密的朋友，否则最好不要对个人的卫生状况妄加评论。如果某人的肩膀上有很多头皮屑或口中很难闻，或者拉锁纽扣没系好，请尽量忍耐不去想，并等他亲密一些的朋友告诉他。如果你直接告诉他，特别是在人比较多的场合，很容易让对方处于尴尬的境地。

许多人不喜欢别人问自己的年龄。尤其对女性而言，年龄是她们的秘密，不愿被人提及。对钱等涉及个人收入的一类私人问题的询问通常也是不合适的，可以置之不理。

在社交活动中，应以诚待人、宽以待人。要与人为善，而不要打听、干涉别人的隐私，评论他人的是是非非。不要无事生非、捕风捉影，也不要东家长西家短，更不要传小道消息，把芝麻说成西瓜。说话要有事实根据，不能听风就是雨，随波逐流。俗话说："良言一句三冬暖，恶语伤人六月寒。"所谓恶语是指那些肮脏污秽、奚落挖苦、刻薄侮辱一类的语言。口出恶语，不但伤人，而且有损自身形象。在社交活动中，应当尊重人，温文尔雅，讲究语言美，而不要自以为是，出言不逊，恶语伤人。

有的人明明好心却办坏事，不分场合说安慰话，这等于就是在众人面前哪壶不开提哪壶。有一位姑娘谈恋爱遇挫，头一回感情旅程就打了"回程票"，心里有点懊恼。这位姑娘性格内向，平时不善言谈，也没有向旁人袒露内心的秘密。单位里一个与她很要好的同事在办公室里看到她愁容不展，就当着众人的面说起安慰话："这个人有什么好，凭你这种条件，还怕找不到更好的？"没等她说完，这位姑娘

◇ 避开语言危机要知道礼貌忌语 ◇

礼貌忌语是指会使他人引起误解、不快的语言。在平时的交谈中，我们应知道一些礼貌忌语，尽量避免使用。

> 你写的这是什么啊？真是狗屁不如。

> 这人真是一点礼貌都没有。

1.不礼貌的语言

比如粗话脏话，是语言中的垃圾，必须坚决清除。

> 林总，祝您新年快落（乐）。

> 这小子成心添堵，祝我新年快落。

2.他人忌讳的语言

指他人不愿听的语言，比如有些方言中的谐音。

> 这个女人真没教养。

> 你都这么胖了，还这么能吃。

3.太直白的语言

比如谈及他人长相和身材时，可以选用一些委婉的词汇。

就跑出办公室。这时她才感到这样的地方、这样的安慰话有些不当，可姑娘已无法领情了。几句安慰话倒成了彼此尴尬的缘由。由此可见，即使说安慰话也要尊重人格，充分考虑到对方的性格和习惯。对性格内向的人，一般不宜在众人面前直接给予安慰，对不喜欢别人安慰的人，一般不要随意赐予。尤其是涉及别人的隐私，万万不可"好心办错事"，不宜在公开场合"走漏风声"，在说安慰话时，还得"看人点菜"，不同对象要不同处置。

人们在交谈中常有一些失言："哎，你儿子的脚跛得越来越厉害了？""你怎么还没结婚？""你真的要离婚吗？"等等，一些别人内心秘而不宣的想法和隐私被你这些话无情地暴露了出来，实在是不够理智的。如果你想让人喜欢，就不要对跛子谈跳舞的好处和乐趣；不要对一个自立奋发的人谈祖荫的好处；不要无端嘲笑和讽刺别人，尤其是别人无能为力的缺陷，否则就是一种刻薄。

礼貌是文明交谈的首要前提。在交谈中要体现出敬意、友善、得体的气度和风范。要做到礼貌交谈，首先就要使用礼貌用语，如"请""谢谢"等。参加婚礼时，应祝新婚夫妇白头偕老。在探望病人时，应说些宽慰的话，如"你的精神不错""你的气色比前几天好多了"等等。随着语言本身的发展，一些词汇的意义也发生了转移，譬如"小姐"等，在使用时要针对不同对象谨慎决定。

还要注意在日常生活中，遇到矛盾冲突时，应冷静处理，不用指责的语言，多用谅解的语言，以免使人难堪。有些预料中的尴尬是可以及时避免或减轻的。比如说如果某主管欲将一位不重用的职员降调至A分公司，光是对他说："我要将你调到某一公司去。"则他的内心必定会有被放逐的感觉，但如果你说："我本想派你到A分公司或B分公司，但我考虑的结果还是认为A分公司较为恰当，因为B分公司对你来说太远了，可能不太方便，所以还是麻烦你到A分公司去。"这样一来对方就不会有丢面子的感觉，因为他的心里也只存有如何作选择而已。要想不陷入难堪的局面，就应该多花些心思，培养一种避开语言危机的意识。

第二章

让难说的话变轻松

表态时"是"或"不是"要少说

在实际的交往中，有时你可能处于主动地位，有时则可能处于被动的位置。在被动情况下接受对方的提问、质疑时，如何回答、如何表态就成为一个十分关键的问题，稍有不慎，就会造成误解、泄密或其他不良后果。这时，最好的办法就是避免表态。但是，直率地拒绝表态是失礼的、不当的。正确的办法应该是：表态时尽量避开说"是"或"不是"，既要避开表态，同时又不能有损对方的面子，破坏双方交谈的气氛，还要在国际公众面前树立起良好的个人形象和国家形象。常见的避开表态的方法有以下两种。

1.话题转移法

20世纪70年代的中东战争中，基辛格率领美国代表团前往埃及与萨达特总统进行和平谈判。会谈一开始，萨达特说了几句寒暄话以后，就让基辛格看一个计划。然后，萨达特吸了一口烟，征求基辛格的意见，要他表态。

根据这个计划，以色列须大范围撤离，这是难以办到的。基辛格不能表示同意这个计划。但是，会谈刚刚开始，而且美、埃自战争以来才刚刚开始接触，这时表态拒绝这个计划也是不明智的。那么，可不可以表态说"让我们就交换条件谈谈吧"？也不行，在双方没有任何基础的时候来谈这个各方都难以让步的棘手问题，也将是危险的。这时，基辛格就使用了话题转移法。基辛格说道："在我们谈论手头的事务以前，可否请总统告诉我，你是怎样设法在10月6日那天如此成功地发动了那次令人目瞪口呆的突然袭击的？那是个转折点，我们现在所做的事，从某种意义上说，是这个转折点的必然结果。"

萨达特眯着眼睛，又吸了一口烟，他微笑了。于是他放弃了要基辛格表态的要求，而是应基辛格的要求讲述起来。基辛格之所以能成功地避免表态，是因为他采用尊重对方的方法来转移话题。基辛格主动问起那件事是恭维萨达特，确立他的谈判地位，证明他不是从软弱的地位出发来进行谈判的，他不是一个低声下气的人，他已为埃及取得了谈判的权利。总而言之，他恢复了埃及的荣誉和自尊心。

2.玩笑回避法

在埃及和美国会谈结束后，萨达特和基辛格两人会见了记者。一名记者问萨达特："总统先生，美国是不是从现在起不再给以色列空运军用物资了？"

"你这个问题应当向基辛格博士提出。"萨达特回答道。虽然此时他已十分清楚地知道空运即将结束，但他还是进行了回避。

基辛格立即说："幸亏我没有听见这个记者问的是什么问题。"

对于空运是否即将停止这个敏感的机密问题，双方都出于保密原因而进行回避，但萨达特用的是转移视线，而基辛格用的则是"打哈哈"，即说笑回避。在当时情况下，这两种方法都是有效的。

因此在遇到一些棘手的事，需要你表态时，要尽量避免用"是"或"不是"这样的绝对性字眼，而要采取措施转移或回避表态。

不想借给别人钱时怎么说

在人际交往中，借钱本来就是个十分敏感的话题，尤其当好朋友向自己借钱时，那个"不"字就更难说出口了。这时，你可以借鉴下面的几个方法，让借钱之人知难而退。

1.义正词严，揭穿老底

小王的一个很久不曾联系的高中同学跑来向他"借"钱，声称等存款到期了就立刻还钱。

小王听后哑然失笑，当即毫不留情地说：

"你别坑我了，我听说你现在到处借钱，两年前你向我们的同学辉子借的2000元，到今天还没还，哪可能还有什么存款来还我呀！"

听完这番话，来"借"钱的人只好灰溜溜地走了。

有些人借钱时喜欢虚张声势，不会承认自己没钱，而是声称自己很有钱，只不过暂时拿不到，因为"急用"，让你暂且"借"一下。面对这种人，你不妨可以根据自己掌握的信息，毫不客气地揭穿对方的老底，让对方无法再蒙骗过关。

2.提高警惕，辩驳对方

老李的一个朋友来找老李借钱，说生意势头很好，只是本钱比较紧张，希望老李能借2万元作本钱，并声称每月的利息高达5分。

老李是个处事稳重的人，他觉得如此高的利息确实诱人，但利息越高可能风险也越大，于是他心里开始琢磨这事的可信性。他问对方：

"你借我2万元本钱，一年可挣回多少利润啊？"

"5000元。"没做准备的对方信口开河，接着又说："1年期满后我连本带利分文不差归还！"

这下老李严肃起来，辩驳道：

"你向我借这笔钱，一年的利息高达1.2万元，而你利用这笔钱仅能挣5000元利润。那么，你是专程来让我挣利息的还是在为你自己做生意的？"

老张的辩驳让对方哑口无言，只得狼狈而逃。

有些人专会利用大多数人想以钱生钱的发财心理，假借"高利"的幌子向朋友"借"钱，实则是在骗钱。如果你碰到了这种人，一定要头脑清醒、提高警惕，在心中盘算盘算事情的可信度，当场辩驳了对方，就会让他的诡计落空。

3.索债转移，吓退对方

老张一个朋友不期而至，说是要借1万元钱去做点生意，老张不想把钱借给他。于是说：

"你来得正好！云飞公司欠我半年的工资，咱们一起去要，要回来你拿去用就是了！"紧接着又说：

"不过，那家公司老板是个泼皮，还养着一群保镖打手，不讲理得很呢！"

老张的朋友闻之色变，主动托故离去。当有人向你借钱，你又不好意思直接拒绝的话，不妨试试这"索债转移"的技巧，不是你不把钱借给对方，而是给向你借钱的设置了一个帮你把债务讨回来的前提条件，让对方知难而退。这样，不仅给了对方面子，又不会使自己吃亏。

面对过分的玩笑你该如何应对

玩笑开得过分时，气氛往往会变得比较尴尬或紧张，这种情况下，很多人还是希望能保持住自己说话的风度。那么，该如何应对这种过分的玩笑呢？你可以选择下面的方法作为参考，以便顺利走出困局。

1.借题发挥

某业余大学中文班开学第一天开了个座谈会。首先，学员们一个个作自我介绍。当轮到来自农村的牛力时，他刚说了句："我姓牛，来自乡下。"不知谁小声说了句："瞧，乡下小牛进城喝咖啡了！"一下子，许多人都笑起来了。牛力先是一愣，但很快就镇定下来，说道：

"是的，我是来自乡下的小牛。不过，我进城是来'啃'知识的，以便回乡下耕耘。我'吃的是草，挤出来的是奶和血'。我愿永远做家乡的'孺子牛'！"

话音刚落，大家热烈地鼓起了掌，为牛力精彩的讲话喝彩。牛力用自己的机敏，顺着那位同学过分的玩笑话，引用鲁迅的名言，不但摆脱了尴尬的场面，而且表明了自己做人的准则，为自己赢得了喝彩。

当有人对你开的玩笑带有一定的侮辱性质，而开玩笑的人又不是恶意刁难你的时候，如果你能顺着对方的话，再借题发挥一番，反而把他的话变成你用来夸奖自己的

◇ 怎样做到反唇相讥 ◇

面对突如其来的语言攻击，我们大可以采用反唇相讥的办法来解决眼前的尴尬，究竟该怎么才能做到反唇相讥呢？

哦？你是因为自己没有这样的衣服而生气吗？

你的衣服永远这么土气。

1.巧妙转移矛盾点

将与对方冲突的矛盾点巧妙地转移，以此作为反击的依据。

你还能约会，真罕见。

你以为自己更有魅力？抱歉，事实并非如此。

2.借助舆论

利用舆论孤立攻击者，寻找身边的朋友帮助改变。

也是，鲜花也需要绿叶来相配。

您坐她们旁边吧，正好均衡空间。

3.运用阿Q精神

调侃对方的攻击，达到化解怒火，带来乐趣的目的。

话，可谓是一种最机智的选择。这样既能避免自己的难堪，又不至于把关系弄僵。

2.诱敌上钩

集市上，几个小贩摆着麻袋和秤杆，等着收购农民拿来的山货。一位老农民来到一个商贩面前，诚恳地问："老弟，灵芝菌一斤多少？"老农的本意是问一斤灵芝菌能卖多少钱，小商贩见老农两手空空，以为他是问着玩玩的，就想开开他的玩笑，开心开心。小商贩于是答道："一斤是十两，你连这都不懂？"旁观者们哄笑起来，使得老农很尴尬。不过他略一定神之后，开始反问小商贩：

"你做多久生意了？"

小商贩随口答道："10年了。"

老农哈哈一声，脸露讥笑地说：

"亏你还是个生意人，人家问你多少钱你却回答多少两。我看你像个老生意人，才这么问的，哪里晓得你连'钱'都不懂，唉……"

老农故意拖长一声失望的口气，这回轮到小商贩被人哄笑了。

当有人纯属恶意地开你的玩笑时，你当然需要毫不客气地回敬，诱敌上钩就是其中的一种技巧。你要逐渐诱惑对方进入你语言的圈套，在适当的时候，就反戈一击，让对方自讨其辱。

3.反唇相讥

生活中一些尴尬的局面，完全是由于别人不敬的玩笑引起，如果你隐忍退让，只会被人看扁；如果针锋相对，又会把事情搞僵。这时不妨采用反唇相讥的办法，把对方开自己玩笑的话返回到他自己身上去，从而为自己争取主动。

面对无理要求时如何说

面对无理要求时，盲目答应当然不行，但是一概地严厉拒绝，也非最佳解决问题之道，下面的两种解决方式可以使你既能拒绝对方，又能不惹恼他，是处理这种难题的首选。

1.略地攻心，让对方主动放弃

一位老师，她弟弟因为一场纠纷，被人告上了法庭，而接案的法官恰恰是她昔日的得意门生。一天晚上，这位老师前往学生家，希望他能念在师生的情面上，帮帮她弟弟。法官显然有些为难，既不能徇私枉法，又不能得罪恩师。于是，他说：

"老师，我从小学到大学毕业，您一直是我最钦佩的语文老师。"

老师谦虚地说："哪里哪里，每个老师都有他的长处。"

法官接着说：

"您上课抑扬顿挫，声情并茂。尤其是上《葫芦僧判断葫芦案》那一堂课，至今想起来记忆犹新。"

语文老师很快就进入角色了："我不仅用嘴在讲，也是用心在讲啊。薛蟠犯了人命案却逍遥法外，反映了封建社会官官相护、狼狈为奸的黑暗现实。"

法官接着感叹，"记得当年老师您讲授完这一课，告诫学生们，以后谁做了法官，不要做'糊涂官'，判'糊涂案'，学生一直以此为座右铭呢。"

本来这位语文老师已设计好了一大套说辞，但听到学生的一番话，再也不好意思开口了，自动放弃了不合理的请求。这位法官用的就是"略地攻心"的技巧，先用一句恭维的话，填平了老师的自负，终拒人于无形之中。

2.用"类比"反驳对方

一家公司的经理在一次业务谈判中，受到了另一家公司业务员的顶撞。为此，他气冲冲地找到另一家公司的经理，吼道：

"如果你不向我保证，撤销上次那个蛮横无理的工作人员的职务，那么显然就是没有诚意和我公司达成协议！"

这家公司的经理听了微微一笑，说：

"经理先生，对于工作人员的态度问题，是批评教育还是撤职处理，完全是我们公司的内部事务，无需向贵公司做什么保证。这就同我们并不要求你们的董事会一定要撤换与我公司工作人员有过冲突的经理的职务，才算是你们具有与我公司达成协议的诚意一样。"

先前怒气冲冲的经理顿时哑口无言。在这里，后一家公司的经理就巧妙地运用了类比的技巧。虽然说这两家公司有很多不同之处，但有一点却是相似的，即两家公司对工作人员或经理的处理完全是各公司的内部事务，与和对方有没有诚意合作无关。该经理就是抓住了这一相似点作比，从而敬告了对方所提要求的过分和无理，表达了对其态度蛮横的不满。

面对不便当众回答的问题时该怎样说

当众回答某些难以回答的问题确实要顶着巨大的心理压力。因为严词拒绝回答问题将有失风度，但照实回答也是不可以的。面对这种难以选择的境地，可以通过下述方法顺利解决。

1.反踢皮球，把难题还给对方

有一次，一位英国电视台记者采访中国作家梁晓声。记者老练机智，在进行一些交谈后，他突然提出一个问题："没有'文化大革命'，可能也不会产生你们这一代青年作家，那么文化大革命在你看来究竟是好是坏？"梁晓声略为一怔，未料到对方竟会提出如此难以回答的怪题。他灵机一动，立即反问："没有第二次世界大战，就没有以反映第二次世界大战而著名的作家，那么您认为第二次世界大战是好是坏？"对于"文化大革命"与产生青年作家之间的关系，一两句话是难以说清楚的。如果梁晓声顺着这个思路去回答，势必陷入尴尬的境地。

在此，梁晓声巧妙地转移话题，反而把难题转移到对方自己头上去了，自己占据了主动地位。

2.暂退一步，换位思考

1956年在苏联共产党第20次代表大会上，赫鲁晓夫作了"秘密报告"，揭露、批评了斯大林"肃反"扩大化等一系列错误，引起苏联及全世界各国的强烈反响。大家议论纷纷。

由于赫鲁晓夫曾经是斯大林非常信任和器重的人，很多苏联人都怀有疑问：既然你早就认识到了斯大林的错误，那么你为什么早先没有提过不同意见？你当时干什么去了？你有没有参加这些错误行动？

有一次，在党的代表大会上，赫鲁晓夫再次批判斯大林的错误。这时，有人从听众席递来一张条子，赫鲁晓夫打开一看，上面写着："那时候你在哪里？"

这是一个不便直接回答的尖锐问题，赫鲁晓夫的脸上很难堪。他不想回答但又不能回避这个问题，更无法隐瞒这个条子，这样会使他更丢面子，让人觉得他没有勇气面对现实。他也知道，许多人有着同样的问题。更何况，这会儿台下成千双眼睛已盯着他手里的那张纸，等着他念出来。

赫鲁晓夫沉思了片刻，拿起条子，通过扩音器大声念了一遍条子的内容。然后望着台下，大声喊道：

"谁写的这张条子，请你马上从座位上站起来，走上台。"

没有人站起来，所有的人都吓得心怦怦地跳，不知赫鲁晓夫要干什么。

赫鲁晓夫又重复了一遍他的话，请写条子的人站出来。

全场仍死一般的沉寂，大家都等着赫鲁晓夫的爆发。

几分钟过去了，赫鲁晓夫平静地说："好吧，我告诉你，我当时就坐在你现在的那个地方。"面对当众提出的尖锐问题，赫鲁晓夫不能不讲真话。但是，如果他直接承认"当时我没有胆量批评斯大林"，势必会大大伤了自己面子，也不合一个有权威的领导人的身份。于是赫鲁晓夫巧妙地即席创造出一个场面，借这个众人皆知其含义的场景来婉转、含蓄地隐喻出自己的答案。这种回答既不失自己的威望，也不让听众觉得他在文过饰非。同时赫鲁晓夫营造的这个场景还让所有在场者感到他是那么幽默，平易近人。

当不便回答的问题被问及时，往往是双方都觉得对方的言行不合适，这时，如果采取退一步思考问题的策略，把角色"互换"一下，就能够很顺利地继续交谈下去。

如何说话才能让两边都满意

当两方的观点相对立或者利益相对立时，你作为第三方就可以采取分别肯定的方法，轻松游弋于两方之间，不得罪任何一方。

因为在现实生活中，每个人都是很要面子的，所以作为第三方想给对立双方调停的话，就可以来个折中思想，让双方都能保住面子。

有些场合下，双方因为彼此不同意对方的观点而争执不休时，作为圆场的人就应该理解双方的心情，找出各方的差异并对各自的优势都予以肯定，这在一定程度上能满足双方自我实现的心理。这时再提出建议，双方就容易接受了。

例如，某学校举办教职员工文艺比赛，教师和员工分成两组，根据所造的道具自行编排和表演节目，然后进行评比。表演结束后，没等主持人发话，坐在下面的人就已经分成两派，教师说教师的好；员工说员工的好，各不相让。

眼看活动要陷入僵局，主持人灵机一动，对大家说："到底哪个组能夺第一，我看应该具体情况具体分析。教师组富有创意，激情四溢，应该得创作奖；员工组富有朝气，精神饱满，应该得表演奖。"随后宣布两个组都获得了第一名。

这位主持人心里明白，文艺比赛的目的不在于决出胜负，而在于丰富大家的娱乐生活，加强教职员工的交流，如果为了名次而闹翻，实在得不偿失。于是，在双方出现矛盾的时候，主持人没有参与评论孰优孰劣，而是强调双方的特色并分别予以肯定。最后提出解决争议的建议，问题自然就解决了。

生活中经常会出现这种两难情况，说话者夹在其中最是难受。稍不小心便有可能得罪人。此时，要想避免事情闹大，只有看说话者"和稀泥"的本领了，"和稀泥"不代表不偏不倚，即不可不发一言，也不能公正决断。居中者必须另寻他法，将水搅浑，缓解矛盾，满足各自的心理需求，将大事化小，小事化了。"和"的精妙就在于此。

如何表达与上司不同的意见

楚庄王的一匹爱马死了，他非常伤心，下令以上等棺木，行大夫礼节厚葬。文臣武将纷纷劝阻，都无济于事。最后，楚庄王还下令说，谁要再敢提相反意见，一律处死。

很明显，不论怎样改头换面，只要一说"不"，必是自取其辱。优孟知道了，直入宫门，仰天大哭，倒把楚庄王弄得异常纳闷，迫不及待地问他怎么回事。优孟说：

"那马是大王最喜欢的，却要以大夫的礼节安葬它，太寒酸了，请用君王的礼节吧！"

庄王越发想知道理由了，优孟继续说：

"请以美玉雕成棺……让各国使节共同举哀，以最高的礼仪祭祀它。让各国诸侯听到后，都知道大王以人为贱而以马为贵啊。"

至此，庄王恍然大悟，赶紧请教优孟如何弥补自己的过失。终于将马付于庖

◇ 向领导提意见三步走 ◇

给领导提意见不能直来直去，必须使用一些技巧，达到自己的意见被对方采纳的目的，这个小技巧分为三步：

皇上这幅画笔力苍劲，价值连城。

1.承认

认可对方，以真诚的态度加以赞扬，取得对方信任，为接下来的进言做铺垫。

皇上，我从您的画上受到了启发，皇上真是爱民如子。

2.同化

讲一些从领导那里获得的启发和教育，再一次强调对领导的认同。

皇上，您爱民如子，所以减轻赋税势在必行啊。

3.附加

不直接说是自己的看法，而仅仅说成是受领导影响之后获得的附加观点。

厨，烹而享之。以优孟的地位，如果直陈利弊，凛然赴义，固然令人肃然起敬，但效果却不一定好。像这样正话反说，力挽狂澜，更是让人拍案叫绝。

跟上司提相反的意见，有些时候你的话是不好直接说出来的，为了避免尴尬，不妨从其反面说起。因为真理再向前一步就变成谬误，反之，反面的话稍加引申，就可能走向反面的反面。在你的反话中，上司认识到自己的不对了，自然就会改变他原来的意见，而且这样上司也不会觉得你不给他面子。

圆场的话该怎样说

在剑拔弩张的情况下，怎样说才能让气氛缓和下来，这确是个难题。我们不妨学一下下面的几个方法，使圆场的话变得不再难说。

1.化分歧为两面，让双方都满意

清末的陈树屏口才极好，善解纷争。他在江夏当知县时，张之洞在湖北任督抚，谭继询任抚军，张谭两人素来不和。一天，陈树屏宴请张之洞、谭继询等人。当座中谈到江面宽窄时，谭继询说："江面宽是五里三分。"张之洞却说："江面宽是七里三分。"双方争得面红耳赤，本来轻松的宴会一下子变得异常尴尬。

陈树屏知道两位上司是借题发挥，故意争闹。为了不使宴会大煞风景，更为了不得罪两位上司，他说：

"江面水涨就宽到七里三分，而落潮时便是五里三分。张督抚是指涨潮而言，而谭抚军是指落潮而言，两位大人说得都对。"

陈树屏巧妙地将江宽分解为两种情况，一宽一窄，让张谭两人的观点在各自的方面都显得正确。张谭两人听了下属这么高明的圆场话，也不好意思争下去了。

有时候，争执双方的观点明显不一致，而且也不能"和稀泥"。这时，如果你能把双方的分歧点分解为事物的两个方面，让分歧在各自的方面都显得正确，这必定是一个上乘的好办法。

2.善意谎言，营造轻松氛围

一次大学同学聚会，有个男士突然对一位女士说："当年可是你主动追求我的，还记得不？"这虽然不是一句非常得体的话，可在这样的场合下开开玩笑，也无伤大雅。谁知，这位女士心情不好，很是生气地回敬了他："神经病！谁会追你这样的人哪？也不看看自己是谁！"大家愣住了，场面顿时冷了下来，沉默让人难堪。

这时另一位同学站起来，搂着这位女士的肩膀说："小妹，怎么还跟大学时的脾气一样啊？喜欢谁就说谁是神经病。"大家一阵嬉笑，又开始聊起大学时的往事，气氛重新活跃起来。

在交际中，有些人不合时宜地开玩笑，撞在别人的枪口上，免不了尴尬。为了缓解这种局面，我们可以善意地撒点小谎，为对方的玩笑话添加特定的背景资料，从而将玩笑从有利于气氛缓和的角度去解释，最好加上一点幽默的调料或者结合当时的场景说话，为大家营造出轻松的氛围，从而将话题引开。

3.旁逸斜出，顺着对方的心意

有一个调皮的孩子，大年初一那天，一大早便出门找伙伴玩去了。玩到中午时分，才发现自己头上的新帽子不知什么时候丢了。于是胆战心惊地跑回家去，向母亲汇报了一下大体情况。要是在平时发生这种情况，母亲一定会大声斥责他，可当天是大年初一，不能骂孩子，于是就强忍着没有爆发。

这时隔壁阿姨来她家串门，感觉到了这位母亲的火气和孩子的害怕搅和在一起的异样的气氛，一打听，才知道事情的原委。于是笑着说："孩子的帽子丢了，这是好事啊，不正意味着孩子要'出头'了吗？今年你一定走好运，有好日子过了。"一席话，说得孩子的母亲转怒为喜，并附和着说："对，对，孩子从此出头了。"于是大家一阵哈哈大笑，家里又恢复了祥和喜庆的气氛。

当双方因为其中一个做错了事，而情绪紧张时，把事情往好的方向解释，顺着对方的心意，往往就能化解紧张的气氛。

当别人打探你的隐私时该怎样说

隐私本是一个人内心深处的不愿被别人知道的东西，但是在人际交往中，有些人总是会有意或无意地触及别人的隐私。不管问的人动机如何，一旦被问的人回答不好，很有可能会产生一些不良的后果。那么当你面对被问及隐私时该怎样回答呢？下面的几种方法不妨一试。

1.答非所问

菲律宾前总统科拉松·阿基诺夫人，在出席一次记者招待会时，记者问她有多少件旗袍礼服，科拉松·阿基诺夫人不假思索地回答：

"我所有的旗袍礼服，都是第一流服装设计师奥吉立德罗为我设计的。你知道吗？她经常向我提供最新流行的服装样式。"

别人问数量，她却回答是谁设计的，这样回答明显地属文不对题，然而，那位记者却知趣不再追问了。

2.似是而非

有一位女名人准备与一位考古学家结婚，朋友问："你为什么会选择考古学家？"她一本正经地回答：

"对一个女人来说，选择考古学家做丈夫是最明智的选择，因为这样一来，她就不用担心衰老，考古学家对越古老的东西越感兴趣。"

似是而非的回答往往让那些爱探听隐私的人无功而返，它的奇妙之处就在于听上去你像是在回答对方的问题，但其实并不是对方想要的答案。

3.绕圈子

世界著名男高音歌唱家帕瓦罗蒂不愿把自己的体重公开，于是，当有人问他现在体重多少时，他说："比过去轻。"再追问他过去多重时，他说："比现在重。"他用的是和对方绕圈子的技巧，绕来绕去，最后对方还是什么信息也得不到。

4.否定问题

著名影星，孙悟空的扮演者六小龄童，在一次记者招待会上，有一位记者问他："当初谈恋爱，你和于虹谁追的谁？"六小龄童回答：

"到底谁追谁，有什么重要？我们都没有想过要'追'对方，因为不是在赛跑，一个在前一个在后，我们是夜色中的两颗星星，彼此对望了几个世纪，向对方眨着眼睛，传递着情意。终于有一天，天旋地转，我们就像磁石的两极碰到一起，吸在一起了。"

六小龄童根本就没有回答对方的问题，而是一开始就否定了对方问题的前提，即认为两人谈恋爱不一定是一方主动追另一方，随后便对两人的爱情作了一个浪漫、精彩的比喻。这样既回答了记者的提问，又没有透露自己的隐私。生活中，遇到有人打听隐私的时候，这不失为一个好办法，从一开始就否定对方的问题，自然也就不用按照他的提问来回答了。

5.直言相告

有一位女士因公出差，在火车上和旁边的一位看起来挺有涵养的男士交谈起来。谁知，谈着谈着，男士突然话题一转，问了一句：

"你结婚了吗？"

女士一听顿时心生厌恶，于是她态度平和地对那位男士说：

"先生，我听人说过这样一句话，前半句是'对男人不能问收入'，所以我一直没打听你的收入；后半句是'对女人不能问婚否'，所以你这个问题我是不能回答了。请你原谅。"

有时候，对方打听你的隐私时，你可以开门见山，指出对方问话的不当，直言相告，表达自己的不满。

善于借别人之口说自己的问题

有的人想问别人某些问题，并且这些问题不问是肯定不行的，但是直接开口问也不妥当，这种时候你不妨借别人的口来问自己的问题。

某公司总经理在外地与对方谈判了6天还没有结果，他的秘书想知道谈判究竟进行得如何以及何时能返回，但又不好意思开口问。于是跟经理说："服务台小姐刚打来电话，说她们有预订机票的服务，问我们是否需要。我们用不用现在回复？"总经理想了一下，回答道："问一问能不能订后天的票。"秘书于是做好了返程的准备。

这里，秘书用的就是"借不相关之人的口来问自己的问题"的方法。

有些问题自己直接问，效果可能适得其反，但又无其他人的口可借时，就可以找一个与问题不直接相关的人的口来问。日常生活中，如果我们向媒体或医生咨询一些关于人际关系或者健康的问题又难以启齿时，可以说："我的朋友病况如何，请问""我的同事请我代问一下"其实，这些所谓的"朋友""同事"可以是根本就不存在的人。这种问话方式，在很大程度上能减轻人们的心理障碍，而使问题得以顺畅地表达出来。

生活中有些乖张的人，只有上级才能镇得住。以自己的名义向他提要求，没准碰一鼻子灰，这时最好借上级的口来问。

比如，出于工作需要，你要去问某一位领导工作进度。而他正好是一个欺软怕硬、专看上级脸色行事的人。你不妨这样问："王局长让我来问问，你们处的工作报告写好了没有。"这样一问，迫使他不得不以认真的态度来回答问题，而你自己又不会被他压住了气势，因为你的身份已经转换为"传话者"而非"办事者"，纵使他心里不情愿，鉴于领导的压力，也不敢怎么样。

虽然借上级的口来问话，比如，"组织上对这个问题很重视"，"某某领导一直很关心这个问题"等，听上去官腔十足，但关键时刻，却是对付某些人的杀手铜。

此外，对那些工作比较繁忙的对象或对某些问题有解释能力却故意藏而不露的人，提问时可以借用含义比较广泛而又模糊的"大家"的口来问，如"大家都想了解一下您能不能给我们说一下？""大家让我来问问……"

一般人都会认为"大家"提的问题是重要的问题，尤其是对于矛盾比较大的问题，如果回答得好，则除了可以使工作顺利地开展同时还能在公众心目中树立良好的个人形象。所以，借用"大家"的口发问，往往会使对方对问题予以重视。

这一招最有效的场合是采访公众人物时，记者借用"大家"的口问自己的问题。这样给人造成一种印象：这是大家都想知道的问题，我才不得不问的。

总之，当你在人际交往中遇到那些想问而又不能以自己之口直接询问的问题，最好借别人之口说出来，这样能取得良好的效果。

第三章
走出辩论的僵局

难言之物，一喻了之

在与对手的争论中，逻辑思维起着极为重要的作用，它使思维显得严谨、有条理，使立论变得牢不可破。但逻辑思维也有自己的局限性，它使语言变得枯燥、抽象，如果没有形象思维紧密配合，气氛就会显得过分凝重，缺乏活力和幽默感。

这就需要比喻论证的方法。

在辩论中经常设譬，以小喻大，以浅喻深，逻辑性很强，有极强的说服力。

巫马子和墨子两人都是战国时代的哲学家，这一天，他们发生了争执。

巫马子说："您提倡兼爱哲学，主张世界上所有的人都应当团结友爱、平等相待，却没能给别人带来直接的好处；我主张各人顾各人，人人自行其是，独来独往，也没听说伤害了谁。我们两人迥然不同的哲学主张，目前都还没有显示出其应有的社会效果来，可是为什么您总是认为只有自己的理论是对的，而要全盘否定我的理论呢？"

墨子说："假如这里失了火，一个人想着去提水灭火，另一个人则打算往火里添柴助燃，但都没有未付诸行动，那么您对这两个人作何评价呢？"

巫马子答："我当然认为那个准备提水灭火的是好人，而想在火上添柴的人则是需要提防的。"

墨子说："对呀！这就说明我们议人论事不能忽视其动机。而今，我主张兼爱天下的动机是好的，所以我肯定它；而您主张不爱天下的动机则令人费解，所以我当然要否定它。"

巫马子于是服从了真理。

但是在辩论中，有的诡辩者为了达到其诡辩的目的，也往往借助于比喻的手法，搞荒唐的比喻式诡辩。例如，某人整天喝酒，喝得烂醉如泥，遭到大家的反对，有一次，这个酒鬼对人解释说："多喝酒，可以长命。你们没看见把肉放在酒精中可以保存更长时间吗？"

由于将抽象的事理赋予形象，荒唐比喻式诡辩具有很大的欺骗性，但是，看出这个酒鬼在进行诡辩是简单的。有一个10岁的小孩子看到他在诡辩，于是当场用一个反的比喻反驳道："酗酒就会短命。你没看见盖酒坛的布，时间一长就会霉烂吗？"反驳针锋相对，尖锐有力，直叫那个酒鬼哑口无言。

所以，当我们的论敌使用荒唐比喻式诡辩时，我们也可以构造一个反的比喻加以驳斥。

旁敲侧击，迂回包抄

与别人辩论时，有些事在某些情况下不能明说，但又不得不说，只好从侧面以

◇ "旁敲侧击"要注意 ◇

旁敲侧击法虽好，但也要注意方式，"敲"的有理有据，尤其是连锁式旁敲侧击法更应注意以下几点：

我从来都不喜欢酒吧这种地方。

可是小周却说你的舞跳得不错哦。

1. "敲"之有据

旁敲侧击进行试探，当论敌狡辩时，用已经掌握的情况这一武器予以回击。

正如你刚才所言：隐私不可侵犯，所以你们也不要追问我了。

2. "击"之有方

在论辩中避开实质话题，解除论敌戒备心，从旁接近目标，使对方就范。

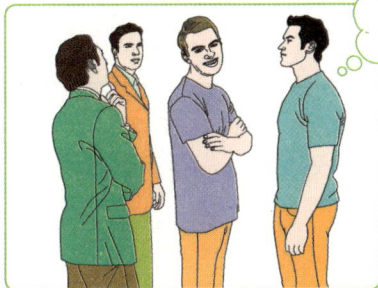

当着大家的面我只能说，你还记得那天的电话吗？

3. "敲击"有度

按"分寸适宜、轻重得当"的原则，敲到对方的要害处，击得恰到好处。

委婉曲折的方式来表达，以避免发生正面冲突，这种论辩的技巧就是旁敲侧击。

唐朝时，庐江王李瑗谋反被唐太宗镇压，李家被满门抄斩，只有一个小妾幸免。但李瑗的小妾是位美人，太宗不忍杀她便据为己有。满朝文武都觉得太宗这样做极不合适，但没有人敢站出来直接指责皇上，那样会掉脑袋的。

这一天，李世民跟王珪谈话。王珪注意到那位美人就侍立在李世民的身旁。

李世民指着美人说：

"这是庐江王李瑗的妾，李瑗杀了她的丈夫而娶了她。"

王珪听后，立即反问道：

"那么，陛下认为庐江王这样做对还是不对？"

李世民答道："杀人而后抢人妻子，是非已经十分明显，卿何必还要问呢？"

王珪答道：

"今天，庐江王因谋反被杀，可是这个美人却为陛下占有，我认为陛下肯定认为李瑗做得对。"

李世民听了，深感惭愧，立刻把美人送还她的家族，同时对王珪能指出他的错误大加赞赏。

由此可见，熟练运用旁敲侧击的方法，往往能收到良好的效果。

将错就错，出其不意

为了战胜对方的诡辩，先假定对方的论点是对的，然后顺着对方的前提进行推理，最后得出荒谬的结论，这就是论辩术中的将错就错法。针对诡辩自身存在着语言模糊、内容矛盾、逻辑错误等方面的局限性，将错就错法可以取得出其不意的效果。

古时候有一个吝啬的财主，算计完下人就喜欢喝酒。这一天，他拿出一个空酒瓶，叫一个聪明的长工去买酒，却没有给长工一钱银子。

长工莫名其妙，问道："老爷，没有银子，怎么能够买到酒呢？"

财主生气了，大声诡辩说："你不是很聪明吗？花银子买酒，哪一个不会？不花银子买到酒，那才算本事呢！"

长工听了，没有反驳，跑到外面小睡了一会儿，然后揉揉眼睛，就举着空酒瓶回来了，恭恭敬敬地对财主说："酒来了，请老爷品尝！"

财主一看是个空酒瓶，不禁高声喝道："没有酒，喝什么喝！"

长工却笑着说："酒瓶里有酒，谁不会喝？要是您从空酒瓶里喝出酒来，那您才是有本事呢！"

一个小长工，针对财主荒谬的观点，还给他同样一个荒谬的观点，就这样将错就错地把为难自己的大财主给制服了。

此外，对方如果进行诡辩，我们还可以将错就错，恣意发挥，反衬对方荒谬的立论，先指明矛盾所在，然后再点出问题的实质。这样让对方不得不败下阵来。

一个乡党委书记和乡派出所所长争辩了起来。

原来，事情的起因是这个乡的几个地痞经常偷鸡摸狗，气焰日益嚣张，群众向乡党委书记反映了情况，书记于是找来了派出所所长，责问是否知道那几个地痞的胡作非为。当时，所长说知道情况。于是，书记又问为什么至今未对他们采取行动。

所长说："采取行动只是个时间问题，这就像喂猪一样，如果还没等到猪肥就杀了，那怪可惜的，不合算。这些地痞就像猪一样，现在还是瘦瘦的，没有喂肥，处罚起来没分量。所以这是个策略问题，群众不理解，我们可以理解。"

书记说："你的'肥猪论'太玄虚了，群众怎么会理解？猪是人们心甘情愿喂养的，而这些地痞，群众会甘愿喂养吗？还是听听我的'肥鼠论'吧。如果有个人养了一只猫，指望它捉老鼠，可这只猫却放任老鼠在家里吃谷子，结果主人家老鼠成灾。主人找猫来问罪，可猫却振振有词地对主人辩解：'家里老鼠太瘦了，等到喂肥了再抓不迟。'你猜主人对猫会有什么看法？"

所长似乎没有了主意，却又似乎有了主意。他喃喃地说："这书记的'肥鼠论'更有哲理，我是一时糊涂，我马上就把那几只'老鼠'抓起来。"

将错就错，出其不意，能给人耳目一新的感觉，也能使辩论最终取得胜利。

以退为进，反客为主

以退为进，反客为主辩论法不愧为"语言战争"中一种绝好的攻守战术。

采用这种方法的步骤是形似守而实是攻——先退让而后发制人，先设隐语使对方轻敌而上钩，然后晓以利害，使自己处于积极主动的地位。应该说，当你"客"到最低限度时，也就是你的辩理积蓄到火候了，抓住这个玄机，你反过来给对方关键一击，对方自然措手不及。

有一位市长和其夫人去视察建筑工地，一个头戴安全帽的工人冲着市长夫人叫喊起来：

"夫人，还记得我吗？读高中时咱们常常约会呢！"

市长回到家里耿耿于怀地向妻子发难："看来你年轻时也只会在没档次的小伙子中混。"

市长夫人先是没说话，让丈夫继续说下去。市长进一步揶揄地说："你嫁给我算你运气好，要不你该是建筑工人的老婆，而不是市长夫人。"

夫人见他的"主"的角色已到了极限，便反唇相讥："你应该庆幸和我结了婚，要不然，市长就该他当了。"

在与别人谈话时，对方有可能会提出一些尖锐的问题。这种时候，你不必忙着替自己开脱，而是先退一步听听对方怎么说，然后再抓住机会反攻，如此，对方便

◇ "以退为进"的几种形式 ◇

论辩中，以退为进的论辩方式是在为自己积蓄力量，取得反客为主机会的重要手段，下面介绍几种"以退为进"的形式：

什么垃圾!

这位先生，我马上就要谈到你提出的环境脏乱差的问题了。

1.尊严幽默，以退为进

尊严幽默是一种防卫的软实力，巧妙地为自己的尊严找到了宣泄的方式。幽默地缓和气氛却表达出并不幽默的强硬。

也有我的错，以后咱们可以多商量。

这是我的错，我来检讨。

2.顺水推舟，以退为进

顺应对方的话题和心态，自然而然，顺理成章，退得巧妙，进得有力。

贵国的死亡率一定不低吧。

跟贵国一样，每人死亡一次。

3.回避锋芒，以退为进

针对对方的话题而岔换新的话题，不仅避其锋芒而且能显示出一种较为强硬以退为进的表达气息。

无话可说了。

借他的石头砸他的脚

所谓"借他的石头砸他的脚",就是面对论敌的攻击,巧妙地从论敌方面取得反驳的证据,借用对方亲口说的话或承认了的话来反击对方,反守为攻、化被动为主动,使论敌欲辩无辞,只得认输。这颇似中国古代寓言"以子之矛,攻子之盾"的故事。

下面这个故事与"矛盾"的故事很相似,说的是有个卖马的人,每匹马要价500块钱。他吹嘘道:"无论跟什么马比赛,我的马总是得胜。如果不是这样,我愿意倒贴500块钱!"

一个会说话的人接口说:"你的马真是太好了,我要买下来,不过你得先给两匹,试试它的脚力。"

卖马的同意了,让这个人牵走了两匹马。过了一会儿,卖马的要他付钱。会说话的人却说:"我一分钱也不欠你的!我让你的两匹马比试一下,结果一匹在前,一匹在后。在前面的我应该付给你500块钱,在后面的你应该倒贴我500块钱。这样一来一去,我们的账就是两讫了。"

商贩目瞪口呆,答不出一句话来。

这个会说话的人的论辩方式给我们以启示:利用论敌的矛盾,用对方自己的话反驳对方,是论辩制胜的绝妙方法。

还有一个例子,也能很好地用来证明"借他的石头砸他的脚"的魅力。

在一次外贸谈判中,中方外贸代表团拒绝了一位红头发的西方外商的无理要求,外商恼羞成怒,竟然出口伤人说:"代表先生,我看你的皮肤发黄,大概是营养不良造成思维紊乱吧?"

面对攻击性的发难,中方代表没有暴跳如雷,而是用平静的声音回敬道:"经理先生,我既不会因为你的皮肤是白色的而说你严重失血,造成你思维的紊乱,也不会因你头发是红色的而说你是吸了他人的血,造成你头脑发昏。"

在不加肯定中肯定,实在是高妙!既然你满嘴歪理,那我只能用歪理来反击!

借他的石头砸他的脚重点是要抓住对方话语中的破绽,当对方只顾进攻的时候,我们便"因利称便,借力制胜"。因为是从对方亲口说的话中取得的证据,所以能让对方无可辩驳。

请君入瓮,逼其败阵

在论辩中,"请君入瓮"是指言在此而意在彼,先提出一个或几个问题,诱使对方说出或同意与你尚未说出的、准备坚持的观点相类似的观点，然后伺机运用类比、推理等方法，指出对方行为与观点、前言与后语相悖谬之处，使对方陷入圈套之中而无法争辩的雄辩方法。

作为一种论辩技巧，"请君入瓮"的关键在于巧设圈套和伺机点破，使对方"哑巴吃黄连——有苦说不出"，无言以对，俯首认输。

英国文学家萧伯纳在一个晚会上，独自坐在一旁想心事。一位美国富翁非常好奇，便走过来说：

"萧伯纳先生，我想出一块钱来打听你在想什么。"

显然，这位富翁不但干扰了萧伯纳先生的思绪，而且还浑身散发着一股铜臭味。他的话不仅俗不可耐，而且完全是对萧伯纳人格的侮辱。

对富翁庸俗的做派，萧伯纳决定给予反击。他抬头看了一眼富翁，说："我想的东西不值一块钱。"

这下更引起了富翁的好奇，他急不可待地问道："那么你究竟在想什么东西呢？"

萧伯纳笑了笑，叹了口气说："我想的东西就是你呀！"

萧伯纳的回答可谓典型的"请君入瓮"。富翁问他在想什么，如果他直接回答的话，必然兴味索然，达不到反击的目的。而他所说的"我想的东西不值一块钱"，自然就勾起了富翁的好奇心，使他不知不觉地上钩，非要对"不值一块钱"的"东西"问个水落石出不可。萧伯纳见"蛇"已"出洞"，便抓住玄机揭"谜底"。于是道出了"我想的东西就是你"。语言虽然简短，但却巧妙地给了富翁当头一棒。

釜底抽薪，攻其要害

这是一种通过论证对方论据的虚假，来反驳对方论点的方法，也是一种最基本的论辩技巧。因为，论点来自论据，论据孕育论点。论据真实，则论点正确；论据虚假，则论点谬误。所以，驳倒了论据，有如釜底抽薪，刨根倒树，是从根本上展开对对方论点的反驳。

但是有一点需要注意，那就是在运用釜底抽薪，攻其要害的论辩技巧时，一定要紧扣论据与论点之间辩证统一的逻辑关系。如果论据与论点之间并无内在联系，反驳论据必然落空。

美国第16任总统阿伯拉罕·林肯年轻时是一位律师。一次，他得悉朋友的儿子小阿姆斯特朗被控谋财害命，已初步判定有罪。他以被告律师的资格，到法院查阅了全部案卷，知道全案的关键在于原告方面的一位证人福尔逊。因为他发誓说在10月18日的月光下，清楚地目击小阿姆斯特朗用枪击毙了死者。对此，林肯要求复审。在这场精彩的复审中，有以下一段对话：

林肯问证人："你发誓说看清了小阿姆斯特朗？"

福尔逊："是的。"

林肯："你在草堆后，小阿姆斯特朗在大树下，两处相距二三十米，能认清吗？"

福尔逊："看得很清楚，因为月光很亮。"

林肯："你肯定不是从衣着方面看清他的吗？"

福尔逊："不是的，我肯定看清了他的脸。"

林肯："你能肯定时间是在晚上11时吗？"

福尔逊："充分肯定，因为我回屋看了钟，那时是晚上11时15分。"

林肯问到这就转过身来，发表了一席惊人的谈话："我不能不告诉大家，这个证人是一个彻头彻尾的骗子。他一口咬定10月18日晚上11时在月光下看清了被告的脸。请大家想想，10月18日那天是上弦月，晚上11时月亮已经下山，哪里还有月光？退一步说，也许他时间记得不十分精确，时间稍有提前。但那时，月光是从西往东照，草堆在东，大树在西，如果被告的脸面对草堆，脸上是不可能有月光的！"

大家先是一阵沉默，紧接着掌声、欢呼声一起迸发出来。福尔逊傻了眼。

在这里，林肯运用了釜底抽薪的反驳技巧，戳穿了福尔逊的谎言，澄清了事实，彻底驳倒了福尔逊的论点，还小阿姆斯特朗以清白。

釜底抽薪法就是要找出对方论据中的虚假处，用确凿的事实来反驳对方，这样，对方精心构筑的言论布局就会因基础瓦解而全面崩溃。

1960年5月，英国陆军元帅蒙哥马利应邀到中国参观访问。

一天晚饭后，陪同人员和蒙哥马利到街上散步。当走到一家剧场门外时，他突然向里头走去，陪同人员也跟着进去。

剧场正上演着著名京剧《穆桂英挂帅》。陪同人员立即与剧场联系，给蒙哥马利安排了座位，并由翻译介绍剧情和唱词。

中间休息时，他离开了剧场，边走边向陪同人员说："这出戏不好，怎么能让女人当元帅？"

陪同人员熊向晖解释道："这是中国的民间传奇，群众很爱看。"

蒙哥马利说："爱看女人当元帅的男人不是真正的男人，爱看女人当元帅的女人不是真正的女人。"

熊向晖回答说："中国红军就有女战士。现在解放军中就有女少将。"

蒙哥马利说："我对红军、解放军一向很敬佩，不知道还有女将军，这有损解放军的声誉。"

熊向晖立即反驳说："英国的女王也是女的。按照你们的体制，女王是英国国家元首和全国武装部队总司令。"可是熊向晖就此打住话头，目光炯炯地看着蒙哥马利。

◇ 如何做到釜底抽薪 ◇

在论辩中，釜底抽薪能够给予对手致命打击，因此通常会被运用在论辩中，可是究竟怎样才能做到釜底抽薪呢？

我明白了，你质疑我最主要的原因是我们是同期竞聘者。

1.质疑对方动机

对于论辩双方，动机是很重要的关键，因此从对方动机入手，效果明显。

大家都支持你，我认输。

2.争取他人支持

很多情况下，论辩是给身边人看的，因此他们很大程度上影响了论辩的成败。

不好意思，这属于外带，不属于公司标准。

看来公司餐厅的标准不低。

3.找到核心词汇

归纳对方观点找出核心词汇，从这个词汇上找到破绽，给对方致命一击。

蒙哥马利一怔，不吭声了。

挖掉根基，大厦必倾；薪火已去，釜汤难沸。

"抽薪止沸，斩草除根"的原理，运用在语言交流中，可以成为一种充满智慧的语言技巧。

无论在谈判桌上还是在辩论台前，都会碰到咄咄逼人或是气势汹汹的对手，其语言攻势如同锅中热水，往往达到了沸沸扬扬的程度。面对这种情况，舌战的当务之急就是抑制对方逐渐高涨的气势，而抑制的最佳方法就是抽去"锅下的柴火"，从根本上解决问题。正如古人所云："故扬汤止沸，沸乃不正；诚知其本，则去火而已矣。"

借助权威增加力度

人们对权威总是怀有一种信赖的心理，在辩论中，我们可以根据人们的这种心理，借助权威的形象或权威的言论，使我们的言论具有不可抗拒的雄辩力量。

在古代，诡辩家鼓唇摇舌，指鹿为马，辩术层出不穷、无奇不有，但只要一抬出封建社会皇帝这一至高无上的权威，对方就无可再辩了。

北齐高祖的时候，有位法师极喜诡辩。一次，他立了个"无一无二"的诡辩命题，声称世界上既无一的东西，也无二的东西，难住了许多著名的儒生学士。

这时，一个名叫石动筒的人被高祖请来了。石动筒在座前把衣服提起，问法师："看弟子有几只脚？"法师说有两只。石收一脚独立，另一脚后翘，又问有几只脚。法师说有一只。石问："刚才是两只，现在又是一只，怎么能说无一无二呢？"法师回答："如果说有两只脚是真的，就不应该有一只脚；如果说有一只脚，那两只脚就不是真的。"石动筒紧逼不舍，追问道："如果你认为你的论题能站住脚，那我再往下问你，你可不能不回答呀！弟子听说一天不会有二日，一国不会有二君，你能说无一吗？卜有乾坤，天有日月，皇后配天子，这就是二人，你还能说无二吗？"法师只好嘿嘿一笑，不再说什么了。

借助权威人士言论，有时也可以体现为化用其中意思。

《世说新语·贤媛篇》说到，许允和阮家之女结婚，行礼以后，发现新妇奇丑。许允不肯进房，桓范劝他进房，许允又想逃走，新妇拦着他，于是，他们之间发生了一场辩论。许允谓曰："妇有四德，卿有其几？"妇曰："新妇所乏唯容尔。然士有百行，君有几？"许云："皆备。"妇曰："夫百行以德为首，君好色不好德，何谓皆备？"允有惭色，遂相敬重。新妇此时化用孔子所说："吾未见好德如好色者也"的话，大帽子一压，许允感到惭愧，就接受了她。

权威永远都是有力度的，但是在借助权威的论述时，也要注意万不可断章取义，否则只能起到相反的效果。

第四章

说话也要讲究方圆和谐

说话要随机应变

说话要懂得能随机应变地转移话题，无论在什么场合，只要勇敢镇静，诙谐风趣，巧妙地、适时地、适当地转换话题，又妙语惊人，谈吐不凡，便可收到立竿见影的效果。否则"盲人骑瞎马"，一条道走到"黑"，一个劲地往死胡同里钻，其后果是"夜半临深崖"。

就拿药店为例。每个药店的营业员向顾客提供服务都需要有一个前提，这就是讲究接待方法。也就是在说话的时候要随机应变，针对不同的顾客需求，作出相应的回答。在药店的顾客中，女性就占据了"半边天"，营业员如果能接待好女性顾客，则能把销售范围扩大到"半边天"之外，因为那些女性不仅为自己购药，而且还经常为孩子买药，因为她们毕竟都是家庭主妇，在家里的一些小事情都归她们管理，所以对女性顾客的接待至关重要。

营业员说话要随机应变，特别是在接待女性顾客的时候，因此在接待的时候要看看女性的年龄、职业及表情。通过观察，对于不同年龄、不同要求的女性顾客要运用不同的接待方法，而且在与她们交谈的时候要有分寸，而且还要把进店的每一位顾客都视为自己的亲朋好友，因为那样就容易极自然地做到主动、热情、文明、周到地服务了。

在一般情况下，妇科用药和儿科用药是女性顾客购买较多的药品。在接待方法上要有一定的针对性，对不同年龄段的女性要针对其本人实际情况采取不同的接待方法才行，特别是对年龄较轻、购药时表情犹豫不决或难以启齿的顾客，要采用低声询问、个别服务的方法。对文化素质较高者，可备好详尽的药品说明书，让其自己看，此时是"无声胜有声"，但需对药品的不良反应、注意事项适时地提示或忠告。对文化程度较低者要主动、热情、文明、周到地介绍药品功效、使用方法、不良反应、注意事项等。

如此一来，才能急顾客之所需，真正为顾客做一些事情，赢得顾客信任。

所以，在与别人交往时，说话要随机应变，这样才能获得别人好感，加深别人的印象。

不正面回答问题

对难以回答的问题，可以采用以下方法。

1.糊涂一点最聪明

对于一些敏感性问题，提问者一般不直接就问题的本质提出质疑，而是从其他貌似平常的事物着手，旁敲侧击地进行诱导性询问。这是假装糊涂的最好时机，这时，我们可以故意装作不懂对方的真正用意，而站在非常表面的、肤浅的层次上曲解其问话，并将这种曲解强加给对方，使对方意识到我方的有意误解实际上是在表达委婉的抗议和回避，从而识趣地放弃自己的追问。很多名人都擅长用一些"聪明的糊涂"来巧妙摆脱对方的纠缠。

在一次记者招待会上，外国记者别有用心地问王蒙："请问，20世纪50年代的你与80年代的你有何相同与不同？"这里，这位记者的用意是路人皆知的。

王蒙当时也十分清楚。他不慌不忙地抬起头，从容不迫地回答道：

"20世纪50年代的我叫王蒙，80年代的我也叫王蒙，这是相同之处；不同的是，那时我20来岁，而现在我则有50多岁了。"

记者的提问只给出了年代限定的范围，王蒙虽然知道对方是想借机让他谈一谈对中国国内形势改变的感受，但是却故意装糊涂曲解对方的本意，只是从自己年龄变化的角度作答。这个回答虽然也算是"合格"，但实际上没有真正给对方任何有用信息，令其大失所望。

2.巧用模糊语言

德国大哲学家康德在18世纪就说过："模糊观念要比清晰观念更富有表现力我们并不总是能够用语言表达我们所想的东西。"到1965年美国数学家查德从科学意义上研究了"模糊"这个概念，使人们对数学中模糊性与精确性的关系取得新的认识，他认为：任何事物都在不断地运动、发展、变化中存在。其过渡的、中介的形态是难以绝对精确判定的；同时各个事物之间的相互联系、渗透、转化的形态，也是无穷多样，往往是亦此亦彼的，所以事物只有在它的中心是明晰的，它的周缘地带都是模糊的。这一观点被现代语言学家所接受，形成模糊语言学。

鲁迅讲过一个故事：一户人家生了个男孩，全家高兴透了，满月的时候抱出来给客人看，有的说："这孩子将来要发财的。"说的人得到一番感谢。有的说："这孩子将来要做官的。"说的人得到了几句恭维。有的说："这孩子将来要死的。"说的人一定会得到大家合力的痛打。说要死的必然，说富贵的说谎，但说谎的得好报，说必然的遭打。那么既不愿谎人，也不愿遭打，就只能说："啊呀！这孩子呵，您瞧！多么阿唷！哈哈！"鲁迅这里讲了模糊语有时出于情势所迫，无法说真话，就只能打哈哈。而从我们这里来看，打哈哈也包含了幽默机智的情趣。这就是我们要讲的模糊语言法。

◇ 学会糊涂回答 ◇

在一些场合，你不一定很聪明，但一定要清醒：该装糊涂的时候要装糊涂。

这些小事你看着办就行。

1. 小事糊涂些

对一些无关集体和自身利益的小事情可以糊涂些。

2. 私下糊涂些

私下里对他人提出的问题，可以不轻易表态。

糊涂

3. 关系糊涂些

关于涉及派系的人际关系，切勿参与太多，要多些糊涂少些表态。

所谓模糊语言法就是指在能够把话说得更确切一些的情况下，故意采取模糊表述，以回避一些不便回答的问题，打马虎眼，使对方摸不清虚实。

楚灭秦时，楚怀王分兵两路，东路由项羽率领70万兵马，西路由刘邦率10万兵马，同时向关中进发，事先约定：谁先进关谁为关中王。

结果刘邦先进关中，项羽自恃兵多势众，不服刘邦，欲设计害之。项羽自尊为西楚霸王，封刘邦为汉王，打算让刘邦到南郑去。谋士范增极力反对，他说："那地方内有重山之固，外有峻岭之险，让刘邦去，岂不是放虎归山？"

项羽反问："那有什么办法杀他呢？"

范增献计说："等刘邦上朝，大王问他：'寡人封你到南郑去，你愿不愿去？'如果他愿去，你就说：'我早知道你愿去，那里是养兵练将，积草屯粮的好地方，养足了锐气好与我争天下，对不对？这就证明你有反我之心。绑出去杀了！'如果他不愿意去，你就说：'我知道你不愿去的，本来楚怀王有约在先，谁先入关谁为关中王，叫你去南郑，你怎么会愿意呢？既然不愿去，就是要在这里反我。与其如此，不如现在就把你杀了。来人，绑出去斩首！'想他刘邦难逃灭顶之灾了。"

一番话说得项羽连连点头称是。密谋之后，项羽便召刘邦上殿。

项羽是个有勇无谋、沉不住气的人，他一见刘邦，便迫不及待地问道："寡人封你到南郑去，你愿意不愿意去？"

刘邦见项羽问得这么急迫，不免心中纳闷。虽然愿去，但不敢表白，于是他回答说："大王，臣食君禄，命悬乎于君。臣如陛下坐骑，鞭之则行，收辔则止，臣唯大王之命是听。"

刘邦这种模棱两可的话，完全出乎项羽的意料，他没听出刘邦到底是想去还是不想去。项羽只好说："你要听我的，南郑你就不要去了。"

刘邦连连拜谢说："是，臣遵旨。"

在上例中，刘邦就是巧妙地利用模糊语言救了自己的一条命。这里，范增利用"两难选择"，企图陷刘邦于进退两难、莫衷一是的境地，然后假名杀之，其计策真可谓刁毒。然而，刘邦则更为高明，他巧于心计，见项羽问得急，估计事出有因，于是运用模糊语言应对，并借此表白自己俯首听命于君，这就使项羽不知他心里想的是什么，无法确定他到底愿意还是不愿意去，当然也就不好杀他了。

活用善意的谎言说服别人

谎言有时也是一种权宜之计，为了让事情的发展趋向自己的期望，有时我们不得不使用谎言来达成。在某些情况下说谎是可以被接受的，我们姑且称之为"善意的谎言"吧！在此举一个传说为例。

很久以前，在印度的一个小山村里有个很富裕的长者，他拥有一栋豪华住宅。有一天，在长者外出时，他的豪宅突然着火了，火势蔓延得很快。长者的宅院虽然很大，但却只修建了一扇门。这突如其来的大火使家人们都很慌张，一个个争先恐后从屋里逃到了门外。长者惊闻火灾后迅速赶回家来，但却发现他的儿子们尚未逃出来。

此时房子已经陷入火海中，木柱和方梁都燃起了火苗，灰烬也不停地往下掉。长者爱子心切，奋不顾身地冲进了火海中。他在火海中搜寻儿子们的身影。在一间屋子的角落里，他找到了自己的儿子们。那几个精力旺盛的孩子还没感觉到危险正向他们逼近，他们的玩兴正浓着呢！长者想冲进去将他们救出来，但无情的大火在他的面前形成了一道火墙，火势越来越猛，根本无法往前再踏近一步。情急之下，长者大声喊叫起来：

"孩子们，失火了！失火了！快点出来啊！"

但他的呼唤对还不懂事而且玩得正高兴的孩子们来说丝毫没有发挥作用，如果不能马上救孩子们逃离火海，那他们势必会被烧成焦炭。就在千钧一发之际，长者突然想起孩子们这几天一直在吵着要漂亮的嘟嘟车（儿童玩具），因此抱着姑且一试的心理向孩子们大喊：

"孩子们，你们不是想要漂亮的羊车、鹿车和牛车吗？现在我买回来了，正放在门外要给你们喔，快出来拿啊！"

困在火海中的孩子一听到父亲带回自己想要的羊车、鹿车和牛车，马上雀跃不已，争先恐后地冲出火海，一下子便冲出大门。此时，偌大的房屋终于承受不了大火的燃烧而倒塌了。

这个"三车火宅"传说，内容浅显易懂，同时也说明了善意谎言的必要性。同样是想救出孩子，但长者的真话却没有引起孩子的注意，可是"一个谎言把孩子们从火海中救了出来"。这个谎言就是所谓的权宜之计。所以，在必要时说谎是可以被原谅的。

生活中许多时候都需要这样的谎言，如果你的父母罹患癌症，生命危在旦夕，可你却不能向他们说出实情，只好编一些美丽的谎言，借以隐瞒事实，以期老人家在最后的日子里能快乐地度过。换言之，也正因为有了美丽的谎言，才使得老人家在病痛中能充满希望地顽强支撑。

美丽的谎言可以避免不必要的麻烦，并常常具有意想不到的作用。但在准备说谎时千万要想清楚，这个谎言是"善意的"还是"恶意的"，希望美丽的谎言能助你一臂之力。

转着弯儿说话

在现实的交流当中，说话的双方都希望对方能对自己实话实说。但是，在某些特定的场合下，如顾及面子、自尊，以及出于保密等，实话实说就会令人尴尬，伤人自尊。但是实话又不能不说，这种时候就需要转着弯儿说话了。说的话既能够让人听得顺耳，又能够欣然接受。

古代就有这样的例子，当年孔子、孟子周游列国，见到了不少王公大臣，说了许多话。从记载的资料看，他们大都是实话巧说，娓娓道来，以理服人，以情动人，使那些有权有势的人接受了他们的主张。否则，他们是很难有活动的余地。《战国策》记载的《触龙说赵太后》，也是实话巧说的典范。触龙这位忠心为国、善于进谏的老臣，希望赵太后把她宠爱的公子放出去锻炼，增长才干，为国立功，将来才好在赵国安身。他很讲究说话艺术，先问寒问暖，再说到周围环境形势，需要人才，把情况说得合情合理，丝丝入扣，赵太后居然转怒为喜，并接纳了他的一些建议，从而达到了自己说话的目的。

古圣先贤们留下了一些转着弯儿说话的例子，当然，我们应该传承，另外还要研究这一门艺术，以便收到一般"实话直说"所收不到的效果。在提倡实话实说的同时，也应当提倡迂回说话。

小刘与小丁是一对不错的朋友，他们之间也都视对方为知己。

有一次，单位中的一个青年小王对小刘说："我总认为小丁这家伙为人有点太认真了，可以说是已经到了顽固的地步，你说是不是呀？"小刘听到小王的话后，顿然产生了一种厌恶感，当时小刘心里就想："你还说别人，你这小子在背地里贬损我的好朋友，你不觉得惭愧呀？"可是他也不好发作，于是就假装一本正经地反问道："小王，先问你一个问题，如果我在背后和你一起议论他的缺点，他要是知道了，那他会不会和我反目为仇呢？他又会怎么看你呢？"小王听了小刘那句话后，脸"刷"地就红了，也不再吭声了。

小刘用的就是委婉点拨的技巧，即侧面点拨。小刘在面对小王的发问，他并没有直接回答，而只是把话题转到另一个角度，他给小王出了一道难题，而他出的这道难题也正好起到点拨对方的作用，他既表明了"小丁是我的好朋友，我绝不会和你一起议论他"，在他的话中又隐含了对于小王在别人背后议论纷纷、贬损别人的不满。

同时，因为这种转着弯儿的说话方式比较委婉含蓄，所以不会给对方一个太难堪的局面。

再比如说，现在大部分的女孩子为显示自己有个性，就经常地生男友的气，如果这个女孩又是父母的掌上明珠，或者是家庭兄长中的一个娇妹妹，她就更不能容忍他人对她的抱怨与不满了。可能也会有一部分痴情的男孩子会因为自己的哪一句

◇ 这样转弯说话更好 ◇

我们都知道了转弯说话更容易让对方接受，达到自己的目的。那么，到底如何转弯说话呢？

> 最近冷，小陈你要注意保暖，不要冻到腿。

1 直白的话委婉着说

太过直白的话语不仅会伤害到别人的自尊心，还有可能引发冲突。

2 老套的话创新着说

可以用谐音字、多音字等增加语言的表现形式，起到吸引对方注意力的作用。

> 看你不糊涂，怎么办了糊涂事。

> 老爷看小人不糊涂，小人看老爷却很糊涂啊。

> 感谢您对我新书的捧场，若您不插队我会更高兴。

3 批评的话赞扬着说

这样可以缓解对方的紧张对立情绪，使其乐于接受你的批评。

话引起女朋友心中的不快，怕得罪自己的"小公主"，而忙不迭地向她赔礼道歉，甚至还会为了所谓的原谅而贬低自己，才能表示对恋人的忠贞。其实大可不必用这种方式，他完全可以转着弯儿说话。

晓晓是某厅长的千金，她和自己父亲单位的小刚谈恋爱时，总是显示出她在某方面的优越感。可能是因为小刚出生在农家，大学毕业时被分到某厅当科员，也没有什么靠山。晓晓总认为她这方面比他优越。

有一次，晓晓到小刚家做客，她总对小刚家人的某些生活方式流露出不顺眼的情绪，而且还不断地在小刚耳边嘀嘀咕咕地发牢骚。特别是吃过晚饭后，把小姑子使唤得团团转，一会儿让她烧水，一会儿又让她拿擦脚布，可以说是当作一个仆人用了。小刚心里很不是滋味。但也不宜直接说，他就借助这个机会笑着对妹妹说："要当师傅先当徒弟嘛！你现在可得加紧培训一下呀，将来你要嫁到别人家里时，也可以摆起师傅的架子来了。"

晓晓当然是个明白人，她从小刚的话中听出了他的本意，以后在小刚面前就没有表现自己的某些过分行为了。小刚就是在恰当的时机采取转着弯儿说话的方式来表示对晓晓的不满，他用一句"要当师傅先当徒弟"的俗话来提醒晓晓，这就避免了一些直接冲突，也表达对对方当时有点不满意，这不失为一种好办法。

实话实说，是大家都倡导的说话精神，但是在人际和社会关系极为复杂的环境中，光实话实说是远远不够的，我们还要学会转着弯儿说话。

恰如其分地赞美

纪晓岚中进士后，当了伺读学上，陪伴乾隆皇帝读书。

一天，纪晓岚起得很早，从长安门进宫，等了很久，还不见皇上来，他就对同来伺读的人开玩笑说：

"老头儿怎么还不来？"

话音刚落，只见乾隆已到了跟前。因为他今天没有带随从人员，又是穿着便装，所以没有引起大家的注意。皇上听见了纪晓岚的话，很不高兴，就大声质问：

"'老头儿'三个字作何解释？"

旁边的人见此情景都吓了一身冷汗。纪晓岚却从容不迫地跪在地上说：

"万寿无疆叫作'老'，顶天立地叫作'头'，父天母地叫作'儿'，皇上当之无愧地万寿无疆、顶天立地、父天母地，所以叫'老头儿'。"

乾隆听了这一番恭维的解释，就转怒为喜，不再追究了。

纪晓岚开了不适宜的玩笑，使自己陷入困境，可他随机应变地运用曲意直解，巧妙地将对乾隆有不尊性质的"老头儿"三字解释成"万寿无疆""顶天立地""父天母地"。这样不但化险为夷，而且化辱为恭。

由此可见，在现实生活和工作中，由于种种原因，难免自觉或不自觉地陷入一种尴尬的境地。这种时候，如果自己心慌意乱、手足无措，处理不好，往往会给自己与他人带来更大的不安和麻烦。反之，如果你能利用自己的聪明才智，巧妙运用赞美的技巧和策略，化解尴尬的局面，定会使你摆脱尴尬。

在工作中，作为下属，如果能适时地对上司进行赞美，那么工作也能变得顺利多了。虽如此，但这也是一门微妙的艺术，是下属获得老板信任的主要方法之一。当然这种赞美是指恰当的赞美。

虽为赞美，也要把握住火候，做到恰到好处；否则，就会适得其反。

对上司进行赞美时，如果内容与事实不符，或者过分称赞，都会让老板听起来肉麻，让其他人听起来反胃。

所以对上司进行赞美时，要注意掌握火候，尽量做到恰到好处。专家认为：恰到好处的赞美具有"魔术般的力量"，是"创造奇迹的良方"。

还记得贾府那个能说会道的媳妇王熙凤吗？《红楼梦》讲到林黛玉初进贾府，王熙凤对林黛玉的一番赞美就是一个十分精辟的例子：

当王熙凤初次见到黛玉时，当着贾母与众人的面夸道："天下真有这样标致的人物，我今儿才算见了！况且这通身的气派竟不像老祖宗的外孙女儿，竟似个嫡亲的孙女，怨不得老祖宗天天口头、心头一时不忘。"

一句话逗得贾母直乐，还同时取悦了三方人士。既是像嫡亲孙女，又有大家风范，那真正的嫡亲孙女迎、探、惜春自然也非俗物，而这些又都源自贾母的优良遗传，可见贾母当年也是不同凡响，通身气派，乃大家之闺秀者也。一面夸了黛玉的美丽风流；一面又没有得罪贾母的三个亲孙女：迎春、探春和惜春；还拐了弯儿地称赞了贾母。

如此简单的一句话，竟被王熙凤说得如此曲折、恰到好处，又火候适宜；还让听的人，人人高兴舒服，欢喜非常；自己又显得不卑不亢，不媚不谄……真是令人忍不住拍案叫绝。

赞美体现着一个人的内在修养。因此，赞美上司的时候，要让老板觉得你是发自内心的、真诚的，千万不要让上司觉得你是在过分恭维，是抱着不可告人的目的。

试想一下，如果你恰如其分地在背后对你的上司赞美，那么当你的上司听到你的赞美时，或者当这个信息传到他的耳朵里时，他的自尊心就会得到满足，并对你产生好感。即使在表面上不便说什么，但在内心深处，你的上司已经加倍喜欢你了。